普通高等教育"十二五"规划教材·经济管理类核心课系列

企业管理学

主　编　刘新智　黄燕萍
副主编　李国珍　刘自敏　高　静

科学出版社

北　京

内 容 简 介

本书追踪学科发展前沿,突出应用性、时代性特点,内容安排上体现"专业、创新、适用"的教学要求,致力于培养高层次应用型企业管理人才的创新精神和实践能力。本书逻辑体系科学合理、内容丰富,案例选择紧扣企业实践最新动态。全书共十二章,在企业管理"基本概念、基本方法、营销管理、战略管理、人力资源管理、质量管理、财务管理"的传统框架下,强化企业生产运作流程、物流管理、企业文化管理、创新管理与国际化管理。力求扩展读者视野,提升学生的综合思维能力,推动运用多学科理论知识进行企业管理的探讨与实践。

本书可作为经济管理类相关专业本科生教材用书,也可供相关领域研究生、企业界人士以及非管理类专业学生阅读学习。

图书在版编目(CIP)数据

企业管理学/刘新智,黄燕萍主编. —北京:科学出版社,2015.1
普通高等教育"十二五"规划教材·经济管理类核心课系列
ISBN 978-7-03-042903-2

Ⅰ.①企… Ⅱ.①刘…②黄… Ⅲ.①企业管理-高等学校-教材 Ⅳ.①F270

中国版本图书馆 CIP 数据核字(2015)第 000367 号

责任编辑:兰 鹏/责任校对:张怡君
责任印制:张 伟/封面设计:蓝正设计

科学出版社出版
北京东黄城根北街 16 号
邮政编码:100717
http://www.sciencep.com

新科印刷有限公司 印刷
科学出版社发行 各地新华书店经销

*

2015 年 2 月第 一 版　开本:787×1092　1/16
2021 年 8 月第五次印刷　印张:19 1/4
字数:457 000

定价:49.00 元
(如有印装质量问题,我社负责调换)

前言

当人类社会随着生产力的发展出现第一个与商品经济相联系的企业时,便引起了企业家对经营管理的研究和重视。企业是现代社会经济的细胞,企业兴则国家兴,企业强则国家强。管理是个世界性的问题,无论是发达国家还是发展中国家,无论是先进企业还是落后企业,管理都是影响其兴衰存亡的重要因素。企业管理融合了经济、社会、生活、企业、管理、实践等众多领域,是一门研究企业管理理论、实践基本规律与一般方法的交叉型学科,具有宽视野、广基础、重实践的特点。当前大数据时代的到来和中国梦的实现都需要重新定位企业的目标、使命和责任,要求我们在企业管理理论的基本框架下,重新审视企业经营管理理念、方法、技巧与过程,深刻透视企业发展的要素、环境与机理。为此,我们精心组织、编排、撰写了本教材。

结构科学规范、内容精简扼要、紧扣时代背景是本书编写的基本原则。本书在企业管理"基本概念、基本方法、营销管理、战略管理、人力资源管理、质量管理、财务管理"的传统框架下,强化企业生产运作流程、物流管理、企业文化管理、创新管理与国际化管理。为了激起读者的阅读和学习兴趣,本书在内容上安排了"案例导读"环节,让读者带着问题和思考学习。本书章节安排以企业管理理论的发展前沿、章节内容的基本逻辑为依据进行组织,并将大量管理故事和应用实例以链接形式引入,争取给学生展现企业管理理论与实践的全貌。同时,为了力求学生能够将理论应用于实践、将知识升华为能力、将创新思想转变为行动,在知识与能力两个方面都能得到提高,本书在每章的最后附有【案例分析】和【技能训练】。知识经济的发展和大数据时代的到来,知识引导工作将是教师和教材的主要任务,学生需要运用信息技术、网络技术等多种途径,根据个人需求补充相关细节,建构和完善自身的知识体系。这也是本书内容、思想、实践在教材内外结合的具体体现。

本书由刘新智、黄燕萍任主编,李国珍、刘自敏、高静任副主编,胡茜茜、任钦义、李璐、万竹馨等参与了部分内容的编写工作,由杨刚教授负责审稿工作,由刘新智对全书进行统一修改并定稿。参加本书编写的人员(按章节顺序)是:黄燕萍:第一、二、四、九章;刘新智:第三、五章;李国珍:第六、七、十一章;刘自敏:第八、十二章；高静：第十章。

本书编写过程中，参考和吸收了国内外公开出版和发表的相关专著、教材、论文和其他资料，得到了科学出版社和西南大学经济管理学院等有关单位领导和同志的大力支持，在此一并表示衷心感谢！

我们虽然力求编写一本在体系、结构和内容上都有新意并响应时代精神的教材，但由于水平所限加之时间仓促，书中难免有不足之处，恳请广大专家和读者朋友批评、指正，以便不断修改、完善。

编　者

2014 年 11 月

目录

第一章
企业管理概述 ································ 1
第一节　企业概述 ································ 2
第二节　管理与企业管理 ·························· 6
第三节　企业管理思想的形成与发展 ················ 12
【案例分析】 ···································· 18
【技能训练】 ···································· 20

第二章
企业管理职能 ································ 21
第一节　企业决策与计划 ·························· 22
第二节　组织管理 ································ 29
第三节　领导理论 ································ 34
第四节　企业控制管理 ···························· 43
【案例分析】 ···································· 46
【技能训练】 ···································· 47

第三章
企业战略管理 ································ 49
第一节　企业战略与战略管理 ······················ 50
第二节　企业战略分析 ···························· 57

第三节 企业战略制定 ················· 65
第四节 企业战略实施 ················· 67
【案例分析】 ························ 72
【技能训练】 ························ 73

第四章

市场营销管理 ······················ 75

第一节 市场营销概述 ················· 76
第二节 消费者市场的购买行为分析 ········ 77
第三节 市场营销战略 ················· 84
第四节 市场营销策略 ················· 91
【案例分析】 ························ 100
【技能训练】 ························ 101

第五章

人力资源管理 ······················ 103

第一节 人力资源管理概述 ·············· 104
第二节 人力资源管理规划 ·············· 108
第三节 招聘与甄选 ··················· 116
第四节 培训与开发 ··················· 120
第五节 绩效考核与薪酬管理 ············ 123
【案例分析】 ························ 127
【技能训练】 ························ 130

第六章

企业质量管理 ······················ 133

第一节 质量管理概述 ················· 133
第二节 全面质量管理 ················· 139
第三节 质量成本 ···················· 149
第四节 质量管理体系及 ISO 9000 族标准 ··· 151
【案例分析】 ························ 154
【技能训练】 ························ 156

第七章

企业生产与运作管理 ……………………………………………………… 158

第一节　生产与运作管理概述 …………………………………………… 159
第二节　生产过程的组织 ………………………………………………… 162
第三节　生产与运作系统的设计 ………………………………………… 167
第四节　生产运作计划与控制 …………………………………………… 173
第五节　现代企业新型生产与管理方式 ………………………………… 179
【案例分析】……………………………………………………………… 186
【技能训练】……………………………………………………………… 187

第八章

财务管理 …………………………………………………………………… 189

第一节　财务管理概述 …………………………………………………… 190
第二节　财务管理的目标 ………………………………………………… 195
第三节　企业财务管理的基本内容与方法 ……………………………… 200
【案例分析】……………………………………………………………… 206
【技能训练】……………………………………………………………… 206

第九章

物流管理 …………………………………………………………………… 210

第一节　物流概述 ………………………………………………………… 211
第二节　物流采购管理 …………………………………………………… 213
第三节　物流运输管理 …………………………………………………… 215
第四节　物流库存管理 …………………………………………………… 219
第五节　物流配送管理 …………………………………………………… 223
【案例分析】……………………………………………………………… 227
【技能训练】……………………………………………………………… 229

第十章

企业文化管理 ……………………………………………………………… 231

第一节　企业文化的基本内涵 …………………………………………… 232
第二节　企业文化的结构与功能 ………………………………………… 235

第三节　东西方管理文化的比较 ·· 240
　　【案例分析】·· 245
　　【技能训练】·· 246

第十一章 现代企业创新 ··· 248
第一节　企业创新概述 ·· 249
第二节　企业技术创新 ·· 256
第三节　企业制度创新 ·· 262
第四节　企业管理创新 ·· 266
【案例分析】·· 268
【技能训练】·· 271

第十二章 国际企业管理 ··· 272
第一节　国际企业概述 ·· 273
第二节　国际企业全球化战略模式及其选择 ·· 278
第三节　中国企业国际化经营 ··· 286
【案例分析】·· 292
【技能训练】·· 293

参考文献 ··· 295

第一章

企业管理概述

【学习目标与要求】
- 正确理解企业、管理、企业管理的概念。
- 了解企业管理的基本形式。
- 掌握现代企业管理制度的内容及要求。
- 了解企业管理思想的发展和演变过程。

钟彬娴有效的管理铸就了雅芳（AVON）神话

钟彬娴（Andrea Jung）成为雅芳首席执行官后，仅仅两年时间就使雅芳东山再起，重振雄风。为了改变之前公司管理不力、管理效果不佳的困境，她对公司进行了重大变革，首先提出了一项转型计划，该计划包括开拓全新的产品领域、开发新产品、打造销售团队以及通过零售点销售产品。此外，钟彬娴对公司进行了重组，她创建了"董事长办公室"。现在，一些部门经理可以直接向她汇报工作，这使管理系统趋向简单化。

后来，钟彬娴任命了新的营业部经理，负责雅芳的全球运营。公司面向全球销售，目前世界范围内的每一家雅芳销售机构都拥有自己独立的计算机系统，这与之前的手写记录相比是极大的跃升。但是一国的计算机系统无法与另一国的计算机系统进行信息沟通，雅芳总部的经理们并不清楚各国的工厂里到底有多少存货，有多少正在运输中。在这种情况下，任何人都无法对明天的生产数量做出准确的判断，该环节完全不在管理者的控制中。雅芳每天会发出5万份订单，出错率竟高达30%。

为了解决这一问题，雅芳创建了专门的"供应链管理系统"，世界范围所有的销售机构都可以使用该系统。现在每天晚上该系统都会收集来自29个销售地区的各类信息，包括存货情况、未来销售需求、运输时间表以及销售记录等。高科技系统的运用为雅芳节省了4亿美元的成本开支。

出色的管理会为公司带来意想不到的效果。雅芳公司任命钟彬娴为首席执行官后，公司的管理方式和方法都发生了根本改变，其卓有成效的管理使雅芳很快走出了困境。

（资料来源：加里·德斯勒，简·菲利普斯.2010.现代管理学.北京：清华大学出版社：2-3.)

第一节 企业概述

一、企业的概念与特征

(一) 企业的概念

企业一般指从事生产、流通、服务等经济活动，通过产品或劳务交换满足社会需要从而取得盈利，实行独立核算，进行自主经营、自负盈亏、自担风险的依法设立的经济组织。它是国民经济的基本单位。

上述企业概念主要包括以下四方面的内容：

(1) 企业必须依法设立。企业设立必须符合国家法律法规且要依照法律法规规定的程序。

(2) 企业是以盈利为目的的经济实体。它的一切生产经营活动都是为赚取利润，获得最好的经济效益。因此，企业不同于一般的事业单位或行政单位。

(3) 企业进行自主经营、独立核算、自负盈亏。这是指企业具有自主决策和独立的经济权益，单独计算成本费用，计算盈亏，对企业的经济业务做出全面反映。

(4) 企业是国民经济的基本单位。国民经济包含各行各业，各行业中都有或大或小的企业，因此，企业是国家的基本经济单位，是国民经济力量的基础。企业的生产力高低、经济效益的好坏，对国民经济的发展有直接影响。

(二) 企业的特征

1. 企业是一个经济组织

企业不同于政治、文化、军事、福利性机构等组织，也不同于非组织的个人，它的基本目标是在市场上获得经济利益，具体表现为企业应市场反映的需求而从事多方面的活动，有工农业等生产性活动，也有商品或劳务的交换性活动。企业追求经济性就是要以尽可能少的投入获得尽可能多的回报。

2. 企业是一个社会组织

企业是一个向社会全面开放的系统，企业的产、供、销运作过程已不单是经济问题，同时也是政治、法律、道德、社会等要素的综合体现。企业的经济活动必然受到自然环境、社会环境、政治环境等的制约和影响。企业对社会发展、政治进步、文化繁荣会产生重大影响，并发挥其作用。企业不仅要追求利润，还要承担一定的社会责任。企业发展面临的诸多问题，如企业制度模式、企业创新、企业的可持续发展方法、如何对待职工、如何对待社会，这些也是企业必须回答的问题。

3. 企业是一个独立的商品生产经营者

企业除了具有独立法人的自主权利与责任所要求的自主行动外，还应是一个自主经营系统。企业是产权关系明确、具有独立利益的资金运动实体。在市场活动中，企业是具有明确收益与风险意识的利益主体，基于自身的利益进行独立的经营决策和市场选择，根据市场所提供的信息从事各类生产经营活动。

二、企业的类型

(一) 企业的法律形式

按照组织形式和财产责任方式的不同可将企业分为独资企业、合伙企业和公司。因为财产责任形式非常明确，这些类型成为当今世界各国通行和公认的企业法律形式，也是我国进行社会主义市场经济建设、建立现代企业制度的投资主体及其财产责任明晰的企业法律形式。

1. 独资企业

《中华人民共和国个人独资企业法》以下简称《个人独资企业法》第二条规定："个人独资企业，指依照本法在中国境内设立，由一个自然人投资，财产为投资人个人所有，投资人以其个人财产对企业债务承担无限责任的经营实体。"

个人企业一般规模较小，内部管理机构简单。其优点是：企业成立与解散的程序比较简单易行；产权能够比较自由的转让；经营者和所有者合二为一，经营方式灵活，决策迅速，利润独享，保密性强。其缺点是：多数个体企业本身财力有限，而且由于偿债能力有限，取得贷款的能力较差，难以从事需要大量投资的大规模工商业活动；企业的生命力弱，如果业主无意经营或因健康状况不佳无力经营，企业的业务就要中断。

在市场经济体制下，这种形式的企业数量庞大，占企业总数的大多数，是最早的企业形式，但由于规模较小，发展能力有限，在整个经济中不占支配地位。个体企业通常存在于零售商业、"自由职业"、个体农业等领域，由零售商业、注册医师、注册律师、注册会计师、家庭农场等组成。

在我国，现代企业组织中的国有独资企业（公司），是有限责任公司形式的独资公司，是国家授权投资机构或者国家授权的部门单独投资设立的有限责任公司。国有独资公司以公司全部资产对公司的债务承担责任。国有独资公司的章程由国家授权的投资机构或国家授权的部门依照《中华人民共和国公司法》以下简称《公司法》制定，或者由董事会制定，报国家授权投资的机构或国家授权的部门批准。国有独资企业不设股东会，股东会的权力一般由董事会行使。一些重大问题，如公司的合并、分立、解散，增减资本和发行债券，必须由国家授权的投资机构或授权的部门决定。

2. 合伙企业

《中华人民共和国合伙企业法》以下简称《合伙企业法》第二条规定："合伙企业，指依照本法在中国境内设立的由合伙人订立合伙协议，共同出资、合伙经营、共享收益、共担风险，并对合伙企业债务承担无限连带责任的营利性组织。"

根据合伙人在合伙企业中享有的权利和承担的责任不同，可将其分为普通合伙人和有限合伙人。普通合伙人拥有参与管理和控制合伙企业的全部权利，对企业债务负有无限连带责任，其收益是不固定的。有限合伙人无参与企业管理和控制合伙企业的权利，对企业债务和民事侵权行为仅以出资额为限，负有限责任，根据合伙契约的规定分享企业收益。由普通合伙人与有限合伙人共同组成的企业为有限合伙企业。

合伙企业的优点是：第一，许多合伙人共同出资，筹集的资金量可以大为增加，能够从事一些资产规模需求较大的生产经营活动；第二，普通合伙人对企业负有无限连带责任，对企业的盈亏十分关心。

合伙企业的缺点是：第一，尽管有很多合伙人共同出资，但每个合伙人的资产毕竟有限，合伙人的规模也不能无限增大，合伙企业的资产规模一般达不到社会大生产的要求，依然局限在规模较小的生产领域；第二，合伙企业是依照合伙人之间的协议建立起来的，合伙人与经营者没有分离，没有建立财产委托关系，几乎所有的决策都要经合伙人一致同意，造成经营决策时效的延误；第三，合伙人中有一位死亡或撤出，原来的合伙协议就要进行修改，甚至会影响合伙企业能否继续生存，因此合伙企业的稳定程度有限；第四，合伙企业实行无限连带责任，增大了投资者的风险。

3. 公司

我国《公司法》第二条和第三条规定："我国的公司是指股东依照公司法的规定、以出资方式设立、股东以其出资额或所持股份为限对公司承担责任、公司以其全部资产对公司债务承担责任的企业法人。"

在公司300多年的发展历史中，形成了各种的公司类型。如果按公司责任关系划分，可分为无限责任公司、有限责任公司、股份有限公司等。

（1）无限责任公司。它是由两个以上负无限责任的股东组织的公司。全体股东对公司债务负无限连带责任，在公司财产不足以清偿债务时，各股东必须以自己的财产偿还公司债务。

无限责任公司一般在公司章程上没有特殊的规定，每个股东都有权利和义务处理公司业务，对外都有代表公司的权力。公司的自有资本源自股东的投资和公司的盈利。公司的盈余分配一般为两部分：一部分是按股东的投资额，以资本的利息形式分配；另一部分则按合伙的平分原则处理。

对股东而言，无限责任公司的风险是很大的，因为他们承担的是无限连带责任。与这种高风险相对应的是可得到高额利润。由于无限责任公司中股东所负的责任太大，筹资能力有限，在国内外没有得到大的发展。

（2）有限责任公司。它是由两个以上的较少股东组织的、负有限责任的公司。在清偿公司债务时，股东以各自的出资额或出资额以外另加担保额为限，对公司债务承担责任。

有限责任公司是资合公司，但同时具有较强的人合因素。有限责任公司的资本不需要划分为等额股份。股东以各自的出资额比例为限承担有限责任，利润分配时也按各股东的出资额比例分配。

有限责任公司的股权转让受到限制。因为有限责任公司具有一定的人合因素，其股权一般只能在股东之间相互转让，不能像股份有限公司那样自由流通，我国《公司法》对有限责任公司股权转让有明确规定。

（3）股份有限公司。一般是以发行股票的方式筹集资本而组成的公司。股票是有价证券，可以在证券市场上买卖转让。股东以其所持公司股份为限，对公司债务负有限责任。

股份有限公司是典型的资合公司。公司主要通过发行股票筹集资金，其资本划分为等额股份，这样既可以吸收社会上闲散的资金，也便于股份的转让。股份可以自由流通，股东并不固定，绝大多数股东不参与公司经营活动，而是通过股东大会对公司产生影响。股东对公司债务的责任只限于他们所持有的资金股份，这在很大程度上分散了投资人的投资风险。

股份有限公司符合上市条件的，还可以申请上市交易。申请上市交易必须经国务院或国务院授权的证券管理部门批准。上市交易应当在证券交易所进行，经批准的上市公司必须定期公开其财务状况。我国《公司法》对上市公司的条件、审批程序以及相关规范作了规定。

(二) 企业的其他形式

1. 按经济部门的类型划分

(1) 农业企业。现代农业企业指从事农、林、牧、副、渔等生产经营活动的企业。它主要以动植物和微生物作为劳动对象，以土地为基本生产资料，应用现代化技术装备和生产工具，培育和饲养动、植物，生产满足人们需要的产品。

(2) 工业企业。工业企业是以机械或机器体系作为劳动手段，采掘自然资源和对工业品、农业品原料进行加工、经营等活动的企业。它主要包括冶金企业、电力企业、燃料企业、化工企业、机械制作企业、食品加工企业、纺织企业、造纸企业及文化用品生产企业等。

(3) 商业企业。它指的是专门从事商品和劳务流通的商业贸易企业与服务企业。它通过商品的购销活动，把商品从生产领域转到消费领域。

(4) 金融企业。金融企业指专门经营货币和信用业务的企业，它经营的业务范围包括吸收存款、发放贷款、发行有价证券、从事保险、投资、信托业务，发行信用流通工具，办理货币支付、转账结算、国内外汇兑以及经营黄金、白银、外汇交易，提供其他金融服务等。

(5) 物流企业。物流企业指从事物流活动的经济组织，至少从事运输（含运输代理、货物快递）或仓储一种经营业务，并能够按照客户物流需求对运输、储存、装卸、包装、流通加工、配送等基本功能进行组织和管理，具有与自身业务相适应的信息管理系统的企业。

(6) 旅游企业。这是以旅游资源、服务设施为条件，向旅客提供劳务的服务性企业。

(7) 邮电通信企业。这是指通过邮政和电信传递信息、办理通信业务的企业。

(8) 房地产企业。房地产企业指从事房地产综合开发、经营或中介服务等活动的企业。具体可划分为房地产开发企业、房地产经租企业、物业管理企业及中介服务机构。

2. 按规模大小划分

按企业规模划分，可分为超大型企业、大型企业、中型企业和小型企业。衡量企业生产规模大小的标准有企业的生产能力、固定资产原值、职工人数、总投资或注册资本以及销售收入等，不同工业部门有不同的分类标准。例如，汽车行业一般以生产能力的大小即汽车的年产量作为划分标准，而综合经营的公司一般以年销售收入作为划分标准。规模不同的企业，其内部组织结构与运行方式以及在市场竞争中的优劣势地位各不相同，对经营者素质的要求也不同。另外，企业规模的划分也为企业确立合理的经济规模，获得规模经济效益创造了条件。

3. 按财产所有制性质划分

(1) 国有企业，也称全民所有制企业。它的全部生产资料和劳动成果归全体劳动者所有，或归代表全体劳动者利益的国家所有。在计划经济体制下，国有企业全部由国家直接经营，由国家直接经营的国有企业称国营企业。

(2) 集体企业，即集体所有制企业。在集体企业里，企业的全部生产资料和劳动成果为一定范围内的劳动者共同所有。

(3) 私营企业，指企业全部资产属私人所有的企业。《中华人民共和国私营企业暂行条例》以下简称《私人企业暂行条例》规定："私营企业是指企业资产属于私人所有，雇工8人以上的营利性经济组织。"

(4) 混合所有制企业，指具有两种或两种以上所有制经济成分的企业。例如，中外合资经营企业、中外合作经营企业、国内具有多种经济成分的股份制企业等。

中外合作经营企业是由外国企业、个人或其他经济组织与我国企业或其他经济组织共同投资或提供合作条件在中国境内共同举办，以合作形式规定双方权利和义务关系的企业。它可具备中国法人资格，也可不具备。合作双方依照合同约定进行收益或产品的分配，承担风险和亏损，并可依合同的规定收回投资。

4. 按资源密集程度划分

(1) 劳动密集型企业。这是指使用劳动力较多，技术装备程度低，在产品成本中人工工资支出所占比重较大的企业，如服装、皮革、日用小五金、工艺美术等行业。

(2) 知识技术密集型企业。这是综合运用现代先进的科学技术成果的企业。它具有高效益、高智力、高投入、使用人力少、物资消耗小等特点，如电子计算机企业、飞机及宇宙航空工业、大型集成电路、生物工程、新材料、新能源、技术和管理咨询服务企业等。

(3) 资金密集型企业。这是指单位产品所需要的投资额大，技术装备程度高并且比较复杂，用人相对较少的企业，如钢铁企业、重型机器制造企业、汽车制造企业、石油化工企业等。

第二节 管理与企业管理

一、管理的概念

福莱特认为管理是"通过他人来完成工作的艺术"。这一定义将管理视为艺术，强调人的因素在管理中的重要性。下面援引有代表性的定义，据此给出本书的定义。

"科学管理之父"弗雷德里克·泰罗（Frederick Winslow Taylor）认为："管理就是确切地知道你要别人干什么，并使他用最好的方法去干"（《科学管理原理》）。在泰罗看来，管理就是指挥他人用最好的办法去工作。

诺贝尔奖获得者赫伯特·西蒙（Herbert A. Simon）对管理的定义是："管理就是制定决策"（《管理决策新科学》）。

彼得·德鲁克（Peter F. Drucker）认为："管理是一种工作，它有自己的技巧、工具和方法；管理是一种器官，是赋予组织以生命的、能动的、动态的器官；管理是一门科学，一种系统化并到处适用的知识；同时管理也是一种文化"（《管理——任务、责任、实践》）。

亨利·法约尔（Henri Fayol）在其名著《工业管理与一般管理》中给出管理概念之后，产生了整整一个世纪的影响，尤其对西方管理理论的发展具有重大影响。法约尔认为，管理是所有的人类组织都有的一种活动，这种活动由五项要素组成：计划、组织、指挥、协调和控制。法约尔对管理的看法颇受后人的推崇与肯定，形成了管理过程学派。孔茨（Koontz）是二战后这一学派的继承人与发扬人，使该学派风行全球。

斯蒂芬·罗宾斯给管理的定义是：所谓管理，指同别人一起，或通过别人使活动完成得更有效的过程。

综上所述，本书认为：管理指通过计划、组织、领导、控制等职能活动，合理整合、分配、协调资源，来实现组织目标的过程。

二、企业管理的概念及特征

（一）企业管理的概念

企业管理是社会化大生产发展的客观要求和必然产物，是人们从事交换过程中的共同劳动所引起的。社会生产发展到一定阶段，一切规模较大的共同劳动，都或多或少地需要进行指挥，以协调个人的活动；通过对整个劳动过程的监督和调节，使单个劳动服从生产总体的要求，以保证整个劳动过程按人们预定的目的正常进行，尤其是在科学技术高度发达、产品日新月异、市场瞬息万变的现代社会，企业管理显得愈加重要。

有学者认为，企业管理就是由企业经理人员或经理机构对企业的经济活动进行计划、组织、领导、控制和创新，以提高经济效益，实现盈利这一目标的活动过程。也有人认为，企业管理就是由企业的经营者和职工，按照客观规律，对企业的生产经营活动进行计划、组织、领导、控制和创新，以适应企业外部环境变化，充分利用各种资源，调整企业内部管理机构，提高企业和社会经济效益的活动。

本书给企业管理下的定义为：企业管理就是在一定的生产方式和文化背景下，由企业的高管人员或管理机构按照一定的原理、原则和方法，对企业的人、财、物、信息和技术等生产要素进行计划、组织、领导、控制和创新，以提高经济效益，实现盈利目标的活动过程。

（二）企业管理的一般特征

（1）企业管理是一种文化现象和社会现象。这种现象的存在必须具备两个条件：两个人以上的集体活动；一致认可的目标。在人类社会生产活动中，多人组织起来进行分工的活动都会达到单独活动所不能达到的效果。只要是多人共同活动，都需要通过确定目标、制定计划等活动来达到协作，这就需要管理。因此，管理活动存在于组织活动中，或者说管理的载体是组织。

组织的类型、形式或规模可能千差万别，但其内部都含有五个基本要素，即人、物、信息、机构和目的。外部环境对组织的效果与效率有很大影响。外部环境一般包含八个要素：行业，原材料供应，财政资源，产品市场，技术，经济形势，政治状况及国家法律、规章、条例，社会文化。组织内部要素一般来说是可以控制的，组织外部要素是部分可以控制的，如产品市场，部分不可控要素如国家政策。

(2) 企业管理的主体是管理者。既然管理是让别人和自己一道去实现既定目标，管理者就要对管理的效果负重要责任。管理者的第一责任是管理一个组织，第二责任是管理管理者，第三责任是管理工作和工人。企业管理者在企业生产活动中处于领导地位，具有特殊和重要的作用。他们独立在企业的资本所有者之外，自主地从事企业经营活动，是企业的最高决策者和各项经营活动的统一领导者。

(3) 现代企业管理追求多目标的经营管理，倡导自由式经营管理的动态管理。利用集体的智慧，强调创新，注重激发员工的潜在智能，在管理中引进数量分析方法，使决策更具合理性。近代企业走上"多目标（multi-target）"经营之道的原因有四点：一是为满足顾客的需求。经济发展，国民生活水平提高，顾客对产品的需求，无不以追求多样化为目标，企业为满足顾客越来越复杂的需求，争相走上多目标的经营之道。二是适应激烈的竞争情况。产品的生命周期缩短，单一产品易被淘汰，企业唯有走上多目标的经营之道以求企业的持续生存。三是企业的内部经济原理。多目标经营不但在原料的采购上得到某些方面的利益，而且可充分利用副产品与废料。四是由于科技不断革新，企业重视研究，其结果是不断有新产品出现。

(4) 管理的核心是处理好人际关系。人既是管理的主体又是管理的客体，管理在大多数情况下是人和人打交道。管理的目的是实现多人共同完成目标，因此，管理者一定要处理好人际关系，千万不要给人一种高高在上的感觉。

三、企业管理者的任务和技能

(一) 管理者的含义

管理者指组织中指挥他人活动的人，或对他人的工作负有责任的人。管理者通过管理他人来完成工作。他们做出决策、分配资源、指导别人的活动从而实现工作目标。

根据在组织中的层次，可以将管理者分为基层管理者、中层管理者和高层管理者。

1. 基层管理者

基层管理者又称一线管理者，具体指工厂里的班组长、小组长等。他们的主要职责是传达上级计划、指示，直接分配每一个成员的生产任务或工作任务，随时协调下属的活动，控制工作进度，解答下属提出的问题，反映下属的要求。他们工作质量的好坏，直接关系组织计划的落实，目标的实现。基层管理者在组织中有着十分重要的作用，所以对基层管理者的技术操作能力及驭下能力要求较高,但并不要求其拥有统筹全局的能力。

2. 中层管理者

中层管理者处于企业组织架构的中层位置,在决策层与执行层中间,具有桥梁作用,是企业重要的中枢系统。中层管理者将决定企业能否健康持续发展。

中层管理者的具体身份是比较复杂的。在人事关系方面,中层管理者在上级面前是命令的执行者,在下级面前是企业形象的代表,受上司的委托管理某一部门,与其他部门经理互相配合,完成上级布置的任务;在企业决策方面,中层管理者是情报的提供者和支持者,是企业文化的传播者和建设者,这是中层管理者的最根本定位。

3. 高层管理者

高层管理者位于层级组织的最高层,需要对整个组织负责。他们一般具有以下职位或称呼:总裁、董事长、执行总裁和首席执行官等。高层管理者负责确定组织目标,制定实现既定目标的战略,监督与解释外部环境状况,以及就影响整个组织的问题进行决策。他们需要面向更长期的未来考虑问题,需要关心一般环境的发展趋势和组织总体的成功。在高层管理者的所有职责中,最重要的责任是沟通组织的共同远景,塑造公司文化和培育有助于公司的各方面专业人才并跟上快速变化的企业文化。高层管理者必须了解、培育和运用每个员工的独特知识、技术和能力。同时,建立一套合理的薪酬和奖罚系统,从而用科学有效的方法帮助公司及企业快速实现任务和目标。

(二) 管理者的任务

管理者在实施管理职能时究竟在做些什么?答案是他们在扮演人际、信息和决策三方面重要的角色。20 世纪 60 年代后期,亨利·明茨伯格对五位高级主管做了认真的现场观察研究。在有关管理者工作方面,他的发现向一些传统观念提出了挑战。他认为,实际管理者的工作是扮演三方面 10 种不同角色。

1. 人际关系方面

(1) 挂名首脑角色。这是经理所担任的最基本的角色。经理是组织正式的权威,是一个组织的象征,因此要履行这方面的职责。作为组织的首脑,每位管理者有责任主持一些仪式,如接待重要的访客、参加某些职员的婚礼、与重要客户共进午餐等。很多职责有时可能是日常事务,对组织能否顺利运转却起着非常重要的作用,不能被忽视。

(2) 领导者角色。管理者是一个企业的正式领导,要对该组织成员的工作负责,这就构成了领导者角色。这些行动有一些直接涉及领导关系,管理者通常负责雇佣和培训职员,负责对员工进行激励或者引导,以某种方式使他们的个人需求与组织目的达到和谐。在领导者角色里,我们能清楚地看到管理者的影响。正式的权力赋予了管理者强大的潜在影响力。

(3) 联络者角色。这指的是经理同他所领导的组织以外的无数个人或团体维持关系的重要网络。通过对每种管理工作的研究发现,管理者花在同事和单位之外的其他人身上的时间与花在自己下属身上的时间一样多。这样的联络通常都是通过参加外部的各种会议,参加各种公共活动和社会事业来实现的。实际上,联络角色专门用于建立管理者自己的外部信息系统——它是非正式的、私人的，却也是有效的。

2. 信息传递方面

（1）监控者角色。监控者角色，指管理者为了得到信息而不断审视自己所处的环境。他们询问联系人和下属，通过各种内部事务、外部事情和分析报告等主动收集信息。担任监控角色的管理者所收集的信息很多都是口头形式的，通常是传闻和流言。当然也有一些是董事会的意见或者是社会机构的质问等。

（2）信息传播者角色。组织内部可能需要管理者个人外部联系收集到的信息。管理者必须分享并分配信息，把外部信息传递到企业内部，把内部信息传给更多人知道。当下属彼此缺乏便利联系时，管理者有时需要分别向他们传递信息。

（3）发言人角色。这个角色是面向组织外部的。管理者把一些信息发送给组织之外的人。而且，经理作为组织的权威，要求对外传递关于本组织的计划、政策和成果信息，使得那些对企业有重大影响的人能够了解企业的经营状况。例如，首席执行官可能要花大量时间与有影响力的人周旋，要就财务状况向董事会和股东报告，还要履行组织的社会责任等。

3. 决策方面

（1）企业家角色。企业家角色指的是经理在其职权范围内充当本组织变革的发起者和设计者。管理者必须努力组织资源适应周围环境的变化，要善于寻找和发现新的机会。作为创业者，当出现一个好主意时，要么由总裁决定一个开发项目，直接监督项目的进展，要么就把它委派给一个雇员。这就是决策阶段。

（2）危机处理者角色。企业家角色把管理者描述为变革的发起人，危机处理者角色则显示管理者非自愿地回应压力。在这里，管理者不再能够控制迫在眉睫的罢工、某个主要客户的破产或某个供应商违背合同等变化。在危机处理中，时机是非常重要的，而且这种危机很少在例行的信息流程中被发觉，大多是一些突发的紧急事件。实际上，每位管理者必须花大量时间对付突发事件。没有组织能够事先考虑到每个偶发事件。

（3）资源分配者角色。管理者负责在组织内分配责任，他分配的最重要资源也许就是他的时间。更重要的是，经理的时间安排决定他的组织利益，并把组织的优先顺序付之实施。接近管理者就等于接近组织的神经中枢和决策者。管理者还负责设计组织的结构，即决定分工和协调工作的正式关系模式，分配下属的工作。在这个角色里，重要决策在被执行之前，首先要获得管理者的批准，这能确保决策是互相关联的。

（4）谈判者角色。组织要不停地进行各种重大的、非正式化的谈判，这多半由经理带领进行。对在各个层次进行的管理工作研究显示，管理者花了相当多的时间用于谈判。一方面，经理的参加能够增加谈判的可靠性；另一方面，经理有足够的权力来支配各种资源并迅速做出决定。谈判是管理者不可推卸的工作职责，而且是工作的主要部分。

（三）管理者的技能

管理学者R.I.卡兹在《哈佛商业评论》中发表了一篇名为《能干的管理人员应具有的技能》的论文，指出管理者需要具备三种基本技能，即技术技能、人文技能和构想技能。后来，管理学家孔茨和韦里奇在卡兹的基础上，又补充了一种设计技能。另一位管理学者格里芬也为之增加了诊断和分析两项技能。

（1）技术技能，指对某一特殊活动（尤其是包含方法、过程、程序或技术的技能）的理解和熟练度，包括在工作中运用知识、工具或技巧的能力。

（2）人文技能，又称人际关系技能，亦称人事技能。它指一个人能够以群体成员的身份有效工作的能力，并能在所领导的群体中发扬共同努力的协作精神。简言之，即理解、激励、与他人融洽相处的能力。这项技能不仅要求管理者要善解人意，而且能创造一种使下级感到安全并能自由发表意见的氛围。

（3）构想技能，亦称思想技能或观念技能。构想技能指把组织看成一个整体的能力，包括识别一个组织中彼此相互依赖的各种职能，部分的改变如何影响其他各部分，进而设想个别企业和整个产业、社团间以及与宏观环境中的政治、社会和经济力量间的总体关系。管理者应能胸怀全局，认清左右形势，评价各种机会并决定如何采取行动。

尽管上述三种技能在各个管理层中都是重要的，其相对重要性则取决于管理人员在组织中所处的管理层次。

技术职能对于一线监管人员而言是至关重要的，随着管理者职位的提升，技术职能的需要逐渐下降，高层管理人员对技术职能的需要最少。尽管许多高级经理人员都有一定的技术背景，但和一线监管人员不同，他们很少需要在日常工作中运用具体的技术技能。例如，有的公司总裁，自己也是一位训练有素的工程师，但他不必自行设计机器。当然，许多企业和公司的最高领导往往因他们具有相当的技术专业知识而受下属的尊敬。

人文技能对各级管理人员都很重要。有一项研究表明，人文技能在领班一级极为重要。领班作为基层的行政管理者，其主要职能就是取得生产小组成员的合作。

在较高的职位中，构想技能的需要也随之增大。在组织的最高层，构想技能是所有成功行政管理中最重要的技能。一个行政负责人可能在技术技能和人文技能上有所欠缺，但只要他的下级在这方面较强，他仍可以成为一个有效的行政管理者。但是，如果他的构想技能不强，将危及整个组织的成功。

（4）设计技能，指采取对组织有利的方法解决问题的能力。一个有效的管理者，特别是组织内部的高层管理者，不仅要善于发现问题，而且必须像一个优秀设计工程师那样，能根据实际条件找出解决问题的方法。管理者如果仅仅能看到问题，就成了"问题观察家"，有效的管理者必须面对现实，设计出解决问题的切实可行的办法。

（5）诊断技能，即成功的管理者必须能根据组织出现的症状来诊断问题，通过表象分析问题的实质。

（6）分析技能，类似于思想技能，是诊断技能的补充，是管理者在某一形势下鉴别关键变量的能力，分析它们之间的相互关系，并找出最值得关注的因素。诊断技能是管理者理解并认识所处的形势，分析技能则使管理者能决定在该形势下如何行动。分析技能与进行决策的技能很相似，但分析不涉及实质性决定。

第三节 企业管理思想的形成与发展

一、古典管理理论

古典管理理论形成于19世纪末20世纪初，主要分为科学管理理论和组织管理理论。

（一）科学管理理论

如何提高单个工人的生产率，是科学管理理论着重研究的问题。科学管理理论最具代表性的人物是被誉为"科学管理之父"的泰罗（Frederick Winslow Taylor，1856～1915年）。泰罗出生于美国费城一个富裕的律师家庭，18岁中学毕业后考上哈佛大学法学系，但不幸因眼疾中途辍学。随后，19岁的他开始了在费城一家机械厂的徒工生涯，22岁转入费城的米德维尔钢铁公司做技工，28岁升任总工程师，42岁受雇于宾夕法尼亚的伯利恒钢铁公司。泰罗年轻时期就热衷于企业管理的研究，并在其工作中进行了一系列管理实验，他45岁后把大部分时间用于写作和演讲，宣传他的科学管理理论。泰罗50岁担任美国机械工程师学会会长。

科学管理理论的主要内容概括为以下几方面。

（1）工作定额。泰罗认为，要制定出有科学依据的工人的"合理的日工作量"，就必须进行工时和动作研究。方法是选择合适且技术熟练的工人，把他们的每一项动作、每一道工序所用的时间记录下来，加上必要的休息时间和其他延误时间，就得出完成该项工作所需要的总时间，据此定出一个工人"合理的日工作量"。这就是所谓的工作定额原理。

（2）标准化。要使工人掌握标准化的操作方法，使用标准化工具、机器和材料，并使作业环境标准化，这就是所谓的标准化原理。泰罗认为，必须用科学的方法、工具、劳动和休息时间的搭配、机器的安排和作业环境的布置等进行分析，消除各种不合理的因素，把各种好的因素结合起来，形成一种最好的方法，这是管理的重要职责。

（3）能力与工作相匹配。为了提高劳动生产率，必须为工作挑选"第一流的工人"。第一流工人是指一个人愿意且有能力高效地完成工作的人。在制定工作定额时，泰罗是以第一流工人在不损害其身心健康前提下维护较长年限的速度为标准的。泰罗认为，把工人分配在与其能力相适应的工作中，激励其努力工作，并进行培训，培养成为第一流工人是健全的人事管理的基本原理。这也体现了我国古人"知人善任""用人之所长"的用人思想。

（4）差别计件工资制。按照工人的实际完成数额的不同给予不同的工资报酬，完成数额超过工作定额越多，得到的工资报酬越高，不达到工作定额的则按低工资付酬。这种奖罚制度也被叫做"胡萝卜加大棒"制度，显现公平，从而调动工人的积极性，促使工人大大提高劳动生产率。差别计件工资制，是泰罗在计时工资体制下工人磨洋工消极怠工背景下提出的一种新的报酬制度。

（5）计划职能与执行职能分离。泰罗认为应该用科学的工作方法取代经验工作方法。经验工作方法指每一个工人采用什么操作方法、使用什么工具等，都根据个人经验来决定。科学工作方法指每一个工人采用什么操作方法、使用什么工具等，都根据试验和研究结果来决定。为了采用科学的工作方法，泰罗主张把计划职能同执行职能分开，由专门的计划部门承担计划职能，由所有的工人和部分工长承担执行职能。计划部门的具体工作包括：进行时间和动作研究；制定科学的工作定额和标准化的操作方法，选用标准化的工具；拟定计划，发布指示和命令；对照标准，对实际的执行情况进行控制等。

（二）组织管理理论

组织管理理论着重研究管理职能和整个组织结构。其代表人物主要有：亨利·法约尔（Henri Fayol，1841~1925 年）和马克斯·韦伯（Max Webber，1864~1920 年）。

1. 法约尔的贡献

法约尔，法国人，1860 年从圣艾蒂安国立矿业学院毕业后进入康门塔里——富尔香堡采矿冶金公司，成为一名采矿工程师。不久他被提升为公司的矿井经理。1888 年他出任该公司总经理。1916 年法国矿业协会的年报公开发表了他的著作《工业管理与一般管理》。这本著作是他一生管理经验和管理思想的总结。他认为，他的管理理论虽以大企业为研究对象，但除了可以用于工商企业外，还可以用于政府、教会、慈善机构和军事组织等。所以，法约尔被公认为是第一位概括和阐述一般管理理论的管理学家。他的理论贡献主要体现在他对管理职能划分的归纳上。

（1）企业的基本活动和管理的五种职能。法约尔指出，任何企业都存在六种基本活动，管理只是其中一种。这六种职能活动是：①技术活动，指生产、制造和加工；②商业活动，指采购、销售和交换；③财务活动，指资金的筹借、运用和控制；④安全活动，指设备的维护和人员的保护；⑤会计活动，指货物盘点、成本统计和核算；⑥管理活动，指计划、组织、指挥、协调和控制。

法约尔写到，"所谓经营，就是努力确保六项基本活动的顺利运转，把组织拥有的资源变成最大的成果，从而促进组织目标的实现"。

（2）管理的 14 条原则。法约尔提出一般管理的 14 条原则。①分工。在技术工作和管理工作中进行专业化分工可以提高效率。②权利与责任。权利指"指挥他人的权利及促使他人服从的力"。在行使权力的同时，必须承担相应的责任，不能出现有权无责和有责无权的情况。更为重要的是法约尔区分了管理者的职位权力和个人权利，前者来自个人的职位高低，后者是由个人的品德、智慧和能力等个人特性形成的。一个优秀的管理者必须两者兼备。③纪律。纪律是企业领导者同下属之间在服从、勤勉、积极、举止和尊敬等方面所达成的一种协议。组织内所有成员都要根据各方达成的协议对自己在组织内的行为进行控制。④统一指挥。组织内每一个人只能服从一个上级并接受他的命令。⑤统一领导。凡目标相同的活动，只能有一个领导、一个计划。⑥个人利益服从集体利益。集体的目标必须包含员工个人的目标，但个人和小集体的利益不能超越组织利益。当两者矛盾时，领导人要以身作则使其一致。⑦报酬合理。报酬制度应当公平，对工作成绩和工作效率优良者给予奖励，但奖励应有一个度。法约尔认为，任何优良的报酬制度无法取代优良的管理。⑧集权与分权。提高下属重要性的做法是分权，降低这种重要性的做法是集权。要根据企业的性质、条件和环境、人员素质来恰当决定集权和分权的程度。当企业的实际情况发生变化时，要适时改变集权和分权的程度。⑨等级链与跳板。等级链指"从最高的权威者到最低层管理人员的等级系列"。它表明权利等级顺序和信息传递的途径。为了保证命令的统一，不能轻易违背等级链，请示要逐级进行，指令也要逐级下达。有时这样做会延误信息，鉴于此，法约尔设计了一种"跳板"，便于同级之间的横向沟通。但在横向沟通前要征求各自上级的意见，事后要立即向各自上级汇报，从而维护统一指挥的原则。⑩秩序。秩序指"有地方放置每件东西，且每件东西都放在该放置的地方；有职位安排每个人，且每个人都安排在应安排的位置上"。⑪公平。在待人上，管理者必须做到"善意与公道结合"。⑫人员稳定。培养一个人胜任目前的工作需要花费时间和金钱。所以，人员（特别是管理人员）的经常变动对企业很不利。⑬首创精神。首创精神是创立和推行一项计划的动力。领导者不仅本人要有首创精神，还要鼓励全体人员发挥他们的首创精神。⑭集体精神。在组织内部形成团结、和谐和协作的气氛。

2. 韦伯的贡献

韦伯是德国著名的社会学家。他对管理理论的主要贡献是提出了"理想的行政组织体系"理论。韦伯认为等级、权威和行政制是一切社会组织的基础。对于权威，他认为有三种类型：个人崇拜式权威、传统式权威和理性-合法的权威。其中，个人崇拜式权威的基础是"对个人明确而特殊的尊严、英雄主义或典范品格的信仰……"；传统式权威的基础是先例和惯例；理性-合法的权威的基础是"法律"或"处于掌权地位的那些人……发布命令的权利"。韦伯认为，在三种权威中只有理性-合法的权威才是理想组织形式的基础。

韦伯的"理想的行政组织体系"或理想组织形式具有以下一些特点。

(1) 存在明确的分工。把组织内的工作分解，按职业专业化分配给成员，明文规定每个成员的权利和责任。

(2) 按等级原则对各种公职或职位进行法定安排，形成一个自上而下的指挥链或等级体系。

(3) 根据正式考试或教育培训而获得的技术资格来选拔员工，并根据职务的要求来任用。

(4) 除个别需要通过选举产生的公职（如选举产生的公共关系负责人，或在某种情况下选举产生的整个单位负责人等）以外，所有担任公职的都是任命的。

(5) 行政管理人员是"专职的"管理人员，领取固定的"薪金"，有明文规定升迁制度。

(6) 行政管理人员不是其管辖的企业的所有者，只是其中的工作人员。

(7) 行政管理人员必须严格遵守组织的规则、纪律和办事程序。

(8) 组织成员之间的关系以理性准则为指导，不受个人感情的影响。组织与外界的关系也是这样。

韦伯认为，这种高度结构化的、正式的、非人格化的理想行政组织体系是强制控制的合理手段，是达成目标、提高效率的最有效形式。这种组织形式在精确性、稳定性、纪律性和可靠性等方面都优于其他形式，适用于当时日益增多的各种大型组织，如教会、国家机构、军队、政党、经济组织和社会团体。韦伯的这一理论，是泰罗、法约尔理论的补充，对后来的管理学家，特别是组织理论家产生很大影响。

二、行为管理理论

行为管理理论形成于20世纪20年代，早期被称为人际关系学说，以后发展为行为科学，即组织行为理论。

(一) 梅奥及其领导的霍桑实验

梅奥（George E. Mayo，1880~1949年），原籍澳大利亚，后移居美国。作为心理学家和管理学家，他领导了1924~1932年在芝加哥西方电器公司霍桑工厂进行的一系列实验（即霍桑实验）中后期的重要工作。该实验分成四个阶段。

第一阶段：工作场所照明实验（1924~1927年）

研究人员选择一批工人，并把他们分成两组：一组是实验组，变换工作场所的照明强度，使工人在不同照明强度下工作；另一组是对照组，工人在照明强度保持不变的条件下工作。研究人员希望通过实验得出照明强度对生产率的影响，但实验结果发现，照明强度的变化对生产率几乎没有影响。这说明，工作场所的照明只是影响工人生产率的微不足道的因素。由于牵涉因素较多，难以控制，且其中任何一个因素都有可能影响实验结果，所以照明对生产率影响无法准确衡量。

第二阶段：继电器装配室试验（1927.8~1928.4）

从这一阶段起，梅奥参加了实验。研究人员选择了5名女装配工和1名女画线工在单独一间工作室内工作，1名观察员被指派加入这个小组，记录室内发生的一切，以便对影响工作效果的因素进行控制。这些女工们在工作时间可以自由交谈，观察员对她们的态度也很和蔼。在实验中分期改善工作条件，如改进材料供应方式、增加工间休息、供应午餐和茶点、缩短工作时间、实行集体计件工资制等，这些条件的变化使女工们的产量上升。但过了半年，在取消工间休息和供应的午餐茶点并恢复每周工作六天后，她们的产量仍维持在高水平上。看来其他因素对产量无多大影响，监督和指导方式的改善能促使工人改变工作态度并增加产量，于是决定进一步研究工人的工作态度和可能影响工人工作态度的其他因素成为霍桑实验的一个转折点。

第三阶段：大规模访谈（1928~1931年）

研究人员在上述实验的基础上进一步在全公司内进行访问和调查，参与此次访问和调查的员工两万多人次。结果发现，影响生产力的最重要因素是工作中形成的人际关系，而不是待遇和工作环境。每个工人的工作效率不仅取决于他们自身的情况，还与其所在小组中的同事有关。任何一个人的工作效率都要受同事们的影响。

第四阶段：接线板接线工作室试验（1931~1932年）

该工作室有9名接线工、3名焊接工和2名检查员。这一阶段有许多重要发现：

①大部分成员都自行限制产量。公司规定的工作定额为每天焊接 7312 个接点，但人们只完成 6000～6600 个接点，原因是怕公司再提高工作定额，也怕因此造成一部分人失业，他们这样做保护了工作速度较慢的同事。②工人对不同级别的上级持有不同态度。他们把小组长看作小组的成员。对于小组长以上的上级，级别越高，工人越尊敬他，同时工人对他的顾忌心理越强。③成员中存在小派系。工作室里存在派系，每个派系都有自己的行为规范。谁要加入这个派系，就必须遵守这些规范。派系中的成员如果违反了这些规范，就要受到惩罚。

梅奥对其领导的霍桑实验进行了总结，写成了《工业文明中人的问题》一书。在书中，梅奥阐述了与古典管理理论不同的观点——人际关系学说，该学说主要有以下内容。

（1）工人是社会人而不是经济人。科学管理学派认为金钱是刺激人们工作积极性的唯一动力，把人看作经济人。梅奥认为，工人是社会人，除物质需要外，还有社会、心理等方面的需要，因此不能忽视社会心理因素对工人工作积极性的影响。

（2）企业中存在非正式组织。企业成员在共同工作的过程中，相互间必然产生共同的感情、态度和倾向，形成共同的准则和惯例。这就构成一个体系，称为"非正式组织"。非正式组织以它独特的情感、规范和倾向，左右其成员的行为。古典管理理论仅注重正式组织的作用是有欠缺的。非正式组织不仅存在，而且与正式组织相互依存，对生产率有重大影响。

（3）生产率主要取决于工人的工作态度以及他和周围人的关系。梅奥认为提高生产率的主要途径是提高工人的满足度，即工人对社会因素，特别是人际关系的满足度。如果满足度高，工作的积极性、主动性和协作精神就高，生产率就高。

(二) 行为科学

1949 年在美国芝加哥大学召开了一次由哲学家、精神病学家、心理学家、生物学家和社会学家等参加的跨学科的科学会议，讨论了应用现代科学知识研究人类行为的一般理论。会议给这门综合性的学科定名为"行为科学"。行为科学的蓬勃发展，产生了一大批影响力很大的行为科学家及其理论，主要有马斯洛（Abraham Maslow，1908～1970 年）的需求层次理论、麦克利兰（David McClelland，1917～1998 年）的三种需要理论和赫茨伯格（Frederick Herzberg，1923～2000 年）的双因素理论、弗鲁姆（Victor Vroom）的期望理论等。有关他们及其理论的介绍详见本书第二章。

三、现代管理理论

(一) 数量管理理论

数量管理理论产生于第二次世界大战期间。它以现代自然科学和技术科学的成果（如先进的数学方法、电子计算机技术、系统论、信息论和控制论等）为手段，运用数学模型，对管理领域的人、财、物和信息资源进行系统的定量分析，并做出最优规划和决策。

数量管理理论的内容主要包括以下三点。

1. 运筹学

运筹学是数量管理理论的基础。第二次世界大战期间，一些英国科学家为解决雷达的合理布置问题开发了分析与计算机技术，这些技术构成了运筹学的雏形。就其内容讲，运筹学是一种分析的、实验的和定量的方法，专门研究在既定的物质条件下，为达到一定目的，如何最经济、最有效的使用人、财和物等资源。运筹学后来被运用到管理领域。

2. 系统分析

"系统分析"这一概念由美国兰德公司1949年提出。其特点是，解决管理问题要从全局出发进行分析和研究，以制定出正确的决策。系统分析一般包括以下步骤：

（1）确定系统的最终目标，同时明确每个特定阶段的目标和任务。

（2）必须把研究对象视做一个整体，一个统一的系统，然后确定每个局部要解决的任务，研究它们之间以及它们与总体目标之间的相互关系和相互影响。

（3）寻求完成总体目标及各个局部任务可选择的方案。

（4）对可供选择的方案进行分析和比较，选出最优方案。

（5）实施组织所选方案。

3. 决策科学化

决策科学化指决策要以充足的事实为依据，按照事物的内在联系对大量资料和数据进行分析和计算，遵循科学的程序，严密的逻辑推理，从而做出正确决策。电子计算机、管理信息系统、DSS（决策支持系统）、ERP（企业资源计划）等的应用为决策科学化提供了可能。

（二）系统管理理论

系统管理理论是指运用系统理论中的范畴和原理，对组织的管理活动和管理过程，特别是组织结构和模式进行分析的理论。这一理论的要点如下：

组织是一个系统，是由相互联系、相互依存的要素构成的。根据需要，可以把系统分解为子系统，子系统还可以再分解。例如，为了研究一个系统的构成，可以把系统分解为各个结构子系统；为了研究一个系统的功能，可以把系统分解为各个功能子系统。这样，对系统的研究就可以从子系统与子系统间的关系入手。

系统在一定条件下生存，与环境进行物资、能量和信息的交换。系统从环境输入资源，把资源转换为产出物，一部分产出物为系统自身消耗，其余部分则输出到环境中。系统在投入—转换—产出的过程中不断自我调节，以获得自身的发展。

运用系统观点来考察管理的基本职能，可以提高组织的整体效率，使管理人员不至于因只重视某些与自己有关的特殊职能而忽视大目标，也不致于忽视自己在组织中的地位和作用。

（三）权变管理理论

权变管理理论是20世纪70年代在美国形成的一种管理理论。这一理论的核心是力图研究组织与环境的关系，并确定各种变量的关系类型和结构类型。它强调管理要根据组织所处的环境随机应变，针对不同的环境寻求相应的管理模式。

权变管理理论着重考察环境变量与各种管理方式的关系。通常情况下，环境是解释变量，管理方式是被解释变量。这就是说，组织所处的环境决定何种管理方式更适合于组织。例如，经济衰退时期，由于企业面临的市场环境是供大于求，集权的组织结构可能更为适合；经济繁荣时期，由于企业面临的市场是供不应求，分权的组织结构可能更为适合。

（四）全面质量管理

在20世纪八九十年代，西方的工商企业界和公共管理部门掀起了一场质量革命——全面质量管理。

戴明（W. Edwards Deming）和朱兰（Joseph M. Juran）是质量管理之父。20世纪50年代，戴明和朱兰的思想在美国没得到支持和欢迎，在日本却得到欢迎与实践。到20世纪80年代，诸如电子、家电、汽车等一些产业，日本的产品质量和竞争力超越美国，这引起了美国等西方理论界和实践界对全面质量管理的高度重视。全面质量管理的本质是由顾客需求和期望驱动企业持续不断改善的管理理念。它包括以下几个要点。

（1）关注顾客。顾客不仅包括购买组织产品或服务的外部顾客，而且包括组织内相互联系的内部顾客（如上下游价值活动间的员工）。

（2）注重持续改善。"很好"不是终点，质量永远能够被提升和改善。

（3）关注流程。全面质量管理把工作流程视为产品或服务质量持续改善的着眼点，而不仅仅是产品和服务本身。

（4）精确测量。全面质量管理运用统计方法对组织工作流程的每一关键工序或工作进行测量，把测量的结果与标准或标杆进行比较，识别问题，深究问题根源，消除问题产生的原因。

（5）授权于员工。质量管理是全体员工而不仅仅是管理者或质检员的职责和任务。全面质量管理事关组织中的一切员工，质量管理小组，工作团队将全面质量管理广泛运用于工作中。

【案例分析】

爱多公司的风雨路

爱多公司在短短两三年间从一个名不见经传的手工作坊，成长为中国家电行业的一名骄子，被媒体称为"爱多神话"，被管理界喻为"爱多奇迹"。但爱多公司成功也快，消失也快。成也志标，败也志标。今天让我们简要看一看爱多公司的发展过程，也许从中会悟出点管理的道理。

1995年7月20日，广东中山爱多电器公司正式成立，胡志标任总经理，他的好朋友陈天南出任法人代表。在此之前，两人曾一起给人修电视机、做变压器，各出2000元办起爱多前身开达电子厂，先做游戏机，后做被中山小霸王上门打假的学习机。按常理，这间小厂会随电子产品的不断转型而转产各类小家电，赚些小钱发点小财，像珠江三角洲地区成千上万的小厂一样，四平八稳地生存或湮灭。但胡志标的胆魄和雄心，使他所投身的企业不可能平庸终及，他选择了当时前途无限的VCD项目。

千辛万苦上了VCD，胡志标想把它做大，但对于一个身处中山东升镇的无名小厂来说谈何容易？胡志标选择了一条捷径——高强度的密集广告，把"爱多"两个字强行摁进市场和消费者的眼中，快速提升品牌和企业知名度。

1996年年底，在产品投放市场取得不俗收获并薄有积蓄的基础上，胡志标开始在当时一统天下的中央电视台出手。他先花450万元请香港著名影星成龙拍出"爱多VCD，好功夫！"的广告片，又花8200万元投中央电视台天气预报后的5秒钟广告标版。其后的事实证明，这笔钱花得绝对值：菲利普公司对爱多给予了充裕的机芯供应；各级经销商纷至沓来；销售网络进一步理顺充实，产品供不应求，爱多取得巨大成功。1996年产值达到2亿元，1997猛窜至16亿元。爱多VCD真正应验了其广告代理人胡刚的一句话："登高一呼，应者云集"。

大手笔的广告制作和抢占中央电视台制高点带来的企业高速成长，再加上争做VCD品牌龙头老大的雄心，使胡志标在1997年年底的中央电视台广告竞标中，放出更大的手笔。他的广告代理公司请来成龙和张艺谋，花费上千万元拍摄了一条"真心英雄"的广告片，尽情诠释和传递"我们一直在努力"的企业理念。接着在竞标会上，以2.1亿元的标价突破竞争对手的围追堵截，勇夺CCTV1998年标王，爱多的风头一时无二。

1997年与1998年交替之际，爱多在胡志标的率领下，激情四溢地攀上了发展的顶点。钱来似潮，又如潮去，没有人能算出爱多赚了多少钱又花了多少钱。太快的成功不免让人浮躁，此时，胡志标不仅仅是浮躁，而是狂妄了。正是从此开始，爱多走上了一泻千里的下坡路。

先是爱多为争行业老大，不惜血本与新科在市场上斗法，夺取了新阵地，对于老成果，数千万的投入却没带来合理的市场回报和利润回报；接着是为夺回丢失的一线零售市场，铺开了收复失地的拯救行动，结果恰逢VCD行业发展的转折，1998年3月前，VCD供不应求，但3月后，供过于求，爱多的拯救行动无疾而终；再接着因拖欠材料供应商的款项太多，一些供应商停止供货，爱多VCD在市场上出现断货现象，爱多公司也开始了债主盈门的日子；其后多元化战略的失败和高层人才的流失，将爱多和胡志标一步步逼上了绝境。

为应付追债人，爱多开出了空头支票；为逃避追债人，胡志标也减少抛头露面；胡志标为解困境欲与他人合作经营品牌，爱多另一大股东陈天南声明不予承认；爱多被多家债权人告上法庭，不同的法院分批查封了爱多的财产……这就是1998年8月以后，胡志标和爱多面对的所有状况。

从品牌到峰顶，广东爱多用了两年多的时间，从峰顶跌落深渊，只用了一年多的时间。一家年产值曾高达16亿元的企业，兴衰何以至此？大起大落的原因，很少有人能看懂。曾任公司副总经理的吴正喆说过："爱多的事情，也许5~10年才能弄明白，也许永远都不能让人明白"。

（资料来源：张文昌，曲英艳，庄玉梅.2007.现代管理学（案例卷）.济南：山东人民出版社：6-8.）

思考题：
1. 爱多公司迅速成功的诀窍是什么？
2. 分析爱多失败的主要原因。

【技能训练】

中国管理思想的认识

训练目标：
1. 增强现代企业管理思想的认识。
2. 培养分析已有组织管理思想的能力。

训练方法：
1. 班级以小组为单位，每组4～6人，选取小组长，组员分工。
2. 每个小组从报纸、杂志或网络中收集2～4个有关我国企业在管理方面的案例。
3. 应用所学理论分析其管理思想。
4. 组织一场关于管理理论与管理思想的讨论。每小组代表对收集的案例进行15分钟的陈述、分析，其他成员做适当补充。最后10分钟为提问和互动时间。

训练要求：
1. 通过资料收集与调研，获得较为充实的资料。
2. 每组以书面形式准备发言稿。
3. 发言要结合理论与实际管理思想。
4. 根据中国传统文化与当前的社会环境来分析，力求得到具有中国特色的管理思想。

成果检验：
1. 每小组提交一份书面报告。
2. 每组派一个代表发言，各组之间相互讨论。
3. 教师根据报告的质量和讨论中小组成员的表现给予评估，按一定比例确定成绩。

【思考题】

1. 什么是企业，企业的法律形式有哪些？
2. 什么是企业管理，企业管理的内容有哪些？
3. 什么是管理者，管理者的任务是什么？
4. 试描述现代企业制度内容。
5. 古典管理理论阶段的代表人物和主要管理思想是什么？
6. 现代管理理论有哪些？

第二章

企业管理职能

【学习目标与要求】
- 了解计划的编制过程。
- 掌握组织存在的结构形式。
- 掌握领导和激励的理论思想。
- 能够运用企业管理过程理论思想分析和解决实际问题。

为失败决策苹果公司付出代价

20世纪70年代由两个年轻人创立而成名的苹果计算机公司,到80年代,在美国和整个世界的电脑市场上都有了它的一席之地。1984年该公司开发出一款具有多项优势的新产品——MaC型微型电脑。该机功能多、价廉、体小方便,对水、热等多方面具有优异的抗性,这些优势使其在美国电脑市场上供不应求,即使十分保守的估计,当年的需求量至少也在数百万台。然而遗憾的是,苹果公司本身的生产能力有限,即使拿出十二万分努力,它也只能提供不到这个数字1/6的水平。其他电脑制造商闻风赶来,要求苹果公司给予该型电脑的制作许可权。

一个企业如果获得此项授权,那么,它每生产销售一台该型电脑,虽然要支付苹果公司一笔可观的许可权费用,但自己也会受益。显然这是对双方都有利的事情,苹果公司当然也清楚这一点。但两个原因使苹果公司对授予其他公司生产制作权的决策迟迟得不到实施。一是苹果公司对该型电脑的垄断生产销售地位,这种地位令公司财源茂盛、生意兴隆,授予其他公司制作权实际上等于部分地放弃这种垄断地位。苹果公司对具有垄断地位的这种美妙感受恋恋不舍。二是其他电脑制造商为获得制作权的竞争非常激烈。苹果公司在评价、比较不同厂商提供的竞争味十足的合同文件方面,劳心费力,左右为难,难以做出选择,时间就这样流逝。数月后,一家小公司开发出一种电脑接口系统"Windows",该系统接在微电脑上会使电脑性能发生优异的变化。显然,凡是已购买了微电脑的消费者都会去装这种系统,而且费用并不高。但是问题出现了,社会上微电脑的类型颇多,"Windows"系统目前还不能在技术上做到对任何一种电脑都适用的程度。此时，它只能选择一种微电脑定型生产。它选择的必然是被人们使用得最多的那种电脑。这样，选择自然落在 IBM 公司生产的 PC 电脑上。

尽管这种电脑从性能上不如苹果公司的 MaC 电脑，但是有一点是 MaC 不能比拟的，那就是较早面世的 PC 电脑在社会上的保有量已达上千万台，MaC 电脑才生产出不足百万台。有了"Windows"系统配套，PC 电脑在功能上足以与苹果的 MaC 电脑抗衡。最可怕的是那些原来想购买 MaC 电脑的顾客，由于 MaC 供给不足，失去了等待的耐心，转而成为 IBM PC 电脑的俘虏。假如苹果公司能及早落实决策，把制作许可权给予多家电脑厂商从而迅速扩大生产能力占领市场，增大 MaC 电脑的社会保有量，那么"Windows"系统还能选择 IBM 的 PC 电脑吗？最后，决策实施时机的迟疑让苹果公司付出了惨重的代价。

（资料来源：http://epaper.jinghua.cn/html/2012-07/03/content_882208.htm）

第一节　企业决策与计划

一、决策与决策理论

（一）决策的定义

在管理学发展历程中，许多管理学家对决策进行了诠释。杨洪兰指出，从两个以上备选方案中选择一个的过程就是决策。周三多认为，决策是组织或个人为了实现某种目标而对未来一定时期内有关活动的方向、内容及方式的选择或调整过程。张石森、欧阳云则认为，人们为了达到一定目标，在掌握充分的信息和对有关情况进行深刻分析的基础上，用科学的方法拟定并评估各种方案，从中选出合理方案的过程就是决策。综合以上，我们可以总结出决策的几个特点：

(1) 决策是一个过程，这个过程由多个步骤组成，尽管各人对决策过程的理解不尽相同。

(2) 决策需要收集足够的信息，足够的辅助信息才能得出多个备选方案，最终得出最优方案。

(3) 决策的主体是管理者，因为决策是管理者的一项职能，通常有个体决策和群体决策。

本书采用路易斯、古德曼和范特（Lewis，Goodman and Fandt，1998）对决策的定义：决策就是"管理者识别并解决问题的过程，或者是管理者利用机会的过程"。

（二）决策理论

1. 古典决策理论

古典决策理论又称规范决策理论，是基于"经济人"假设提出来的，主要盛行于 20 世纪 50 年代以前。古典决策理论认为，应该从经济的角度来看待决策问题，即决策的目的在于为组织获取最大的经济利益。古典决策理论主要有四方面内容。

（1）决策者必须全面掌握有关决策环境的信息和情报。

（2）决策者要充分了解有关备选方案的情况。

（3）决策者应建立一个合理的自上而下的执行命令的组织体系。

（4）决策者进行决策的目的始终都是为了使本组织获取最大的经济利益。

古典决策理论描述了决策者应该怎样做出决策，但不能告诉我们管理者实际上是如何做出决策的。古典决策理论的价值在于它促使管理者在制定决策时具有理性。古典决策理论代表一种理想的决策模型。在程序化决策、确定性决策与风险性决策中，古典模型具有很强的应用价值。但是，古典决策理论忽视了非经济因素在决策中的作用，这种理论不一定能指导实际的决策活动，进而逐渐被更为全面的行为决策理论替代。

2. 行为决策理论

行为决策理论始于阿莱斯悖论和爱德华兹悖论的提出，是针对理性决策理论难以解决的问题另辟蹊径发展起来的，主要包括以下内容。

（1）人的理性介于完全理性和非理性之间，即人是有限理性的，这是因为在高度不确定和极其复杂的现实决策环境中，人的知识、想像力和计算力是有限的。

（2）决策者在识别和发现问题中容易受知觉上的偏差的影响，但在对未来状况做出判断时，直觉的运用往往多于逻辑分析方法的运用。所谓知觉上的偏差，指由于认知能力的有限，决策者仅把问题的部分信息当作认知对象。

（3）由于受决策时间和可利用资源的限制，决策者即使充分了解和掌握有关决策环境的信息情报，也只能做到尽量了解各种备选方案的情况，不可能做到全部了解。决策者选择的理性是相对的。

（4）在风险型决策中，与经济利益相比，决策者对待风险的态度起着更为重要的作用。决策者往往厌恶风险，倾向于接受风险较小的方案，尽管风险较大的方案可能带来较为可观的收益。

（5）决策者在决策中往往只求满意的结果，而不愿费力寻求最佳方案。

行为决策理论的主要研究方法涵盖了观察法、调查法（问卷调查法、访谈调查法）和实验法（心理学实验和经济学实验）。随着实验经济学的逐渐成熟，行为决策研究的方法有逐渐向经济学实验方法靠拢的趋势。多种实证研究方法的应用，尤其是经济学实验方法的逐渐成熟和应用，使人们对实际决策行为的规律有了一个比较全面的认识，为行为决策理论蓬勃发展，尤其是经济、金融、管理等领域的广泛应用奠定了坚实的基础。

3. 古典行为决策理论和行为决策理论的比较

（1）古典管理理论仅注重正式组织的作用，行为管理理论既注重正式组织的作用又兼顾非正式组织的作用。

（2）古典管理理论忽略了工人满足度对生产率的影响，行为管理理论却认为提高工人的满足度是提高工人生产率的主要途径，特别是人际关系的满足程度。

（3）古典管理理论认为金钱是刺激人们工作积极性的唯一动力，把人看作经济人，行为管理理论认为工人是社会人而不是经济人。

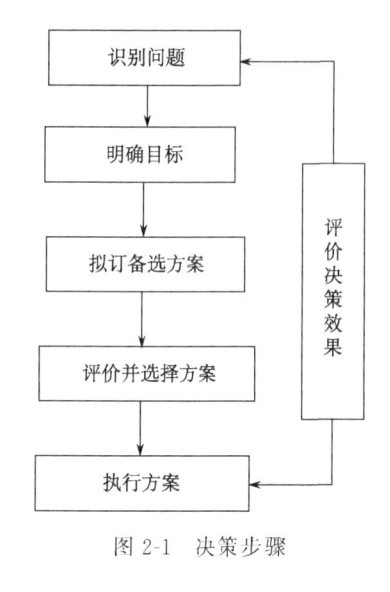

二、决策的过程

决策制定是一个过程而不是简单的选择方案的行为。决策过程（decision-making process）拟描述为六个步骤，从识别问题开始，到选择能解决问题的方案，最后结束于评价决策效果。如图 2-1 所示。

图 2-1 决策步骤

（一）识别问题

所谓问题，是应有状况与实际状况之间的差距。研究组织活动中存在的不平衡，要着重思考以下几个方面的问题。

(1) 组织在何时何地已经或将要发生何种不平衡？这种不平衡会对组织产生何种影响？

(2) 不平衡的原因是什么？主要根源是什么？

(3) 针对不平衡的性质，组织是否有必要改变或调整其活动的方向与内容？

（二）明确目标

一旦确定了需要解决的问题，就必须对问题进行系统分析，着手调查研究，搜集与解决问题相关的信息，并加以整理。

在明确决策目标时，必须要注意以下几个方面的要求：①提出目标的最低理想水平。②明确多元目标间的关系。③限定目标的正负面效果。④保持目标的可操作性。

（三）拟订备选方案

确定了问题，搜集和分析信息的过程已顺利完成，接下来应开始拟订备选方案。拟订备选方案主要是寻找达到目标的有效途径，因此这一过程是一个具有创造性的过程。决策者必须开拓思维，充分发挥集体的主观能动性，尽可能多地提出可供选择的方案，可供选择的方案越多，解决办法会越完善。

（四）评价并选择方案

备选方案拟订之后，决策者必须认真分析每一个方案的可应用性和有效性。对每一个备选方案所希望的结果和不希望的结果出现的可能性估计，根据决策所需的时间和其他限制性条件，层层筛选。如果所有的备选方案都不令人满意，决策者必须进一步寻找新的备选方案。在这一阶段，依靠可行性分析和各种决策技术，如决策树法、矩阵汇总决策、统计决策、模糊决策等，尽量科学地显示各种方案的利弊，并相互比较。选择方案，就是在各种可供选择的方案中权衡利弊，然后选取其一或对一些各有利弊的备择方案进行优势互补、融会贯通、取其精华、去其不足。

这一过程是决策的关键过程，一项经济方案是否科学，小到影响具体经济行为的效果，大到影响一个企业、一个地区，甚至一个国家的经济发展。因此，在方案全面实施之前，可以进行局部试行，验证真实条件下是否真正可行。验证方案若是不可行的，为避免更大损失，需再次考察上述各个活动步骤，修正或重新拟订方案。若方案可行，便可以进行全面实施。

（五）执行方案

将所决定的方案付诸实施是决策过程至关重要的一步，这一过程应做好以下工作：①制定相应的具体措施，保证方案的正确执行；②确保有关方案的各项内容为参与实施的人充分接受和彻底了解；③运用目标管理方法把决策目标层层分解，落实到每个执行单位和个人；④建立重要工作的报告制度，以便随时了解方案的进展情况，及时调整行动。

（六）评价决策效果

决策者最后的职责是定期检查计划的执行情形并将实际情形与计划进行对比。这一过程应根据已建立的标准来衡量方案实施的效益，通过定期检查来评价方案的合理性。这种评价必须是全方位的，在方案实施过程中要不断进行追踪。若在新方案运行过程中发现重大差异，在反馈、上报的同时，决策者应查明原因、具体分析，根据具体情况区别处理：若是执行有误，应采取措施加以调整，以保证决策的效果；若方案本身有误，应会同有关部门和人员协商修改方案；若方案有根本性错误或运行环境发生不可预计的变化，使得执行方案产生不良后果，应立即停止方案的执行，待重新分析、评价方案及运行环境后再考虑执行。值得注意的是，评价应体现在每一阶段的工作上，而不仅仅是在方案的实施阶段。特别是重大的决策，必须时刻注意信息的反馈和工作的评价，以便迅速解决突发问题，避免造成重大损失。

阅读链接

一只小狐狸对一只老狐狸抱怨说："真是生不逢时啊！我想得好好的计谋，不知为什么，几乎总是不成功。"

老狐狸问："你告诉我，你是在什么时候制订你的计谋的？"小狐狸说："啥时候？都是肚子饿了的时候呗。"老狐狸笑了："对啦，问题就在这里！饥饿和周密考虑从来走不到一块。你以后制订计谋，一定要趁肚子饱饱的时候，这样就会有好的结果了。"

（资料来源：莱平．饥饿的狐狸．中国寓言网．）

三、计划

（一）计划的含义

计划包括广义的计划和狭义的计划。广义的计划指的是制订计划、执行计划和监督计划的执行情况。狭义的计划即确定目标和实现目标的措施、手段。哈罗德·孔茨认为，计划工作是一座桥梁，它把我们所处的这岸和我们要去的对岸连接起来，以克服这一天堑。

计划者可以把行动方式具体化为可操作的"5W1H"指令，告诉组织成员做什么

(What to do it)？为什么要做（Why to do it）？何时做（When to do it）？何地做（Where to do it）？何人做或何部门做（Who to do it）？怎么做（How to do it）？本书对计划的定义为：预先明确所追求的目标以及相应的行动方案的活动。

(二) 计划的性质

(1) 目的性。每一个计划及其派生计划都是在促使企业或各类组织的总目标和一定时期目标的实现。计划工作是最明白地显示管理基本特征的主要职能活动。

(2) 首位性。计划工作相对于其他管理职能处于首位。把计划工作放在首位的原因，不仅是从管理过程的角度来看，计划工作先于其他管理职能，而且在某些场合，计划工作是付诸实施的唯一管理职能。计划工作的结果可能直接得出一个决策，无需进行随后的组织工作、领导工作及控制工作等。例如，对于一个是否要建立新工厂的计划研究工作，如果得出的结论是新工厂在经济上是不合算的，那也就没有筹建、组织、领导和控制等新的问题了。计划工作具有首位性的原因，还在于计划工作影响和贯穿于组织人员配备、指导和领导工作以及控制工作中。

计划工作对组织工作的影响是，可能需要在局部或整体上改变一个组织的结构，设立新的职能部门或改变原有的职权关系。例如，一个企业要开发某种重要的新产品，可能要为此专门成立一个项目小组，并实行一种矩阵式组织形式和职权关系。计划工作对人员配备的影响可能有需要委任新的部门主管，调整和补充关键部门的人员以及培训员工等。而组织结构和员工构成的变化，必然影响领导方式和激励方式。

(3) 普遍性。虽然计划工作的特点和范围随各级主管人员职权的不同而不同，但它却是各级主管人员的一个共同职能。所有的主管人员，无论总经理还是班组长都要从事计划工作。主管人员的主要任务是决策，而决策本身就是计划工作的核心。如果将主管人员的决策权限制过严就会束缚他们，使他们无法自由处置那些本应由他们处置的问题。久而久之，他们就会失去计划工作的职能与职责，养成依赖上级的习惯。这样，他们也就丧失了主管人员的基本特征。

(4) 效率性。计划工作不仅要确保实现目标，而且要从众多方案中选择最优的资源配置方案，以求合理利用资源和提高效率。用通俗的语言来表达，就是既要"做正确的事"，又要"正确地做事"。显然计划工作的任务同经济学所追求的目标是一致的。计划工作的效率，由实现企业的总目标和一定时期目标所得到的利益，扣除为制定和执行计划需要的费用和其他预计不到的损失后的总额来测定。

效率一般含义指投入和产出的比率。在这个概念中，不仅包括人们通常理解的按资金、工时或成本表示的投入产出比率，如企业资金利润率、劳动产生和成本的利润率，还包括个人、组织和群体的动机和程度这一类主观的评价标准。所以，只有实现收入大于支出，并且顾及国家、集体和个人三者利益的计划才是一个完美的计划，才能真正体现计划的效率。

(5) 创造性。计划工作总是针对需要解决的新问题和可能发生的新变化、新机会而做出决定，因而它是一个创造性的管理过程。计划类似于一项产品或一项工程的设计，它是对管理活动的设计。正如一种新产品的成功在于创新一样，成功的计划也依赖于创新。

综上所述，计划工作是一个指导性、预测性、科学性和创造性很强的管理活动，同时又是一项复杂且困难的工作。当前，我国正面临着实现社会主义现代化的宏伟目标，我国企业在对外开放的方针下面临世界市场激烈的竞争环境，要求我们迅速提高宏观和微观的管理水平，而高计划工作的科学性是全面提高管理水平的前提和关键。

（三）计划的分类

通常对计划分类有两个标准，一个是时间，另外一个是空间，除了这两个比较通用的标准，我们还可以根据计划的明确性程度、程序化程度等进行分类，常见分类见表2-1。

表2-1 计划的分类

分类标准	类型
时间长短	长期计划 短期计划
职能空间	业务计划 财务计划 人事计划
综合性程度（涉及时间长短和范围广狭）	战略性计划 战术性计划
明确性	具体性计划 指导性计划
程序化程度	程序性计划 非程序性计划

（1）战略性计划和战术性计划。根据涉及时间长短及范围广狭的综合性标准，可以将计划分为战略性计划和战术性计划。战略性计划指应用于整体组织，为组织未来较长时期（通常为5年以上）设立总体目标和寻求组织在环境中的地位的计划。战术性计划主要指某一段时间，根据战略计划，针对某一事情或某几件事情制定的详细的实施计划，具有小规模、局部性、及时性、严密性等特点。

两者的根本区别是战略通常指长远地来看，从全局考虑。战术通常指短期地、具体地来考虑。

（2）具体性计划和指导性计划。具体性计划指具有明确的目标，不存在模棱两可、没有容易引起误解的问题的计划。具体性计划具有很强的可操作性，一般是由基层制定的。指导性计划是社会主义国家下达给部门、地方和企业参照执行并运用经济杠杆来保证实现的计划。

指导性计划只规定一般的方针和行动原则，给予行动者较大的自由处置权，它指出重点但不把行动者限定在具体的目标或特定的行动方案上。相对于指导性计划而言，具体性计划虽然更易于执行、考核及控制，但是缺少灵活性，它要求的明确性和可预见性条件往往很难满足。

（3）程序性计划和非程序性计划。程序性计划是为那些经常重复出现的工作或问题按既定的程序来制定的计划，是针对于例行活动的程序化决策而言的。非程序性计划是对不经常重复出现的非例行活动所作的计划，是针对例外问题的非程序化决策而言的。

(四) 计划的编制

计划的具体编制本身就是一个过程。为了保证编制的计划合理，确保决策实现的组织落实，计划编制过程必须采用科学的方法并且遵守计划编制的原则。计划的编制分为八个步骤，如图 2-2 所示。

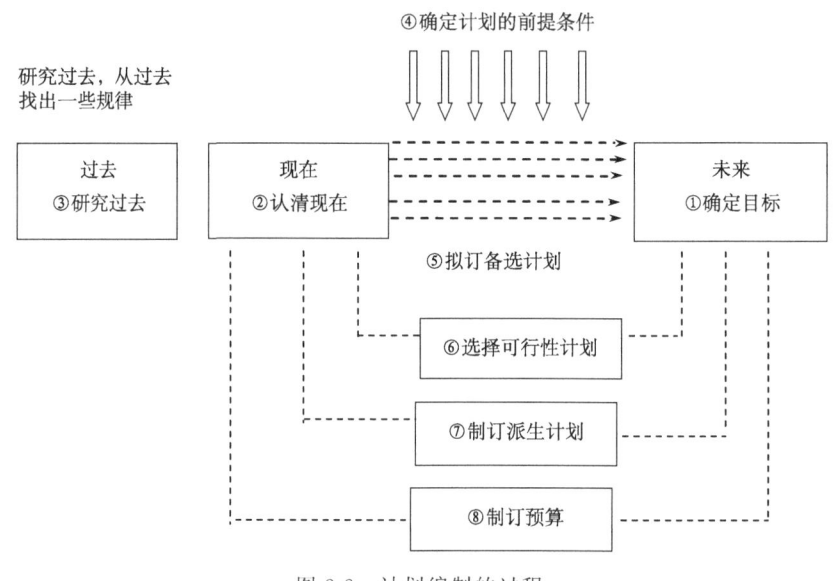

图 2-2 计划编制的过程

(1) 确定目标。一定时期内期望达到的目标，组织向哪里发展？要实现什么？什么时候实现？这是确定总体目标必须思考的基本问题，这很大程度上取决于机会估量结果。因此，在计划编制过程中所收集到的信息、资料和评估结果决定了整个计划的方向。

(2) 认清现在。认清现在就是要了解外部环境、比较竞争对手和组织自身实力，不仅要研究环境给组织带来的机会与威胁，与竞争对手相比组织自身的实力和不足，还要认清对手及自身随时间变化的变化。

(3) 研究过去。探索过去发生的事件，从中探求事物发展的一般规律，其基本方法有两种：一是演绎法，二是归纳法。现代理性主义的思考和分析方式基本上可分为以上两种，即要么从已知的大前提出发加以立论，要么有步骤地把个别情况集中起来，再从中发现规律。根据所掌握的材料，研究过去可以采用个案分析、时间序列分析等形式。

(4) 确定计划的前提条件。即制定外部前提条件和内部前提条件。外部环境有哪些制约因素？本组织内部有哪些限制条件？对于外部条件分析常采用 PEST 法，对于各个方面进行分析，如政治、环境、文化等。对于内部环境分析，必须考虑组织的规模、产业结构、竞争力等，最后因时因地适时适地确定前提条件。

(5) 拟订备选计划。为实现组织目标，有哪些可行途径和办法？通常拟订备选计划可以采用头脑风暴法、专家小组讨论法等。

(6) 评价并选择可行性计划。各种方案的收益和代价如何？哪一个方案可以以较小代价较好地实现组织目标？多因素评价法是选择可行性计划的一个常用办法。

(7) 制订派生计划。把可行性计划变成可以操作的、完整的行动计划，如采购、招聘、研究开发等。

(8) 制订预算，用预算使计划数字化。确定各项行动计划所需的资源数量，如人力、物力、财力以及何时需要，同时根据计划实施情况评价计划质量，必要时进行调整、补充。

第二节　组织管理

一、组织与组织设计

(一) 组织

在管理学中，组织有两方面的含义：一是把组织当成名词使用，即组织（organization），指的是为实现某一共同目标，由分工与协作及不同层次的权利和责任制度构成，并与外界环境相适应的有机结合体；一是把组织当成动词使用，即管理的一项基本职能，即设计和维护合理的分工协作关系，有效地实现组织目标的过程。

本书认为组织是由两个或两个以上的个人为了实现共同的目标组合而成的有机整体。其间，组织的三要素有目标、有机结构和人。

(二) 组织结构的设计及形式

1. 组织结构的设计

(1) 组织结构设计含义。组织结构（organizational structure）是指工作任务如何进行分工、分组和协调合作的结构。组织结构设计，是通过对组织资源（如人力资源）的整合和优化，确立企业某一阶段的最合理的管控模式，从而实现组织资源价值最大化和组织绩效最大化。狭义地说，是在人员有限的状况下，通过组织结构设计提高组织的执行力和战斗力。

(2) 组织结构设计程序。企业内部的部门是承担某种职能模块的载体，按一定的原则把它们组合在一起，便表现为组织结构。①分析组织结构的影响因素，选择最佳的组织结构模式。组织结构设计必须认真研究企业环境、企业规划、企业战略目标和信息沟通四个方面的影响因素，并与之保持衔接和协调，究竟主要应考虑哪个因素，应根据企业具体情况而定。②根据所选的组织结构模式，将企业划分为不同的、相对独立的部门。根据企业的实际需要设置相应的部门，部门与部门之间分工合作、互相监督。③为各个部门选择合适的结构，进行组织机构设置。安排各个部门的职责是组织设置的一个难点，安排部门的职责时，容易产生交叉性，偏离部门本身的职责。因此，设置一个有一定规律和规章制度的组织机构是很有必要的。④将各个部门组合起来，形成特定的组织结构。在现实生活中，存在机械式和有机式两种组织，但往往只有有机式组织才可以在激烈的竞争中存活下来。对于设置好的部门,我们必须根据其重要性、相关性、机密性等形成特定的组织结构。⑤根据环境的变化不断调整组织结构。任何企业的组织结构都是处于社会系统中的。社会系统是复杂的、动态的、交叉的,因而一成不变的组织结构无法适应社会的变化,我们必须根据环境的变化对组织做出相应的调整。

2. 组织结构的形式

(1) 直线型组织结构(图2-3)。

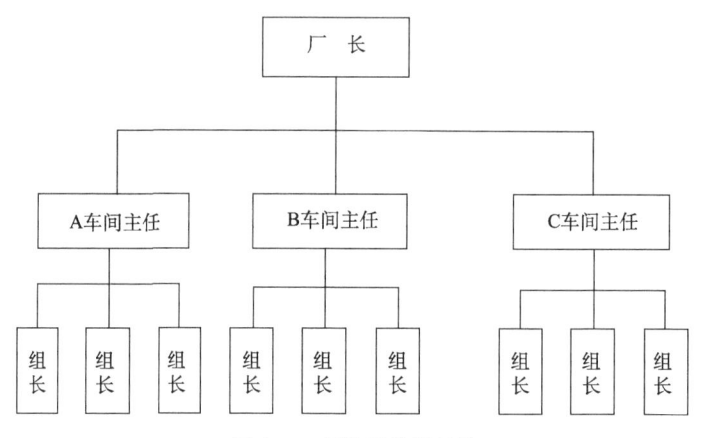

图 2-3　直线型组织结构

优点:权力集中,责权分明,信息沟通简捷方便,便于统一指挥,集中管理。

缺点:各级行政主管,尤其是最高行政首脑,必须是全能管理者。但是组织规模扩大时,行政主管可能由于经验、精力不足而顾此失彼;缺乏横向协调关系,没有职能结构作为助手,行政主管容易忙乱。

适用范围:技术较为简单、业务单纯、规模较小的组织。

(2) 职能型组织结构(图2-4)。

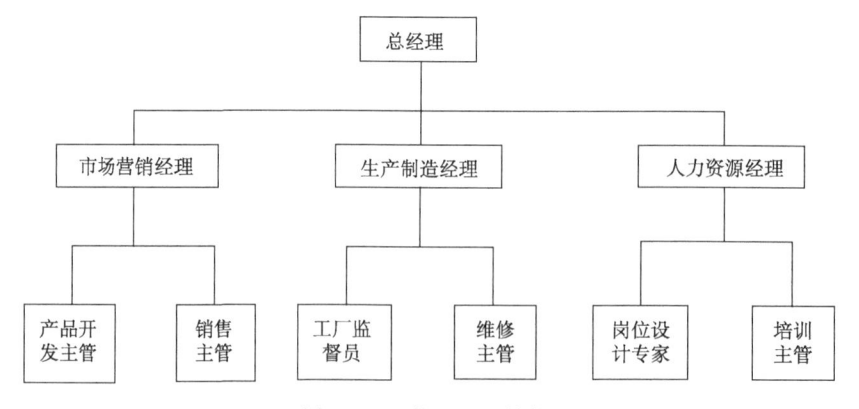

图 2-4　职能型组织结构

优点：职责明确，组织系统稳定性强，有利于强化专业管理，管理权力高度集中。

缺点：横向协调差，对环境变化适应性差，组织高层领导负担较重，不利于培养精英及管理整个组织的管理人才。

适用范围：中小型、产品品种比较单一、生产技术发展变化较慢、外部环境比较稳定的组织。

（3）直线职能制组织结构（图 2-5）。

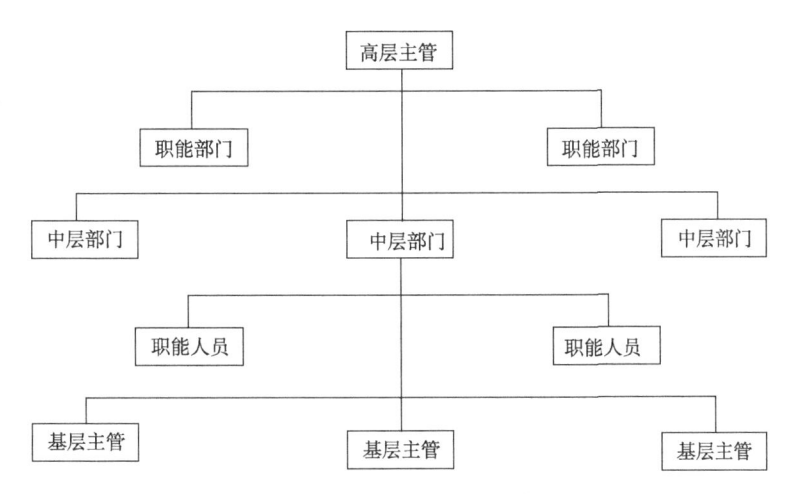

图 2-5　直线职能制组织结构

优点：既保持了直线制组织结构集中统一指挥的优点，又吸收了职能制组织结构分工细密、注重专业化管理的长处，有助于提高管理工作的效率。

缺点：权力集中于高层，下级缺乏自主权；横向联系较差，易产生脱节和矛盾；"职权分裂"，难以确定责任的归属；信息传递路线长，反馈慢，难以适应环境的迅速变化。

适用范围：产品单一、销量大、决策信息较少的组织。

（4）事业部制组织结构。事业部制组织结构亦称 M 型结构或多部门结构，有时也称为产品部式结构或战略经营单位，即一个组织按地区或按产品类别分成若干个事业部，其特征是分级管理、分级核算、自负盈亏。

优点：总公司领导可摆脱日常事务，集中精力考虑全局问题；自主经营、独立核算更利于组织专业化生产和实现内部协作；各事业部之间有竞争，有利于组织的发展；事业部经理要从事业部整体考虑问题，有利于培养和训练全能型管理人才。

缺点：职能机构重叠，造成管理人员浪费；独立核算，各事业部只考虑自身利益，影响事业部之间的协作；科研资源的分散使用使得深层次研究活动难以开展。

适用范围：适用于提供多种产品的大型组织。

（5）矩阵制组织结构。矩阵制组织结构是把按职能划分的部门和按产品（项目）划分的小组结合起来组成一个矩阵。一名员工既同原职能部门保持组织和业务上的联系，又参加项目小组的工作。

优点：组织的横向与纵向关系结合，有利于协作生产和适应环境变化的需要；针对特定任务进行人员配置有利于发挥个体优势，提高劳动生产率。

缺点：项目负责人的责任大于权力，对来自不同部门的员工管理起来比较困难，并且员工面临双重的职权关系，易产生无所适从感和混乱感。这是人员上的双重管理式矩阵制组织结构的先天缺陷。

适用范围：拥有中等规模和中等数量产品线或当环境充满不确定性和部门之间存在高度依存关系时，矩阵制组织结构是一种适合的组织结构形式。

（6）控股型组织结构。控股结构是以股权关系为连接纽带的组织模式。公司总部下设若干子公司，公司总部作为母公司持有子公司部分或全部股份。母公司对子公司通过控制性股权进行管理。

优点：降低了管理成本，提高了管理效率；实现了更大范围内供应链与销售环节的整合；简化了机构和管理层次，实现了充分授权式管理。

缺陷：母公司对子公司评估能力有限；子公司各自为政；限制组织资源共享。

适用范围：跨地区、跨国经营；多领域经营。

二、组织管理理论

（一）组织的层级与管理幅度

1. 组织层级

组织层级指从最高的直接主管到最低的基层具体工作人员之间所形成的层次。通常所说的组织层级有以下两种结构。

（1）锥型式结构（宝塔式）。最高层与作业层之间层次众多，每个层次管理幅度比较小，严密监督、控制。主管人员同直属人员沟通。各级主管职务多，为下属提供较多晋升机会。但层次多可能引起管理费用增加，信息传递时间长，信息内容扭曲，给社会带来等级身份改变。

（2）扁平式结构。这种结构管理层次少，管理幅度大，结构扁而平，管理费用减少，且沟通渠道快，可以减少信息失真，更多的授权有利于激发下属热情。但管理人员负担重，难以对下属进行细致指导，下级人员需要自动自发、自律意识，同级之间沟通比较困难。

2. 管理幅度

管理幅度是决定组织层级数目的最基本因素。管理幅度又称管理宽度，指在一个组织结构中，管理人员能直接管理或控制的部属数目。这个数目是有限的，当超这个限度时，管理的效率会随之下降。因此，主管人员要想有效地领导下属，就必须认真考虑自己究竟能直接管辖多少下属，即管理幅度问题。

根据孔茨和奥唐奈的介绍，美国五星上将艾森豪威尔在第二次世界大战中任盟军欧洲部队最高司令官时，有3名直属下级，这3名下属没有一人有多于4名下属的；1975年，通用汽车公司的总经理有2名执行副总经理和一个由13名副总经理组成的小组向他直接报告工作；同年一家管理较好的运输公司的最高主管直接领导7名主要下属。

这些事实表明，确定一种适用于任何组织的管理幅度是没有意义的，也是不可能有结果的。有效的管理幅度受到诸多因素的影响，如管理人员的工作能力、下属的空间分布状况、组织变革的速度、管理工作的内容和性质、信息沟通的情况等。

3. 组织层级与管理幅度的互动性

组织层级一般决定了组织的纵向结构，而管理幅度决定横向结构。在管理幅度给定的条件下，管理层次与组织规模的大小成正比，即组织规模越大，成员人数越多，管理层次就越多；在组织规模给定的条件下组织层级与管理幅度成反比，即管理者直接领导的下属越多，组织所需的层次就越少。

组织层级与管理幅度常常联系在一起，按层次的多少和幅度的大小，可分为高耸的组织结构和扁平的组织结构。高耸的结构，组织层级较多，管理幅度小，沟通渠道多。其优点是管理严密，分工明确，上下级容易协调；缺点是管理层次多增加了管理费用，信息沟通时间长，由于管理严密，容易影响下级人员的满意感和创造性。

一般来说，管理幅度越大，人与人之间的关系就越复杂。法国数学家格雷·卡耐斯研究提出：管理幅度与关系数成指数函数关系，即下属数量按等差级数增加时关系数按几何级数增加。这就提示我们，一个管理者如果管理的下属太多，会引起复杂的人际关系。因此，一方面要把幅度控制在适度的范围，另一方面要加强部门和人员之间的沟通。

管理幅度与层次适度还要求尽量减少幅度和层次，这样可以避免政出多门，也可以简化办事程序，从而提高行政效率。管理幅度和层次有较大的弹性，对于公共行政组织来说，应尽量保持相对稳定，并用法规形式固定下来，防止机构和人员不断膨胀，防止部门之间职责不清和扯皮现象的发生。

（二）组织授权

授权就是组织为了共享内部权力、激励员工努力工作，而把某些权力或职权授予下级。

1. 授权的内容

（1）分派任务。向被托付人交待任务。

（2）委任权力。授予被托付人相应的权力，使之有权处置原本无权处理的工作。

（3）明确责任。要求被托付人对托付的工作负全责。

授权并不是将职权放弃或让渡，授权者也不会由于将职权授予别人而丧失它，授出的一切职务都可由授权者收回和重新授出。

2. 有效授权的要素

（1）信息共享。组织中的信息是一种共享资源。组织如果能够使员工充分地获取必要的信息资料，就会大大提高员工的积极性和工作的主动性。

（2）提高授权对象的知识和技能。组织必须对员工进行及时、有效的培训，以帮助他们获取必需的知识和技能。

（3）充分授权。组织若要充分发挥团队的作用，就必须真正放权给团队中的各个专家和基层人员，使每个成员能根据工作过程的实际情况进行适当安排，这样，各种类型的权力才能得到充分的发挥。

（4）奖励绩效。组织应该制定合理的绩效评估和奖励系统，对组织成员的绩效给予奖励。这种奖励系统应该既包括工资和利润提成，也包括一定的股权比例，如职工持股计划。

阅读链接

　　金鱼缸是玻璃做的，不仅美观而且透明，这就给养鱼者提供透明的环境，及时了解鱼的生存状况，方便管理，有利于鱼的正常生长。金鱼缸效应在实践中为许多管理者所用，管理者既要做到对下属的充分信任和授权，让他们自由发挥，又不能让他们放任自流。

　　金鱼缸效应告诉我们：要实行透明化阳光管理，加强监控，保持信任与监控的和谐，授权与监控相结合，最终实现完善的管理体制。

　　（资料来源：杨登国，白学东.2006.简单定律世界500强企业管理法则、寓言、故事.深圳：海天出版社：329.）

（三）集权与分权

集权与分权一般指领导方式，即领导者在进行领导活动时，对待下级和部属的态度和行为的表现，其实是权力（主要是决策权）在领导和下属之间的分配格局，往往反映了某种类型的领导体制和组织体制。

集权意味着决策权在很大程度上向处于较高管理层次的职位集中，它是以领导为中心的领导方式。分权指决策权在很大程度上分散到处于较低管理层次的职位上，是以下属为中心的领导方式。

不管集权与分权的争论多么针锋相对、势不两立，作为一对相对概念，在管理中不存在绝对的集权或分权，关键在于管理者对集权和分权的权衡。在企业管理中，集权与分权的钟摆定律也在发挥作用。企业管理应根据以上几种因素采取权变策略，宜集权则集权，宜分权则分权。

第三节　领导理论

一、领导与领导理论

（一）领导概述

1. 领导的含义

领导指领导者运用各种影响力，使其他个人或某个组织服从、接受和实现某个或某些目标的过程。这一定义包含两个方面的要素。第一，领导是一个有目的的活动过程，是一种行为，这一活动过程的成效取决于领导者、被领导者和环境三种因素。第二，领导者对下属具有影响力。

2. 领导的职能

领导职能指领导者运用组织赋予的权力，组织、指挥、协调和监督下属人员完成领导任务的职责和功能。领导职能主要包括以下四种：

（1）指挥作用。领导者在组织活动中，需要头脑清醒、胸怀全局，高瞻远瞩、运筹帷幄的领导者可以帮助组织成员认清所处的环境和形势，指明活动的目标和达到目标的路径。

（2）激励作用。领导者为组织成员主动创造能力发展空间和职业生涯发展的行为。

（3）协调作用。组织在内外因素的干扰下，需要领导者协调组织成员之间的关系和活动，从而朝着共同的目标前进。

（4）沟通作用。领导者必须与下级进行有效的沟通，同时，必须知道下级如何理解工作并及时捕捉下级的灵感、想法，这些都助于工作更好地进行。

（二）领导相关理论

1. 领导行为理论

领导行为理论试图通过研究领导者的行为特点与绩效的关系来寻找最有效的领导风格。以前的学者主要从领导者更关心工作绩效还是更关系群体关系，以及是否让下属参与决策等三个方面研究领导行为。

（1）领导行为的四分图理论。领导行为四分图理论是由美国俄亥俄州立大学的领导行为研究者在1945年提出来的。他们列出了1000多种刻画领导行为的因素，通过高度概括归纳为两个方面：着手组织和关心人。研究结果认为，领导者的行为是组织与关心人两个方面的任意组合，即可以用两个坐标的平面组合来表示。用四个象限来表示四种类型的领导行为，它们是：高组织与高关心人，低组织与低关心人，高组织与低关心人，高关心人与低组织。这就是所谓的"领导行为四分图"理论。领导四分图属于一种两维模式图，如图2-6所示。抓组织，即以工作为中心；关心人，即以人际关系为中心。

	低组织 高关心人	高组织 高关心人
	低组织 低关心人	高组织 低关心人

关心人（高↑↓低）　　抓组织（低←→高）

图 2-6　领导行为四分图

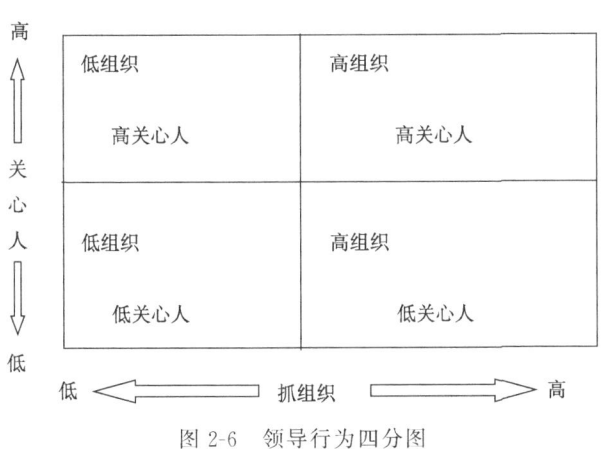

（2）管理方格理论。管理方格理论（management grid theory）是由美国得克萨斯大学的行为科学家罗伯特·布莱克（Robert R. Blake）和简·莫顿（Jane S. Mouton）

在 1964 年出版的《管理方格》(1978 年修订再版，改名为《新管理方格》) 一书中提出的。管理方格图的提出改变了以往各种理论中"非此即彼"式（要么以生产为中心，要么以人为中心）的绝对化观点，指出在对生产关心和对人关心的两种领导方式之间，可以进行不同程度的互相结合。

如图 2-7 所示，有代表性的领导行为包括（1，9）型，又称乡村俱乐部型管理，表示领导者只注重支持和关怀下属而不关心任务和效率；（1，1）型，又称贫乏型管理，表示领导者不愿努力工作，对工作绩效和对人员的关心都很少，很难维持组织成员的关系，也很难有良好的工作绩效；（5，5）型，又称中庸之道型管理，表示领导者只重视任务效率和令人满意的士气；（9，1）型，又称任务型管理，表示领导者只重视任务效果而不重视下属的发展和士气；（9，9）型，又称团队型管理，表示领导者通过协调和综合工作相关活动而提高任务效率和士气。他们认为，（9，9）型的管理者工作是最佳的领导方式，并提出，原则上达不到（9，9）等级的管理人员，要接受如何成为一个（9，9）型领导人的培训。

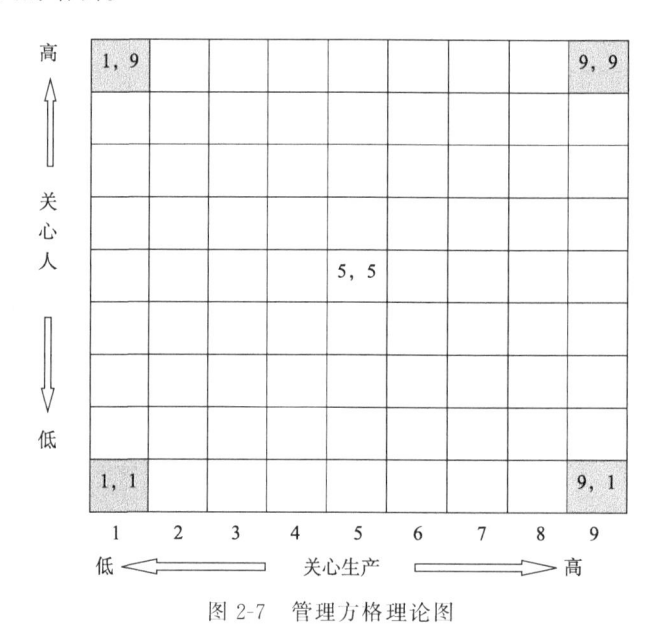

图 2-7 管理方格理论图

2. 领导情景理论

（1）费德勒权变理论。权变领导理论（contingency leadership theory）首先由美国伊利诺伊大学的费德勒（F. E. Fiedler）在 1951 年提出。这一理论的基础是领导者对所领导的群体，若要完成高度的工作成果，应随领导者本身的需要结构，以及特定情境下的控制和影响程度而变化。这个模式把领导人的特质研究与领导行为的研究有机地结合起来，并与情境分类联系起来。他提出，有效的领导行为依赖于领导者与被领导者相互影响的方式，以及情境给予领导者的控制和影响程度的一致性。

领导环境——职位权力、任务结构、上下级关系。

高 LPC（人际关系型）——关系第一、任务第二。

低 LPC（工作任务型）——任务第一、关系第二。

不同的情景采用不同的领导风格，具体如表 2-2 所示。

表 2-2 费德勒领导类型与情景变量之间的关系

对领导的有利性	情景类型	领导者与被领导者的关系	任务结构	职位权力	有效领导类型
有利	1	良好	有结构	强	任务导向型
	2	良好	有结构	弱	任务导向型
	3	良好	无结构	强	任务导向型
中间状态	4	良好	无结构	弱	人际关系型
	5	不良	有结构	强	人际关系型
	6	不良	有结构	弱	无资料
	7	不良	无结构	强	无资料
不利	8	不良	无结构	弱	任务导向型

（2）领导生命周期理论。领导生命周期理论（situational leadership theory，SLT）由科曼首先提出，后由保罗·赫西和肯尼斯·布兰查德予以发展，也称情景领导理论，这是一个重视下属的权变理论。赫西和布兰查德认为，依据下属的成熟度，选择正确的领导风格，就会取得领导的成功。

领导的生命周期理论使用的两个领导维度与费德勒的划分相同：工作行为和关系行为。但是，赫西和布兰查德更向前迈进了一步，他们认为每一维度有低有高，从而组成以下四种具体的领导风格。①命令型领导方式（高工作-低关系）。在这种领导方式下，由领导者进行角色分类，并告知人们做什么、如何做、何时以及何地完成不同的任务。它强调指导性行为，通常采用单向沟通方式。②说服型领导方式（高工作-高关系）。在这种领导方式下，领导者既提供指导性行为，又提供支持性行为。领导者除向下属布置任务外，还与下属共同商讨工作的进行，比较重视双向沟通。③参与型领导方式（低工作-高关系）。在这种领导方式下，领导者极少进行命令，而是与下属共同进行决策。领导者的主要作用就是促进工作的进行和沟通。④授权型领导方式（低工作-低关系）。在这种领导方式下，领导者几乎不提供指导或支持，通过授权鼓励下属自主做好工作。

领导生命周期理论如图 2-8 所示。

二、激励与沟通

(一) 激励

激励有激发和鼓励的意思，是管理过程中不可或缺的环节和活动。有效的激励可以成为组织发展的动力保证，实现组织目标。激励有自己的特性，它以组织成员的需要为基点，以需求理论为指导。激励有物质激励和精神激励、外在激励和内在激励等不同类型。

激励是指激发人的行为的心理过程。激励这个概念用于管理，指激发员工的工作动

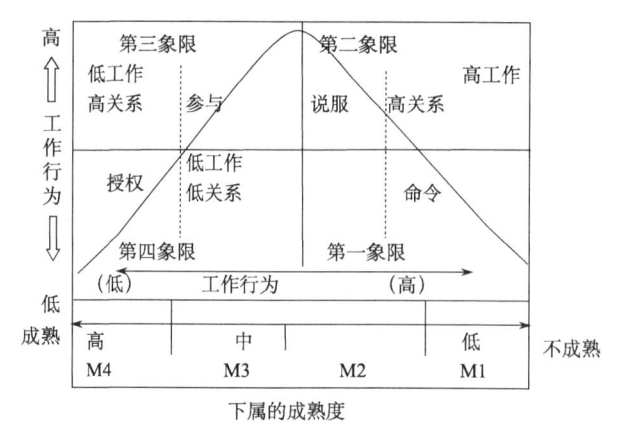

图 2-8 领导生命周期理论图

机，即用各种有效的方法调动员工的积极性和创造性，使员工努力完成组织的任务，实现组织的目标。有效的激励会点燃员工的激情，使他们的工作动机更加强烈，让他们产生超越自我和他人的欲望，并将潜在的内驱力释放出来，为企业的远景目标奉献自己的热情。

现在学术界有很多种关于激励方式的理论和方法，著名的有马斯洛需求层次理论、激励-保健双因素理论。其中，激励因素为满意因素，有了它便会得到满意和激励。保健因素为不满意因素，没有它会产生意见和消极行为。其实，诸多激励模式中都不外乎两种方式：正面激励与反面激励。

(二) 激励理论

1. 需求层次理论

马斯洛需求层次理论（Maslow's hierarchy of needs），亦称"基本需求层次理论"，是行为科学的理论之一，由美国心理学家亚伯拉罕·马斯洛于1943年在《人类激励理论》论文中提出（图 2-9）。该理论将需求分为五种，像阶梯一样从低到高，按层次逐级递升，分别为：生理需求，安全需求，社交需求，尊重需求，自我实现需求。另外还有两种需求，求知需求和审美需求。这两种需求未被列入马斯洛的需求层次排列中，他认为这两者应居于尊重需求与自我实现需求之间。

按马斯洛的理论，个体成长发展的内在力量是动机，动机是由多种不同性质的需求组成的，各种需求之间有先后顺序与高低层次之分，每一层次的需求与满足，将决定个体人格发展的境界或程度。

（1）生理需求。生理上的需求是人们最原始、最基本的需求，如空气、水、吃饭、穿衣、性欲、

图 2-9 马斯洛需求层次理论图

住宅、医疗等。若不满足，则有生命危险。这就是说，它是最强烈的不可避免的最低层需求，也是推动人们行动的强大动力。

（2）安全需求。安全的需求要求劳动安全、职业安全、生活稳定、免于灾难、未来有保障等。安全需求比生理需求较高一级，当生理需求得到满足以后就要保障这种需求。每一个在现实中生活的人，都会产生安全的欲望、自由的欲望、防御实力的欲望。

（3）社交需求。社交需求也叫归属与爱的需求，指个人渴望得到家庭、团体、朋友、同事的关怀、爱护和理解，是对友情、信任、温暖、爱情的需求。社交的需求比生理和安全需求更细微、更难捉摸，它与个人性格、经历、生活区域、民族、生活习惯、宗教信仰等都有关系，这种需求是难以察觉，无法度量的。

（4）尊重需求。尊重的需求可分为自尊、他尊和权力欲三类，包括自我尊重、自我评价以及尊重别人。尊重的需求很少能够得到完全的满足，但基本上的满足就可产生推动力。

（5）自我实现需求。自我实现的需求是最高等级的需求，满足这种需求要求完成与自己能力相称的工作，最充分地发挥自己的潜在能力，成为所期望的人物，这是一种创造的需求。有自我实现需求的人，似乎在竭尽所能使自己趋于完美。自我实现意味着充分地、活跃地、忘我地、全力全神贯注地体验生活。

阅读链接

亚伯拉罕·马斯洛（Abraham Harold Maslow，1908～1970年）出生于纽约市布鲁克林区。美国社会心理学家、人格理论家、比较心理学家，人本主义心理学的主要发起者和理论家，心理学第三势力的领导人。

1926年入康乃尔大学，三年后转至威斯康辛大学攻读心理学，在著名心理学家哈洛的指导下，1934年获得博士学位，之后留校任教。1935年在哥伦比亚大学任桑代克学习心理研究工作助理。1937年任纽约布鲁克林学院副教授。1951年被聘为布兰戴斯大学心理学教授兼系主任，1969年离任，成为加利福尼亚劳格林慈善基金会第一任常驻评议员。第二次世界大战后转到布兰戴斯大学任心理学教授兼系主任，开始对健康人格或自我实现者的心理特征进行研究。曾任美国人格与社会心理学会主席和美国心理学会主席（1967年），是《人本主义心理学》和《超个人心理学》两个杂志的首任编辑。

主要著作有：《动机和人格》（1954年）、《存在心理学探索》（1962年）、《科学心理学》（1967年）、《人性能达到的境界》（1970年）。

（资料来源：http://zh.wikipedia.org/zh-tw/亚伯拉罕·马斯洛）

2. 双因素理论

双因素理论（two factors theory）又称激励保健理论（motivator-hygiene theory），是美国的行为科学家弗雷德里克·赫茨伯格（Fredrick Herzberg）提出来的。双因素理论认为引起人们工作动机的因素主要有两个：一是保健因素，二是激励因素。只有激励因素能够给人们带来满意感，保健因素只能消除人们的不满，不会带来满意感。

保健因素指造成员工不满的因素。保健因素不能得到满足，易使员工产生不满情绪、消极怠工，甚至引起罢工等对抗行为；但在保健因素得到一定程度改善以后，无论再如何进行改善，往往也很难使员工感到满意，因此也就难以激发员工的工作积极性。就保健因素来说："不满意"的对立面应该是"没有不满意"。

激励因素指能使员工感到满意的因素。激励因素的改善是使员工感到满意，能够极大地激发员工工作的热情，提高劳动生产效率；但激励因素即使管理层不给予满足，往往也不会使员工感到不满意，所以就激励因素来说："满意"的对立面应该是"没有满意"。

根据赫茨伯格的理论，在调动员工积极性方面，可以分别采用以下两种基本做法。

(1) 直接满足。直接满足，又称为工作任务以内的满足，是一个人通过工作所获得的满足。这种满足通过工作本身和工作过程中人与人的关系得到。它能使员工学习到新的知识和技能，产生兴趣和热情，使员工具有光荣感、责任心和成就感。因而可以使员工受到内在激励，产生极大的工作积极性。对于这种激励方法，管理者应该予以充分重视。这种激励措施虽然有时所需的时间较长，但是员工的积极性一经激励，不仅可以提高生产效率，而且能够持久，所以管理者应该注意充分运用这种方法。

(2) 间接满足。间接满足，又称为工作任务以外的满足。这种满足不是从工作本身获得的，而是在工作以后获得的，如晋升、授衔、嘉奖或物质报酬、福利等。其中，福利方面，如工资、奖金、食堂、托儿所、员工学校、俱乐部等，都属于间接满足。间接满足虽然也与员工所承担的工作有一定的联系，但毕竟不是直接的，因而在调动员工积极性上往往有一定的局限性，常常会使员工感到与工作本身关系不大而满不在乎。在实际工作中，借鉴这种理论来调动员工的积极性，不仅要充分注意保健因素，使员工不致于产生不满情绪；更要注意利用激励因素激发员工的工作热情，使其努力工作。

3. 公平理论

公平理论又称社会比较理论，是美国行为科学家斯塔西·亚当斯在《工人关于工资不公平的内心冲突同其生产率的关系》(1962年，与罗森合写)、《工资不公平对工作质量的影响》(1964年，与雅各布森合写)、《社会交换中的不公平》(1965年) 等著作中提出来的一种激励理论。该理论侧重于研究工资报酬分配的合理性、公平性及其对职工生产积极性的影响。

该理论的基本思想是，人的工作积极性不仅与个人实际报酬多少有关，与人们对报酬的分配是否感到公平的关系更为密切。人们总会自觉或不自觉地将自己付出的劳动代价及其所得到的报酬与他人进行比较，并对公平与否做出判断。公平感直接影响职工的工作动机和行为。因此，从某种意义来讲，动机的激发过程实际上是人与人进行比较，做出公平与否的判断，并据以指导行为的过程。

员工选择的与自己进行比较的参照类型有三种，分别是"其他人"、"制度"和"自我"。"其他人"包括在本组织中从事相似工作的其他人以及别的组织中与自己能力相当的同类人，包括朋友、同事、学生甚至自己的配偶等。"制度"指组织中工资政策与程序以及这种制度的运作。"自我"指自己在工作中付出与所得的比率。对于某项工作的付出 (inputs)，包括教育、经验、努力水平和能力。通过工作获得的所得或报酬

(outcomes),包括工资、表彰、信念和升职等。

调查和试验的结果表明,不公平感的产生,绝大多数是经过比较认为自己目前的报酬过低而产生的;但在少数情况下,也会经过比较认为自己的报酬过高而产生。

4. 期望理论

期望理论(expectancy theory),又称作"效价-手段-期望理论",是北美著名心理学家和行为科学家维克托·弗鲁姆(Victor H. Vroom)于1964年在《工作与激励》中提出来的激励理论。

期望理论是以三个因素反映需要与目标之间的关系的,要激励员工,必须让员工明确:①工作能提供给他们真正需要的东西;②他们欲求的东西是和绩效联系在一起的;③只要努力工作就能提高他们的绩效。

激励(motivation)等于行动结果的价值评价(即"效价"valence)和其对应的期望值(expectancy)的乘积:

$$M = V \times E$$

效价和期望值的不同结合,会产生不同的激发力量,一般存在以下几种情况:

高 E × 高 V = 高 M

中 E × 中 V = 中 M

低 E × 低 V = 低 M

高 E × 低 V = 低 M

低 E × 高 V = 低 M

这表明,组织管理要收到预期的激励效果,要以激励手段的效价(能使激励对象带来的满足)和激励对象获得这种满足的期望值同时足够高为前提。只要效价和期望值中有一项的值比较低,都难以使激励对象在工作岗位上表现出足够的积极性。

阅读链接

惠 普 之 道

威廉·休利特,惠普创始人之一,曾这样总结惠普的精神:"惠普之道,归根结底就是尊重个人的诚实和正直"。

惠普是最早实行弹性工作制的企业,公司没有作息表,也不进行考勤,职工可以从早上6点、7点或8点开始上班,只要完成8小时工作即可,每个人都可以按照自己的生活需要来调整工作时间。在惠普,存放电器和机械零件的实验室备品库是全开放的,不仅允许工程师任意取用,而且激励他们拿回家供个人使用。惠普的观点:"不管这些零件是否用在工作相关之处,反正只要他们摆弄这些玩意儿总能学到点东西"。惠普的包容性很强,它只问你能为公司做什么,而不是强调你从哪里来。在处理问题时只有基本的指导原则,把具体细节留给基层经理,以利于做出更加合适的判断,这样公司可以给员工保留发挥的空间。

(资料来源:邬适融.2008.现代企业管理.第二版.北京:清华大学出版社:19.)

(三) 沟通的原理

1. 沟通及其作用

沟通是为了一个设定的目标，把信息、思想和情感在个人或群体间传递，并且达成共同协议的过程。它有三大要素：①要有一个明确的目标；②达成共同的协议；③沟通信息、思想和情感。沟通对于管理所具有的功能包括：信息传递、情感交流、控制功能。

沟通的要素包括沟通的内容、沟通的方法、沟通的动作。就其影响力来说，沟通的内容占7%，影响最小；沟通的动作占55%，影响最大；沟通的方法占38%，居于两者之间。松下幸之助有句名言："企业管理过去是沟通，现在是沟通，未来还是沟通"。管理者的真正工作就是沟通。不管到了什么时候，企业管理都离不开沟通。

沟通的作用：①沟通是领导者激励下属，实现领导职能的基本途径；②沟通是协调各个体、各要素，使企业成为一个整体的凝聚剂；③沟通是企业与外部环境之间建立联系的桥梁，各企业的社会存在性使企业不得不和外部环境进行有效的沟通。

2. 沟通管理

1) 有效沟通的障碍

(1) 个人原因。人们对人对事的态度、观点和信念的不同造成沟通的障碍。知觉选择的偏差指人们有选择地接受。例如，人们在接受信息时，符合自己利益需要又与自己切身利益有关的内容很容易被接受，而对自己不利或可能损害自己利益的则不容易接受。个人的个性特征差异引起沟通障碍。在组织内部的信息沟通中，个人的性格、气质、态度、情绪、兴趣等的差别，都可能引起信息沟通的障碍。语言表达、交流和理解造成沟通的障碍。同样的词汇对不同的人来说含义是不一样的。在一个组织中，员工常常因不同的背景，有着不同的说话方式和风格，对同样的事物有着不一样的理解，这些都造成了沟通的障碍。

(2) 人际原因。人际原因主要包括沟通双方的信任程度和相似程度。沟通是发送者与接收者之间"给"与"受"的过程。信息传递不是单方面的，而是双方的事情。因此，沟通双方的诚意和相互信任至关重要。上下级之间的猜疑只会增加抵触情绪，减少坦率交谈的机会，也就不可能进行有效的沟通。沟通的准确性与沟通双方间的相似性也有着直接的关系。沟通双方的特征，包括性别、年龄、智力、种族、社会地位、兴趣、价值观、能力等相似性越大，沟通的效果也会越好。

(3) 结构原因。信息传递者在组织中的地位、信息传递链、团体规模等结构因素也都影响有效的沟通。许多研究表明，地位的高低对沟通的方向和频率有很大的影响。信息传递层次越多，它到达目的地的时间越长，信息失真率越大，越不利于沟通。另外，组织机构庞大，层次太多，也会影响信息沟通的及时性和真实性。

(4) 技术原因。技术因素主要包括语言、非语言暗示、媒介的有效性和信息过量。

2) 实现有效沟通的办法

(1) 团队领导者的责任。领导者要认识到沟通的重要性，并把这种思想付诸行动。

企业的领导者必须真正认识到，与员工沟通对实现组织目标十分重要。如果领导者通过自己的言行认可了沟通，这种观念会逐渐渗透到组织的各个环节。

（2）团队成员提高沟通的心理水平。团队成员要克服沟通的障碍必须注意以下心理因素的作用。①在沟通过程中要认真感知，集中注意力，以便准确而又及时地传递和接受信息，避免信息错传，减少信息接受时的损失。②增强记忆的准确性是消除沟通障碍的有效心理措施，记忆准确性水平高的人，传递信息可靠，接受信息也准确。③提高思维能力和水平是提高沟通效果的重要心理因素，高的思维能力和水平对于正确地传递、接受和理解信息，起着重要的作用。④培养镇定情绪和良好的心理气氛，创造一个相互信任、有利于沟通的小环境，有助于人们真实地传递信息和正确地判断信息，避免因偏激而歪曲信息。

（3）正确使用语言文字。语言文字运用得是否恰当直接影响沟通的效果。使用语言文字时要简洁、明确，叙事说理要言之有据，条理清楚，富于逻辑性；措辞得当，通俗易懂，不要滥用词藻，不要讲空话、套话。非专业性沟通时，少用专业性术语。可以借助手势语言和表情动作，以增强沟通的生动性和形象性，使对方容易接受。

（4）学会有效倾听。有效倾听能增加信息交流双方的信任感，是克服沟通障碍的重要条件。要提高倾听的技能，可以从以下几方面努力：①使用目光接触。②展现赞许性的点头和恰当的面部表情。③避免分心的举动或手势。④要提出意见，以显示自己不仅在充分聆听，而且在思考。⑤复述，用自己的话重述对方所说的内容。⑥要有耐心，不要随意插话，随便打断对方的话。⑦不要妄加批评和争论。⑧使听者与说者的角色顺利转换。

（5）缩短信息传递链，拓宽沟通渠道。信息传递链过长，会减慢沟通速度并造成信息失真。所以要减少组织机构重叠，拓宽信息沟通渠道。另一方面，团队管理者应激发团队成员自下而上地沟通。例如，运用交互式广播电视系统，允许下属提出问题，并得到高层领导者的解答。如果是在一个公司，公司内部刊物应设立有问必答栏目，鼓励所有员工提出自己的疑问。让领导者走出办公室，亲自和员工们交流信息。坦诚、开放、面对面的沟通，使员工觉得领导者理解自己的需要和关注，取得事半功倍的效果。

第四节　企业控制管理

阅读链接

扁鹊三兄弟的故事

扁鹊有两个哥哥，三兄弟都精通医术。大哥医术最高，二哥其次，扁鹊在三兄弟中是最差的。

大哥能在人还没有生病的前兆时，预测到疾病，并及时预防。但由于没有人相信，认为自己一点也没有生病的迹象，很健康，不相信自己不久的将来会生病，故都认为扁鹊的大哥是骗子。

二哥能在人有一些生病的迹象后发现病的严重性并及时医治。但由于刚发病，病情很轻，大家或者不医治，或者以为是小病，即使二哥将他们的病治好了，他们也认为医生能治好这种小病是再平常不过了。故也不以为二哥的医术有多高明。而扁鹊只能在病人病入膏肓时才发现病情并医治。由于人已病入膏肓，在扁鹊的医治下恢复，人们认为他是神医，能起死回生，故认为扁鹊的医术最高，故三兄弟中唯有扁鹊出名。

（资料来源：刘秋炎.2011.道德经现代处世释用.北京：中国纺织出版社：157.）

一、控制的概念和必要性

（一）控制的概念

控制就一般意义而言，就是引导一个动态系统达成预定状态。例如，为使室内温度保持在一定范围输入或吸收热量；采用经济杠杆使国民经济供求总量趋于平衡等。控制的两个前提是：系统未来的状态有几种可能性；系统可以改变其输入参数而影响运行。

从现代企业管理的角度出发，控制就是管理者为了保证实际工作与计划要求相一致，按照既定的标准对组织的各项工作进行检查、监督和调节。控制有如下三点内容：①控制有很强的目的性，即控制是管理者为了保证实际工作与计划要求一致的过程。②控制是通过"检查""监督""调节"来实现的。③控制是一个过程。

（二）控制的必要性

1. 环境的变化

对于企业来说，它面对的是一个动态的市场，市场供求、产业结构、技术水平、用户期望、绿色物流等这些影响企业活动的因素时刻在发生变化，这些变化导致企业原先所制定的计划与目前的市场有差距。另外，随着经济全球化的发展，竞争无国界化，市场和劳务全球化，世界经济呈现多元化的格局。任何企业在这种环境变化的情况下，必须不断提高自我适应能力，加快改革步伐。

2. 管理权力的分散

在本章第二节曾提到，在组织规模既定时，组织层级与管理幅度呈反比，组织层级越高，管理幅度越小。只要企业经营达到一定规模，企业主管就不可能直接、面对面地组织和指挥全体员工的劳动。因此，任何企业的管理权限都制度化或非制度化地分散在各个管理部门和层次。企业分权程度越高，控制就越有必要，以保证权力得到正确的利用，在权力被滥用或者活动不符合计划要求时得到及时纠正。

3. 工作能力的差异

需要层次理论中提到人的需要分为生理、安全、社交、尊重、自我实现五个层次，每个人所处的需要层次不同。另外，组织成员在不同的时空里进行工作，这些必然导致他们的认识能力和工作能力不同，从而导致他们的实际工作结果也可能在质和量上与计划要求不符。某个环节可能产生的这种偏离计划的现象，会对整个企业活动造成冲击。因此，加强对这些成员的工作控制是非常必要的。

阅读链接

评价任何管理控制理论都可以从以下三方面进行：

1. 这个理论所包括的潜在重要变量的范围如何；
2. 控制系统变量与组织战略取得的成就之间的因果关系有多明显；
3. 证据的可靠性和真实性。

二、控制系统

控制系统由控制的标准和目标、偏差或变化的信息、纠正偏差或调整标准和目标的行动措施三部分要素构成。这三个构成要素共同决定了控制系统的效率和效能。因此，它们也就是有效控制的基本条件。

在一个常规的控制系统中，为了保证计划能得以实施，通常是管理者对人员、财务、作业、信息、组织绩效进行相应的事前、事中、事后控制。在控制过程中，管理当局必须首先根据计划阶段形成的目标制定行为标准，然后用这个标准来衡量实际的工作绩效。如果标准与实际工作之间有偏差，那么管理当局必须根据情况选择调整实际工作，或调整标准，或什么也不调整。

三、控制的基本过程

（一）确定控制标准

标准是评定工作成绩的尺度，是用以衡量实际成果与预计状况之间偏差的依据和基础。建立标准首先应明确体现目标特性及影响目标实现的对象或要素，然后根据计划需要建立专门的标准。

（二）衡量执行绩效

此阶段是管理者按照控制标准，对受控系统的资源配置、运行情况、工作成果等进行监测，并把计划执行结果与计划预想目标进行比较，从而确定是否存在偏差，以便提供纠正措施所需的最适当的依据，这就是衡量绩效的过程。

管理者根据绩效衡量的结果一方面能及时发现那些已经发生或预期将要发生的偏差，另一方面，还可以据此实施必要的奖惩。

（三）纠正偏差

根据衡量绩效的结果，管理者应该在下列三种控制方案中选择相应的对策：维持现状、纠正偏差、修订标准。

当衡量绩效的结果满意，可采取第一种方案；如果发现偏差，就要分析产生偏差的原因，可能是人员不称职或技术设备条件跟不上等造成的，也可能是计划或标准有误形成的，针对不同的情况采取相应的措施。

（1）纠正偏差。如果偏差是由于绩效不足产生的，管理者就应该采取纠正措施，如调整管理策略、改善组织结构、加强人员培训以及进行人事调整等。

(2) 修订标准。工作中的偏差也可能来自不合理的标准,即标准定得太高或太低,或由于时间的推移,原有的标准不再适用,这时采取的控制措施就应该是调整标准。

综上所述,控制的基本过程如图2-10所示。

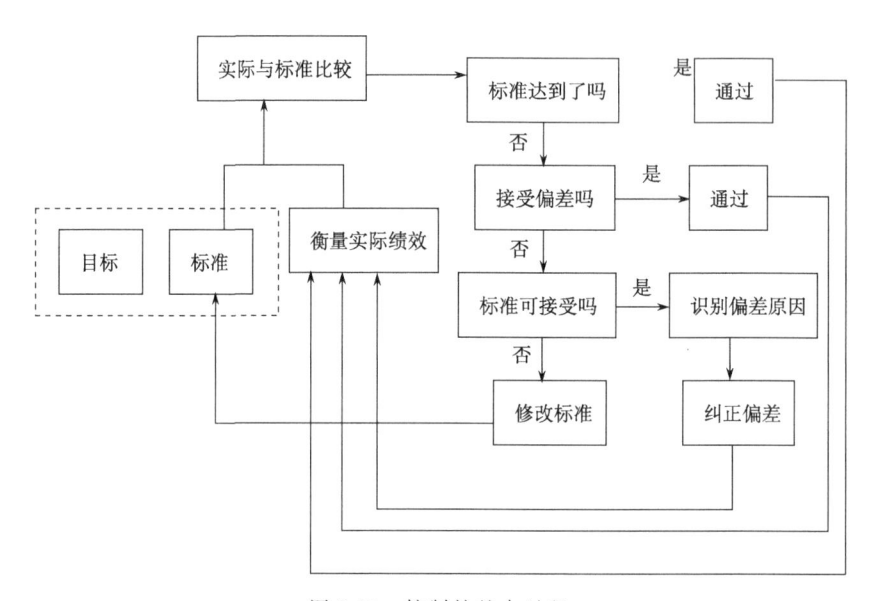

图 2-10 控制的基本过程

【案例分析】

团结向前,抓紧机遇

某外资农业设备公司生产各种谷物处理设备,包括磨面粉与处理大米的各种机器。他们是行业的领导者,在中国销售有20年时间,主要是通过经销商与国外总部直接销售。8年前在华东建立了中国区的销售与服务公司,同时与当地政府建立了生产的合资企业。

品牌是行业的领先者。产品的标准为一般设计院采用。但在国内仿制的产品也很多,国内产品质量有差距但有明显的价格优势。

有两种客户:第一类客户需要建新的面粉厂,找设计院设计工厂,虽然是用他们的规格,他们都会去应标,但会因为价格差异,只能够卖1~2台(放在外面来做陈列,不实际投入生产);第二类是更换机器、卖配件与整改的客户,因为价格与预算原因,很少购买他们的原厂设备与配件(筹建于运营的预算有差别)。

总部面对中国的快速发展,希望在中国把生意做大。几年内收购了几家生产上下游产品的公司,建立设计与工程部门,能够销售、设计与交付整家工厂(可以多用品牌的设备)。

机遇与难题：

原来的生意模式难以持续下去，市场份额不断减少（竞争产品质量在提高），总部的期望提高，不改变不成。总部愿意提供资金与支持，就是要把生意做大。

国家对农业有支持，希望通过各方努力把农产品的价格提高，提高农民的收入。对一些有实力的投资者有资金与土地的补助。

销售队伍觉得难以实现：本来是把设备卖给设计院的，现在变了直接竞争，他们害怕没有成功之前，本来的一点生意也受影响。销售队伍也没有信心向投资人推销建整家工厂的能力（在中国没有做过）。

设计与工程部门是新成立的，虽然总公司支持，但外籍专家的费用不低，他们也不习惯中国的工作方法，本地团队的设计能力还没有跟上。

生产、采购、外协、工程支持等各样配套还没有建立起来，现在只是在卖品牌与概念，还没有实际交付。

公司的服务队伍主要是在安装与调试，没有太多维修与改进的工作，没有跟现有客户有很多互动，没有建立技术能力的声誉。

销售部门只是在华东，客户在东北、华北、西北都有据点。接近客户是销售设计工厂的关键（在客户找设计院前需要跟客户谈，也要第一时间掌握资金补贴的信息）。

总部期望业绩三年翻两倍。销售团队、设计、工程、采购、物流、生产各种人员与能力人数都不足以满足需求。

各家新收购的公司有文化磨合的问题，管理风格不一致，怎样把各公司并进集团文化是难题。

（资料来源：http://wenku.baidu.com/view/3dc468b369dc5022aaea0044.html）

思考题：
如果你是公司的 CEO，你会怎样带领公司面对挑战与机遇？

【技能训练】

有7个人组成的小团体，他们每个人都是平等的，同时又是自私自利的。他们想用非暴力的方式，通过制度创新来解决每天的吃饭问题——分食一锅粥，要在没有计量工具和没有刻度的容器的状况下分食一锅粥。

分粥的方法
方法一：大家民主选举一个信得过的人主持分粥。
方法二：指定一个分粥人士和一名监督人士。
方法三：谁也信不过，干脆大家轮流主持分粥，每人一天。
方法四：民主选举一个分粥委员会和一个监督委员会，形成民主监督与制约机制。
方法五：每个人轮流值日分粥，但分粥的那个人要最后一个领粥。
讨论：你认为哪种方法能建立一种机制，使分粥的效率最高、效果更好？
找出该故事中的决策、计划、组织、领导、控制和创新，以学生个人观点陈述的形式或小组形式进行讨论。

训练要求：

1. 学生各抒己见，阐述自己的观点。其他持不同观点的学生可以反驳，达到辩论的效果。
2. 教师在训练中担任观察者角色，适当调节课堂气氛，最后根据学生的观点给予相应的点评。

【思考题】

1. 按不同的决策思想，决策可以分为哪些类型？
2. 简述企业计划编制的程序。
3. 组织结构的形式有哪些？
4. 如何理解集权和分权？
5. 试述领导理论的发展过程。
6. 产生沟通障碍的原因有哪些？如何实现有效的沟通？
7. 试述控制的基本过程。

第三章 企业战略管理

【学习目标与要求】
- 理解企业战略管理的基本概念。
- 熟悉企业战略管理的过程。
- 掌握企业战略分析、制定、实施的过程与方法。
- 通过对企业战略管理过程的全面学习与认识,提高学生战略管理分析与运用能力。

海尔的发展战略

中国最大的综合家电企业海尔集团的前身是青岛冰箱总厂,创立于1984年,当时年收入348万元,赤字147万元。2007年海尔的全球营业额已超过1000亿元,成为全球第四大白色家电制造商。自1984年至今,海尔的战略经历了以下4个主要阶段。

第一个阶段,名牌战略阶段(1984~1991年)。该阶段只生产冰箱一种产品,探索并积累了企业管理经验,为今后的发展奠定了坚实的基础,总结出了一套可移植的管理模式。

第二个阶段,多元化战略阶段(1992~1998年)。该阶段从一个产品向多个产品发展(1984年只有冰箱,1998年已有十几种产品),从白色家电进入黑色家电领域,以"吃休克鱼"的方式进行资本运营,以无形资产盘活有形资产,在最短的时间里以最低成本把规模做大,把企业做强。

第三个阶段,国际化战略阶段(1999~2005年)。该阶段产品批量销往全球主要经济区域市场,有自己的海外经销商网络与售后服务网络,海尔品牌已有了一定知名度、信誉度与美誉度。

第四个阶段,全球化品牌战略阶段(2006年至今)。该阶段为了适应全球经济一体化的形势,全球范围内运作海尔品牌。从2006年开始,海尔集团继品牌战略、多元化战略、国际化战略阶段之后,进入第四个发展战略创新阶段——全球化品牌战略阶段,即要在每个国家的市场上创造本土化的海尔品牌。

(资料来源:龚荒.2008.企业战略管理——概念、方法与案例.北京:清华大学出版社.)

第一节 企业战略与战略管理

一、企业战略基本概述

(一) 企业战略概念的演变

"战略"一词在今天很多人都耳熟能详。战略问题最早源于军事战争，英语 strategy 源于希腊文 strategos 和演变出的 stragia，前者含义是"将军"，后者含义是谋略，均指指挥军队的艺术和科学。《辞海》对"战略"一词做了比较完整的诠释：①军事名词，对战争全局方略的筹划与指导；②泛指对全局性、高层次的重大问题的策划和指导。《中国大百科全书、军事卷》对战略的解释是："指导战争全局的方略。"《韦氏新国际英语大词典》："军事指挥官克敌制胜的科学与艺术。"《简明不列颠百科全书》："在战争中利用军事手段达到战争目的的科学和艺术"。毛泽东主席指出："战略问题是研究战争全局的规律性的东西。"

企业战略最早出现于美国，大约20世纪60年代才明确将战略思想引入工商经营管理。关于什么是企业战略，在西方战略管理文献中没有一个统一说法，不同学者和实际工作者由于自身的认识角度和经历不同，赋予企业战略的含义也有差异。

1. 安德鲁斯的企业战略定义

美国哈佛商学院教授安德鲁斯（K. Andrews）认为，企业总体战略是一种决策模式，它决定和揭示企业的目的和目标，提出实现目的的重大方针与计划，确定企业应该从事的经营业务，明确企业的经济类型与人文组织类型，以及决定企业应对员工、顾客和社会做出的经济与非经济的贡献。因此，从本质上讲，安德鲁斯的战略定义是指通过一种模式，把企业的目的、方针、政策和经营活动有机地结合起来，使企业形成自己的特殊战略属性和竞争优势，将不确定的环境具体化，以便较容易地解决这些问题。

2. 魁因的企业战略定义

美国管理学教授魁因（J. B. Quinn）认为，战略是一种模式或计划，它将一个组织的主要目的、政策与活动按照一定的顺序结合成一个紧密的整体。一个制定完善的战略有助于企业组织根据自己的优势和劣势、环境中的预期变化，以及竞争对手可能采取的行动而合理地配置自己的资源。魁因认为战略应包括以下内容。

(1) 有效的正式战略包括三个基本因素：①可以达到的最主要的目的（或目标）；②指导或约束经营活动的重要政策；③可以在一定条件下实现预定目标的主要活动程序或项目。

(2) 有效的战略是围绕着重要的战略概念与推动力而制定的。所谓战略推动力指企业在产品和市场这两个主要经营领域里所采取的战略活动方式。不同的战略概念与推动力会使企业的战略产生不同的内聚力、均衡性和侧重点。

(3) 战略不仅要处理不可预见的事件，也要处理不可知的事件。战略的实质是建立一种强大而又灵活的态势，为企业提供若干个可以实现自己目标的选择方案，以应付外部环境可能出现的例外情况，不管外部力量可能会发生哪些不可预见的事件。

（4）在大型组织里，管理层次较多，每一个有自己职权的层次都应有自己的战略。这种分战略必须在一定程度上或多或少地实现自我完善，并与其他分战略相互沟通相互支持。

3. 不同学派的战略定义

"战略"一词引入企业管理只有几十年的时间。在企业管理这个范畴中，以下几种是较有影响力的关于战略的定义，这些学派给战略赋予了不同的定义。

设计学派认为：战略是一种匹配——经济战略就是在企业所处环境中能够决定其地位的机遇与限定条件之间的匹配。

定位学派认为：战略是一种定位，即寻找一个好的产业定位，从而使企业获得高于平均收益水平的资本回报，同时避免互相模仿而发生恶性竞争、进而导致收益水平下降。

计划学派认为：战略是一项长期的计划，即在企业战略意图的指导下，对企业资源和活动进行规划，使企业形成一个高度计划性的、有机的整体，从而提高企业的经营效率。

学习学派认为：战略是一种意图，同时战略又是一种革命。战略就是在某一明确的意图下，通过坚忍不拔的努力、增强并突出自身的竞争优势，并通过不断的革命创新，改变行业的竞争结构，使行业领先者的原有优势失去作用，从而超越行业领先者，实现企业的最终目标。

4. 战略的 5P 定义

20 世纪 80 年代以后，加拿大麦吉尔大学教授明茨伯格（H. Mintzberg）根据其对战略定义的独特认识，归纳总结出战略的 5P 定义，从不同的角度对战略进行了阐述。他认为，人们在不同的场合以不同的方式赋予战略不同的内涵，说明人们可以根据需求来接受各种不同的战略概念，只不过在正式使用战略概念时，只引用其中一个罢了。明茨伯格借鉴市场学中四要素（4P）的提法，即产品（product）、价格（price）、地点（place）和促销（promotion），从 5 个不同方面提出战略的定义（5P），即计划（plan）、计谋（ploy）、模式（pattern）、定位（position）和观念（perspective），见表 3-1。

表 3-1 战略 5P 的解释

计划（plan）	行动前明确制定的方向，处理局势的指导方针
计谋（ploy）	威胁和战胜竞争对手的具体手段
模式（pattern）	对企业资源进行分配的行为模式
定位（position）	企业与环境之间的中间力量
观念（perspective）	企业成员所共享

（二）企业战略的特征

尽管人们对企业战略的认识存在诸多分歧，但是对企业战略特征的认识基本一致。概括起来，企业战略具有以下特征。

(1) 全局性。企业战略是对企业未来经营方向和目标的纲领性的规划和设计,是企业发展的蓝图,制约企业经营管理的一切活动,对企业经营管理的所有方面具有普遍的、全面的、权威的指导意义。只有考虑全局利益的计划才能列入企业战略。

(2) 长远性。企业战略思考的是企业未来相当长一段时间内的总体发展问题。经验表明,企业战略通常着眼于未来3~5年乃至更长远的目标。企业战略反对短期性行为,其成效也要以长远利益来衡量。

(3) 指导性。企业战略规定了企业在一定时期内的基本发展目标,以及实现这一目标的基本途径,指导和激励企业全体职工努力工作。

(4) 竞争性。企业通过密切注视市场竞争态势和企业自身的相对竞争地位,制定适应市场需求、符合实际情况的企业战略,抓住机遇,迎接挑战,发挥优势,克服弱点,在竞争中克敌制胜,保障企业的生存和发展。

(5) 风险性。企业战略是对未来发展的规划。然而环境总是处于不确定和莫测的发展变化趋势中,任何企业战略都伴随着风险。

(6) 相对稳定性。企业战略一经制定,在较长时期内要保持稳定(不排除局部调整),以利于企业各级单位和部门努力贯彻执行。

(7) 适应性。企业战略的适应性包括两个层面的内容。首先,企业战略必须与企业管理模式相适应。企业战略不应脱离现实可行的管理模式,管理模式也必须调整以适应企业战略要求。其次,企业战略应与战术、策略、方法、手段相适应。再好的企业战略如果缺乏实施的力量和技巧,也不会取得好的效果。

(三) 企业战略的构成要素

企业战略涉及企业资源的配置和再组合,决定企业的活动领域和竞争地位。因而企业战略需考虑以下四项关键要素。

(1) 活动领域。企业从事生产经营的活动领域即为企业的经营范围或业务组合。企业活动领域的确定除了受到社会、市场、顾客等外部环境因素的影响,还受到对企业战略领导人概念和企业具体情况认识的影响。

(2) 资源配置。战略资源学派强调资源配置是企业战略最为重要的构成要素。资源配置的优势将在极大程度上影响企业战略的实施能力。资源配置不但包括对企业过去、目前的资源与技能进行配置、整合,还包括根据内外环境的变化情况,对企业资源与技能进行重新配置和再组合。企业如果缺乏有效的资源配置,会削弱企业对外部机会的反应能力,更会限制目前设计的活动领域的开展和战略目标的实现。

(3) 竞争优势。竞争优势是指企业通过活动领域和资源配置模式的确定,在市场上形成的优于其他竞争对手的竞争地位,其核心就是企业运用自己的竞争地位,以相对于竞争对手更高的价值实现战略目标。竞争优势是一个相对概念,是相对于行业或市场的其他竞争对手而言的。在相同资本存在量和劳动力素质的前提下,竞争优势来源于两个方面:①产品优势;②资源配置优势。

(4) 协同优势。协同优势是指在明确认识内外环境的条件下,通过有效配置、组织资源,实现组织中各要素共同努力的效果,这种效果是一种1+1>2,即分力之和大于各分力简单相加的规模优势。在实现企业管理中，协同优势通过投资协同、生产协同、销售协同、管理协同来实现。协同优势的实现模型如图 3-1 所示。

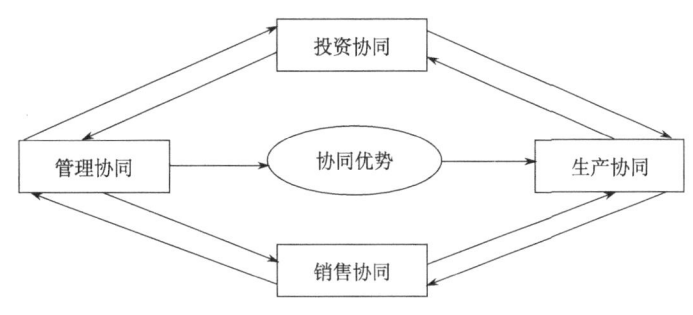

图 3-1 协同优势的实现模型

协同优势具体表现在以下两方面：①企业投资（成本）一定时，由于企业内部各部门相互合作、联合经营而使企业收入（利润）增加的情况；②企业收入（利润）一定时，由于企业内部各部门相互合作、联合经营而使企业投资（成本）下降的情况。

（四）企业战略的结构层次

一般来说，一个企业的战略规划可以划分为三个层次，即公司战略、经营（事业部）战略和职能战略，如图 3-2 所示。

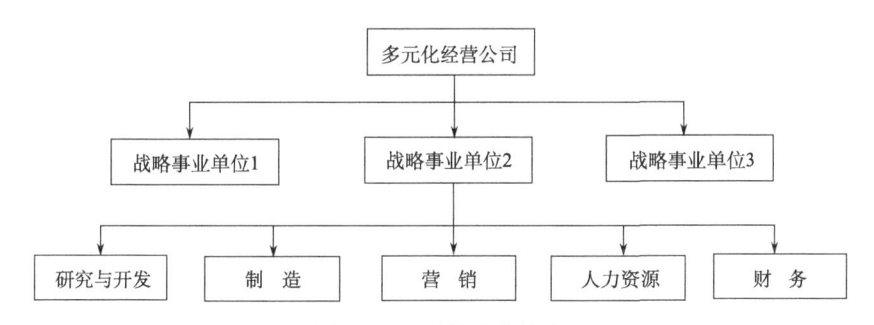

图 3-2 公司战略的层次

（1）公司战略。公司战略又叫企业总体战略，是企业总体的、最高层次的战略，是企业最高管理层指导和控制企业一切行为的最高行动纲领。公司战略的侧重点表现在两个方面。一是从公司全局出发，根据外部环境的变化及企业的内部条件，选择企业所从事的经营范围和领域，即要回答这样的问题：我们的业务是什么？我们应当在什么业务上经营？二是在确定所从事的业务后，要在部门之间进行资源分配，以实现公司整体的战略意图，这也是公司战略实施的关键措施。公司战略具有远见性、全局性和创造性，包括事业的选择、成长发展的优先次序、利润的分配等。

（2）业务（事业部）战略。业务（事业部）战略也称为竞争战略，处于战略结构的第二层次，它是在企业总体战略的指导下，为实现企业总体目标服务的，以经营管理某一业务单位的战略计划为形式的子战略。这种战略所涉及的决策问题是在选定的业务范围内或在选定的市场—产品区域内,事业部门应在什么样的基础上进行竞争,以取得超过竞争对手的竞争优势。为此,事业部门的管理者需要努力鉴定并稳固最具盈利能力和最有发展前途的市场面,发挥其竞争优势。除确定市场面外,还包括生产力配置、销售区域和销售渠道等方面的决策。

(3) 职能战略。职能战略是在职能部门中,如生产、市场营销、研究与开发、财务、人事等部门,由职能管理人员制定的短期目标和规划,其目的是实现公司和事业部门的战略计划。职能战略通常包括生产战略、市场战略、研究与开发战略、财务战略、人事战略等。如果说公司战略和经营战略强调"做正确的事情(do the right things)"的话,职能战略则强调"将事情做好(do the things right)",它直接处理这些问题,如生产及市场营销系统的效率、顾客服务质量及程序、提高特定产品或服务的市场占有率等。

二、战略管理的概念及战略管理过程

战略管理是充分占有信息基础上的一个决策和实施过程,指企业确定使命,根据其外部环境和内部条件设定企业的战略目标,为保证战略目标的正确落实和实现进行谋划,依靠企业内部能力将这种谋划和决策付诸实施,以及在实施过程中进行控制的动态管理过程。

因此,战略管理是对一个企业的未来发展方向制定决策和实施这些决策的动态管理过程。一个规范性的、全面的战略管理过程包括战略分析、战略选择及评价、战略实施及控制三个阶段。

(1) 战略分析。战略分析指对企业的战略环境进行分析、评价、并预测这些环境未来的发展趋势,以及这些环境可能对企业造成的影响。一般来说,战略分析包括企业外部环境分析和企业内部环境分析两个方面。

(2) 战略选择及评价。战略选择及评价过程实质就是战略决策过程,即对战略进行探索、制定和选择。对于一个跨行业经营的企业来说,它的战略选择应该解决以下两个基本问题:一是企业的经营范围或战略领域;二是企业在某一特定经营领域的竞争优势。一个企业可能会制定出实现战略目标的多种战略方案,这就需要对每种方案进行鉴别和评价,以选择适合企业自身的方案。

(3) 战略实施及控制。一个企业的战略方案确定后,必须通过具体化的实际行动,才能实现战略及战略目标。一般来说可在三个方面推进战略的实施:一是制定职能战略,如生产策略、研发策略、市场营销策略、财务策略等。在这些职能策略中要能体现出策略、推进步骤、采取的措施、项目以及大体的时间安排等。二是对企业的组织机构进行构建,使机构能够适应所采取的战略。三是要使领导者的素质、能力与执行的战略匹配,即挑选合适的企业领导(高层管理者)来贯彻既定的战略方案。

在战略管理的具体化和实施过程中,为达到既定目标,必须对战略实施进行监控。也就是将经过信息反馈的实际成效与预定的战略目标进行比较,如果二者有显著的偏差,就应当采取有效的措施纠正。

三、战略管理的本质

(一) 战略管理是多种管理理论的高度融合

战略管理涉及计划管理、生产(运作)管理、市场营销管理、财务管理、人力资源管理、研究与开发管理、国际贸易管理等。战略的制定与实施,不仅要以管理和职能管理为基础,是管理数学、管理经济学、管理心理学、管理会计学、管理原理和原则、管理组织学及管理思想等的高度整合,同时还融合了政治学、法学、社会学、经济学等方面的知识。可见,战略管理理论是整合性的和最高层次的管理理论。

(二) 战略管理是企业高层管理者最重要的活动和技能

美国学者罗伯特·卡茨将企业管理工作对管理者的能力要求划分为三个方面,即技术能力(战略能力)、人际能力(社会能力)和思维能力(战略能力)。①技术能力,即操作能力。这种能力与一个人所做的具体工作有关,是一个人运用一定的技术来完成某项组织任务的能力,包括方法、程序和技术。②人际能力。这种能力涉及管理人员和与之接触的人们之间的人际关系,是一个人与他人共事、共同完成工作任务的能力,包括领导、激励、排解纠纷和培植协作精神等。③思维能力。这种能力包括,将企业看成一个整体,洞察企业与环境的关系,以及理解企业的各个部分应如何互相依靠来生产产品或提供服务的能力。

(三) 战略管理的目的是提高企业对外部环境的适应性,使企业做到可持续发展

在当今时代,企业的外部环境既复杂多样又动荡多变。企业的存在和发展很大程度上受其外部环境因素的影响。这些因素或影响有一些是间接地对企业起作用,如政府、法律、经济、技术、社会、文化等;还有一些是直接影响企业的活动,如供应商、借贷人、股东、竞争者、顾客及其他与企业利益相关的团体。战略管理的任务和目的是保证企业在复杂多变的外部环境中生存并持续发展下去。战略管理促使企业高层管理者在制定、实施企业战略的各个阶段,都要清楚地了解有哪些外部因素影响企业,影响的方向、性质和程度如何,以便制定新的战略或及时调整现行的战略,做到一变应万变,不断提高企业的适应能力。

(四) 战略决策是一个直觉与分析相结合的思维过程

战略管理要在不断变化的环境下做出有效决策,就必须对企业所掌握的定性与定量信息进行分析。一般来说,战略管理采用的不是一种精确、明晰的方法,而是基于以往的经验、判断和感觉进行的。直觉对于决策至关重要。在具有很大不确定性或所做的事情没有先例的情况下,直觉对于决策尤为有用。在存在高度相关变量的情况下,当决策者就决策是否正确面临巨大压力时,以及必须在数种可行战略间做出选择时,直觉对于决策也很有帮助。常有一些企业的管理者和业主宣称自己具有超常的、单独靠直觉制定出色战略的能力。例如,曾经管理过通用汽车公司的威廉·杜兰特(Willian C. Durant),被阿尔弗

雷德·斯隆（Alfred Sinstein）形容为："至少就我所知，他是一位仅仅用绝妙的灵感来指引自己行动的人，他从不觉得应该用工程式的精细来寻求事实，然而他总是不时地做出惊人的、正确的判断。"阿尔伯特·爱因斯坦（Albert Einstein）也承认直觉的重要性，他说："我相信直觉和灵感。我常常不知原因地确认自己是正确的。想象比知识更为重要，因为知识是有限的，想象则是涵盖整个世界的。"

阅读链接

21世纪的头几年，我们耳熟能详的《财富》500强中的一大批巨无霸公司轰然坍塌，像安然（Enron）、宝利来（Polaroid）、凯马特（Kmart）、环球电讯（Global Crossing）、世界通信（WorldCom）、施乐（Xerox）等传统巨头在经济领域中纷纷倒下，给世人带来了不少震惊和遗憾。或许我们存在些许侥幸，毕竟这些公司和我们远隔重洋，但当我们将目光拉回国内，却无独有偶地发现，许多中国企业，同样数度经历从神话到噩梦的轮回，无数巨型企业顷刻瓦解。许多企业往往在很短的时间内完成一次令人炫目的成功，随后又毫无预兆地以同样令人诧异的速度陨落，如爱多、三株、亚细亚。

爱多

在短短的4年时间里，爱多一度成为中国家电业市场最成功的品牌之一，其VCD产品销售更是一度占据全国第二的位置。但它轰然倒下的速度正如它的崛起，让人感觉不可思议。现在回过头来重新分析爱多，与其说它是一个企业，不如说它是一支"战斗突击队"，一路啸聚英雄，攻城略寨，引得八方诸侯无不侧目噤声。但是，爱多毕竟是一个依靠市场生存的企业，其主打产品VCD被认为是一种即将被淘汰的、处于过渡期的技术和产业。当市场撤去炒作的泡沫，消费者的需求发生变化后，爱多还停留在如何策划新点子、如何打败对手的高谈阔论中，其失败也就在所难免了。更为可悲的是，爱多从来没有制定过任何形式的战略规划，只是凭借决策者的激情在打杀。

王府井百货

作为新中国成立后国家投资兴建的第一座大型百货零售商店，王府井百货大楼获得了太多太多的奖项。可是如今，它虽然还在竞争日益激烈的零售市场中艰难地前进，但在国外零售巨头和国内零售新贵的夹击下，已渐渐褪去了"新中国第一店"的光环。事实上，作为中国传统国有零售企业的代表，王府井一直在谋求变革，力求突围。1994年公司股票在上海证券交易所上市；1996年请麦肯锡设计集团公司的主业连锁经营方案，同年请安达信咨询公司开发计算机管理信息系统；1997年请麦肯光明广告有限公司进行市场营销及广告总体策划。但是，它所做的种种变革只是落在纸面上，没有付诸行动。最具代表性的是，王府井百货花费500万元请麦肯锡所做的战略策划方案，洋洋洒洒，豪言壮语，但并没有贯彻下去，成为"洋咨询"失败的典型案例。说与做的背离，使王府井百货失去的不仅是金钱，还有一去不复返的市场。

永久

在我们的记忆中，永久自行车曾被作为三大件的标志，很多家庭都因拥有一辆永久自行车而高兴。"永久"企业也曾是上海的骄傲，1949年就开始生产"永久"牌自行车，至今已经生产了近9000万辆，上缴国家利税近32亿元。1993年10月，公司进行改制并成功发行A股、B股。作为自行车大国，需求量之大是毋庸置疑的，但人们的生活水平在提高，消费需求也在变化，否认事实只能落后于时代的发展。以"永久"为代表的传统国有企业，只有正视现实，勇于变革，才能重现往日的风采。

三株

在中国企业群雄榜上，三株是一个绕不过的名字。短短的3年时间，它打造出了迄今无人超越的保健品帝国；它创造出了一种独特的、前无古人的行销模式，至今依旧具有巨大的借鉴价值；它曾经无数次地许下弘誓：要在20世纪内将人类的寿命延长10年，可是，它自己的"寿命"不过短短的六七年。为何"三株帝国"如此脆弱？实际上，三株的衰败正是出现在它的鼎盛之时。三株构建了一张中国第一营销网的同时，同样带来机构重叠、人浮于事、互相扯皮的问题。在公司总部，几大体系是大中心套小中心，各体系之间、各中心之间画地为牢，互成壁垒，各自扩充人员，增加职能，争权夺利，形成了一个个格局分立的小诸侯。

（资料来源：http://business.sohu.com/04/37/article202733704.shtml）

第二节 企业战略分析

战略分析指对企业的战略环境进行分析、评价，并预测这些环境未来的发展趋势，以及这些环境可能对企业造成的影响。一般来说，战略分析包括企业外部环境分析和企业内部环境分析两个方面。

一、企业外部环境分析

企业外部环境的发展很大程度上影响企业的成长。现代企业面临着越来越混乱、复杂、全球化的外部环境。这些外部环境给企业带来了威胁，也带来了机遇。因此，企业必须制定和实施适应外部环境的企业战略，从中发现企业机会，以便捕捉和利用机会，保证企业生存，促使企业发展。企业外部环境分析包括宏观环境分析和行业环境分析两个层面。

（一）宏观环境分析

宏观环境又称一般环境，指影响一切行业和企业的各种宏观力量。宏观环境的内容非常复杂，一般分为政治、法律、经济、社会、科技等各种不同性质的具体环境。通常我们采用PEST分析法对外部环境进行分析。根据不同行业和企业的自身特点和经营需要，宏观环境分析一般都包括政治（political）、经济（economic）、社会（social）和技术（technological）这四大类影响企业的主要外部环境因素分析。具体如图3-3所示。

（二）行业环境分析

行业环境分析主要包括行业经济特征分析、生命周期分析、行业竞争结构分析三个部分。

```
                    经济环境因素
                  ● 社会经济结构
                  ● 经济发展水平
                  ● 经济体制和经济政策
                  ● 其他一般经济条件
                            ↕
  政治和法律环境因素                      社会和文化环境因素
  ● 政府行为                           ● 人口因素
  ● 法律法规                           ● 社会流动性和各阶层对企业
  ● 政局稳定情况      ↔  企业  ↔          的期望
  ● 路线方针政策                        ● 消费者心理
  ● 国际政治法律因素                     ● 文化传统
  ● 各政治利益集团                       ● 价值观
                            ↕
                    技术环境因素
                  ● 技术水平
                  ● 技术力量
                  ● 新技术的发展

                 一般环境因素汇总
```

图 3-3　PEST 分析法示意图

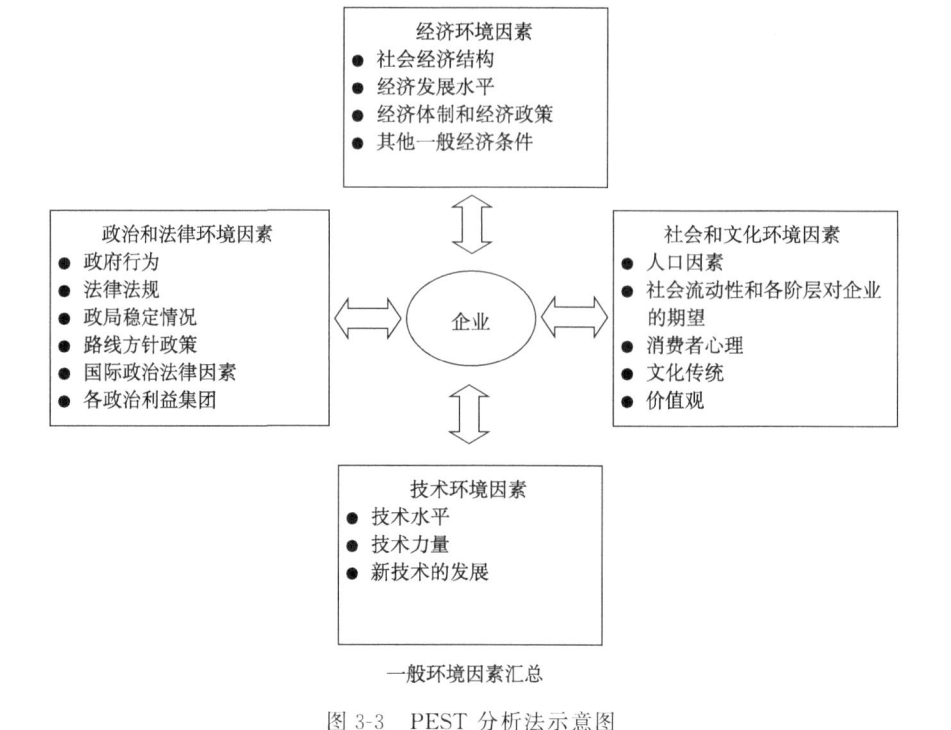

1. 行业经济特征分析

每一个企业总是归属于一个或几个产业部门或行业。这里的行业是指同类企业的集合。这些同类企业一般来说，使用基本相同或相似的原材料，使用相同或相近的生产工艺技术，提供功能相同的产品，为争夺某一需求的消费者而竞争。一个行业区别于另一个行业通常表现在经济特征上。换句话说，经济特征是区别行业的标志。因此，认识行业首先应从认识行业的经济特征入手。行业经济特征一般包括以下内容。

(1) 行业的性质，即行业是个什么行业，它生产什么产品，服务于什么市场需求。

(2) 行业在国民经济中的地位与作用，主要体现在：该行业的产值、税利、吸纳的劳动力数量、在国民经济中的比重、该行业与其他行业的关系以及对其他行业的影响和作用、该行业的国际竞争力及其创汇能力。

(3) 行业市场规模，即由行业全体买方需求量决定。

(4) 行业竞争范围，是地区性的、全国性的或是国际性的。

(5) 行业市场增长速度或行业所处的生命周期阶段。

(6) 行业内生产厂家的数量及相对规模。

(7) 行业内买方数量及相对规模。

(8) 行业前向及后向的普遍程度。

(9) 到达购买方的分销渠道的类型。

(10) 行业生产工艺、技术革新及推出新产品的速度。

(11) 行业产品差异化程度。

(12) 行业中公司实现采购、制造、运输、营销等规模经济的可能性。

(13) 行业中某些价值链环节或活动是否存在经验（学习）曲线，从而使单元成本随着累积产量的增加而降低。

(14) 行业的资源供应厂家数量与相对规模。

(15) 行业进入、退出障碍及难易程度。

(16) 行业盈利水平处于平均水平之上或之下。

2. 行业生命周期分析

行业的生命周期指行业从出现到完全进入社会经济领域所经历的时间。一般来说，行业的生命周期可以分为四个发展阶段：幼稚期、成长期、成熟期、衰退期。在各个时期，社会对该行业产品的需求不同，随着社会对行业产品需求的变化，形成一条先递增再递减的行业生命周期曲线（图3-4）。

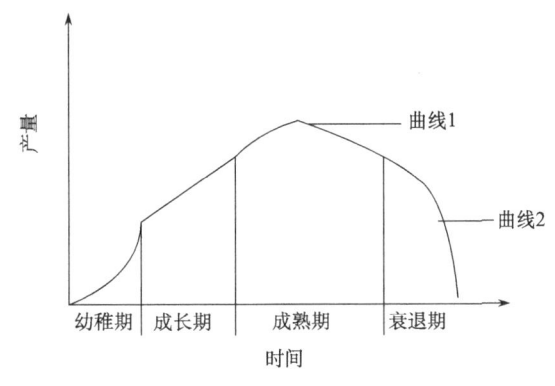

图 3-4 行业生命周期图

在行业生命周期中，可以将成熟期分为成熟前期和成熟后期。成熟前期，几乎所有行业都具有类似的S形的成长曲线，成熟后期则大致分为这两种类型：一种类型是行业长期处于成熟期，形成稳定型的行业，如图中的曲线1所示；一种类型是行业较快地进入衰退期，形成迅速衰退的行业，如图中的曲线2所示。行业生命周期理论是一种定性的理论，行业生命周期曲线是一条近似的假设曲线。

识别行业生命周期所处阶段的主要指标有：市场增长率、需求增长率、产品品种、竞争者数量、进入壁垒及退出壁垒、技术革命、用户购买行为等。下面分别介绍生命周期各阶段的特征。

(1) 幼稚期。这一时期的市场增长效率高，需求增长较快，技术变化较大，行业中的用户主要致力于开辟新的客户、占领市场，但此时技术有很大的不确定性，在产品、市场、服务等策略上有很大的余地，对行业特点、行业竞争状况、用户特点等方面的信息掌握不多，企业进入壁垒较低。

(2) 成长期。这一时期的市场增长率很高，需求高速增长，技术逐渐趋于稳定，行业特点、行业竞争状况及用户特点已比较明朗，企业进入壁垒提高，产品品种及竞争者数量增多。

(3) 成熟期。这一时期的市场增长率不高，需求增长率不高，技术上已经成熟，行业特点、行业竞争状况及用户特点非常清楚、稳定，买方市场形成，行业盈利能力下降，新产品和产品的新用途开发变得更加困难，行业进入壁垒高。

(4) 衰退期。这一时期的市场增长率下降，需求下降，产品品种及竞争者数量减少。

3. 行业竞争结构分析

每一个企业总是归属于一个或几个产业部门或行业。在某一行业中的企业，盈利与否以及盈利大小，一般取决于两个基本因素：一是身处行业的盈利潜力，又称行业吸引力；二是在行业中的地位。一个行业的盈利潜力，一般说来并非由其产品外观或该产品技术含量高低决定，而是由其内在的经济结构或竞争格局决定。美国哈佛大学商学院教授波特指出，一个行业的竞争远不止现有竞争对手之间的竞争，而是存在着五种基本的竞争力量：新加入者的威胁、替代品的威胁、购买商讨价还价的能力、供应商讨价还价的能力、行业内企业的竞争。这五种基本竞争力量的状况及其综合强度，决定行业的竞争激烈程度，同时也决定该行业的盈利潜力。波特五力分析属于外部环境分析中的微观环境分析，主要用来分析本行业的企业竞争格局以及本行业与其他行业的关系。波特五力分析模型如图 3-5 所示，之所以如此，是因为这五种基本的竞争力量影响该行业的产品价格、成本和所需的投资，即影响盈利率的诸要素。买方力量影响企业能够索取的价格，替代品的威胁作用也是如此；买方的力量也可能影响成本和投资，因为有力的买方需要成本高昂的服务；供方的讨价还价能力决定了原材料和其他各种投入的成本；现有对手的竞争强度也影响产品价格，因为它影响厂房设施、产品开发、广告宣传、推销队伍等方面的投入。新的竞争厂商进入的威胁会争夺市场、推动成本、影响收入，并造成防御方面的投资。不同行业，由五种基本竞争力量决定的行业竞争程度不同，而且会随着行业的发展而变化，因此，不同的行业、行业的不同发展阶段，其盈利潜力是不同的。在竞争激烈的行业中，一般不会出现某家企业获得惊人的收益状况；在竞争相对缓和的行业中，各企业可能普遍获得较高收益。

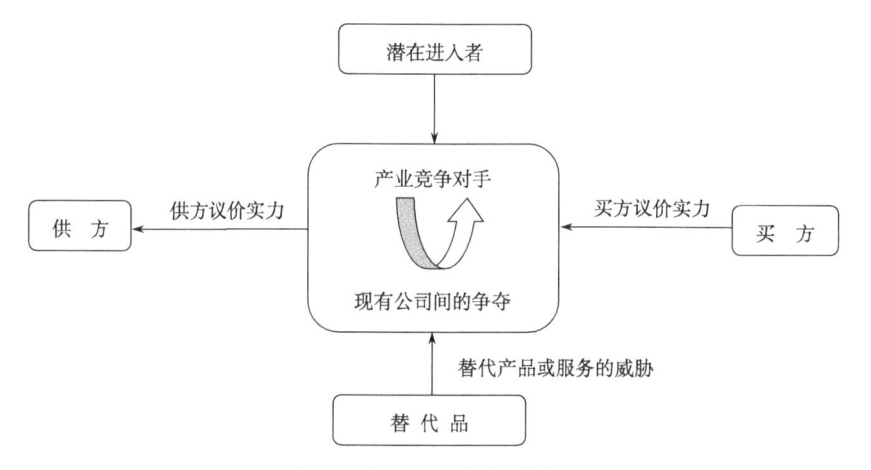

图 3-5 波特五力分析模型图

根据上述行业结构原理，一个行业的经营单位，其竞争战略目标应是在此行业中找到一个位置。在这个位置上，该企业能较好地防御五种竞争力量，或者说，该企业能够对这些竞争力量施加影响，使它们有利于本企业。因此，企业在制定经营战略时，应透过现象抓本质，分析每个竞争力量的来源。对竞争力量基本来源的分析，有助于弄清企业生存的优势和劣势，有助于寻求本企业在行业中的有利地位。正因为如此，行业结构分析是制定经营战略的基础工作。

二、企业内部环境分析

企业内部战略环境是企业内部与战略有很重要关联的因素，是企业经营的基础，是制定战略的出发点、依据和条件，是竞争取胜的根本。企业内部环境或条件分析的目的在于掌握企业过去和目前的状况，明确企业所具有的优势和劣势。这将有助于企业制定有针对性的战略，有效地利用自身资源，发挥企业的优势，同时避免企业的劣势，采取积极的态度改进企业劣势，抓住发展机遇，谋求企业的成长和壮大。我们将重点从企业资源分析、企业能力分析和企业核心能力分析三个方面展开对企业内部环境的分析。

（一）企业资源分析

企业资源泛指企业从事生产经营活动所需的人、财、物。它既表示企业的一种静态力量，也表示企业的潜力。企业的资源按照不同目的可划分为不同类型，一种较为简单和经典的分类方法是把企业的资源分成有形资源、无形资源以及人力资源。企业的经营战略实质上是对三类资源的配置和运用，因此准确合理的资源分析是战略制定的基础。

（二）企业能力分析

1. 企业能力的概念与分类

企业能力指企业的各种资源经过有机整合而形成的经济力量。企业能力虽然是一个整体概念，但是在具体体现其作用时，还是可以分解的。按照不同的标准，企业能力可以分解为各种分项能力，如按经营职能的标准划分，可以分为决策能力、管理能力、监管能力、改善能力等；按经营活动的标准划分，可以分为战略经营能力、生产能力、供应能力、营销能力、人力资源开发能力、财务能力、合作能力、投资能力等。需要说明的是，以上这几种分类只是相对的，因为这些分项能力不是彼此孤立的，而是相互关联、相互作用、相互融合的。

2. 企业能力分析的主要内容

（1）企业资源能力分析。企业资源能力包括企业从外部获取资源的能力和从内部积蓄资源的能力。它的强弱将影响企业的发展方向和速度，甚至影响企业的生存，同时直接影响企业战略的制定和实施。

（2）生产能力分析。生产是企业进行资源转换的中心环节，是企业的主要日常活动。

资源能力只有在数量、质量、成本和时间等方面符合要求的条件下才能形成有竞争性的生产能力。竞争性的生产能力构成要素包括加工工艺和流程、生产能力、库存、劳动力、质量五个方面。这五个方面的优劣势对企业的成败至关重要，因此企业生产系统的设计和管理必须与企业的战略相适应；同时企业战略管理者在着手制定新的企业战略时，要对现有的生产部门和生产管理进行认真的分析，以便对不适应新战略的部分及时进行改革。

(3) 营销能力分析。从战略角度考虑，营销能力主要包括三个方面，即市场定位的能力、营销组合的有效性和管理能力。市场定位的能力直接体现为企业生产定位的准确性，取决于企业在以下四个方面的能力：市场调查和研究的能力、评价和确定目标市场的能力、把握市场细分的能力及占据和保持市场地位的能力。确保市场营销组合的有效性主要应把握两个方面：①是否与目标市场中的有效需求一致；②是否与目标市场产品周期一致。营销管理能力主要指企业对各项营销工作进行管理的能力，具体包括营销队伍的建设与培训、营销人员的考核与激励、应收账款管理等方面。

(4) 科研与开发能力分析。科研与开发能力是企业的一项十分重要的能力。企业科研与开发能力分析主要从以下几个方面分析。①科研与开发能力分析。科研与开发能力是企业根据自身的发展需要开发和研制新产品、改进生产工艺的能力。企业的科研与开发能力和水平由企业科技队伍的现状和变化趋势决定。②科研与开发组合分析。企业的科研与开发在科学技术水平方面有四个层次，即科学发现、新产品开发、老产品的改进、设备工艺的技术改造。一个企业的科研与开发水平处于哪个层次或属于哪几个层次的组合，由企业的科研与开发能力决定。企业的科研与开发能力决定企业在科研与开发方面的优势和劣势，也决定企业开发的方向。③企业科研与开发成果分析。企业已有的科研与开发成果是其能力的具体体现。企业科研与开发成果分析主要就是分析这些成果，如技术改造、新技术、新产品、专利以及商品化的程度能给企业带来哪些方面的经济效益，以及经济效益的数量是多少等。

(5) 核心竞争力分析。企业核心竞争力指决定企业生存发展的最根本因素，它是企业保持持久竞争优势的源泉。积累、保持、运用核心能力是企业生存和发展的根本性战略，也是企业经营管理的永恒目标。企业拥有各种资源，是资源的特殊集合体，它们能否产生竞争优势取决于各种资源能否形成一种综合能力。那些与竞争对手相比具有独特的资源和优越性，并能够与外部环境匹配得当的企业将具有竞争优势。那些满足价值性、稀缺性、不可模仿性和替代性要求的企业资源被称为关键资源。只有基于这些关键资源建立起的竞争优势才是持久的竞争优势。

三、企业内部环境评价分析方法

(一) 内部要素评价矩阵

对企业内部要素的综合评价，可以通过内部要素评价 (internal factor evaluation, IFE) 矩阵来进行。建立 IFE 矩阵的步骤如下。

(1) 识别企业内部条件中的关键战略要素。

(2) 为每个关键要素给定一个权重，以表明该要素对企业战略成败的相对重要程度。权重取值从 0（不重要）到 1.0（很重要），各要素权重值之和为 1。不论该要素是否具有优势，只要它对企业战略产生的影响最重要，就应该给它最大的权重值。

(3) 用 1、2、3、4 评分值分别代表相应要素对于企业来说的主要劣势、一般劣势、一般优势、主要优势。

(4) 将每一要素的权重与相应的评价值相乘，即得到该要素的加权评价值。再将每一要素的加权评价值加总，就可求得反映企业内部条件优势与劣势的综合加权评价值。如表 3-2 所示。

表 3-2 内部要素评价矩阵示例

	关键内部要素	权重	评分	加权分数
优势	1. 与总公司合作关系较好	0.12	4	0.48
	2. 企业资金情况	0.1	2	0.2
	3. 拥有区域核心分销力量	0.1	3	0.3
	4. 代理产品知名度	0.08	3	0.24
	5. CRM 系统的应用	0.08	3	0.24
	6. 企业战略规划	0.06	3	0.18
	7. 代理 C 网、C 网产品资源	0.03	3	0.09
	8. 物流渠道畅通	0.03	2	0.06
劣势	1. 资费相对稍高	0.12	2	0.24
	2. 终端可控能力较弱	0.1	2	0.2
	3. 信息沟通平台能力需加强	0.1	3	0.3
	4. 终端促销支持力度需加大	0.08	1	0.08
	总计	1.00		2.61

（二）SWOT 分析法

SWOT 分析法是将企业内部环境的优势（strengths）与劣势（weaknesses）、外部环境的机会（opportunities）与威胁（threats），同列在一张"十"字形图表中加以对照，既可一目了然，又可从内部环境条件的相互联系中进行更深入的分析评价。SWOT 分析方法是一种最常用的企业内部环境战略因素综合分析方法。SWOT 分析法是一种广泛使用的战略分析和制定的方法。在用该方法制定战略时，要对企业内部的优势劣势和外部环境的机会威胁进行综合分析，尤其需要将这些因素与竞争对手相比较，只有这样，才能制订出有价值的企业战略方案。表 3-3 以邮政机构为例进行说明。

表 3-3 科尔尼 SWOT 战略分析表

内部能力 外部因素	优势（strength） ・作为国家机关，拥有公众的信任 ・顾客对邮政服务的高度亲近感与信任感 ・拥有全国范围的物流网（几万家邮政局） ・具有众多的人力资源 ・具有创造邮政/金融 synergy 的可能性	劣势（weakness） ・上门取件相关人力及车辆不足 ・市场及物流专家不足 ・组织、预算、费用等方面的灵活性不足 ・包裹破损的可能性很大 ・追踪查询服务不够完善
机会（opportunities） ・随着电子商务的普及，寄件需求增加（年平均增加 33%） ・能够确保应对市场开放的事业自由度 ・物流及 IT 等关键技术的飞跃性发展	SO -以邮政网络为基础，积极进入宅送市场 -进入 shopping mall 配送市场 -ePOST 活性化 -开发灵活运用关键技术的多样化的邮政服务	WO -构成邮寄包裹专门组织 -通过实物与信息的统一化进行实时追踪（track & trace）及物流控制（command & control） -将增值服务及一般服务差别化的价格体系的制定及服务内容的再整理
威胁（threats） ・通信技术发展后，对邮政的需求可能减少 ・现有宅送企业的设备投资及代理增多 ・WTO 邮政服务市场开放的压力 ・国外宅送企业进入国内市场	ST -灵活运用范围宽广的邮政物流网络，树立积极的市场战略 -通过与全球性的物流企业战略联盟 -提高国外邮件的收益性及服务 -为了确保企业顾客，树立积极的市场战略	WT -根据服务的特性，对包裹详情与包裹运送网分别运营 -对已经确定的物流运营提高效率（BPR），由此及彼提高市场竞争力

优势-机会（SO）战略是一种发挥企业内部优势并利用企业外部机会的战略。所有的企业都希望处于这样一种状况：可以利用自己的内部优势去抓住和利用外部事件变化中所提供的机会。企业通常首先采用 WO、ST 或 WT 战略达到能够采用此战略的状况。当企业存在重大劣势时，它将努力克服这一劣势将其变为优势。当企业面临巨大威胁时，它将努力回避这些威胁以便集中精力利用机会。

劣势-机会（WO）战略的目标是通过利用外部机会来弥补内部劣势。适用这一战略的基本情况是：存在一些外部机会，但企业有一些内部的劣势妨碍它利用这些外部机会。

优势-威胁（OT）战略是利用本企业的优势，回避或减轻外部威胁的影响。这并不意味着一个很有优势的企业在前进中总要遇到威胁。

劣势-威胁（WT）战略是一种旨在减少内部劣势、同时回避外部环境威胁的防御性技术。一个面对大量外部威胁和具有众多内部劣势的企业的确处于不安全和不确定的境地。

建造 SWOT 矩阵的过程包括 8 个步骤：①列出公司的关键外部机会；②列出公司的关键外部威胁；③列出公司的关键内部优势；④列出公司的关键内部劣势；⑤将内部优势与外部机会相匹配并记录得到 SO 战略；⑥将内部劣势与外部机会匹配并记录得到 WO 战略；⑦将内部优势与外部威胁相匹配并记录得到 ST 战略；⑧将内部劣势与外部

威胁相匹配并记录得到 WT 战略。

在战略管理中，仅做出上述分析是不够的，还必须对企业进行更深层次的综合分析，从产业发展、市场竞争的角度研究潜在的优势与劣势、机会和威胁。

第三节 企业战略制定

一、企业战略制定的程序

（一）确定企业使命与战略目标

（1）确定企业使命。企业的使命又称企业的宗旨，指企业存在和发展的目的。确定企业的宗旨，要求对内部环境进行分析，判断企业应该从事什么业务，顾客是谁，要向自己的顾客提供什么样的产品和服务。简言之，确定了企业的宗旨，就确定了企业应该从事哪一行业。确定企业的宗旨是企业战略管理过程中最为困难的工作。

一个恰当的对企业使命的定义，为企业战略的制定与实施提供了明确的指导方针，使企业既不至于在多种发展机会与方向面前无所适从，又不至于在复杂的环境中迷失方向。一般来说，企业不应当四面出击。一个优秀的企业家必须在深刻认识企业的现状和需求，分析环境的机会和风险的基础上，通过确定企业的宗旨，明确自己应该做什么，不应该做什么，以及在什么时候转向新的发展方向。

（2）确定企业战略目标。企业要制定正确的战略，仅仅依赖战略管理思想和企业使命远远不够，还必须将战略思想、企业使命与企业经营活动结合，确定企业的战略目标。战略目标是企业按照战略思想和企业使命的要求，依据企业的内外条件确定的。它对企业发展方向和前途具有决定性的影响，是企业在战略期内所要达到的理想成果。战略目标的性质和内容取决于企业的种类和性质、企业战略的类型和性质。因此，企业每次制定战略都要进行战略目标决策。当然，战略目标的制定一定要适宜。

（二）备选战略方案

根据企业的发展要求、经营目标、运行规律、企业所面临的机遇和挑战，以及企业的内外部环境条件，战略人员应进行认真的分析研究，充分发挥概括力、想象力、创造力，尽量准备多的战略方案，不因不符合已有的习惯而不予考虑，要列出所有可能达到企业目标的战略方案。在准备战略方案时，可以从以下三个领域考虑。

（1）社会领域。该领域包括企业的社会责任以及它在社会中的合法性。企业的利益群体环境是由顾客、供应商、股东、管理人员、员工、政府、公共利益团体等组成的，每一个利益群体都会向企业提供各自的要求，并对企业提供不同程度的支持。企业战略的变化会使上述各方的利益受到影响。在准备战略方案时，应让各个利益群体认识到企业活动具有社会的合法性，并且企业的战略符合他们的要求。

（2）经营领域。在准备战略方案时，要对产品和市场进行认真的分析和准确的定位，选准适合企业自身条件的生产领域。如果选错了生产经营领域，再好的战略方案也不会有好的效果。

(3) 竞争领域。对于一般企业而言，必然存在大量的竞争对手。为了获得竞争优势，需要关心实际存在和潜在存在的竞争者。准备竞争战略方案时，要选择适当的竞争领域，设计防御战略、保护战略和攻击战略，使企业能够迅速对竞争环境做出反应。

(三) 评价与比较战略方案

战略方案的评价是在战略分析的基础上论证战略方案可行性的过程。企业在选定了未来的经营领域及具体的战略目标后，可以有多种实现目标的途径和方法。依靠各种资源组合的支持来达到目标，由此形成多个可能的战略决策。因此，必须对这些方案进行讨论，选择其中的最优方案作为最终方案。战略评价要把重点放在评价企业战略目标与企业总体目标是否一致，战略方案本身所包含的目标和方针是否一致，预期取得的经营成果与战略假设的基础是否一致等方面。约翰逊和斯卡勒提出了要从适宜性、可行性和可接受性三个角度来评价战略方案的准则。

(1) 适宜性。判断所考评的战略是否符合适宜性，要考虑这个战略是否具有实现公司既定目标和其他目标的良好前景。符合适宜性要求的战略，应该与公司的任务书一致。任务书被许多管理者看作公司策划的替代物，它建立了企业扩展其业务能力的基本原则。好的任务说明书通常有下列特点：①共同的信仰和价值观；②非常明确的业务，包括满足需求、选择市场、如何打入市场、在提供产品或服务中使用何种方法；③包含利害关系团体，如雇主、股东、顾客、团体和城市的合法要求；④对发展、筹资、分散权利和革新的态度。

因此，适宜的战略应处于公司希望经营的领域，必须具有与公司道德哲学相协调的文化，而且如果有可能，必须建立在公司的优势之上，或者以某种人们可能认知的方式弥补现有的缺陷。当然，在不同公司之间和不同条件下，根据这个标准所要回答的具体问题可能存在很大的差异。

(2) 可行性。在判断出所考虑的战略基本上符合适宜性标准以后，需要回答其是否可行的问题：假如选择了该战略，公司能够成功地实施吗？这时需要考虑的事情是：公司是否具有足够的财力、人力、技能、技术、诀窍、组织优势或者其他资源。换言之，是否具有有效的实现战略的核心能力。

(3) 可接受性。可接受性标准强调的是：与公司有利害关系的人员是否对推荐的战略非常满意，并且积极支持。

(四) 战略选择

在评价和比较战略方案的基础上，企业可以选择一个最满意的战略方案作为正式的战略决策。有时为了增强战略的适宜性，企业往往选择一个或多个方案作为后备的战略方案。

二、战略制定的方法

不同类型与规模的企业以及不同层次的管理人员，在战略制定过程中会采取不同的方法。在规模小的企业中，所有者兼任管理人员，其战略一般都不是正式制定的，主要存在于管理人员的头脑中，或者只存在于与主要下属达成的口头协议中；在规模大的企业中，战略是通过各层管理人员广泛参与，详细繁杂的研究和讨论，有秩序、有规律地制定的。根据不同层次管理人员介入战略分析、制定工作的程度，可以将战略制定的方法分为四种。

（一）自上而下的方法

这种方法是先由企业最高管理层制定企业的总体战略，然后由下属各部门根据自身的实际情况将企业的总体战略具体化，形成系统的战略方案。

这一方法最大的的优点是领导层高度重视战略，能够牢牢把握整个企业的经营方向，同时也便于集中领导。不足之处是，如果高层没有深思熟虑，或不了解下层情况，就不能对下层提出详尽的指导；同时，该方法也束缚了各部门的手脚，难以充分发挥中下层管理人员的积极性和创造性。

（二）自下而上的方法

这是一种先民主后集中的方法。在制定战略时，上级对各部门不做硬性规定，只要求积极提交战略方案，之后由企业最高管理层对各部门提交的战略方案加以协调和平衡，经过必要的修改后加以确认。

这种方法的优点是，能充分发挥各部门和各级管理人员的积极性和创造性，集思广益；同时，由于战略方案有着广泛的群众基础，实施过程中易于贯彻和落实。不足之处在于，各部门的战略方案较难协调，会影响企业整个战略计划的系统性和完整性。

（三）上下结合的方法

这种方法是在战略制定过程中，企业最高层和下属各部门的管理人员共同参与，通过相互沟通和磋商，制定出适宜的战略。这种方法的主要优点是，可以产出较好的协调效果，制定的战略具有很强的可操作性。

（四）战略小组的方法

这种方法是指企业的负责人与其他人员组成一个战略制定小组，共同处理企业面临的问题。战略制定小组一般由总经理任组长，其他人员的构成则有很大的灵活性，视小组的工作内容而定，通常由与所要解决的问题关系最为密切的人员构成。

这种方法的目的性强、效率高，特别适宜制定产品开发战略、市场营销战略等特殊的、紧急的事件。

第四节　企业战略实施

制定战略后，企业必须将战略方案转变为战略行动，这一转变过程就是战略实施。具体说就是一个通过提出具体的实施方案，制订行动计划，建立程序，以将企业战略转化为实际行动并取得成效的过程。

一、企业战略实施的主体及其职责

（一）战略实施的主体

由于涉及企业各个部门的生产经营活动，需要大量艰苦细致的工作，因此战略实施是全体管理人员的一项重要工作，并且需要全体员工的广泛参与和支持。由此可以看出，从企业高层领导到一线管理人员，都是战略实施的主角，对战略的成功实施负有责任，区别仅仅在于，他们各自的权责领域不同，工作重心不同。

（二）战略实施主体的职责

高层管理人员在战略实施中的首要职责就是发挥强有力的领导作用，通过各种形式的宣传和解释工作，使企业各级人员对企业确立的目标和选定的战略持坚决拥护和支持的态度，唤起人们对战略实施的巨大热情，从而将战略实施过程演变为一场全员运动。高层管理人员在战略实施中的另一项重要职责就是，将战略思想和思路转化为具体行动，为战略实施制订详尽的行动计划。中低层管理人员在战略实施中的主要职责是：根据战略实施计划，将所需采取的行动和措施推向一线，并落到实处；同时，监督战略实施过程，确保日常的各项工作与战略要求协调一致。战略能否成功地实施，除了高层管理人员，更需要中低层管理人员的配合和努力。因此，提高中低层管理人实施战略的自觉性，增强他们的角色意识，帮助他们不断改善工作技能，是成功实施战略的一个关键环节。

二、企业战略实施的内容

企业战略的实施包括：建立相应的组织，合理配置企业的战略资源，形成有效的战略规划、信息支持系统、优秀的企业文化和实施战略领导等。

（一）调整企业组织结构，优化组织设计，实现战略实施的组织保障

一个健全的企业内部组织和高素质的管理人员是战略实施的重要保障。组织结构的设计围绕固有的战略成功因素和关键的活动进行。美国著名的战略管理专家钱德勒通过对美国一些大公司的研究，提出了"结构服从战略"的论点。他指出，公司战略的改变会导致公司组织结构的改变。企业结构之所以发生变化，原因在于旧结构的效率明显低下，已经到了使企业不能继续经营下去的地步。

企业在其成长和壮大过程中，一般要经历四个发展阶段：数量发展阶段、地区开拓阶段、纵向深入阶段和产品多种经营阶段。每一个发展阶段，企业所实现的战略是不同的。

（二）发挥领导在战略实施中的关键作用

合理的组织形式为企业实施经营战略提供了整体的结构。然而，要使战略真正落实在行动上，还必须发挥领导在战略实施中的关键作用。在战略实施过程中，公司高层领

导要解决两个方面的问题。

（1）任命关键的经理人员。一个企业实施新的战略和政策需要转变人员的任用。如果实施成长战略，需要聘用和培训新的管理人员，或者将更富有经验、具有必要技能的人员晋升到新设置的管理岗位上。为了选拔更多的、适于制定和执行企业战略的管理人才，可以采取建立业绩评价系统的方法，以发现具备管理潜力的优秀人才。当然，每一个企业在各个时期所采用的战略不尽相同，即使所选择的战略是相似的，由于每个企业所面临的具体情况存在差异，也需要不同类型的战略实施人员。

（2）领导下属人员正确地执行战略。企业高层管理者在选拔合适的经理人员，赋予他们相应的权利和责任的同时，还应采用适当的方式和方法，领导他们去实现组织的目标。

（三）创造富有活力的企业文化

每个企业都有自己独特的文化，这种文化是一种无形的力量，影响并规定企业人员的思维和行为方式，从而对落实企业战略产生重大影响。因此，创造富有活力的企业文化是实施战略的重要内容。企业在一定时期实施的战略与原有企业文化有时是一致的，有时可能发生冲突。最高管理人员必须根据不同的情况，采取不同的对策。企业应该努力培养企业精神。为此，在企业内部充分尊重员工的合法权益，为员工创造一个良好的工作环境，也是战略实施最重要的方面之一。

（四）合理配置资源，做好预算和规划

在战略的实施过程中，预算和规划是必不可少的两项工作。科学的预算有利于保证战略资源的合理配置。战略资源的配置是否合理会直接影响战略实施过程是否顺畅，资源和人力的短缺会使战略经营单位无法完成其战略任务。同样，过多的资金和人力会造成资源的浪费，影响战略实施的成果。战略资源的配置必须考虑到战略的变动，要使预算有一定的弹性。

三、战略实施的模式

企业战略实施的模式主要有以下五种。

（1）指挥型。该模式具有明显的集中指导倾向，又称为指导型。在这种模式里，企业高层管理人员工作的重点是考虑战略的制定，一旦选定满意的战略，便交给下层管理人员执行，自己并不介入战略实施过程。这种模式通常适用于小企业。在经营状况比较稳定、多种经营程度较低、环境变化小、战略变化不大的情况下，采用这种模式效果比较好。

（2）变革型。与指挥型模式相反，在变革型模式中，企业高层管理人员的工作重点放在战略实施上，他们的角色是为有效地实施战略而设计适当的行政管理系统。为此，高层管理人员要在其他各方面的帮助下，根据环境的变化不断进行变革，如建立新的组织结构、新的信息系统、兼并或合并经营范围，增加成功实施战略的机会。

这种模式多是从企业行为角度考虑战略实施问题，比指挥型模式更容易实施。但

是，这种模式也有它的局限性，即只适用于稳定行业中的小型企业。如果企业环境变化过快，企业来不及改变自己内部的状况，这种模式便发挥不出作用；同时，这种模式也是自上而下地实施战略，不利于调动员工的积极性。

（3）合作型。这种模式里，负责制定战略的高层人员启发其他管理人员共同考虑战略制定与实施的问题，管理人员可以充分发表自己的意见，提出各种不同的方案。这时，高层管理人员的角色是一个协调员，确保其他管理人员提出的所有好的想法都能够得到充分的讨论和调查研究。合作型模式克服了指挥型和变革型两个模式的局限性，使高层管理人员可以直接听取基层管理人员的意见，获得比较准确的信息。同时，战略的制定是建立在集体智慧基础之上的，因而提高了战略实施的有效性。

（4）文化型。文化型模式扩大了合作型模式的范围，将企业基层的员工也包括进来。在这种模式里，企业高层管理人员先提出关于企业发展总方向的设想，然后广泛邀请全体员工献计献策，提出自己的战略实施方案。在这里，高层管理人员的角色就是指引总的方向，在战略执行中放手让每个人做出自己的决策。这种模式打破了战略制定者与执行者的界限，力图使每一个员工都参与制定及实施企业战略，以使企业战略实施迅速、风险小。这个特点是前三个模式所没有的。

（5）增长型。在这种模式里，企业高层管理人员只提出有限的几个量化的指标，鼓励中下层管理人员制定与实施自己的战略，然后从中选优。这有利于促使管理者在日常工作中不断寻求创新的机会，充分挖掘企业内部的潜力，从而使企业获得增长。

这种模式与其他模式的区别在于：不是自上而下地灌输企业战略，而是自下而上地提出战略。其优点在于：给中下层管理人员一定的自主权，鼓励他们制定有效的战略，并使他们有机会按照自己的计划实施战略。由于中下层管理人员和员工有能够更加直接面对战略的机会，可以及时把握机会，自行调整并顺利执行战略，因此，这种模式适用于变化较大行业的大型多元化企业。

上述五种战略实施模式在制定和实施战略上的侧重点不同，指挥型、变革性与合作型更侧重于战略的制定，文化型与增长型更多地考虑战略的实施问题。五种模式各有利弊，可以互相补充，但是没有哪种模式可以运用于所有企业。实际上，在企业实践中，这五种模式往往是交叉或混合使用的，主要取决于企业多种经营的程度、发展变化的速度、规模大小以及目前的文化状态等。

阅读链接

沃尔玛的竞争优势

沃尔玛是目前全球最大的大型零售企业。在前20年的发展历程中，其增长速度为10%以上，业务迅速扩张到亚洲、欧洲和南美洲。沃尔玛的成功，主要在于沃尔顿等高层正确的经营理念以及在其理念中诞生的信息管理系统。

沃尔顿的经营思想汇集起来，可以总结为五大战略思想：人才战略、"农村包围城市"战略、市场饱和渗透战略、低价战略、高新技术战略。其中，高新技术战略对沃尔玛的发展起着举足轻重的作用。沃尔顿于1997年花了几亿美元，安装完成了沃尔玛第一套真正的计算机网络系统。从这时起，改进就从未停止过。到了1988年，沃尔玛拥有了全国最大的私有卫星通信网络。此外，沃尔玛在信用卡和条形码设备使用上，也走在了时代的前列。高新技术的快速引进，不仅极大地提高了沃尔玛的工作效率，而且成为公司核心竞争力的一部分，它的竞争对手们在跟进的过程中，不仅动作迟缓，而且步履沉重，这就造就了这个零售帝国的逐步强大。

信息管理系统主要指运用信息技术来支持或体现企业竞争战略和企业计划，使企业获得或维持竞争优势，削弱对手的竞争优势。信息管理系统改变组织的目标、组织的经营管理、组织的产品和服务、组织与环境的关系，从而使组织领先于竞争者。

20世纪70年代，沃尔玛率先将卫星通信系统运用于公司的发展。21世纪，沃尔玛又投资90亿美元开始"互联网统一标准平台"的建设。凭借先发优势、科技实力，沃尔玛的店铺冲出阿肯色州，遍及美国，走向世界。由此可见，与其说它是零售企业，不如说它是科技企业。

这在中国也是相同的，正如当时所倡导的科技是第一生产力，以及目前中国大力发展的技术型企业，跟沃尔玛相比已经是有了近半个世纪的差距。在如此漫长的时间差距下，如何利用好信息管理系统，对中国的企业将会是一个很强的挑战，也真正需要我们国家做到科教兴国，留住人才来开发技术。

在信息技术的支持下，沃尔玛能够以最低的成本、最优质的服务、最快速的反应进行全球运作。在1974年，公司开始在其分销中心和各家商店运用计算机进行库存控制。1983年，沃尔玛的整个连锁商店系统都用上条形码扫描系统。1984年，沃尔玛开发了一套市场营销管理软件系统，这套系统可以使每家商店按照自身的市场环境和销售类型制订出相应的营销产品组合。

1985～1987年，沃尔玛安装了公司专用的卫星通信系统，该系统的应用使得总部、分销中心和各商店之间可以实现双向的声音和数据传输，全球4000家沃尔玛分店都能够通过自己的终端与总部进行实时的联系。这一切的优势都来自于沃尔玛积极地应用最新的技术成果。通过采用最新的信息技术，员工可以更有效地做好工作，更好地做出决策以提高生产率和降低成本。在沃尔玛的管理信息系统中，最重要的一环就是它的配送管理。

管理作为一门学问已经出现了很久，管理信息系统也有很多。这些管理信息系统虽然有好有坏，也并不是说最好的就一定能够使企业得到最大的利用或发展。我想还是最适合、按照实际来的管理系统对企业的帮助最大。沃尔玛采用开发市场营销管理软件系统，使每家商店按照自身的市场环境和销售类型制订相应的营销产品组合，促使企业能够最大程度的发展，而不是利用别的软件开发公司开发出来的管理软件，可以说在这方面做得相当好。

20世纪90年代，沃尔玛提出了新的零售业配送理论：集中管理的配送中心向各商店提供货源，而不是直接将货品运送到商店。其独特的配送体系，大大降低了成本，加速了存货周转，形成了沃尔玛的核心竞争力。沃尔玛的配送系统由三部分组成：①高效的配送中心；②迅速的运输系统；③先进的卫星通信网络。

目前，在信息化建设上走在零售业前沿的沃尔玛，采用了视频会议系统，以解决传统的电话沟通方式的不便，或者是各地相关员工赶往某地进行会议，花费高昂的差旅费用，甚至还严重影响了工作效率的问题。例如，通过视频会议系统，全球的沃尔玛公司人员可以在世界各地进行报表分析、销售预测、企业内部培训等。操作人员还可以将PowerPoint、Excel等数据表格、培训资料呈现在每个与会者的电脑桌面上，同时，还可以在已共享的文档上进行勾画、修改等操作，为他们提供了极大的方便。

众所周知的是，全世界最为强大的电子信息系统在美国。而在美国曾有这样一个说法，沃尔玛的电子信息系统是全美最大的民用系统，甚至超过了电信业巨头美国电报电话公司。沃尔玛拥有如此先进的科技装备，在当时美国商界是极为罕见的，这与沃尔顿先生追求卓越的经营管理理念是密不可分的。他认为，高新技术的快速引进和成功运用，可以极大地提高沃尔玛的工作效率，促进高效分销，提高公司的盈利水平和核心竞争力，起到"点石成金"之功效。

信息管理系统甚至能改变组织的业务经营范围，把组织推向新的行为方式。从沃尔玛的成功可以看出，信息管理系统对企业的发展和成败有至关重要的作用，企业是否能够利用先进的信息技术是企业适应市场和时代发展的重要标志。中国的企业要想真正走向世界，就必须要以科技为中心，大力研发新的技术，走高端路线，否则很难走向全球和世界上的其他企业竞争。

（资料来源：http://wenku.baidu.com/link? url = P-Nw0PkeXh41jPAsNkIWhy-XLe3tNcXUlethAQ3eanDDU3cTSE5LeYYoqSy8CxxcdmZHDnCUzBUkr4xvGeGIWPh-Zq7wfDWCAQVQgcrIaUq8y）

【案例分析】

格兰仕的成长与战略

格兰仕微波炉是中国消费者所熟悉的产品，但它的制造商——格兰仕集团却是从生产羽绒制品起家的，格兰仕的快速成长与骄人业绩，与其制定的个性化战略是密不可分的。

1. 总体战略

（1）创业阶段的定位战略——从事以畜毛为原料的轻纺行业，即从畜毛洗涤、整理到粗加工、染色、纺织，再到生产羽绒服装及羽绒被，主要供外贸出口，生产加工以合资经营为主。

（2）集中化战略——放弃很好的羽绒订单，主动撤出轻纺行业，利用积累资金扩大微波炉的生产规模（当时所占份额不到10%）。看好微波炉的主要理由是市场前景好、市场潜力大、生产技术成熟、外国品牌价格高，同时广东顺德又是著名的家电生产基地。

（3）新阶段多元化和国际化战略——多元化在小家电行业拓展，推出电饭煲和电扇等产品；国际化包括市场国际化、研发国际化、人才国际化等。

2. 竞争战略

靠规模化扩张到形成成本领先、低价格竞卖的优势；从几十万台到100万台再到300万台，使其他企业望尘莫及。

3. 职能战略

（1）营销战略——培育市场，启动市场，占领市场，推出"四心级"服务（对顾客诚心、精心，让顾客安心、放心），"三大纪律，八项注意"规范服务，一地购物、全国维修的跨区服务。

（2）研发战略——格兰仕的技术战略经历了引进、消化吸收、合作开发、自主开发阶段，自己设立研究与开发部门（包括海外），坚持走合作与自主创新的道路。

（3）财务战略——外聘财务顾问，帮助制定和实施本公司的财务战略。

（4）人才战略——大胆引进人才，最早聘请了5名来自上海的微波炉专家，为组建自己的技术队伍打下基础。随后，拓展到国外，引进全球视野范围内的优秀人士，包括请日本人管理生产，请韩国人担任国际营销主管，请美国人从事技术开发等。

格兰仕的成功是战略选择与运用的成功。它从一个较小的产品或服务区域，集中力量进入并成为行业第一，同时建立进入壁垒，逐渐形成稳定、持久的优势地位，并获得高于同行业水平的收益，进而达到中国第一、亚洲第一、全球第一，至今仍保持全球市场占有率50%的水平。

（资料来源：李启明. 2005. 成功始于战略. 北京：经济管理出版社. ）

思考题：
1. 格兰仕取得成功的主要经验是什么？它选择了哪些成功的战略？
2. 格兰仕从轻纺行业转到小家电行业的依据是什么？

【技能训练】

调查当地一家实际企业及其主要竞争对手，运用波特五力分析模型进行分析。

实训目标：
1. 增强学生对企业战略环境的基本认识；
2. 培养并提高学生行业竞争分析的能力。

实训形式：
1. 实地调查或网上收集企业及其竞争对手相关资料进行分析；
2. 以班级为单位分组讨论；
3. 每人写出拟发言提纲。

实训要求：
1. 以某一企业为例，每组负责人做好组内成员合理分工，各组成员分别收集其及竞争对手相关资料；
2. 结合本章学习内容展开讨论，形成本组讨论结果。

成果检验

每组提交一份总结报告，对所调查企业的行业竞争结构展开分析，列出该企业的优势、劣势、机会和威胁的信息来源。如果你从网上获得这些资源，请指明网站。

【思考题】

1. 什么是企业战略管理？其主要特征有哪些？

2. 简述企业战略管理的过程。
3. 企业战略分析包括哪些层面?
4. 企业外部环境的分析方法主要有哪些?
5. 企业战略制定包括哪些内容?
6. 为何要进行战略控制? 战略控制与战略实施的关系如何?
7. 什么是企业核心竞争力? 企业应如何培育和发展其核心竞争力?
8. 请用波特的五种竞争力模型分析某一行业的竞争结构与竞争强度。

第四章

市场营销管理

【学习目标与要求】
- 掌握市场与市场营销的概念。
- 了解目标市场营销战略和竞争性市场营销战略的基本分析方法。
- 了解对市场营销环境的 SWOT 分析方法。
- 掌握市场营销 4P 的含义,理解产品、价格、渠道和促销的策略选择,并能够运用相关理论分析实际案例。

如何发现和创造营销机会

一家鞋业公司派一名推销员到东南亚某国,去了解公司的鞋能否在那里找到销路。一星期后,这位主管打电报回来说:"这里的人不穿鞋,因而这里没有鞋的市场"。

接着该鞋业公司总经理决定派市场部经理到这个国家,对此进行仔细调查。一星期后,经理打电报回来说:"这里的人不穿鞋,是一个巨大的市场"。

总经理为弄清楚情况,再派他的市场营销副总经理去进一步考察。两星期后,营销副总经理来电说:"这里的人不穿鞋子,但他们有脚疾,穿鞋对脚会有好处。无论如何,我们必须特别设计我们的鞋子,因为他们的脚比较小。同时,我们必须花一笔钱通过对他们进行教育从而让他们懂得穿鞋的好处,并得到部落首领的合作。这里的人没有什么钱,但他们有我未曾尝过的最甜的菠萝。我估计鞋的潜在销售量在3年以上,因而我们的一切费用包括推销菠萝给与我们有合作关系的连锁超级市场的费用,都将得到补偿。总算起来,我们还可赚得垫付款30%的利润。我认为,我们应该毫不迟疑地去干"。

(资料来源:菲利普·科特勒.1991.市场营销管理——分析、规划、执行和控制.第6版.何永祺,何宝善审校.北京:科学技术文献出版社:37.)

第一节 市场营销概述

一、市场及其相关概念

市场营销是和市场有关的人类活动。因此我们先了解下市场及其相关的概念。

经济学家从揭示经济实质的角度提出市场的概念。他们认为，市场是一个商品经济范畴，是商品内在矛盾的表现，是供求关系、商品交换关系的总和，是通过商品交换反映出来的人与人之间的关系。市场是社会分工的产物，是商品经济发展的产物。也就是说，哪里有商品生产和商品交换，哪里就有市场，市场是联系生产和消费的纽带。

管理学家侧重从具体的交换活动及其运行规律去认识市场。当代著名市场营销学家菲利普·科特勒指出："市场是由一切具有特定消费需求和欲望，并且愿意和可能从事交换来使需求和欲望得到满足的潜在顾客所组成"。

可见，人们从不同的角度界定市场。本书将市场定义为：商品经济中生产者与消费者之间为实现产品或服务价值，以满足需求的交换关系、交换条件和交换过程。

市场是建立在社会分工和商品生产即商品经济基础上的交换关系之上的，这种交换关系由一系列交易过程构成，并由商品交换关系规律规定。现实市场的存在要有若干基本条件，这些条件包括：①存在消费者（用户）一方，他们有某种需求和欲望，并拥有可供交换的资源。②存在生产者（供给者）一方，他们能提供满足消费者（用户）需求的产品和服务。③有促成交换双方达成交易的各种条件，如法律保障、交易双方可接受的价格、时间、空间、信息和服务方式等。

市场的发展本质上是一个消费者（买方）决定，生产者（卖方）推动的过程。一般来说，买方需求是决定性的。

二、市场营销的相关概念

关于市场营销，学术界有各种定义，本书先介绍几个权威的定义。

美国市场营销协会指出市场营销是创造、沟通与传送价值给顾客及经营顾客关系以便让组织与其利益关系人受益的一种组织功能与程序，是一种最直接有效的营销手段。

菲利普·科特勒（Philip Kotler）强调了营销的价值导向。他表示，市场营销是个人和集体通过创造并通过同他人交换产品和价值以满足需求和欲望的一种社会管理过程。菲利普·科特勒在1984年对市场营销又作了定义：市场营销指企业的一种职能——认识目前未满足的需要和欲望，估量和确定需求量大小，选择和决定企业能最好地为其服务的目标市场，并决定适当的产品、劳务和计划（或方案），以便为目标市场服务。

麦卡锡（E.J.Mccarthy）1960年也给微观市场营销下了定义：市场营销是企业经营活动的职责，它将产品及劳务从生产者直接引向消费者或使用者，以便满足顾客需求及实现公司利润，同时也是一种社会经济活动过程，其目的在于满足社会或人类需要，实现社会目标。

格隆罗斯所给的定义强调了营销的目的：营销是建立在一种利益之上，通过相互交换和承诺，建立、维持、巩固与消费者及其他参与者的关系，实现各方目的的过程。

根据菲利普·科特勒的定义，可以将市场营销概念归纳为以下几点：

（1）市场营销的最终目标是"使个人和群体的欲望和需要得到满足"。

（2）"交换"是市场营销的核心。交换过程是一个主动、积极寻找机会、满足双方需求和欲望的社会过程和管理过程。

（3）交换过程能否顺利进行，取决于营销者创造的产品和价值满足顾客需求的程度以及交换过程管理的水平。

第二节 消费者市场的购买行为分析

消费者市场是个人或家庭为了生活消费而购买产品和服务的市场。生活消费是产品和服务流通的终点，因而消费者市场也称为最终产品市场。消费者市场人群分布广泛，消费群体地域分散，消费品的种类复杂、易变、伸缩性强，同时易受季节性和替代性因素影响。

一、消费者购买行为模式

营销人员在制定针对消费者市场的营销组合之前，研究消费者的购买行为对制定营销组合策略意义重大，但消费者市场涉及的内容千头万绪，为此市场营销学家归纳出了如表4-1所示的购买行为模式进行消费者购买行为的分析。

表4-1 购买行为的7Os模式

消费者市场由谁构成？（who）	购买者（occupants）
消费者市场购买什么？（what）	购买对象（objects）
消费者市场为何购买？（why）	购买目的（objectives）
消费者市场的购买活动有谁参与？（who）	购买组织（organizations）
消费者市场怎样购买？（how）	购买方式（operations）
消费者市场何时购买？（when）	购买时间（occasions）
消费者市场何地购买？（where）	购买地点（outlets）

营销人员在制定针对消费者市场的营销组合之前，必须先研究消费者购买行为。例如，某皮革厂生产和销售箱包，必须分析研究以下问题：①箱包的市场由哪些人构成？②目前消费者市场需要什么样的箱包？③消费者为什么购买这种箱包？④哪些人会参与箱包购买行为？⑤消费者怎样购买这种箱包？⑥消费者何时购买这种箱包？⑦消费者在何处购买这种箱包？

其中，研究消费者购买行为的理论中最有代表性的是刺激-反应模式，见图4-1。市场营销因素和市场环境因素的刺激进入购买者的意识，购买者根据自己的特性处理这些信息，再经过一定的决策过程做出购买决策。

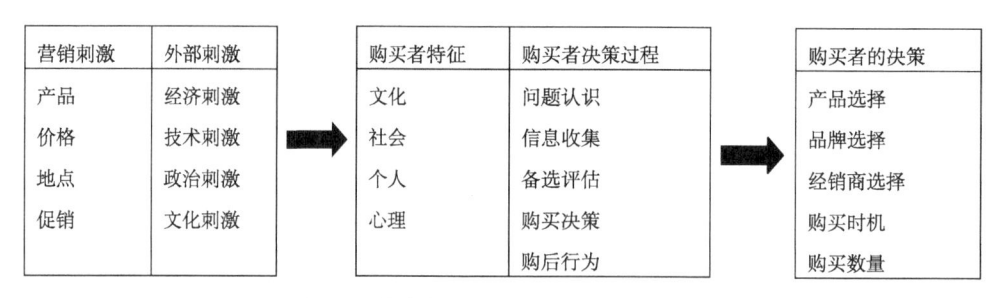

营销刺激	外部刺激		购买者特征	购买者决策过程		购买者的决策
产品	经济刺激		文化	问题认识		产品选择
价格	技术刺激	→	社会	信息收集	→	品牌选择
地点	政治刺激		个人	备选评估		经销商选择
促销	文化刺激		心理	购买决策		购买时机
				购后行为		购买数量

图 4-1 消费者购买行为的刺激-反应模式

二、影响消费者购买的因素

(一) 文化因素

1. 文化

文化指人类从生活实践中建立起来的价值观念、道德、理想和其他有意义的象征的综合体。文化是决定人类欲望和行为的基本因素，文化的差异引起消费行为的差异。

2. 社会阶层

社会阶层是社会学家根据职业、收入来源、教育水平、价值观和居住区域对人们进行的一种社会分类。社会阶层具有以下四个特点：

(1) 同一阶层的成员具有类似的价值观、兴趣和行为，在消费行为上相互影响并趋于一致。

(2) 人们以自己所处的社会阶层来判断各自在社会中所处地位的高低。

(3) 一个人的社会阶层不是由某一变量决定的，而是受到职业、收入、教育、价值观和居住区域等多种因素的制约。

(4) 人们能够在一生中改变自己的社会阶层归属，既可以迈向高阶层，也可以跌至低阶层。

(二) 社会因素

1. 相关群体

相关群体（reference groups）指能够直接或间接影响消费者购买行为的个人或集体。相关群体对消费行为的影响表现在三个方面：

(1) 示范性，即相关群体的消费行为和生活方式为消费者提供了可供选择的模式。

(2) 仿效性，即相关群体的消费行为引起人们仿效的欲望，影响人们的商品选择。

(3) 一致性，即由于仿效而使消费行为趋于一致。

某种相关群体的有影响力的人物称为"意见领袖（opinion leader）"，他们的行为会引起群体内追随者、崇拜者的仿效，但相关群体对购买行为的影响程度视产品类别而定。

2. 家庭

消费者以个人或家庭为单位购买产品,家庭成员和其他有关人员在购买活动中往往起着不同作用并且相互影响,构成了消费者的"购买组织"。

3. 角色和地位

角色(role)是周围人对一个人的要求或一个人在不同场合应起的作用。消费者做出购买选择时往往会考虑自己的身份和地位(status)。企业把自己的产品或品牌变成某种身份或地位的标志或象征,将会吸引特定目标市场的顾客。

(三)个人因素

个人因素指消费者的经济条件、生理、个性、生活方式等对购买行为的影响。经济因素指消费者的可支配收入、储蓄、资产和借贷能力。经济因素是决定购买行为的首要因素,决定能否发生购买行为、发生何种规模的购买行为以及购买商品的种类和档次。生理因素指年龄、家庭生命周期(family life cycle)、性别、体征(高矮胖瘦)、健康状况和嗜好(如饮食口味)等生理特征的差别。生理因素决定顾客对产品款式、构造和细微功能的不同需求。个性指一个人的心理特征,一个人的个性影响消费需求对市场营销因素的反应。生活方式指一个人在生活中表现出来的活动、兴趣和看法的模式。在设计产品和广告时应明确针对某一生活方式群体的诉求。划分生活方式最有名的是斯坦福国际研究所VALS(value and lifestyles)模式及AIO(attitude/interest/opinion)模式。

阅读链接

沙拉油的失败

有一家企业计划生产一种作为凉拌菜佐料的沙拉油,并满足所有消费者对凉菜味道的要求。尽管试销效果好,但重复购买低,并未实现预期收益,原因主要是心理上的。家庭主妇们并不想放弃显示自己高超配制调料的机会(向丈夫、客人等),只有在没有时间的时候才使用那种现成调料。

三、消费者购买行为类型

不同的消费者购买决策过程的复杂程度不同,究其原因主要受购买者的参与程度和品牌差异程度的影响。阿萨尔根据购买者的参与程度和产品品牌差异程度区分出了四种类型的购买行为,见表4-2。

表4-2 购买行为的类型

		购买者的介入程度	
		高	低
品牌差异程度	大	复杂的购买行为	多样性的购买行为
	小	减少失调感的购买行为	习惯性的购买行为

(一) 复杂的购买行为

对于复杂的购买行为，营销者应制定策略帮助购买者掌握产品知识，利用印刷媒体、电波媒体和销售人员来宣传本品牌的优点，同时发动商店营业员和购买者的亲友，影响最终购买决定，简化购买过程。

(二) 减少失调感的购买行为

对于这类购买行为，营销者要提供完善的售后服务，通过各种途径提供有利于本企业和产品的信息，使顾客相信自己的购买决定是正确的。

(三) 习惯性的购买行为

对习惯性购买行为采取的主要营销策略是：①利用价格与促销吸引消费者试用。②开展大量重复性广告加深消费者的印象。③增加购买介入程度和品牌差异。

(四) 多样性的购买行为

对于多样性的购买行为，市场领导者力图通过占有货架、避免脱销和提醒购买的广告鼓励消费者形成习惯性购买行为。挑战者则以较低的价格、折扣、赠券、免费赠送样品和强调试用新品牌的广告来鼓励消费者改变原习惯性购买行为。

四、消费者购买决策过程的主要步骤

不同购买类型反应了消费者购买过程的差异性和特殊性，但是消费者的购买过程也有其共同性或一般性，西方营销学者对消费者购买决策的一般过程作了深入研究，提出若干模式，采用较多的是五阶段模式，如图 4-2 所示。

认识需要 → 收集信息 → 备选产品评估 → 购买决策 → 购后行为

图 4-2 消费者购买决策过程

(一) 认识需要

认识需要指消费者确认自己的需要是什么。需要可由内在刺激或外在刺激唤起。

营销人员在这个阶段有两个任务。一是了解与本企业产品有关的现实的和潜在的需要。在价格和质量等因素既定的条件下，一种产品如果能够满足消费者多种需要或多层次需要就能吸引更多的购买者。二是了解消费者需要随时间推移以及外界刺激强弱而波动的规律性，以便设计诱因，增强刺激，唤起需要，最终唤起人们的购买行动。

(二) 信息收集

被唤起的需要立即得到满足须满足三个条件：第一，这个需要很强烈；第二，满足需要的物品很明显；第三，该物品可立即得到。所需信息量取决于购买行为的复杂性。营销人员在这一阶段有以下几个任务：一是了解消费者信息来源。消费者信息来源有经验来源、个人来源、公共来源和商业来源四个。二是了解不同信息来源对消费者的影响程度。三是设计信息传播策略。

（三）备选产品评估

一般而言，消费者的评价行为涉及三个方面：

（1）产品属性。产品属性指产品所具有的能够满足消费者需要的特性，在消费者心中表现为一系列基本属性的集合。

在价格不变的条件下，一个产品有更多的属性将更能吸引顾客购买，但是会增加企业的成本。营销人员应了解顾客主要对哪些属性感兴趣，以确定本企业产品应具备的属性。

（2）品牌信念。品牌信念指消费者对某品牌优劣程度的总看法。

（3）效用要求。效用要求指消费者对该品牌每一属性的效用功能应当达到何种水准的要求。

（四）购买决策

消费者经过产品评估后会形成一种购买意向，但是不一定导致实际购买。从购买意向到实际购买还有一些因素介入，如他人态度、意外因素。顾客一旦决定实现购买意向，必须做出购买决策，包括产品种类决策、产品属性决策、产品品牌决策、时间决策、经销商决策、数量决策、付款方式决策等。

（五）购后行为

1. 购后评价

消费者的购后评价不仅仅取决于产品质量和性能发挥状况，也取决于心理因素。消费者购后评价行为有两种基本理论：预期满意理论和认识差距理论。

（1）预期满意理论。消费者购买产品以后的满意程度取决于购前期望得到实现的程度。可用函数式表示为：$S = f(E, P)$。如果 $P = E$，消费者会感到满意；如果 $P > E$，消费者会很满意；如果 $P < E$，消费者会不满意，差距越大就越不满意。

（2）认识差距理论。消费者在购买和使用产品后对商品的主观评价和客观实际总会存在一定的差距，可分为正差距和负差距两种。消费者对产品满意与否直接决定以后的购买行为。如果感到满意，反应大体相同，即会重复购买或带动他人购买该品牌。如果感到不满意，则会尽量减少或消除失调感。

消费者消除失调感的方式各不相同：

第一种方式是寻找能够表明该产品具有高价值的信息或避免接触该产品具有低价值的信息，证实自己原先的选择是正确的。

第二种方式是讨回损失或补偿损失，如要求企业退货、调换、维修和补偿在购买和消费过程造成的物质和精神损失等。

第三种方式是向政府部门、法院、消费者组织和舆论界投诉。

第四种方式是采取各种抵制活动。

总之,企业应当采取有效措施减少或消除消费者的购后失调感。

2. 购后使用和处置

如果消费者经常使用其至为产品找到新用途,则对企业有利。如果消费者将产品闲置不用甚至丢弃,说明产品无用或不能令人满意。如果消费者把产品转卖他人或用于交换其他物品,将会影响企业产品的销售量。

五、市场营销机会分析

市场机会指在某种特定的营销环境下,企业可以通过一定的营销活动创造利益。市场机会可以为企业赢得利益的大小标明市场机会的价值,市场机会的价值越大,对企业利益需求的满足程度越高。市场机会的产生来自于营销环境的变化,如新市场的开发、竞争对手的失误以及新产品新工艺的采用等,都可能产生新的待满足需求,从而为企业提供市场机会。

不同的市场机会为企业带来的利益大小也不一样,即不同市场机会的价值具有差异性。为了在千变万化的营销环境中找出价值最大的市场机会,企业需要对市场机会的价值进行更为详尽的分析。

(一) 市场机会的价值因素

市场机会的价值大小由市场机会的吸引力和可行性两方面因素决定。

1. 市场机会的吸引力

市场机会对企业的吸引力指企业利用该市场机会可能创造的最大利益。它表明了企业在理想条件下充分利用该市场机会的最大极限。反映市场机会吸引力的指标主要有市场需求规模、利润率、发展潜力。

(1) 市场需求规模。市场需求规模表明市场机会当前所提供的、待满足的市场需求总量的大小,通常用产品销售数量或销售金额来表示。事实上,由于市场机会的公开性,市场机会提供的需求总量往往由多个企业共享,特定企业只能拥有该市场需求规模的一部分。因此,这一指标可以由企业在该市场需求规模中当前可能达到的最大市场份额代替。一般说来,当市场需求规模越大,该市场机会对这些企业的吸引力也会更大一些。

(2) 利润率。利润率指市场机会提供的市场需求中,单位需求量当前可以为企业带来的最大利益(这里主要是指经济利益)。不同经营现状的企业其利润率是不一样的。利润率反映了市场机会所提供的市场需求在利益方面的特性。它和市场需求规模一起决定了企业当前利用该市场机会可创造的最高利益。

(3) 发展潜力。发展潜力反映市场机会为企业提供的市场需求规模、利润率的发展趋势及其发展速度。发展潜力同样也是确定市场机会吸引力大小的重要依据。即使企业当前面临的某一市场机会所提供的市场需求规模很小或利润率很低,但由于整个市场规模或该企业的市场份额或利润率有迅速增大的趋势,则该市场机会对企业来说仍可能具有相当大的吸引力。

2. 市场机会的可行性

市场机会的可行性指企业把握住市场机会并将其转化为具体利益的可能性。从特定企业角度来讲，只有吸引力的市场机会并不一定能成为本企业实际的发展良机，同时具有大吸引力和强可行性的市场机会才会是企业高价值的市场机会。

市场机会的可行性是由企业内部环境条件、外部环境条件两方面决定的。

（1）内部环境条件。企业内部环境条件是企业能否把握市场机会的主观决定因素。它有四个方面分别对市场机会可行性具有决定作用。首先，市场机会只有适合企业的经营目标、经营规模与资源状况，才会具有较大的可行性。其次，市场机会必须利于企业内部差别优势的发挥才会具有较大的可行性。所谓企业的内部差别优势，指该企业比市场中其他企业更优越的内部条件，通常是先进的工艺技术、强大的生产力、良好的企业声誉等。企业应对自身的优势和弱点进行正确分析，了解自身的内部差别优势所在，并据此更好地弄清市场机会的可行性大小。再次，企业可以有针对性地改进自身的内部条件，创造新的差别优势。最后，企业内部的协调程度也影响市场机会可行性的大小。市场机会的把握程度是由企业的整体能力决定的。针对某一市场机会，只有企业的组织结构及所有各部门的经营能力都与之匹配时，该市场机会对企业才会有较大的可行性。

（2）外部环境条件。企业的外部环境客观上决定市场机会对企业可行性的大小。外部环境中每一个宏观、微观环境要素的变化都可能使市场机会的可行性发生很大的变化。

（二）市场机会价值的评估

确定了市场机会的吸引力与可行性，就可以综合这两个方面对市场机会进行评估。按吸引力大小和可行性强弱组合构成市场机会的价值评估矩阵，如图4-3所示。

区域Ⅰ为吸引力大、可行性弱的市场机会。一般来说，该种市场机会的价值不会很大。除了少数好冒风险的企业，一般企业不会将主要精力放在此类市场机会上。但是，企业应时刻注意决定其可行性大小的内、外环境条件的变动情况，并做好当可行性变大进入区域Ⅱ迅速反应的准备。

区域Ⅱ为吸引力、可行性俱佳的市场机会。该类市场机会的价值最大。通常，此类市场机会既稀缺又不稳定。企业营销人员的一个重要任务就是要及时、准确地发现哪些市场机会进入或退出了该区域。该区域的市场机会是企业营销活动最理想的经营内容。

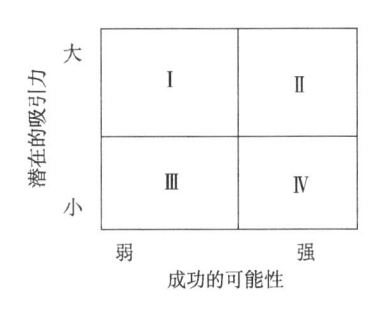

图4-3 市场机会价值评估矩阵

区域Ⅲ为吸引力、可行性皆差的市场机会。通常企业不会去注意该类价值最低的市场机会。该类市场机会不大可能直接跃居到区域Ⅱ中，它们通常需经由区域Ⅰ、Ⅳ才能向区域Ⅱ转变。当然，有可能在极特殊的情况下，该区域的市场机会的可行性、吸引力突然同时大幅度增加。企业对这种现象的发生也应有一定的准备。

区域Ⅳ为吸引力小、可行性大的市场机会。该类市场机会的风险低，获利能力也小，通常稳定型企业、实力薄弱的企业以该类市场机会作为其常规营销活动的主要目标。对该区域的市场机会，企业应注意其市场需求规模、发展速度、利润率等方面的变化情况，以便在该类市场机会进入区域Ⅱ时可以及时有效地把握。

需要注意的是，该矩阵是针对特定企业的。同一市场机会在不同企业的矩阵中出现的位置是不一样的。这是因为，对不同经营环境条件的企业，市场机会的利润率、发展潜力等影响吸引力大小的因素状况以及可行性均会有所不同。

第三节　市场营销战略

一、目标市场影响战略（STP战略）

（一）市场细分（segmenting）

市场细分就是企业根据自身条件和营销意图，以需求的某些特征或变量为依据区分具有不同需求的顾客群体的过程。其发展过程经历了大量营销阶段、产品营销阶段和目标营销阶段。市场细分理论经历了一个不断完善发展的过程。20世纪70年代以来，由于能源危机和整个资本主义市场不景气，以及不同阶层消费者的可支配收入出现不同程度的下降，人们更多地注重价值、价格和效用的比较。过度细分市场导致企业营销成本的上升和总收益减少，于是"反细分化"理论应运而生。营销学家和企业家认为，应该从成本和收益的比较出发对市场进行适度的细分。与此同时，市场细分的客观理论依据是顾客群体对不同的商品属性的重视程度及需求偏好差异的存在。顾客群体的需求偏好差异主要有同质偏好、分散偏好和集群偏好。

（二）市场选择（targeting）

选择目标市场的首要步骤是分析评价各个企业细分市场，及对各细分市场在市场规模增长率、市场结构、企业目标与资源等方面的情况进行详细评估。其中，对于市场结构吸引力的分析常用的是波特五力分析模型，即决定一个市场或一个细分市场长期盈利潜力有五个因素——行业竞争者、潜在竞争者、替代者、购买者的议价能力和供应者的议价能力。

1. 目标市场的选择模式

（1）单一市场集中化。市场集中化即企业只选择一个细分市场进行集中性影响。这种策略的优点主要是能集中企业的有限资源，通过生产、销售和促销等专业化分工，提高经济效益。一般适应实力较弱的小企业，与其在大（多）市场里平庸无奇，倒不如在小（少）市场里占有一席之地。但这种策略存在较大的潜在风险，如当消费者的爱好突然发生变化，或有强大的竞争对手进入这个细分市场时，企业很容易受到损害。

（2）选择专业化。选择专业化即企业有选择性的进入几个不同细分市场。其中，每个细分市场都有吸引力和符合公司要求，各细分市场之间很少有联系，每个细分市场都有可能盈利。这种多细分市场目标优于单细分市场目标，因为这样可以分散公司的风险。

（3）产品专业化。产品专业化即企业同时向几个细分市场销售同一产品的策略。这种策略可使企业在某种产品上树立起很高的声誉，扩大产品的销售。但如果这种产品被全新技术产品所取代，其销售量就会大幅度下降，发生危机。

（4）市场专业化。市场专业化即企业向同一细分市场销售多种产品的策略。企业提供一系列产品专门为这个目标市场服务，容易获得这些消费者的信赖，产生良好的声誉，打开产品的销路。但如果这个消费群体的购买力下降，就会减少购买产品的数量，企业就会面临滑坡的危险。

（5）全面进入。全面进入即企业意图为所有顾客群提供所有产品的策略。只有大公司才能选用这种策略。例如，通用汽车公司在全球汽车市场、宝洁公司在全球家庭洗涤用品市场，都采取了全面覆盖模式。

2. 目标市场的选择策略

选择目标市场的策略有三种，即无差异市场营销策略、差异性市场营销策略和集中性市场营销策略。

（1）无差异市场营销策略。无差异性市场营销策略指企业将产品的整个市场视为一个目标市场，用单一的营销策略开拓市场，即用一种产品和一套营销方案吸引尽可能多的购买者。无差异性市场营销策略最大的优势在于低成本和大批量，如国内彩电市场上长虹、TCL、康佳、创维等厂商之间激烈的价格竞争。

（2）差异性市场营销策略。差异性市场营销策略指将整体市场划分为若干细分市场，针对每一细分市场制订一套独立的营销方案，如海飞丝—去头屑，飘柔—柔顺秀发，潘婷—含有维他命原的营养洗发露，沙宣—保湿成分使头发柔软，伊卡璐—天然植物精华等。

（3）集中性市场营销策略。集中性市场营销策略指的是集中力量进入一个或少数几个细分市场，实行专业化生产和销售。例如，浙江万向集团，在它还是很小的乡镇企业时，只是专门生产汽车使用的万向节，并向国内的多家汽车厂商供货。为了开拓美国市场，还精心策划颇具创意的广告沟通策略。因为上门推销，无疑会被拒之门外，于是，他们在洛克菲勒挂钩农场一座大厦顶层的广告牌上做户外广告，对面大厦就是美国某汽车厂商的办公楼。有人注意到了这个广告，时间久了，就有人提议把他们叫来问问。受邀拜访自然好于主动上门。于是，先试用，效果不错，接下来就是源源不断的订单。

阅读链接

屈臣氏的目标市场策略

屈臣氏采用的是集中性目标市场策略，在细分后的市场上，选择两个或少数几个细分市场作为目标市场，实行专业化生产和销售。在个别少数市场上发挥优势，提高市场占有率。通过市场细分，在地理因素上，屈臣氏从城市与农村市场选择中锁定了城市市场；在人口因素上，从性别中选定了女性，从年龄中选定了青年，从收入中选定了中高收入阶层，最终确定了目标客户群是18～35岁的女性。这类目标比较注重个性，有较强的消费能力，但时间紧张，不太喜欢去大卖场或大超市购物，追求的是舒适的购物环境。

（资料来源：天津财经大学EMBA案例库）

3. 目标市场策略选择应考虑的因素

在选择目标市场策略时，企业应综合考虑以下几个方面因素。

（1）企业资源或实力。企业的资源包括企业的人力、物力、财力、信息、技术等。如果企业资源多，实力雄厚，可运用无差异性或差异性市场策略；如果企业资源少，实力不足，最好采用集中性市场策略。

（2）产品的同质性。企业若生产同质性高的产品，如大米、食盐等，由于产品差异较小，可采用无差异性市场策略；若生产同质性低的产品，如衣服、照相机、化妆品、汽车等，由于消费者认为这类产品各个方面的差别较大，在购买时需要挑选、比较，所以适宜采用差异性市场策略满足不同消费者的需求。

（3）市场同质性。如果各个细分市场的消费者对某种产品的需求和偏好基本一致，对市场营销刺激的反应也相似，说明这些市场同质或相似，用于这一产品目标市场的策略最好为无差异性市场策略。

（4）产品所处生命周期的不同阶段。由于市场的环境发生变化，产品处于生命周期不同的阶段，企业应采用不同的市场策略。在产品的导入期和成长期前期，由于没有或只有很少的竞争对手，一般应采用无差异性市场策略；在成长期后期、成熟期，由于竞争对手多，企业应采取差异性市场策略，开拓新的市场；在衰退期，可采用集中性市场策略，集中企业有限的资源。

（5）竞争对手的目标市场选择策略。如果竞争对手已积极进行市场细分，并已选用差异性市场策略，企业应采用更有效的市场细分，并采用差异性市场策略或集中性市场策略，寻找新的市场机会；如果竞争者采用无差异性市场策略，企业可用差异性市场策略或集中性市场策略与之抗衡，如果竞争对手较弱，企业也可以实行无差异性市场策略。

（三）市场定位（positioning）

1. 市场定位概述

（1）市场定位的含义。市场定位指公司设计出自己的产品和形象，在目标消费者心中确定与众不同、有价值的地位。理解这一概念应注意市场定位的对象不是产品，而是针对潜在顾客的思想；市场定位与产品差异化关系密切，但两者有着本质的区别，市场定位是一个相对概念，市场定位的本质是为顾客寻找一个"买点"。

（2）市场定位的依据。营销者可以使用各种依据为产品或品牌定位。这些定位依据来自于与产品、市场（购买者或使用者）、竞争者和企业自身有关的因素，具体包括产品属性和特色定位、用途或使用场合定位、价格和质量定位、利益定位、使用者定位、竞争或竞争者定位、多重定位。

2. 市场定位策略

不同的企业所采取的定位策略不同，具体的市场定位策略包括避强策略、迎头策略和重新定位策略。

（1）避强策略。企业尽力避免与实力较强的竞争对手直接竞争，将自己的产品定位于另一市场区域内，使自己的产品某些属性或特性与竞争对手明显区别开（拾遗补缺战略）。

（2）迎头策略。企业根据自身实力，为了占有较好的市场位置，不惜与市场上占支配地位的实力较强的企业发生正面冲突，从而达到自己的产品进入与对手相同的市场位置的目的，如百事可乐与可口可乐。

（3）重新定位策略。当企业经营出现重大危机时，可考虑重新定位。

阅读链接

万宝路的重新定位

万宝路刚进入市场时，是以女性作为目标市场的，它的口味也特意为女性消费者设计：淡而柔和。它推出的口号是：像5月的天气一样温和。从产品包装设计到广告宣传，万宝路都致力于目标消费者——女性烟民。然而，尽管当时美国吸烟人数年年都在上升，万宝路的销路却始终平平。20世纪40年代初，莫里斯公司被迫停止生产万宝路香烟。后来，广告大师李奥贝纳为其做广告策划时，做出一个重大的决定，万宝路的命运也发生了转折。李奥贝纳决定沿用万宝路品牌名对其进行重新定位。他将万宝路重新定位为男子汉香烟，并将它与最具男子汉气概的西部牛仔形象联系起来，吸引所有喜爱、欣赏和追求这种气概的消费者。通过这一重新定位，万宝路树立了自由、野性与冒险的形象，在众多香烟品牌中脱颖而出。从20世纪80年代中期到现在，万宝路一直居世界各品牌香烟销售量首位，成为全球香烟市场的领导品牌。

旧万宝路定位	新万宝路定位
针对女性	针对男性
淡烟	重口味香烟
香料少	香料多
没有过滤嘴	有过滤嘴
白色包装	红白色包装
老旧形象	现代化形象

（资料来源：姜太平，李江海.2011.市场营销学.武汉：华中科技大学出版社：131-132.）

二、竞争性市场营销战略

竞争是市场经济的基本特征，在发达的市场经济条件下，任一企业都处于竞争者的包围之中，同时又由于各个企业自身的竞争实力的不同，企业在面对竞争者、制定策略时要充分考虑各个因素制定战略。

（一）市场领导者战略

市场领导者是在行业中处于领先地位的营销者，占有最大市场份额，一般是该行业的领导者。这类企业更关心自己市场地位的稳固性和能否有效保持已有的市场份额。作为市场领导者，需要经常对自身的弱点进行检讨，并正确地选择三种战略中的一种。

1. 扩大市场总需求战略

扩大市场总需求战略,属于发展战略类型。企业需要找到扩大市场总需求的方法。因此,采用"欲望竞争"的观念,是市场领先企业应具有的主要竞争观念,主要通过以下途径:①寻找新用户。具体包括两个方面:第一,开发未使用产品的群体用户,说服他们使用新产品;第二,对现有细分市场中还未用产品的顾客,或只偶尔使用的顾客,通过市场渗透战略说服他们采用产品或是增加使用量。②发现产品的新用途。产品的市场可以通过发现产品新用途并推广这些新用途来扩大市场对产品的需求。

2. 防御战略

防御战略,属于维持性战略。市场领先企业应采取较好的防御措施和有针对性的进攻,来保持自己的市场地位。尤其需强调的是,市场领导者绝不能一味地采取"防御",或说是单纯消极的防御。如同军事上所奉行的"最好的防御是进攻"的原则一样,市场领导者也应该使自己具有竞争的主动性和应变能力。主要包括以下四种。

(1) 阵地防御。阵地防御是在现有市场四周构筑相应的"防御工事"。典型的做法是企业向市场提供较多的产品品种,采用较大的分销覆盖面,并尽可能地在同行业中采用低价策略。这是一种最为保守的竞争做法,因缺少主动进攻,长期实行会使企业滋生不思进取的思想和习惯。

(2) 侧翼防御。侧翼防御指市场领导者在市场上最易受攻击处,设法建立较大的业务经营实力或是显示更大的进取意向,借以向竞争对手表明在这一方面或领域内,本企业是有所防备的。

(3) 反击式防御。当市场领导者已经受到竞争对手攻击时,采取主动的甚至是大规模的进攻,而不是仅仅采取单纯防御做法,就是反击式防御。例如,日本的松下公司,每当发现竞争对手意欲采取新促销措施或是降价销售时,总是采取增强广告力度或是更大幅度降价的做法,以保持该公司在电视、录像机、洗衣机等主要家电产品的市场领先地位。

(4) 收缩防御。当市场领导者的市场地位已经受到多个方面竞争对手的攻击时,企业自己可能受到短期资源不足与竞争能力的限制,只好放弃较弱业务领域或业务范围,收缩到企业应该主要保持的市场范围或业务领域。

3. 扩大市场份额的战略

在市场需求总规模还能有效扩大的情况下,市场领导者也应随市场情况变化调整自己的营销组合,努力在现有市场规模下扩大自己的市场份额。扩大市场份额战略的主要做法有:①产品创新,即市场领导者主要应该采取的能有效保持现有市场地位的竞争策略。②质量策略,即不断向市场提供超出平均质量水平的产品。③多品牌策略(此策略为美国的P&G公司首创),即在企业销路较大的产品项目中,采用多品牌营销,使品牌转换者在转换品牌时,都是在购买本企业的产品。

(二) 市场挑战者的竞争战略

市场挑战者是市场占有率位居市场领导者之后但在其他竞争对手之上的企业。但并不能完全把它们看成是竞争实力一定次于市场领导者的,因为有时很可能它们是一些很有实力的企业，只是暂时对某项业务还没有投入更多精力或还没有将其作为主要业务来发展。市场挑战者往往可以采取两种竞争战略：一是向市场领导者发起进攻，夺取更多的市场份额；二是固守已有的市场地位，使自己成为不容易受到其他竞争者攻击的对象。

市场挑战者在本行业中要寻求进一步的发展，一般要采取进攻战略。因此，进攻战略是市场挑战者主要奉行的竞争战略。市场挑战者的进攻战略主要有五种。

（1）正面进攻。该战略是正面向对手发起进攻，直接攻击对手真正实力所在，而不是它的弱点。即便不能一役以毙之，也可极大消耗对手实力。进攻的结果，取决于谁的实力更强或更有持久力，即正面进攻采取的是实力原则。正面进攻的常用做法有三种：①产品对比，即将自己的产品和竞争对手的产品用合法形式进行特点对比，使竞争者的顾客相信他们应该重新考虑是否有必要更换品牌。②采用攻击性广告。即使用同竞争者相同的广告媒介，拟定有对比性的广告文稿，针对竞争者的每种广告或广告中体现的其他的营销定位因素进行攻击。例如，在巴西占市场份额第二的剃刀片制造商，向占市场份额第一的美国吉利公司发动进攻时，用了这样的广告："'它的价格是最低的吗'？'不'！'它的包装是好的吗'？'不'！'它是最耐用的吗'？'不'！'它给经销商最优惠的折扣吗'？'不'！"③价格战。价格战有两种做法，一是将产品的价格定得比竞争者价格更低，或是调整到低于竞争者的价格。二是采用相对降低价格的做法。即企业通过改进产品的质量或提供更多的服务，明显提高产品可觉察价值，但保持原销售价格。

（2）侧翼进攻。侧翼进攻采取的是"集中优势兵力攻击对方的弱点"的战略原则。当市场挑战者难以采取正面进攻，或者使用正面进攻风险太大时，往往考虑采用侧翼进攻。侧翼进攻包括从地理市场和细分市场两个战略方向向一个对手发动攻击。①地理市场战略方向，即向同一地理区域市场范围竞争对手发起进攻。常用的做法有两种：一是在竞争对手所经营的相同市场范围内，建立比竞争对手更强有力的分销网点，以"拦截"竞争对手的顾客；二是在同一地理区域内，寻找竞争对手产品没有覆盖的市场领域，即"空白区"，占领这些区域并组织营销。②细分市场的战略方向。指利用竞争对手产品线的空缺或是营销组合定位的单一留下的空缺，冲入这些细分市场，迅速用竞争对手所缺乏的产品品种加以填补。

（3）包围进攻。包围进攻是在对方市场领域内，同时在两个或两个以上的方面发动进攻的做法。用来对付如果只在单一方面进攻会迅速采取反应的竞争对手，使被攻击者首尾难顾。该战略要求具有两方面的条件：一是竞争对手留下的市场空白不止一处，因而提供比竞争对手更多的东西，使消费者愿意接受或是迅速采用；二是本企业确实具有比竞争对手更大的资源优势。包围战略奉行的是"速决速胜"原则，想尽快使攻击奏效，不陷入"持久战"的泥潭中。日本的索尼公司在向原由美国几大公司控制的世界电视机市场进攻时，采用了此类做法。即提供的产品品种比任何一个美国公司提供的产品品种都齐，使当时这些老牌大公司节节败退。

（4）绕道进攻。绕道进攻如同军事上的"迂回进攻"，即尽量避免正面冲突，在对方没有防备的地方或是防备薄弱点发动进攻。对于市场挑战者来说有三种可行方法：一是多样化，即经营相互无关联的产品；二是用现有的产品进入新的地区市场发展多样化；三是用以新技术为基础生产的产品代替用老技术生产的产品。其中，尤以新技术生产产品的做法最为容易获得进攻的成功。

(5) 游击进攻。游击进攻是采用"骚扰对方"、"拖垮对方"的战略方法，适宜实力较弱、短期内没有足够财力的企业向较强实力对手发起攻击时采用。游击进攻不是企图取得直接胜利，企业不可能靠"游击方法"彻底战胜竞争对手。所以，有时市场挑战者往往是在准备发动较大的进攻时，先以游击进攻作为全面进攻的战略准备，迷惑对手，干扰对手的战略决心或"火力侦察"。

(三) 市场追随者的竞争战略

对于市场份额大大小于市场领导者的追随者来说，如果没有产品在技术上的真正进步或营销组合上的有效改进，既有可能拉大与市场领导者之间的差距，又有可能在与其他市场追随者的竞争中败北。因此在已经取得的市场份额内，需要不断改进营销，通过增加顾客的满意感来保持顾客。市场追随者有三种战略类型。

(1) 紧紧追随。紧紧追随指在尽可能多的细分市场和营销组合中模仿市场领导者的做法。在这种情况下，市场追随者很像是一个市场挑战者。但是市场追随者采取避免直接发生冲突的做法，使市场领导者的既有利益不受妨碍或威胁。例如，在产品功能上，市场追随者可以和市场领导者一致；但是，在品牌声望上，和市场领导者保持一定差距。

(2) 保持一段距离的追随。市场追随者总是和市场领导者保持一定的距离，如在产品的质量水平、功能、定价的性能价格比、促销力度、广告密度以及分销网点的密度等方面，都不使市场领导者和挑战者觉得市场追随者有侵入的态势或表示。市场领导者往往很乐意有这种追随者存在，并让它们保持相应的市场份额，以使市场领导者自己更符合"反垄断法"的规定。采取这种策略的市场追随者一般靠兼并更小的企业来获得增长。

(3) 有选择的追随。采取在某些方面紧跟市场领导者，在另外一些方面又走自己的路的做法。这类企业具有创新能力，但是它在整体实力不如对方的时候，需要采用避免直接冲突的做法，以便企业有时间悉心培养自己的市场和竞争实力，可以在以后成长为市场挑战者。

(四) 市场利基者的竞争战略

除了寡头竞争行业，其他行业中，都存在数量众多的小企业，这些小企业差不多都是为一个更小的细分市场或者一个细分市场中存在的空缺提供产品或服务。例如，我国许多街道小厂，原来是生产冰箱保护器这类小产品的，由于这些企业对市场的补缺，许多大企业集中精力生产主要产品，这些小企业获得很好的生存空间。

作为市场利基者，在竞争中最关键的是应该寻找一个或多个安全的和有利可图的补缺基点。理想的市场补缺基点应该具有的特点是：第一，有足够的市场需求量或购买量，从而可以获利；第二，有成长潜力；第三，是大的竞争者所不愿经营或者忽视的；第四，企业具有此方面的特长，或者可以很好地掌握补缺基点所需要的技术，为顾客提供合格的产品或服务；第五，企业可以靠建立顾客信誉来保卫自己，对抗大企业攻击。

其战略的关键是"专业化",即利用分工原理,专门生产和经营具有特色的或是拾遗补缺的、为市场需要的产品或服务。由于是在一个较小的领域内追求较大市场份额,所以补缺也可以使那些最小的企业获得发展,或者取得较高的投资盈利。一般而言,在下列几方面可以找到专业化的竞争发展方向:第一,最终使用者的专业化;第二,纵向专业化;第三,顾客类型专业化,市场补缺者可以集中力量专为某类顾客服务;第四,地理区域专业化;第五,产品或产品线专业化;第六,定制专业化;第七,服务专业化,专门为市场提供一项或有限的几项服务。

第四节 市场营销策略

一、产品策略

(一) 产品的概念

产品指能够通过交换满足消费者或用户某一需求和欲望的任何有形产品或无形的服务。产品整体概念的内容主要有五个层次,分别是核心产品、形式产品、期望产品、延伸产品和潜在产品(图4-4)。

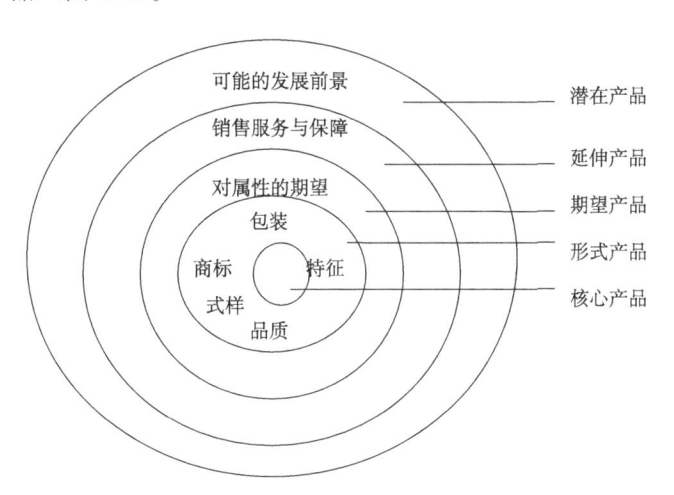

图4-4 产品整体概念的五个层次

(1) 核心产品。核心产品指向顾客提供产品的基本效用或利益,从根本上说,每一种产品或服务实质上都是为解决问题而提供的。例如,人们购买空调机不是为了获得装有某些电器零部件的物体,而是为了在炎炎夏日满足凉爽舒适的需求。任何产品都必须具有反映顾客核心需求的基本效用或利益。

(2) 形式产品。形式产品指核心产品借以实现的形式,由五个特征构成,即品质、式样、特征、商标及包装。即使是纯粹的服务产品也具有与此类似的五个特征。产品的基本效用必须通过具体形式才能实现,市场营销人员应努力寻求更加完善的外在形式以满足顾客的需求。

(3) 期望产品。期望产品指购买者在购买该产品时期望得到的与产品密切相关的一整套属性和条件。例如，旅馆的客人期望得到清洁的床位、洗浴香波、浴巾、衣帽间的服务等。因为大多数旅馆均能满足旅客这些一般的期望，所以旅客在选择档次相同的旅馆时，一般不是选择哪家旅馆能提供期望产品，而是根据哪家旅馆就近和方便而定。

(4) 延伸产品（附加产品）。延伸产品指顾客购买形式产品或期望产品时，附带获得的各种利益的总和，包括产品说明书、保证、安装、维修、送货、技术培训等。国内外许多企业的成功，一定程度上应归功于他们更好地认识到服务在产品整体概念中所占的重要地位。许多情况表明，新的竞争并非凭借各公司在其工厂中所生产的产品，而是能否正确发展延伸产品。

(5) 潜在产品。潜在产品指现有产品包括所有附加产品在内的可能发展成为未来最终产品的潜在状态的产品。潜在产品指出现有产品可能的演变趋势和前景，如彩色电视机可能发展为电脑终端机。

产品整体概念的五个层次体现了顾客为中心的现代营销观念，这一概念的内涵和外延都由消费者的需求决定。消费者所追求的是整体产品，企业所提供的也必须是整体产品，没有产品的整体概念，就不可能真正贯彻现代市场营销的观念。

(二) 产品组合

产品组合指企业提供给市场的全部产品线和产品项目的组合或结构，即企业的业务经营范围。

(1) 产品线。指产品组合中的某一产品大类，是一组密切相关的产品。

(2) 产品项目。指产品线中不同品牌和细类的特定产品。产品组合包括四个衡量维度变量，即宽度、长度、深度和关联度。其中，宽度指企业内有多少条不同的产品线。长度指每一产品线上平均拥有的产品品种数。深度指产品项目中每一品牌所含不同花色、规格、质量产品数目的多少。关联性指各条产品线在最终用途、生产条件、分销渠道等方面相关联的程度。

(3) 产品组合决策。所谓产品组合决策，是企业对产品组合的广度、长度、深度和相关性等方面的决策。扩大产品组合即包括开拓产品的宽度和加强产品组合的深度；缩减产品组合是与扩大产品组合相反的组合策略；产品线延伸策略包括向下延伸、向上延伸和双向延伸。

(三) 产品的生命周期

产品生命周期，又称产品寿命周期，指产品经过研究开发，从进入市场开始，到最终退出市场为止所经历的全部时间。产品生命周期一般分为四个阶段：投入期、成长期、成熟期和衰退期。典型的产品寿命周期曲线如图4-5所示。

(1) 投入阶段。投入阶段又称引入期（或介绍期），指产品从设计投产到投入市场进入测试的阶段。这个阶段，顾客对产品不熟悉，因而呈以下特点：生产不稳定，生产的批量较小；成本比较高，企业负担较大（通常没有利润，甚至亏损）；人们对该产品尚未接受，销售增长缓慢；产品品种少；市场竞争小。

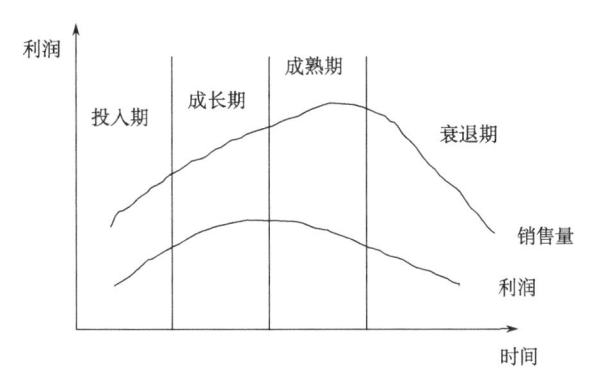

图 4-5　产品寿命周期曲线

投入阶段营销策略主要有：加强促销宣传；利用现有产品辅助发展的办法，用名牌产品提携新产品；采取试用的办法；给经营产品的批发、零售或其他类型后续经销企业加大折扣，刺激中间商推销。

（2）成长阶段。成长阶段又称成长期，指新产品通过试销效果良好，购买者逐步接受该产品，产品在市场上站住脚并且打开销路的阶段。这一阶段的特点是：大批量生产经营，成本降低，企业利润迅速增加；销量上升较快，价格也有所提高；生产同类产品的竞争者开始介入。本成长阶段可采取三种市场营销产品策略：①扩充目标市场，积极开拓新的细分市场。②广告宣传的重点从建立产品知名度转向厂牌、商标的宣传，使人们对该产品产生好的印象、好感和偏爱。③增加新的分销渠道或加强分销渠道。

（3）成熟阶段。成熟阶段又称成熟期，指产品进入大批量生产并稳定地进入市场销售，产品需求趋向饱和的阶段。这一阶段的特点主要有：产品普及并日趋标准化；销售数量相对稳定；成本低，产量大；生产同类产品企业之间在产品质量、花色、品种、规格、包装、成本和服务等方面的竞争加剧。产品在饱和阶段的具体策略主要有三种：①千方百计稳定目标市场，保持原有的消费者，同时使消费者"忠于"某个产品。②增加产品的系列，使产品多样化，增加花色、规格、档次。扩大目标市场，最少也要维持原市场占有率（覆盖率），改变广告宣传的重点和服务措施。③重点宣传企业的信誉，同时还要加强售后服务工作，做好产品的开发和研制工作。

（4）衰退阶段。衰退阶段又称衰落期或衰退期，指产品走向淘汰的阶段。这时，产品在市场上已经老化，不能适应市场需求，市场上已经有其他性能更好、价格更低廉的新产品，足以满足消费者的需求。这时市场的情况是：产品的销量和利润呈锐减状态，产品价格显著下降。这一阶段，对大多数企业来说，应当机立断，弃旧图新，及时实现产品的更新换代。有经验的营销人员总结了三个字，叫做"撤、转、攻"。

二、定价策略

确定企业定价目标、定价方法，得出产品的基本价格之后，还要根据市场环境、产品特点等采用不同的定价策略。企业定价策略指企业为实现企业定价目标，根据市场中影响产品价格的不同因素，在制定价格时灵活采取的各种定价手段和定价技巧。主要有以下几种定价策略：新产品定价策略、折扣定价策略、地区定价策略、心理定价策略、区别定价策略等。

（一）新产品定价策略

新产品定价关系到新产品能否顺利进入市场、企业能否站稳脚跟及能否取得较大的经济效益。常见的新产品定价策略主要有三种，即撇脂定价策略、渗透定价策略和满意定价策略。

（1）撇脂定价策略。撇脂定价指新产品上市之初，将其价格定得较高，以便在短期内获取厚利，迅速收回投资，减少经营风险，待竞争者进入市场，再按正常价格水平定价。这一定价策略有如从鲜奶中撇取其中所含的奶油一样，取其精华，所以称为"撇脂定价"策略。一般而言，对于全新产品、受专利保护的产品、需求价格弹性小的产品、流行产品、未来市场形势难以测定的产品等，可以采用撇脂定价策略。

（2）渗透定价策略。渗透定价即企业在新产品上市之初将其价格定得较低，吸引大量的购买者，借以打开产品销路，扩大市场占有率，谋求较长时期的市场领先地位。当新产品没有显著特色，竞争激烈，需求弹性较大时宜采用渗透定价法。

（3）满意定价策略。满意定价策略，又称适中定价策略，是一种介于撇脂定价与渗透定价之间的定价策略，以获取社会平均利润为目标。

（二）折扣定价策略

大多数企业为了鼓励顾客及早付清货款，鼓励大量购买，或为了增加淡季销售量，常常需酌情给顾客一定的优惠，这种价格的调整叫做价格折扣或折让。折扣定价指对基本价格做出一定的让步，直接或间接降低价格，以争取顾客，扩大销量。其中，直接折扣的形式有数量折扣、现金折扣、功能折扣、季节折扣，间接折扣的形式有回扣和津贴。

（1）数量折扣。数量折扣指按购买数量的多少分别给予不同的折扣，购买数量越多，折扣越大。

（2）现金折扣。现金折扣是给予在规定的时间内提前付款或用现金付款的一种价格折扣，目的是鼓励顾客尽早付款，加速资金周转，降低销售费用，减少财务风险。

（3）职能折扣。职能折扣也叫贸易折扣或交易折扣，指中间商在产品分销过程中所处的环节不同，其所承担的功能、责任和风险也不同，企业据此给予不同的折扣。

（4）季节折扣。季节折扣是企业鼓励顾客淡季购买的一种减让，以使企业的生产和销售一年四季能保持相对稳定。

（5）回扣。回扣是间接折扣的一种形式，指购买者在按价格目录将货款全部付给销售者以后，销售者再按一定比例将货款的一部分返还给购买者。

（三）地区定价策略

在产品卖给不同的地区的顾客时，应该采取分别制定不同价格还是相同价格的策略。具体有五种方法。

(1) 原产地定价策略。顾客（买方）以产地价格或出厂价格为交货价格，企业（卖方）只负责将这种产品运到产地某种运输工具（如卡车、火车等）上交货，运杂费和运输风险全部由买方承担。这种做法适用于销路好、市场紧俏的商品，但不利于吸引路途较远的顾客。

(2) 统一交货价策略。统一交货价策略也称邮资定价法，和前者相反，企业对不同地区的顾客实行统一的价格，即按出厂价加平均运费制定统一交货价。这种方法简便易行，但实际上是由近处的顾客承担了部分远方顾客的运费，对近处的顾客不利，比较受远方顾客的欢迎。

(3) 分区定价策略。分区定价介于前两者之间，企业把销售市场划分为远近不同的区域，各区域因运距差异实行不同的价格，同区域内实行统一价格。分区定价类似于邮政包裹、长途电话的收费。对企业来讲，可以较为简便地协调不同地理位置用户的运费负担问题，但对处于分界线两侧的顾客而言，还会存在一定的矛盾。

(4) 基点定价策略。企业在产品销售的地理范围内选择某些城市作为定价基点，然后按照出厂价加上基点城市到顾客所在地的运费来定价。这种情况下，运杂费用等是以各基点城市为界由买卖双方分担的。该策略适用于体积大、运输费用占成本比重较高、销售范围广、需求弹性小的产品。有些公司为了提高灵活性，选定多个基点城市，按照顾客最近的基点计算运费。

(5) 津贴运费定价。津贴运费定价又称为减免运费定价，指由企业承担部分或全部运输费用的定价策略。有些企业因为急于和某些地区做生意，负担全部或部分实际运费。这些卖主认为，如果生意扩大，其平均成本就会降低，因此足以抵偿这些费用开支。此种定价方法有利于企业加深市场渗透。当市场竞争激烈或企业急于打开新的市场时常采取这种做法。

(四) 心理定价策略

心理定价是根据消费者不同的消费心理而制定相应的产品价格，以引导和刺激购买的价格策略。常用的心理定价策略有尾数定价、声望定价、招徕定价、习惯定价等。尾数定价策略，又称零数定价、奇数定价、非整数定价，指企业利用消费者求廉的心理，制定非整数价格，而且常常以零数作尾数；声望定价策略指根据产品在顾客心中的声望、信任度和社会地位来确定价格的一种定价策略；招徕定价又称特价商品定价，指企业将某几种产品的价格定得非常之高，或者非常之低，在引起顾客的好奇心理和观望行为之后，带动其他产品的销售，加速资金周转；习惯定价策略指根据消费市场长期形成的习惯性价格定价的策略。

(五) 差别定价策略

差别定价（歧视定价）指企业以两种或两种以上不同反映成本费用的比例差异的价格来销售一种产品或服务，即价格的不同并不是基于成本的不同，而是企业为满足不同消费层次的要求而构建的价格结构。差别定价有以顾客为基础的差别定价策略、以产品为基础的差别定价策略、以地点为基础的差别定价策略和以时间为基础的差别定价策略。顾客差别定价指企业把同一种商品或服务按照不同的价格卖给不同的顾客;产品差别定价是企业根据产品的不同型号、不同式样,制定不同的价格,但并不与各自的成本成比例;地点差别定价指对处于不同地点或场所的产品或服务制定不同的价格,即使每个地点的产品或服务的成本是相同的;时间差别定价指产品或服务的价格因季节、时期或钟点的变化而变化。

三、分销策略

美国市场营销学权威菲利普·科特勒提到:"营销渠道指某种货物或劳务从生产者向消费者移动时,取得这种货物或劳务所有权或帮助转移其所有权的所有企业或个人"。简单地说,营销渠道就是商品和服务从生产者向消费者转移的具体通道或路径。

(一)分销渠道的层次

分销渠道可根据其渠道层次分类。在产品从生产者转移到消费者的过程中,任何一个对产品拥有所有权或负有推销责任的机构,就成为一个渠道层次。市场营销中以中间机构层次的数目,确定渠道的长度(图4-6)。

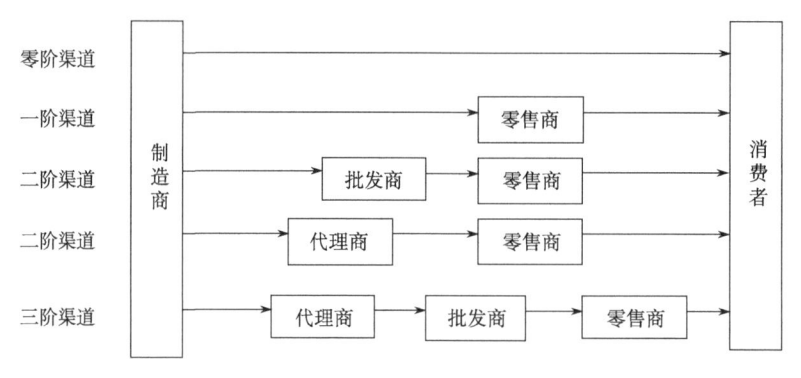

图 4-6 分销渠道的类型

(1)零级渠道,又称为直接渠道(direct channel),指没有渠道中间商参与的一种渠道结构。零级渠道,也可以理解为一种分销渠道结构的特殊情况。在零级渠道中,产品或服务直接由生产者销售给消费者。零级渠道是大型或贵重产品以及技术复杂、需要提供专门服务的产品销售所采取的主要渠道。在IT产业链中,一些国内外知名IT企业,如联想、IBM、HP等公司设立的大客户部或行业客户部等就属于零级渠道。另外,DELL的直销模式,更是一种典型的零级渠道。

(2)一级渠道包括一个渠道中间商。在工业品市场上,这个渠道中间商通常是一个代理商、佣金商或经销商;而在消费品市场上,这个渠道中间商通常是零售商。

(3)二级渠道包括两个渠道中间商。在工业品市场上,这两个渠道中间商通常是代理商及批发商;而在消费品市场上,这两个渠道中间商通常是批发商和零售商。

(4)三级渠道包括三个渠道中间商。这类渠道主要出现在消费面较宽的日用品中,如肉食品及包装方便面等。在 IT 产业链中，一些小型的零售商通常不是大型代理商的服务对象，因此，便在大型代理商和小型零售商之间衍生出一级专业性经销商，从而形成了三级渠道结构。

（二）分销渠道的设计

分销渠道的设计指企业在市场调研的基础上，根据内外部条件，对其基本的分销模式（渠道结构）、目标、渠道管理方法和政策等的确定。设计一个有效的分销渠道系统，必须经过确定渠道目标、限制并明确各主要渠道的交替方案和评估各种可能的渠道交替方案等步骤。

（三）渠道成员的管理

渠道设计之后，生产者还要重视渠道成员的管理，主要是对中间商进行选择、激励和定期评估。渠道成员的管理指通过计划、组织、激励、控制等环节协调与整合分销活动中的人力、物力和财力资源，以便更好、更有效地提高渠道运行效率和效益的过程。渠道成员的管理是一种跨组织管理，管理职能有其自身的特点，在管理方式上，主要依靠利益协调各方面的力量，而且较多地依靠合同、契约或规范。渠道成员主要包括以下四个。

（1）生产者。生产者（制造商）为渠道提供产品或服务，构成分销渠道的源头和起点。生产者往往确定和调整渠道的运作模式，决定渠道政策和管理渠道的运作，是分销渠道的主要组织者，是渠道创新的主要推动者。

（2）中间商。中间商是渠道功能的主要承担者，有利于提高分销渠道的效率和效益，是协调渠道关系的重要力量。

（3）消费者。消费者是分销渠道最终的服务对象，同时也是渠道中最具影响力的成员。消费者是渠道运行效果的最权威评判者，也是渠道信息的原始提供者。

（4）其他成员。通常称为辅助商，对分销系统运行成本效益起重大作用。

一般来讲，生产者在选择中间商时，要评估中间商的经营时间长短及成长记录、清偿能力、合作态度和声望等条件；生产者在对中间商进行激励的时候既不能激励不足又不能激励过分，要使给予中间商的优惠条件与取得合作所需的条件相配；生产者还必须定期对中间商的绩效进行评估，从而保持整个分销渠道的高效发展。

四、促销策略

促销策略指企业如何通过人员推销、广告、公共关系和销售促进等各种促销方式，向消费者或用户传递产品信息，引起他们的注意和兴趣，激发他们的购买欲望和购买行为，以达到扩大销售的目的。企业将产品出售的相关信息传递到目标市场，一般是通过两种方式：一是人员推销，即推销员和顾客面对面地进行推销；另一种是非人员推销，即通过大众传播媒介在同一时间向大量消费者传递信息，主要包括广告、公共关系和营销推广等多种方式。这两种推销方式各有利弊，起着相互补充的作用。此外，目录、通告、赠品、店标、陈列、示范、展销等也都属于促销策略范围。一个好的促销策略，往往能起到多方面作用，如提供信息情况、及时引导采购、激发购买欲望、扩大产品需求、突出产品特点、建立产品形象、维持市场份额、巩固市场地位等。

（一）推式和拉式策略

根据促销手段的出发点与作用的不同，可分为两种促销策略。

（1）推式策略，即直接方式。运用人员推销手段，把产品推向销售渠道，其作用过程为：企业的推销员把产品或劳务推荐给批发商，再由批发商推荐给零售商，最后由零售商推荐给最终消费者。该策略适用于以下几种情况：①企业经营规模小，或无足够资金用以执行完善的广告计划；②市场较集中，分销渠道短，销售队伍大；③产品具有很高的单位价值，如特殊品、选购品等；④产品的使用、维修、保养方法需要进行示范。

（2）拉式策略，即间接方式。通过广告和公共宣传等措施吸引最终消费者，使消费者对企业的产品或劳务产生兴趣，从而引起需求，主动购买商品。其作用路线为，企业将消费者引向零售商，将零售商引向批发商，将批发商引向生产企业，这种策略适用于以下几种情况：①市场广大，产品多属便利品。②商品信息必须以最快速度告知广大消费者。③对产品的初始需求已呈现有利的趋势，市场需求日渐上升。④产品具有独特性能，与其他产品的区别显而易见。⑤能引起消费者某种特殊情感的产品。⑥有充分资金用于广告。

（二）人员促销

人员促销指企业派出推销人员直接与顾客接触洽谈、宣传商品，以达到促进销售目的的活动过程。它既是一种渠道方式，也是一种促销方式。

1. 人员促销的特点

（1）人员促销具有很大的灵活性。在推销过程中，买卖双方当面洽谈，易于形成一种直接而友好的相互关系。通过交谈和观察，推销员可以掌握顾客的购买动机，有针对性地从某个侧面介绍商品特点和功能，抓住有利时机促成交易；可以根据顾客的态度和特点，有针对性地采取必要的协调行动，满足顾客需要；还可以及时发现问题，进行解释，解除顾客疑虑，使之产生信任感。

（2）人员促销具有选择性和针对性。每次推销之前，可以选好具有较大购买可能的顾客进行推销，并有针对性地对未来顾客作一番研究，拟定具体的推销方案、策略、技巧等，以提高推销成功率，这是广告所不及的，广告促销往往包括许多非可能顾客在内。

（3）人员促销具有完整性。推销人员的工作从寻找顾客开始，到接触、洽谈，最后达成交易。除此以外，推销员还可以担负其他营销任务，如安装、维修、了解顾客使用后的反应等，广告则不具有这种完整性。

（4）人员促销具有公共关系的作用。一个有经验的推销员为了达到促进销售的目的，可以使买卖双方从单纯的买卖关系建立深厚的友谊，彼此信任，彼此谅解，这种感情增进有助于推销工作的开展，实际上起到了公共关系的作用。

2. 人员促销的基本策略

（1）试探性策略，也称"刺激-反应"策略。这种策略是在不了解顾客的情况下，推销人员运用刺激手段引发顾客产生购买行为的策略。推销人员事先设计好能引起顾客兴趣、刺激顾客购买欲望的推销语言，通过渗透性交谈进行刺激，在交谈中观察顾客的反应，然后根据其反应采取相应的对策，并选用得体的语言，对顾客进行再刺激，进一步观察顾客的反应，以了解顾客的真实需要，诱发购买动机，引导产生购买行为。

（2）针对性策略，指推销人员在基本了解顾客某些情况的前提下，有针对性地对顾客进行宣传、介绍，以引起顾客的兴趣和好感，从而达到成交的目的。因推销人员常常在事前已根据顾客的有关情况设计好推销语言，这与医生对患者诊断后开处方类似，故又称针对性策略为"配方-成交"策略。

（3）诱导性策略，指推销人员运用能激起顾客某种需求的说服方法，诱导顾客产生购买行为。这种策略是一种创造性推销策略，对推销人员要求较高，要求推销人员能因势利导，诱发和唤起顾客的需求，并能不失时机地宣传、介绍和推荐产品，以满足顾客对产品的需求。因此，从这个意义上说，诱导性策略也可称"诱发-满足"策略。

（三）广告

广告指通过特定的媒体传播商品和劳务等有关经济信息的大众传播活动。广告作为促销方式或促销手段，是一门带有浓郁商业性的综合艺术。

根据广告内容和目的，可将广告分为商品广告和企业广告。商品广告是针对商品销售开展的大众传播活动。商品广告按其具体的广告目标又可分为三类：一是开拓性广告，又称报道性广告；二是劝告性广告，又叫竞争性广告；三是提醒性广告，也叫备忘性广告或加强性广告。根据广告传播的区域，可将广告分为全国性广告和地区性广告。

广告媒体也称广告媒介，是广告主与广告接受者之间的连接物质。它是广告宣传必不可少的物质条件。经常使用的广告媒体有报纸、杂志、广播、电视，这四者被称为四大广告媒体。此外还有其他广告媒体，如户外广告、互联网和邮寄等形式。

广告效果不仅取决于广告媒体的选择，还取决于广告设计的质量。高质量的广告必须遵循真实性、社会性、针对性、感召性、简明性、艺术性等原则。

（四）公共关系

公共关系指企业在从事市场营销活动中正确处理企业社会公众的关系，以便树立品牌及企业的良好形象，从而促进产品销售的一种活动。公共关系的活动方式有宣传性公关、征询性公关、交际性公关、服务性公关和赞助性公关。公共关系的工作程序包括调查、计划、实施、检测四个步骤。

（1）公共关系调查。它是公共关系工作的一项重要内容，是开展公共关系工作的基础和起点。通过调查，能了解和掌握社会公众对企业决策与行为的意见。调查内容广泛，主要包括企业基本状况、公众意见及社会环境。

（2）公共关系计划。公共关系是一项长期性工作，合理的计划是公关工作持续高效的重要保证。制订公关计划，要以公关调查为前提，依据一定的原则，确定公关工作的目标，并制定科学、合理、可行的工作方案，如具体的公关项目、公关策略等。

(3) 公共关系的实施。为确保公共关系实施的效果最佳，正确地选择公共关系媒介和确定公共关系的活动方式是十分必要的。公关媒介应依据公共关系工作的目标、要求、对象、传播的内容以及经济条件来选择；确定公关活动的方式，应根据企业的自身特点、不同发展阶段、不同的公众对象、不同的公关任务来选择最合适、最有效的。

(4) 公关关系的检测。检测能衡量和评估公关活动的效果，在肯定成绩的同时，发现新问题，为制定和不断调整企业的公关目标、公关策略提供重要依据，也为使企业的公共关系成为有计划的持续性工作提供必要的保证。

阅读链接

20世纪20年代，美国电话电报公司已经成为业务系统遍布全美的大企业。因业务具有独占性，最担心社会舆论干涉和责难，他们先行一步，制订了一套防御方案：

1. 系统的改造设备，以进一步提高服务质量。
2. 尽量、尽快降低服务费用和价格，取悦公众。
3. 加强与政府部门和有关业务机构的往来，培养良好关系，使公司有一个特殊的地位。
4. 话务员改为女性担任，以减少与顾客发生争执。
5. 装线人员要特别小心对待用户的地板、墙壁和住房的其他设施，尽一切可能使其不受损害。

(资料来源：许芳.2004.如何进行危机管理.北京：北京大学出版社：222-223.)

(五) 销售促进

销售促进又称营业推广，指企业运用各种短期诱因鼓励消费者、中间商购买、经销企业产品或服务的促销活动。销售促进的方式多种多样，每一个企业不可能全部使用，这就需要企业根据各种方式的特点、促销的目标、目标市场的类型及市场环境等因素选择合适本企业的销售促进方式。

(1) 向消费者推广的方式。为了鼓励老顾客继续购买和使用本企业的产品，激发新顾客试用本企业产品，采取赠送样品、赠送代价券、包装兑现、廉价包装、赠品印花、有奖销售等方式。

(2) 向中间商推广的方式。向中间商推广的目的是促使中间商积极经销本企业的产品，推广方式有购买折扣、资助、经销奖励三种。

【案例分析】

尿布大战

在世界市场上，宝洁公司和金佰利-克拉克公司是两家垄断市场的寡头企业。宝洁公司的市场占有率为40%，远远高于金佰利27%的市场占有率。但是具体到不同国家，双方是互有胜负，有时甚至金佰利占据上风。两巨头在巴西展开的价格战就是典型的案例。在当时的巴西,一次性婴儿尿布仍是奢侈品。宝洁公司和金佰利公司进入巴西前,不管是穷人还是富人,一般都是用布作为尿布,甚至什么都不用。1993年,当不足5%的巴西人使用一次性尿布时,宝洁推出了无饰边、不分性别的尿布——帮宝适Uni。其想法是,先让父母迷恋价格便宜的Uni,然后再促使他们购买价格较贵的尿布。当时唯一的跨国经营竞争者强生公司决定不对低价格做出反应,因而,宝洁公司迅速占领了市场。质优价廉的Uni从根本上改变了尿布市场的性质。在宝洁引入Uni时,金佰利-克拉克还未打入巴西市场,但是,随着金佰利-克拉克与联合利华携手进入巴西市场,宝洁只能摆开阵势,迎接老对手的挑战。联合利华在肥皂方面的主要竞争对手是宝洁,金佰利-克拉克在尿布市场的主要竞争对手也是宝洁。因此,联合利华与金佰利联手的目的非常明确,他们不仅仅希望在巴西市场上战胜共同的对手,而且希望以此为契机形成一个全球联盟,寻求对双方都有利的合作。有了联合利华的帮助,金佰利迅速打开了巴西市场并向纵深方向发展。为了与竞争者一比高低,金佰利收购了宝洁公司最大的当地竞争者Kenkod Brazil,由此金佰利坐上了巴西的头把交椅。这对宝洁公司来说是个不小的打击。此后双方展开了一场令人眼花缭乱的价格大战。

家乐福是法国零售商,现在是巴西最大的连锁商店,出售从墨西哥进口的做工粗糙的Bye-Bye Pipi尿布。宝洁由于不能满足家乐福对供应商提出的特别条款,没有在该商店出售其产品。零售商发现,虽然这些廉价进口货质量不高,但对尿布价格却产生了全面的冲击。

两巨头在竞相降价的同时,还投入大量资金用于广告和直销。帮宝适在美国医院中用得最多,宝洁公司想在巴西如法炮制。它雇佣了佛罗里达州一家对医院直销有丰富经验的公司,向圣宝罗的医院兜售尿布。金佰利公司也不示弱。4月份,在圣保罗的大型零售市场,开展了一次由成千上万儿童参加的公关活动。几家公司为了抢夺新顾客,轮番杀价后,一次性尿布的价格从6年前的1美元降到了现在的33美分,并且还有进一步降价的可能,因为在美国一块尿布只要23美分。市场仍然在发展,"真正的战争要等到市场不再成长时才会到来"。

(资料来源:http://www.docin.com/p-109165316.html)

思考题:
1. 宝洁公司和金佰利公司在巴西市场争夺的是哪一类消费者?
2. 宝洁公司和金佰利公司在市场竞争中采取了哪些营销策略?
3. 巴西市场的需求是如何被开发的?

【技能训练】

训练目标:
1. 通过参加实际调研工作,加强学生对市场调研重要性的理解。
2. 培养学生对市场营销环境的分析能力。

训练方法:

课题1:
假设你准备在学校附近新开一家店面,店面的经营方向自选。请运用所学知识,开展一次调研。

针对调研结果试拟一份可行性方案。

课题2：

针对大学生消费状况、大学生手机购买行为等课题，选择某一角度（确定调查目的），开展一次调研，针对调查结果试拟一份调查报告。

步骤：

1. 设计调查问卷。
2. 利用设计好的问卷进行实地调查。
3. 整理分析调查的数据，讨论得出结论并形成调查报告。

训练要求：

1. 各小组根据调查内容设计问卷。
2. 交换问卷初稿，互相提出问题。
3. 问卷返回各小组修改直至完稿。
4. 实地调查：
（1）收集所得到的问卷。
（2）分析数据。
（3）撰写可行性报告。
（4）制作口头报告PPT。

成果检验：

1. 每个小组提交一份书面报告。
2. 每组派一个代表进行口头报告，各组之间相互讨论。
3. 教师根据报告的质量和讨论中小组成员的表现给予评估，按一定比例确定成绩。

【思考题】

1. 什么是市场营销？市场营销管理的发展经历了哪几个过程？
2. 市场营销环境分析包括哪些方面？
3. 什么是市场细分？目标市场有哪些策略？如何进行市场定位？
4. 竞争性市场分析中存在哪几种竞争角色？它们各自有哪些策略？
5. 什么叫产品？如何理解产品的生命周期？
6. 有哪些价格策略？
7. 分销渠道的类型有哪些？
8. 促销有哪几种方式？

第五章

人力资源管理

【学习目标与要求】
- 掌握人力资源的概念。
- 了解人力资源规划的编制程序。
- 正确理解人员招聘的渠道及各自的优缺点。
- 了解人员甄选的办法。
- 掌握人员培训与开发的方法。
- 了解绩效考核的方法。

从"蜡烛"到"蓄电池"

联想集团从1984年创业时的11人、20万元资金发展到今天,其个人电脑产品在中国市场占近三分之一的份额,而且连续8年保持排名第一。2005年5月完成对IBM个人电脑事业部的收购,标志着联想将成为全球个人电脑市场的领先者——年收入约130亿美元,在全球拥有19 000多名员工。联想在成长过程中,人才的积累起到了关键作用。联想为什么能吸引一大批优秀的人为之工作呢?关键是其人才观念。

和每一个企业的成长历史相类似,联想也经历了初创、成长到成熟几个阶段。在企业成长过程中,随着企业规模扩大,企业领导层越来越认识到人才的作用。1995年,集团"人事部"改名为"人力资源部",这种改变不仅是名称变化,更是一种观念的更新。

蒋北麒先生说:"过去的人才管理把人视作蜡烛,不停地燃烧直至告别社会舞台。现在,把人才看作是资源,人好比蓄电池,可以不断充电、放电。现在的管理强调人和岗位适配,强调人才的二次开发。对人才的管理不仅是让他为企业创造财富,同时也要让他寻找到最适合的岗位,最大限度地发挥自身潜能,体现个人价值,有利于自我成长"。

(资料来源:http://www.shoeshr.com)

第一节 人力资源管理概述

一、人力资源的概念

(一) 人力资源的定义

关于人力资源这个概念，学者们有不同的认识和定义。1971年以来，共有五位经济学家因在这一领域做出卓越贡献被授予诺贝尔奖。彼得·德鲁指出：和其他所有资源比较，唯一的区别就在于人力资源是人，是经理们必须考虑的具有"特殊资产"的资源。美国学者伊万·伯格（Lvan Berg）认为，人力资源是人类用于生产产品或提供各种服务的活力、技能和知识。内贝尔·埃利斯（Nabil Elias）提出，人力资源指企业内部成员及外部与企业相关的人员，即总经理、雇员、合作伙伴和顾客等可提供潜在合作与服务，以及有利于企业预期经营活动的人力的总和。雷西斯·列科（Rensis Lakere）提出，人力资源是企业人力结构的生产和顾客商誉的价值。

根据以上有关人力资源的定义，本书认为，人力资源指能够推动整个经济和社会发展的劳动者的智力和体力劳动能力的总和，它包括处在劳动年龄的已直接投入建设的人口能力和尚未投入建设的人口能力，即能够推动这个企业发展的劳动者的各种能力的总和。

(二) 人力资源的意义

1. 人力资源的宏观意义

人力资源宏观上是以国家或地区为单位进行划分和计量的，主要指一个国家或地区所管辖范围内的全社会人员优生优育、迁移流动、调配、使用、投资、核算、保护等一系列系统、综合性的行为活动过程，旨在提高全社会人员的整体素质和知识水平，为社会发展和经济活动提供足够数量和质量的现实劳动力资源与潜在劳动力资源储备，侧重点是组织和利用一切资源，调动各方面的力量和积极性，采取各种有效措施，努力提高全社会人员的整体素质和知识技能水平，重点开发全社会人员的智力，积累人力资本存量，提高人力资源的质量。宏观人力资源开发是对一定范围社会人口的劳动能力的投资、培育和开发。它主要阐述劳动力资源形成的自然基础，是研究和描述人力资源的宏观控制与配置，劳动力的供求与均衡，人们的教育、培训、医疗、就业、失业以及择业等的过程。

2. 人力资源的微观意义

人力资源微观上是以部门和企业、事业单位进行划分和计量的，是从企业、学校、医院或者劳动者个人的层面上来开发微观组织和个人范畴的人力资源。

阅读链接

人力资源相关的概念

(1) 人口。人口是一个国家或者地区在一定时期内所有人的总和。在人口范围内，有具备劳动能力者、暂时不具备劳动能力而将来具备劳动能力者以及丧失劳动能力者。

（2）劳动力。劳动力指人口中达到法定劳动年龄，具有现实劳动能力，并且参加社会就业的那一部分人。劳动力是劳动力市场的主体，代表劳动力的总体供给数量，其中不包括尚未进入就业领域的学生、失业者以及丧失劳动能力者。

（3）人才资源。人才资源指人力资源中层次较高的那一部分人。相对于普通劳动力来说，人才就是较高层次的复杂劳动力。人口、劳动力、人才资源、人力资源的关系图：

人口			
丧失劳动能力者	人力资源		
	学生、失业者	劳动力	
		普通劳动者	人才资源

（资料来源：吴宝华.2012.人力资源管理实用教程.第2版.北京：北京大学出版社：2-6.）

二、人力资源管理

（一）人力资源管理的定义

人力资源管理指运用科学的方法，在企业战略的指导下，对人力资源进行获取与配置、培训与开发、考核与激励、安全与保障、凝聚与整合等，最终实现企业目标和员工价值的过程，是为了确保大多数人高效地发挥才能，从而实现公司目标而设计的一套正式管理系统。

知识链接：

人事管理与人力资源管理的比较

比较维度	人事管理	人力资源管理
人的地位	管理的对象	开发的主体
管理哲学	硬管理、重管理	软管理、重开发
管理目的	为组织创造财富	为组织创造财富的同时发展自己
组织结构	金字塔模式	网络化、扁平化
管理中心	以事为主	以人为本
管理模式	单一、规范	重视个性化管理
部门地位	响应公司战略管理	战略管理的合作伙伴
物质报酬	与资历、级别相关度大	与业绩、能力相关度大
精神报酬	表扬和精神鼓励	认可、发展空间、自我实现、人际和谐
用人方式	提升缓慢、重资历	竞争上岗；能者上，庸者下，平者让
职业通道	单一	全方位、多元化
管理方式	命令、指挥	沟通、协调、理解
培训目的	满足组织的需要	关注员工个人成长，增加员工人力资本

(二) 人力资源管理的任务

人力资源管理者和人力资源管理部门的任务主要可以分为三大类：①战略性和变革性活动；②业务性的职能活动；③行政性的事务活动。

战略性和变革性的活动涉及整个企业，包括战略的制定和调整、组织变革的推动等内容。严格来讲，这些活动都是企业高层的职责，但是人力资源管理者和人力资源管理部门必须参与其中，要从人力资源管理的角度为这些活动的实施提供有力的支持。业务性的职能是人力资源管理的主要职能，主要包括人力资源战略、人力资源规划、工作分析与工作设计、招聘与选拔、员工培训与开发、职业生涯规划、绩效管理、薪酬管理、劳动安全与健康以及企业文化建设等内容。行政性的事务活动的内容相对比较简单，如员工工作纪律的监督、员工档案的管理、各种手续的办理、人力资源信息的保存、员工服务、福利的发放等。

测测你

人力资源管理领域供职测试

在人力资源领域中，一项成功的职业比以往任何时候都要求更广泛的技能、知识和经验。以下是目前在人力资源领域中供职的人所设计的测试题，提供了在今天的人力资源领域中想要成功需要什么样的条件的良好见解。如果你目前在人力资源领域供职，通过这份测试可检测自己现在工作如何。如果你目前不在人力资源领域中，浏览测试中的问题以了解自己可以怎样为从事人力资源领域的职业做准备。

你的姓名：　　　　　　工作单位与部门：　　　　　　现任职务：

下列各题，如果是，则在题后的【】内填上相应的分数；如果不是，则在【】内填0。

(一) 起点分数	(10分)
(如果你具有经理、董事或副总裁头衔加10分)	【】
(二) 一般的商业和财务知识	(10分)
(1) 过去六个月，你发起过有关人力资源方案在财务方面含义的讨论吗？(如果是加2分)	【】
(2) 你完成了一些大学水平的一般商业类课程吗？(如果是加2分)	【】
(3) 你有MBA学历吗？(如果是加2分)	【】
(4) 你起草过公司年度人力资源预算的初稿并在公司预算安排阶段为它进行了辩护吗？(如果是加2分)	【】
(5) 你在最近的财政年度中实现了人力资源预算目标（＋或－5%）吗？(如果是则加2分)	【】
(三) 对人力资源知识的掌握情况	(10分)
(1) 你在一个特定的人力资源领域（如培训或报偿）中提出、制定和实施了某项具体的人力资源方案吗？(如果是每一个方案加1分，最高加到4分)	【】
(2) 假设在现有职位之前，你具有某项具体的人力资源职能，如福利或人员安排经理或主任头衔吗？(如果有为每个头衔加2分，最高加到4分)	【】
(3) 你对在一个具体人力资源领域中设计一项方案的另外某个人力资源人员进行过辅导吗？(如果是加2分)	【】

续表

(四) 对自己所在组织的了解	(10 分)
(1) 你能陈述你们公司在最近一个财政年度的收益吗？（如果能加 1 分）	
(2) 你能陈述公司在最近一个财政年度的盈利（或亏损）吗？（如果能加 1 分）	
(3) 你能识别所在组织的主要产品或服务系列以及由每一种产品或服务所带来的相关收入吗？（如果能加 1 分）	
(4) 你能识别你们的主要竞争对手并陈述贵公司相对于他们的竞争地位吗？（如果是加 2 分）	
(5) 你直接向首席执行官汇报工作吗？（如果是加 2 分）	
(6) 过去一年里，你发起召开过与本部门经理或其他处于管理层的同事的会议，以便达到了解他们的经营业务需要或目标的特定目的吗？（如果是加 3 分）	
(五) 跨职能经验	(10 分)
(1) 你曾经追踪过另外一位管理者或接受了一项临时任务以获得对另外一种经营业务职能更好的了解吗？（如果是加 2 分）	
(2) 你曾经拥有过在当前所工作行业之外的另一个职位吗？（如果是加 4 分）	
(3) 你曾经担任过需要人力资源之外的知识（如营销、沟通或财务）的职位吗？（如果是加 4 分）	
(六) 国际/跨文化经验	(10 分)
(1) 你曾经参加过跨文化培训项目吗？（如果是加 1 分）	
(2) 你曾经作为着力解决一个全球性商业问题的特别工作组的一员吗？（如果是加 1 分）	
(3) 你曾经在国外旅行过吗？（如果是为每去过的一个国家或地区加 1 分，最多加 3 分）	
(4) 你曾经承担过一项六个月或更长的海外工作任务吗？（如果是加 5 分）	
(七) 辅导老师	(10 分)
(1) 在你的职业历程中，你有过一个或更多的辅导老师吗？（如果是加 5 分）	
(2) 你有一位辅导老师是： ①与自己不同性别？ ②属于另外一个种族或少数民族群体？ ③拥有人力资源领域以外的知识？ （为每个肯定的答案加 2 分）	
(八) 职业决策	(10 分)
(1) 你为自己制定了一个具体的职业目标吗？（如果是加 4 分）	
(2) 你发起进行过目的在于给自己提供实现职业目标所需技能的活动吗？（如果是加 3 分）	
(3) 你寻求或接受过以增加自己的职业机会为目的的横向调动吗？（如果是加 3 分）	
(九) 技术	(10 分)
(1) 你领导过一个通过技术（计算机等）应用改进了人力资源的价值或生产效率的项目吗？（如果是加 5 分）	
(2) 你曾经作为负责运用技术去解决一个与人力资源有关问题的小组或特别工作组的一名成员吗？（如果是加 3 分）	
(3) 你在工作期间使用计算机吗？（如果是加 1 分）	
(4) 你觉得自己精通当前的技术术语（如用户/服务器、开放式结构）吗？（如果是加 1 分）	
(十) 继续学习	(10 分)

续表

(1) 你订阅并阅读至少两种行业出版物吗？（如果是加 2 分）	【 】
(2) 你跟踪了解人力资源方面的一般性问题（如卫生保健改革）吗？（如果是加 2 分）	【 】
(3) 你定期在与人力资源不直接关联的领域，如创造学或统计学中听课或参加研讨会吗？（如果是加 2 分）	【 】
(4) 你参与行业组织或参加专门针对人力资源管理人员的会议吗？（如果是加 2 分）	【 】
(5) 你经常参与利用右脑的活动吗？如以乐趣为目的的阅读，去博物馆或参加表演性艺术活动等。（如果是加 2 分）	【 】

分数计算：

把你填入每题后【 】中的全部数字加起来，即为你的得分。

分数解释：

85～100 分：你显然是人力资源领域中一个称职的优秀领导（管理）者。

70～84 分：你为自己人力资源领域的职业建立了坚实的基础，你正在通往成功的道路上。

55～69 分：你有了一个良好的开端，在一个或两个关键领域的更多经验会有助于你达到预期的目标。

40～54 分：你在一些关键领域具备有价值的经验，但要达到成功你需要更多的努力和经验。现在就开始着手。

0～39 分：达到人力资源领域的成功将会是非常困难的。

第二节 人力资源管理规划

一、人力资源规划的概念

中国有句古话，"凡事预则立，不预则废"，意思是说在做任何事情的时候，如果想要取得成功就必须提前做好计划，否则往往会失败。人力资源管理同样如此，为了保证整个系统的正常运转，发挥其应有的作用，也必须认真做好计划。人力资源管理的计划是通过人力资源规划这一职能实现的。

（一）人力资源规划的定义

人力资源规划，也叫人力资源计划，指在企业发展战略和经营规划的指导下，对企业在某个时期的人员供给和人员需求进行预测，并根据预测结果采取相应的措施来平衡人力资源的供需，以满足企业对人员的需求，为企业发展提供合质合量的人力资源保证，为达成企业的战略目标和长期利益提供人力资源支持。

（二）人力资源规划的内容

人力资源规划的内容，就是人力资源规划的最终结果，主要包括两个方面。

(1) 人力资源总体规划。人力资源总体规划指对计划期内人力资源规划结果的总体描述，包括预测的需求和供给分别是多少，做出这些预测的依据是什么，供给和需求的比较结果是什么，企业平衡供需的指导原则和总体政策是什么等。在总体规划中最主要的内容包括：①供给和需求的比较结果，也可以称作净需求，进行人力资源规划的目的就是为了得出这一结果；②阐述在规划期内，企业对各种人力资源的需求和各种人力资源配置的总体框架，阐明人力资源方面有关的重要方针、政策和原则，如人才的招聘、晋升、降职、培训与开发、奖惩和工资福利等方面的重大方针和政策；③确定人力资源投资预算。

(2) 人力资源业务规划。人力资源业务规划是总体规划的分解和具体化，包括人员补充计划、人员配置计划、人员接替和晋升计划、人员培训与开发计划、工资激励计划、员工关系计划、退休解聘计划等内容（表5-1），这些业务规划的每一项都应当设定具体的目标、任务和实施步骤，它们的有效实施是总体规划得以实现的重要保证。

表 5-1 人力资源业务规划的内容

规划名称	目标	政策	预算
人员补充计划	类型、数量、层次及人员素质结构的改善	任职资格、人员的来源范围、人员的起薪	招聘选拔费用
人员配置计划	部门编制、人力资源结构优化、职位匹配	任职资格、职位轮换的范围和时间	按使用规模、类别和人员状况决定薪酬预算
人员接替和晋升计划	后备人员数量保持、人员结构的改善	选拔标准、晋升比例、未晋升人员的安置	职位变动引起的工资变动
人员培训与开发计划	培训的数量和类型、提供内部供给、提高工作效率	培训计划的安排、培训时间和效果的保证	培训开发总成本
工资激励计划	劳动供给增加、士气提高、绩效改善	工资政策、激励政策、激励方式	增加工资奖金的数额
员工关系计划	提高工作效率、员工关系改善、离职率降低	民主管理、加强沟通	法律诉讼费用
退休解聘计划	劳动力成本降低、生产率提高	退休政策及解聘程序	安置费用

知识链接：
评估人力资源规划过程中的关键问题
(1) 公司使用战略规划的概念吗？
(2) 人力资源部参与组织的总体战略规划吗？
(3) 公司的目的和目标是可以测量的吗？已传达给组织中的每一个人了吗？
(4) 经理们按战略规划把职能授予各部门了吗？
(5) 所有等级层次上的经理都有效和持续地规划吗？
(6) 组织的结构可以使所有的部门都参与战略规划的过程吗？

(7) 员工的道德是可以接受的吗？
(8) 工作的职责、具体规定描述清楚吗？
(9) 员工的流动率和缺勤率低吗？
(10) 组织的奖励和控制机制有效吗？总体战略目的和目标有联系吗？
(11) 所有的单位、部门、员工、经理等都在朝着相同的目标努力吗？

二、人力资源规划的编制程序

为了达到预期目的，进行人力资源规划时需要按照一定的程序来进行，如图 5-1 所示。

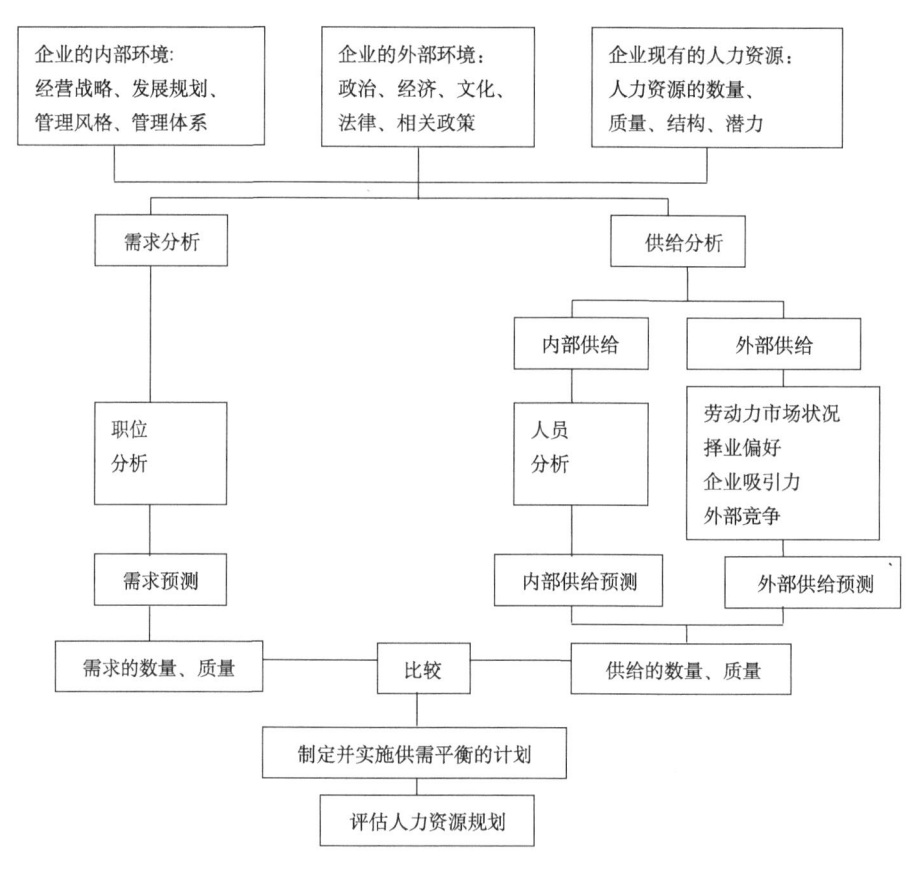

图 5-1 人力资源规划的编制程序

由图 5-1 可以看出，人力资源规划的过程一般包括四个步骤：准备阶段、预测阶段、实施阶段和评估阶段。

（一）准备阶段

任何一项规划或者计划要想做好，都必须充分地占有相关信息，人力资源规划也不例外。由于影响企业人力资源供给和需求的因素很多，为了能够比较准确地预测，需要收集和调查与之相关的各种信息。首先是外部环境信息，这些信息包括两类，一是经营环境信息，如社会的政治、经济、文化、法律环境等；二是直接影响人力资源供给和需求的信息，如外部劳动力市场的供求状况、政府的职业培训政策、国家的教育政策、竞争对手的人力资源管理政策等。其次是内部环境信息，这些信息包括两个方面：一是组织环境的信息，如企业的发展战略、经营规划、生产技术、产品结构等；二是管理环境信息，如公司的企业结构、企业文化、管理风格、管理结构等。

（二）预测阶段

这一阶段的主要任务是在充分掌握信息的基础上，选择有效的预测方法，对企业未来某一时期的人力资源供给和需求做出预测。在整个人力资源规划中，这是最关键的一部分，也是难度最大的一部分，直接决定了规划的成败，只有准确地预测供给和需求，才能采取有效的措施进行平衡。

（三）实施阶段

在供给和需求预测出来以后，就要根据两者之间的比较结果，通过人力资源的总体规划和业务规划，制定并实施平衡供需的措施，使企业对人力资源的需求得到满足。在制定相关措施时要注意，应当使人力资源的总体业务规划与企业的其他业务相协调，只有这样，制定的措施才能得以实施。

（四）评估阶段

人力资源规划的评估包括两层含义：一是指在实施过程中，随时根据内外部环境的变化修正供给和需求的预测结果，并对平衡供需的措施做出调整；二是对预测的结果及制定的措施进行评估，对预测的准确性和措施的有效性做出衡量，找出其中存在的问题以及有益的经验，为以后的规划提供借鉴和帮助。

阅读链接

一个组织是由各种年龄、种族、受教育程度、经历和业绩不同的人所组成的。可以对以上这些分类和它们之间的不同关系进行研究。国外曾有人做过实验，将 20～65 岁的员工按 5 岁一个年龄段分为 9 组，考察员工年龄、业绩和离职的分布。结果发现，业绩好的人较多地集中在 25～40 岁，这个年龄段离职的人也最多。如果将观察数据绘成图可以看出，从 25 岁开始，业绩和离职这两条曲线几乎完全相关，年龄与业绩几乎完全不相关。员工在各年龄段按业绩和离职的分布特征，可以为我们制定人员管理规划提供参考。

（资料来源：http://www.labournet.com.cn/lilun 人力资源规划的度量）

三、人力资源需求与供给预测

(一) 人力资源需求预测

1. 定性预测方法

(1) 现状规划法。现状规划法是一种最简单的预测方法，较易操作。它是假定企业保持原有的生产和生产技术不变，则企业的人力资源也应处于相对稳定状态，即企业目前各种人员的配备比例和人员的总数将完全适应预测规划期内人力资源的需要。在此预测方法中，人力资源规划人员所要做的工作是测算规划期内哪些岗位上的人员将晋升、降职、退休或调出本组织，再准备调动人员去弥补就行了。

(2) 经验预测法。经验预测法，也叫做比率分析法，即根据以往的经验对人力资源需求进行预测。具体的方法是根据企业的生产经营计划及劳动定额或每个人的生产能力、销售能力、管理能力等进行预测。需要说明的是，不同人的经验会有差别，不同的新员工能力也有差别，特别是管理人员、销售人员，在能力、业绩上的差别更大。所以，企业采用这种方法预测人员需求时，一方面要注意积累经验，包括保留历史档案、借鉴他人经验，从而减少预测的偏差；另一方面也要认识到，这种方法应用于不同对象时，预测结果的准确程度会不同，对可准确测度工作量的岗位，预测的准确性较高；对难以准确测度工作量的岗位，预测的准确性较低。这种方法应用起来比较简单，适用于技术稳定的企业的短期人力资源预测。

(3) 德尔菲法。德尔菲法又名专家会议预测法，是使专家们对影响组织某一领域发展的看法达成一致意见的结构化的方法。这里所说的专家，既可以来自第一线的管理人员，也可以是高层经理，既可以是组织内的，也可以是外请的。专家的选择基于他们对影响组织内部因素的了解程度。德尔菲法是20世纪40年代末在美国兰德公司的"思想库"中发展起来的。该方法的目标是综合专家们各自的意见预测某一领域的发展。会议的特色在于专家们互不见面。因为专家彼此间存在身份和地位的差别，面对面的集体讨论会使一些人因不愿批评他人而放弃自己合理的主张。这就需要一个中间人在专家之间穿针引线。具体地说，中间人的任务是把在第一轮预测过程中专家各自提出的意见集中起来并归纳反馈给他们，然后重复这一循环，使专家有机会修改他们的预测并说明修改的原因，一般重复3~5次，专家们的意见趋于一致。

2. 定量预测技术

定量预测主要有两种，分别是趋势预测法和工作负荷法。

(1) 趋势预测法。趋势预测法是一种定量分析方法，其基本思路是：确定组织中哪一些因素与劳动力数量和结构关系最大，然后找出这一因素随雇佣人数的变化趋势，由此推出将来的趋势，从而得到将来的人力资源的需求。这种定量方法一般分为六个步骤：①确定适当的与雇佣人数有关的组织因素；②用这一组织因素与劳动力数量的历史记录做出二者的关系图；③借助关系图计算每年每人的平均产量（劳动生产率）；④确定劳动生产率的趋势；⑤对劳动生产率的趋势进行必要的调整；⑥对预测年度的情况进行推测。

选择与劳动力数量有关的组织因素是需求预测的关键一步。这个因素至少应该满足两个条件。第一，组织因素应该与组织的基本特性直接相关；第二，所选因素的变化必须与所需雇员数量的变化成比例。上述②～⑤步都是为了得出一个较准确的劳动生产率。有了与雇佣人数有关的组织因素和劳动生产率，就能够估计出劳动力的需求数量。

在运用趋势分析法时，可以完全根据经验进行估计，也可以利用计算机进行回归分析预测。所谓回归分析，就是利用历史数据找出某一个或几个组织因素与人力资源需求量的关系，并将这一关系用一个数学模型表示出来，借助这个数学模型，推测将来的人力资源需求。

（2）工作负荷法。工作负荷分析法指通过不同单位在工作荷载和结果方面的横向比较来确定各个单位的效率水平的方法。一般对企业的人力资源需求数量的短期分析可以采用此方法。用工作负荷分析法进行短期人力资源需求预测的基本步骤是：由销售预测决定工作量，按工作量制定生产进程，然后决定所需人力的数量，再从工作力分析入手，明确企业实际工作力和需要补充的人力。

补充阅读：

某公司的工作负荷法

某公司某类工作所需的标准时间为 2 小时/件，预计未来一年的工作总量为 100 000 件，而从事这类工作的员工每年的工作时间为 2300 小时。那么，在未来一年公司所需这类工作人员的数量为：（100 000×2）÷2300≈87（人）

（二）人力资源供给预测

人力资源供给预测的方法可以分为组织内人员供给预测和组织外人员供给预测。

1. 组织内人员供给预测

组织内人员供给预测主要使用的方法有技能清单法和人员替代法。

（1）技能清单法。技能清单是一个反映员工工作能力特征的列表，是对员工竞争力的一个反映，主要服务于晋升人选的确定、职位调动的决策、对特殊项目的工作分配、培训、职业生涯规划等。表5-2就是技能清单的一个例子。

（2）人员替换法。人员替换就是对企业现有人员的状况做出评价，然后对他们晋升或调动的可能性做出判断，以此预测企业潜在的内部供给。

2. 组织外人员供给预测

组织外部人力供给的来源主要包括各类学校毕业生、失业人员、转业退伍军人、其他组织流出人员等。企业在预测外部人力资源供给时，主要应考虑以下因素：竞争对手，包括竞争对手的业务发展状况、薪酬水平、工作条件、吸引人才方面的措施等；由公司地理位置决定的交通方便程度、住房条件、子女就学条件等；社会经济状况；失业率；教育水平；法律规定，特别是工作时间、最低工资、劳动合同等方面的规定。近年来，各地劳动行政主管部门建立了许多劳动力市场和劳动中介机构，这些机构经常向社会发布劳动供求信息，这些信息也是企业预测外部人力供给的重要依据。

表 5-2 技能清单的示例

姓名：		职位：		部门：	
出生年月：		婚姻状况：		到职日期：	
教育背景	类别	学校		毕业日期	主修科目
	大学				
	硕士				
	博士				
工作经历	任职年限	职位		主要成就	
培训情况	训练主题	训练机构		训练时间	
技能	技能种类		所获证书		
志向	你是否愿意担任其他类型的工作？			是	否
	你是否愿意到其他部门工作？			是	否
	你是否接受工作轮换以丰富工作经验？			是	否
	如有可能，你愿意承担哪种工作？				
你认为自己需要接受何种训练？		改善目前的技能和绩效：			
		晋升所需要的经验和能力：			
你认为自己现在可以接受哪种工作指派？					

补充阅读：

下面是某公司人力资源部编写的一个较为完整的人力资源计划实例。该计划主要分了六个部分：职务设置与人员配置计划、人员招聘计划、选择方式调整计划、绩效考评政策调整计划、培训政策调整计划和人力资源预算。由于人员招聘是人力资源部新年度的工作重点，计划中的"人员招聘计划"部分最为详细。需注意的是，人力资源管理计划只是人力资源部门的一个年度工作计划，对每一项工作只能言简意赅地描述，不可能非常详尽。

××公司 2000 年度人力资源管理计划

（一）职务设置与人员配置计划

根据公司 2000 年发展计划和经营目标，人力资源部协同各部门制定了公司 2000 年的职务设置与人员配置。在 2000 年，公司将划分为 8 个部门，其中行政副总负责行政部和人力资源部，财务总监负责财务部，营销总监负责销售一部、销售二部和产品部，技术总监负责开发一部和开发二部。具体职务设置与人员配置如下：

(1) 决策层（5人）：总经理1名、行政副总1名、财务总监1名、营销总监1名、技术总监1名。

(2) 行政部（8人）：行政部经理1名、行政助理2名、行政文员2名、司机2名、接线员1名。

(3) 财务部（4人）：财务部经理1名、会计1名、出纳1名、财务文员1名。

(4) 人力资源部（4人）：人力资源部经理1名、薪酬专员1名、招聘专员1名、培训专员1名。

(5) 销售一部（19人）：销售一部经理1名、销售组长3名、销售代表12名、销售助理3名。

(6) 销售二部（13人）：销售二部经理1名、销售组长2名、销售代表4名、销售助理2名。

(7) 开发一部（19人）：开发一部经理1名、开发组长3名、开发工程师12名、技术助理3名。

(8) 开发二部（19人）：开发二部经理1名、开发组长3名、开发工程师12名、技术助理3名。

(9) 产品部（5人）：产品部经理1名、营销策划1名、公共关系2名、产品助理1名

（二）人员招聘计划

(1) 招聘需求。根据2000年职务设置与人员配置计划，公司人员数量应为96人，目前为止公司只有83人，还需要补充13人，具体职务和数量为：开发组长2名、开发工程师7名、销售代表4名。

(2) 招聘方式。开发组长：社会招聘和学校招聘；开发工程师：学校招聘；销售代表：社会招聘。

(3) 招聘策略。学校招聘主要通过参加应届毕业生洽谈会、在学校举办招聘讲座、发布招聘张贴、网上招聘四种形式实现；社会招聘主要通过参加人才交流会、刊登招聘广告、网上招聘三种形式实现。

(4) 招聘人事政策。①本科生：A、待遇：转正后待遇2000元，其中基本工资1500元、住房补助200元、社会保障金300元左右（养老保险、失业保险、医疗保险等）。试用期基本工资1000元，满半月有住房补助；B、考上研究生后协议书自动解除；C、试用期三个月；D、签订三年劳动合同。②研究生：A、待遇：转正后待遇5000元，其中基本工资4500元、住房补助200元、社会保险金300元左右（养老保险、失业保险、医疗保险等）。试用期基本工资3000元，满半月有住房补助。B、考上博士后协议书自动解除；C、试用期三个月。D、公司资助员工攻读在职博士；E、签订不定期劳动合同，员工来去自由；F、成为公司骨干员工后，可享有公司股份。

(5) 风险预测。①由于今年本市应届毕业生就业政策有所变动，可能会增加本科生招聘难度，但公司待遇较高并且属于高新技术企业，基本可以回避该风险。另外，由于优秀的本科生考研的比例很大，在招聘时，应该留有候选人员。②由于计算机主业研究生愿意留在本市的较少，研究生招聘将非常困难。如果研究生招聘比较困难，应重点通

过社会招聘来填补"开发组长"空缺。

（三）选择方式调整计划

1999年开发人员选择实行了面试和笔试相结合的考察办法，取得了较理想的结果。2000年首先要完善非开发人员的选择程序，并且加强非智力因素的考察，另外在招聘集中期，可以采用"合议制面试"，即总经理、主管副总、部门经理共同参与面试，以提高面试效率。

（四）绩效考评政策调整计划

1999年已经开始对公司员工进行绩效考评，每位员工都有了考评记录。另外，1999年对开发部进行了标准化的定量考评。

今年，绩效考评政策将做以下调整：①建立考评沟通制度，由直接上级在每月考评结束时进行考评沟通；②建立总经理季度书面评语制度，让员工及时了解公司对他的评价，并感受到公司对员工的关心；③在开发部试行"标准量度平均分布考核方法"，使开发人员更加明确自己在开发团队中的位置；④加强考评培训，减少考评误差，提高考评的可靠性和有效性。

（五）培训政策调整计划

公司培训分为岗前培训、管理培训、岗位培训三部分。岗前培训1999年已经开始进行，管理培训和技能培训从2000年开始由人力资源部负责。

今年，培训政策将做以下调整：①加强岗前培训。②管理培训与公司专职管理人员合作开展，不聘请外面的专业培训人员。该培训分成管理层和员工层两部分，重点对公司现有的管理模式、管理思路进行培训。③技术培训根据相关人员申请进行。采取公司内训和聘请培训教师两种方式进行。

（六）人力资源预算

（1）招聘费用预算。①招聘讲座费用：计划本科生和研究生各四个学校，共8次。每次费用300元，预算2400元。②交流会费用：参加交流会4次，每次平均400元，共计1600元。③宣传材料费：2000元。④报纸广告费：6000元。

（2）培训费用。1999年实际培训费用35 000元，按20%递增，预计今年培训费用为42 000元。

（3）社会保障金。1999年社会保障金共交纳XXXXX元，按20%递增，预计今年社会保障金总额为XXXXX元。

（资料来源：http://www.docin.com/p-88170791.html）

第三节 招聘与甄选

一、人员招聘概述

人员招聘指通过各种信息，把具有一定技巧、能力和其他特性的申请人吸引到企业空缺岗位上的过程。

影响人员招聘的因素很多，主要分为外部因素和内部因素。

1. 外部因素

招聘工作的外部影响因素主要有宏观经济形势，招聘单位所在地区，所要招聘的人员类型以及他们的供求状况，人员招聘的竞争对手，相关的政策和法规。这些因素对于企业来说虽然是不可控因素，但影响作用却是不可忽视的。

招聘往往受到国家和地区宏观经济形势的影响，当经济发展缓慢时，各类组织对人员的需求减弱；经济快速发展阶段，对人力资源的需求增强。

招聘单位所在的地区对人员招聘工作有着很大的影响。特别是我国经济发展很不平衡，很大程度上造成我国各地区人才分布的极不平衡。一方面，经济发达地区各类人才蜂拥而至；另一方面，经济欠发达地区各类人才纷纷外流，这在很大程度上又制约了这些地区经济的发展。经济发达地区各类人才相对充足，为人员招聘与选拔提供了更多的机会。经济欠发达地区环境艰苦，人才匮乏，增加了这些地区人员招聘的难度。现在，国家和地区推出一系列政策，鼓励各类人才到经济相对落后的地区工作。这些经济相对落后地区的企业和事业单位在吸引人才方面也采取了很多优惠而灵活的政策。这些政策和措施为经济落后地区吸引人才提供了条件。

在劳动力市场上，不同类型人员的供求状况存在很大差异。一般来说，招聘岗位所需的技能要求越低，劳动力市场的供给就越充足，招聘工作相对容易。如果招聘岗位所需条件越高，劳动力市场的供给就越不充足，要吸引并招聘到这类人才就越困难。

竞争对手的综合实力及其人力资源政策，如薪酬政策、培训政策、职业发展计划等都对组织招聘工作产生直接影响。长期以来，我国用人单位受传统人事制度及僵化的用人体制的束缚，在人才竞争方面一直处于劣势。现在，国内企业开始与世界知名大公司同台竞争，并且充分显示了企业的实力。所以组织在制定招聘计划时要尽可能多地了解竞争对手的实力，以及他们的人力资源政策，这样才能在人才竞争中扬长避短。

在分析招聘的外部环境时，还有一个不可忽视的因素，即相关政策和法规，很多情况下，招聘工作会受到这方面因素的制约。

2. 内部因素

招聘工作的内部影响因素主要有组织的发展战略和组织的人事政策。

组织的发展战略决定了组织对人力资源的需求状况。当组织处于快速发展时期，对人力资源的需求会更大。

组织内部的人事政策决定了组织的招聘政策和招聘活动。一些大型组织由于工作岗位较多，一旦出现岗位空缺，倾向于内部招聘，以便为员工提供更多的工作轮换机会和晋升机会，为员工发展创造空间。相对而言，小型组织更倾向于从组织外部招聘有岗位工作经验的人员。

阅读链接

IBM 公司：用实习生计划取代传统的校园招聘

IBM 公司在北京举行 2007 年"蓝色之路"大学生夏季实习计划闭幕仪式，500 余名参加实习计划的大学生拿到 IBM 的实习证书。在接受记者邮件采访时，IBM 大中华区人力资源部人力资源招聘和人才规划管理总监白艳女士表示："我们基本上不再继续做暑期校园招聘的活动，而是用实习生项目取代传统的校园招聘"。

IBM "蓝色之路"学生实践计划每年一期，每期包括两个阶段——夏季实习阶段和春季实习阶段。参加春季实习的学生都是已经拿到 offer 的学生。实习计划面向全国各大高校，主要针对教育部 211 工程重点大学。现在实习生计划已经成为 IBM 校园招聘的主要途径，2006 年的实习生聘用率达到了 70%，2007 年销售与服务等部门也将直接从实习生中确定校园招聘的人选。夏季实习期结束以后，IBM 公司的实习生将通过双向选择最终确定聘用人选。那些拿到正式聘用证书的实习生将于第二年参加春季实习计划，届时将着重针对他们在 IBM 从事的工作进行专业指导，以帮助他们更快适应未来的商业环境和岗位需要。

（资料来源：http://www.jyb.cn）

二、人员招聘的程序

人员招聘工作的实施程序并不是绝对化的，一般来说包括以下几个基本程序。

（1）制订招聘计划。一份完整的人力资源招聘计划应该明确招聘职员的技术要求及需要的时间，确定招聘区域，编制招聘预算。

（2）成立招聘者组织机构。通常情况下，大规模招聘职员，不论是周期性的还是临时性的，都必须组成专门机构。一般由人力资源业务部门负责，吸收各方面人员参加，通常还应邀请一些专家学者参加招聘工作。

（3）选择招聘渠道。招聘渠道有很多，如熟人介绍、专门机构推荐、人才交流洽谈会，尤其针对各类院校毕业生专门组织的招聘会，以及通过电视、广播、报刊、网络等各种传播媒介发布招聘信息等。各类人力资源的来源渠道都有优缺点，可以针对实际情况，扬长避短加以利用。

（4）考核录用。考核是人力资源选择的重要环节，该过程一般从初步面试开始，面试合格的求职者填写应聘单位的求职申请表，然后经过一系列的选择测试、聘用面试、证明材料和背景材料的核实。成功的求职者会收到应聘单位的体检通知，体检合格后，将被正式聘用。

（5）办理录用手续。一个组织录用的人力资源，应向当地劳动人事行政主管部门办理录用手续，证明录用职工的合法性，使招聘工作接受劳动人事部门的业务监督。企业办理招聘录用手续应向劳动行政主管部门报送录用员工登记表。填写的内容包括：职工姓名、年龄、性别、种族、籍贯、文化程度、政治面貌、个人简历、考核结果、企业同意录用的意见等。报经劳动行政主管部门审查同意，在登记表上加盖同意录用印章，录用手续即办理完毕。

(6) 签订劳动合同。劳动合同,就是劳动契约,是企业、个体经济组织、事业组织、国家机关、社会团体与劳动者签订的协议。根据中华人民共和国劳动法,建立劳动关系应当订立劳动合同。新聘人员必须和用人单位签订劳动合同。合同签订后报人事部门备案,或请劳动人事部门对合同进行鉴证,促使合同完善,符合国家政策,便于维护用人单位和被录用员工双方的合法权益。

三、人员招聘的渠道

(一) 内部招聘

企业内部招聘是空缺岗位选人的重要来源。内部招聘有许多方式:公开招聘、内部提拔、横向调动、岗位轮换、重新聘用或招回以前的雇员等。在企业局域网、墙报、布告栏、内部报刊上发布招聘信息,公布空缺职位的性质、职责、要求的条件等情况,邀请符合条件的员工申请;管理层指定,即管理层根据考核结果指定候选人,有时甚至直接任命。

(二) 外部招聘

外部招聘的方式主要有:刊登广告、举行招聘会、求助猎头企业、借助互联网、校园招聘等。企业可以根据自己的实际情况选择招聘方式。实践证明,企业应当在充分认识自身所处环境及当前人力资源状况的基础上,配合使用内部与外部招聘渠道。

四、人员甄选的办法

(一) 笔试

笔试指通过文字测验的形式,对应聘者的基本知识、专业知识、管理知识、技能、综合分析能力和文字表达等能力进行衡量的一种人员选拔方法。笔试是一种最古老又最基本的选择方法,它是让应聘者在试卷上笔答事先拟好的试题,然后根据应聘者解答的正确程度予以评定成绩的一种测试方法。一般来说,笔试往往是应聘者的初次竞争,成绩合格者才能参加下一轮的选拔。

补充阅读:

宝洁公司的笔试

宝洁公司的笔试主要包括三部分:解难能力测试、英文测试、专业技能测试。

1. 解难能力测试

这是宝洁公司人才素质考察的最基本的一关。在中国,使用的是宝洁全球通用试题的中文版本。试题分为5个部分,共50小题,限时65分钟,题型为选择题,每题5个选项。主要考核申请者以下素质:自信心(对每个做过的题目有绝对的信心,几乎没有时间检查改正);效率(题多时间少);思维灵活(题目种类繁多,需立即转换承压能力);解题强度较大(65分钟内不可有丝毫松懈);迅速进入状态(考前无读题时间);成功率(凡事可能只有一次机会)。

2. 英文测试

这部分包括：考试时间 2 小时（包括 45 分钟的 100 道听力与 75 分钟的阅读题）；用 1 小时回答 3 道题（要用英语描述以往某个经历或个人思想的变化）。主要用于考核母语非英语人员的英语能力。

3. 专业技能测试

专业技能测试并不是申请任何部门的申请者都需经过该项测试，它主要是考核申请公司有专业限制部门的同学，如研究开发部、信息技术部和财务部等。宝洁公司研发部门招聘的程序之一是要求应聘者就某些专题进行学术报告，并请公司资深科研人员加以评审，用以考察其专业功底。

（资料来源：陈国海 . 2009 . 人力资源管理概论 . 北京：高等教育出版社 .）

（二）面试

面试是面试者通过与应聘者正式的交谈，达到客观了解与评价应聘者的外貌风度、求职动机、表达能力、知识水平、个人修养、逻辑思维等情况，并对其是否聘用做出决策或为决策者提供依据的过程。面试具有直观性、随机性、双向沟通性。面试一般都要经过四个阶段：①面试准备阶段；②面试开始阶段；③正式面试阶段；④面试结束阶段。

（1）心理测评。心理测评又称为心理测验法，指在特定的情境下，向应试者提供一组标准化的刺激，将其引起的反应作为代表其行为的样本，从而对其行为做出定量的评价。心理测验是了解被测试者潜在能力及其心理活动规律的一种科学方法，其目的是判断应试者的心理素质和能力，考察应试者对招聘职位的适应度。心理测验按测验内容，一般分为智力测试、能力测试、人格测试、成就测试、性格测试及情商测试。

（2）情景模拟。情景模拟指根据被试者可能担任的职务，编制一套与该职务实际情况相似的测试项目，将被试者安排在模拟的、逼真的工作环境中，要求被试者处理可能出现的各种问题，用多种方法来测评其心理素质、潜在能力的一系列方法。情景模拟包括很多内容，主要有公文处理、访谈、无领导小组讨论、角色扮演和即席发言等。由于情景模拟设计复杂，准备工作时间长，费用比较高，正确度比较高，往往用于招聘高级管理人员。

第四节 培训与开发

培训与开发指企业通过各种方式使员工具备现在或者将来工作所需要的知识、技能，改变他们的工作态度，以改善员工在现有或将来职位上的工作业绩，并最终实现企业整体绩效提升的一种计划性和连续性的活动。

一、培训与开发的意义

企业之所以要开展培训与开发工作，是因为它具有非常重要的作用与意义，主要表现在以下五个方面。

(1) 培训与开发有助于改善企业的绩效。企业绩效的实现是以员工个人绩效的实现为前提和基础的。有效的培训与开发工作能够帮助员工提高知识、技能，改变他们的态度，增进员工对企业战略、经营目标、规章制度、工作标准等的理解，不断提高工作积极性，从而改善他们的工作业绩，进而改善企业的绩效。

(2) 培训与开发有助于增进企业的竞争优势。构筑自己的竞争优势，这是任何企业在激烈竞争中谋求生存和发展的关键。当今，随着知识经济迅猛发展和科学技术的突飞猛进，企业的经营环境日益复杂多变，"未来唯一持久的优势，是能够比你的竞争对手学习得更快"（彼得·圣吉）。通过培训与开发，一方面可以使员工及时掌握新的知识、新的技术，确保企业拥有高素质的人才队伍；另一方面也可以营造鼓励学习的良好氛围，这些都有助于提高企业的学习能力，增进企业的竞争优势。

(3) 培训与开发有助于提高员工的满意度。应该说，员工满意度是企业正常运转的必要条件之一，而培训与开发有助于提高员工的满意度。对员工进行培训与开发，可以使他们感受到企业对自己的重视和关心，这是满意度的一个重要方面。此外，对员工进行培训与开发，可以提高他们的知识技能水平，而且随着知识技能水平的提高，员工的工作业绩得以提升，有助于提高他们的成就感，这也是满意度的另一个方面。

(4) 培训与开发有助于培育企业文化。在 21 世纪竞争日益激烈的市场环境里，企业家越来越意识到文化管理同样是企业管理的一个重要部分。学者们研究表明，良好的企业文化对员工具有强大的凝聚力、规范、导向和激励作用，这些对企业来说有着非常重要的意义。因此，很多企业在重视规章制度建设的同时也越来越重视企业文化建设。作为企业成员共有的价值观念和道德准则，企业文化必须得到全体员工的认可，这就需要不断地向员工进行宣传教育。培训与开发就是其中非常有效的宣传教育方法。

(5) 培训与开发有助于增强企业对优秀人才的吸引力。知识经济时代，企业对优秀人才的竞争日趋激烈。知识员工作为一个特殊群体，具有特殊的地方，如他们看重发展的机会和自身进步，因此对于企业能否提供培训机会就特别关注。企业如果能够给他们提供相应的培训与开发，就能满足他们的需求，留住这部分员工，并对外部人员产生较强的吸引力。

二、培训与开发的常用方法

(一) 直接传授培训法

(1) 讲授法（授课法）。授课是成本最低的培训方法之一。授课就是通过培训者讲授或者演讲的方式来对受训人员进行培训。它几乎没有什么开发费用，并可以用于比较大的培训班。尽管有人认为这种方法缺少实践和反馈的机会，但有关研究显示，它至少具有中等水平的效力。

(2) 专题讲座法。讲座法指培训者用语言传达想要受训者学习的内容，它按照一定的组织形式有效地传达大量信息，成本最低，时间最节省。这种学习的沟通主要是单向的——从培训者到听众。讲座法缺少受训者的参与、反馈以及与实际工作环境的密切联系,这些都会阻碍学习和培训成果的转化。为尽量减少这些问题,讲座法常常会附加问题、讨论和案例研究,为受训者提供更多的参与机会。

(二) 实践型培训法

(1) 个别指导法。个别指导,也叫"师傅带徒弟",指有针对性地对个别人进行一对一的指导,一般由经验丰富的员工与新员工结成比较固定的师徒关系,并由师傅对徒弟的工作进行指导和帮助。这种方法比较节约成本,而且有利于迅速掌握工作技能。但是,这种培训效果受师傅的影响比较大,会影响师傅的正常工作,降低工作效率,还容易形成固定的工作思路,不利于创新,在高科技企业,这种形式被称为"导师制"。

(2) 工作轮换法。这是一种在职培训的方法,目的在于扩展员工的知识和技能,使其胜任多方面的工作,同时增加工作的挑战性和乐趣,企业因此在人员调配上获得更大的灵活性。

(三) 参与式培训法

(1) 案例分析法。案例分析指给受训者提供一个现实案例,首先让他们独立地去分析这个案例,然后再与其他受训者一起讨论,从而提出自己对问题的解决办法。这种办法的案例大多来自现实,通过对案例的分析,有助于解决类似的实际问题。但案例的搜集和提炼往往是比较困难的,案例虽然来自于现实,但又不能是现实的直接反映,要经过一定的加工。此外,这种方法对培训者的要求也比较高,要求能够给受训者以启发。

(2) 头脑风暴法。头脑风暴法又称智力激励法、自由思考法,由美国创造学家A.F.奥斯本于1939年首次提出,1953年正式发表。头脑风暴法是一种通过会议的形式,让所有参加者在自由愉快、畅所欲言的气氛中,自由交换想法或点子,以此激发与会者的创意及灵感,以产生更多创意的方法。头脑风暴法适合于解决那些比较简单、严格确定的问题,如研究产品名称、广告口号、销售方法、产品的多样化研究等,以及需要大量的构思、创意的行业,如广告业。

(四) 态度型培训法

(1) 角色扮演法。角色扮演法就是给受训人员提供一个真实情境,让他们在其中分别扮演不同的角色,做出他们认为适合每一种角色的行为,表现出角色的情感。在扮演过程中可以随时加以指导,结束后组织大家讨论,以各自对扮演角色的看法来发表意见,就是通常所说的"换位思考"。

(2) 拓展训练。拓展训练法也叫冒险性学习法,是利用户外活动来开发团队协作和领导技能的一种培训方法。拓展训练最适合开发与团队有效性有关的一些技能。参与者在这种高难度的活动中,学会相互合作、相互信任,同时也更加了解彼此,从而有助于未来团队工作的有效展开和顺利展开。

第五节 绩效考核与薪酬管理

一、绩效考核

(一) 绩效考核的含义

绩效考核也叫绩效评估,是组织按照预先确定的标准和一定的考核程序,运用科学的考核方法,按照考核的内容和标准,对考核对象(员工)的工作能力、工作成绩进行定期或不定期的考察和评价。

(二) 绩效考核的程序

绩效考核的程序一般分为"横向程序"和"纵向程序"两种。横向程序指按绩效考核工作的先后顺序形成的过程进行,其主要环节有下列四项。

(1) 制定绩效考核标准。这是避免绩效考核时的主观随意性所不可缺少的前提条件。绩效考核标准必须以职务分析制定的职务说明与职务规范为依据,因为那是对员工所应尽职责的正式要求。

(2) 实施绩效考核。即对员工的工作绩效进行考核、测定和记录。根据考核的目标,绩效考核可以是全面的或局部的。

(3) 绩效考核结果的分析与评定。绩效考核的记录须依照既定标准进行分析与评定,从而获得绩效考核的结论。

(4) 结果反馈与实施纠正。绩效考核的结论通常应反馈给被考评员工,使其了解组织对自己工作的看法与评价,从而发扬优点,克服缺点。但另一方面,还需针对绩效考核中发现的问题,采取纠正措施。因为绩效是员工主、客观因素的综合反映,所以纠正不仅是针对被考评的员工,也需针对环境条件做出相应调整。

纵向程序指按组织层级逐级进行绩效考核的程序。绩效考核一般是先对低层进行绩效考核,再对中层进行绩效考核,最后对高层进行绩效考核,形成由下而上的过程。其主要环节有下列三项。

(1) 以基层为起点,由基层部门的领导对其直属下级进行绩效考核。考核分析的单元包括员工个人的工作行为(如是否按规定的工艺和操作规程进行等),员工个人的工作效果(如产量、废品率、原材料消耗率、出勤等),也包括影响其行为的个人特征及品质(如工作态度、信念、技能、期望与需要等)。

(2) 基层考核之后,便会上升到对中层部门进行考核,其内容既包括中层负责干部的个人工作行为与特征,也包括该部门总体的工作绩效(如任务完成率、劳动生产率、产品合格率等)。

(3) 待逐级上升到公司领导层时,再由公司所隶属的上级机构(如董事会),对公司这一最高层次进行绩效考核,其内容主要是经营效果方面硬指标的完成情况(如利润率、市场占有率等)。

阅读链接

HP 公司的绩效计划

HP 的员工绩效管理要求为员工制定上下一致的计划。一个公司有很多不同职位的人，公司要求每个层面的人员都要作各自的计划。股东和 CEO 要制定战略计划，各业务单位和部门要制定经营计划，部门经理及其团队要制定行动计划，通过不同层面人员的相互沟通，公司上下就能制定出一致性很高的计划，从而有利于发展步骤的实施。

对于员工的业绩指标，惠普用六个英文字母来表示：SMTABC。具体的解释是：S（specific，具体性），要求每一个指标的每一个实施步骤都要具体详尽；M（measurable，可衡量），要求每一个指标从成本、时间、数量、质量四个方面能作综合的衡量；T（time，定时），业绩指标需要指定完成日期；A（achievable，可实现性），员工业绩指标需要和老板、事业部及公司的指标一致且易于实施；B（benchmark，以竞争对手为标杆），指标需要有竞争力，需要保持领先对手的优势；C（customer oriented，客户导向），业绩指标要能够达到客户和股东的期望值。

（资料来源：http://wenku.baidu.com/惠普公司的绩效管理方案）

二、薪酬管理

薪酬是企业因使用员工的劳动而付给员工的钱或实物。薪酬分为直接薪酬和间接薪酬。直接薪酬包括基本工资、奖金、津贴、补贴和股权。间接薪酬即福利。

（一）影响薪酬制度制定的因素

市场经济条件下，企业的薪酬制度受到内外部多种因素的影响。为了保证薪酬管理的有效实施，必须对这些影响因素有所了解和认识。一般来说，影响企业薪酬制度制定的因素主要有三类：一是企业外部因素；二是企业内部因素；三是员工个人因素。

1. 外部因素

（1）国家法律法规与政策。国家法律法规与政策对于企业行为具有强制的约束作用，因此，企业在制定薪酬制度时应当首先考虑这一因素，在法律法规与政策规定的范围内进行薪酬管理。

（2）劳动力市场状况。按照经济学的解释，薪酬就是劳动力的价格，它取决于供给和需求的对比关系。在企业需求一定的情况下，劳动力资源供不应求，劳动力价格就会上涨，此时，企业要想获取必要的劳动力资源，就必须相应地提高薪酬水平；反之，如果劳动力市场趋于平缓，造成劳动力资源供给过剩，劳动力资源供过于求，劳动力价格就会趋于平缓或下降，此时，企业能够相对容易地获取必要的劳动力资源，甚至降低薪酬水平。

（3）物价水平。薪酬最基本的功能是保障员工的生活，对员工来说更有意义的是实际薪酬水平，即货币收入（或者叫做名义薪酬）与物价水平的比率。当整个社会的物价水平上涨时，为了保证员工的实际生活水平不受影响或少受影响，支付给他们的名义薪酬相应地也要增加。

（4）其他企业的薪酬状况。其他企业的薪酬状况对企业薪酬管理的影响是最直接的，这是员工进行横向公平性比较时非常重视的一个参考系数。当其他企业，尤其是竞争对手的薪酬水平提高时，为了保证外部的公平性，企业也要相应地提高自己的薪酬水平，否则会造成员工的不满意甚至是流失。

2. 内部因素

（1）企业的经营战略。企业的薪酬制度应当服从和服务于企业的经营战略。在不同的经营战略下，企业的薪酬管理也会不同。

（2）企业所处的发展阶段。企业处于不同的发展阶段时，其经营的重点和面临的内外部环境是不同的，因此，在不同发展阶段，薪酬形式也是不同的。

（3）企业的财务状况。薪酬是企业的一项重要成本开支，企业的财务状况对薪酬制度会产生重要的影响，它是薪酬制度得以实现的物质基础。良好的财务状况，可以保证薪酬水平的竞争力和薪酬支付的及时性。

3. 个人因素

（1）员工所处的职位。在目前主流的薪酬管理理论中，员工所处的职位是决定员工个人基本薪酬以及企业薪酬结构的重要基础，也是内部公平性的主要体现。职位对员工薪酬的影响并不完全来自它的级别，主要源自职位所承担的工作职责以及对员工的任职资格要求。

（2）员工能力与绩效。能力是员工完成工作的关键因素之一。一般而言，能力越高，薪酬也应该越高。在设计员工的薪酬时，必须考虑员工的能力。员工的绩效是决定其可变薪酬的重要基础。在企业中，可变薪酬往往与员工的绩效联系在一起，两者具有正相关的关系。总的来说，员工的绩效越好，其可变薪酬就会越高。此外，员工的绩效表现还会影响他们的绩效加薪，进而影响基本薪酬的变化。

（3）员工的工作年限。工作年限主要有工龄和企龄两种表现形式。工龄指员工参加工作以来整个的工作时间，企龄则指员工在本企业中的工作时间。一般来说，工龄和企龄越长的员工，薪酬的水平相对也越高。

（二）工资制度

（1）职务等级工资制。职务等级工资制是政府机关、企事业单位的行政人员和技术人员实行的按职务等级规定工资的制度。这种制度根据各种职务的重要性、责任大小、技术复杂程度等因素，按照职务高低规定统一的工资标准。在同一职务内，又划分为若干等级。各职务之间用上下交叉的等级来区别工资差别线，呈现一职数级上下交叉的"一条龙"式的工资制度。全国采用同一个工资等级表，行政人员分30级，技术人员分18级，并根据各地物价和生活水平划分11类工资区，技术人员除地区外，根据产业不同又规定五类工资标准。职务等级工资制由职务名称、职务工资标准表、业务标准、职责条件等构成。

（2）岗位工资制。岗位工资是以岗位劳动责任、劳动强度、劳动条件等评价要素确定岗位系数为支付工资报酬的依据，工资多少以岗位为转移，岗位成为发放工资的唯一或主要标准的一种工资制度。岗位工资的特点是对岗不对人。实行岗位工资，要进行科学的岗位分类和岗位劳动测评。

（3）技术等级工资制。技术等级工资制是根据劳动的复杂程度、繁重程度、精确程度和工作责任的大小等因素划分技术等级，按等级规定工资标准的一种制度，由工资等级表、技术等级标准和工资标准三方面组成。其特点是：主要以劳动质量来区分劳动差别，进而依此规定工资差别。这种工资制度适用于技术比较复杂的工种。

（4）计件工资制。计件工资按工人生产的合格产品的数量和预先规定的计件单价来计算员工报酬的一种工资形式。计件工资由工资物等级、劳动定额和计件单价三个要素组成。工资物等级指根据各种工作的技术复杂程度及设备状况等，按照技术等级要求，确定从事该项工作的工人应该达到的技术等级；劳动定额指在一定生产技术条件下，工人应该完成的合格产品的数量或完成某些产品的必要劳动时间的消耗标准，它是合理组织劳动和制定计件单价的基础。计件单价是以工作物等级和劳动定额为基础计算出来的单位产品的工资。

（5）提成工资制。提成工资制又称"拆账工资制"或"分成工资制"，指对职工个人（或小集体）按实现固定的比例对其所创纯收入（或毛收入）拆账分成支付劳动报酬的一种工资制度。一般实行除本分成，既可以对职工个人提供的超过某个技术的纯收入分成支付奖金，也可以用于个人独立操作、以提供劳务为主、劳动成果能够以价值量直接考核到个人的餐饮服务业（如理发）或某些小型手工作坊（如来料加工服装的工场）。

阅读链接

联想的薪酬制度

联想实施的是一个多元化的薪酬福利政策，根据员工个人的工作业绩（performance）、岗位级别（position）和个人工作能力（person），按照国际上先进的"CRG岗位定级制度"确定员工的工薪。联想员工的总收入构成一般包括岗位工资、红包、认股权等一系列优厚的待遇，联想目前已经实行员工滚动持股，进入公司一年以上的骨干员工享有认股权证。联想定期将员工的薪酬与业界比较，并按期调整，以保证联想薪酬的竞争优势。

（资源来源：http://www.docin.com/p-572481694.html）

（三）福利制度

1. 员工福利的概念

福利指企业以组织成员身份为依据，而不是以员工的劳动情况为依据支付给员工的间接薪酬。在劳动经济学中，福利又被称为小额优惠，是组织为提高员工的满意度，向员工及其家属提供的旨在提高其生活质量的措施和活动的总称。根据这一定义，我们可以从以下几个方面理解福利：第一，福利的提供方是企业，接受方是员工及其家属；第二，福利是整个薪酬系统的重要组成部分，是除了基本薪酬和可变薪酬之外的那部分薪酬；第三，福利可以采取多种形式发放，服务、实物和货币都可以是福利的支付形式；第四，福利旨在提高员工的满意度和对企业的归属感。

2. 员工福利的种类

（1）法定社会保险。法定社会保险包括基本养老保险、基本医疗保险、失业保险、工伤保险和生育保险，也就是企业通常所说的"五险"。企业按照员工工作的一定比例为员工缴纳保险费。例如，《中华人民共和国失业保险条例》第六条规定，城镇企事业单位按照本单位工资总额的2%缴纳失业保险费。

（2）住房公积金。住房公积金是用人单位和在职员工共同缴存的长期住房储金，由两部分组成：一是员工个人每月按规定从工资中扣缴的部分；二是单位每月按规定为员工个人缴存的部分。

（3）法定休假。法定休假包括两类：一是公休假日，指劳动者通常享受的周末休息时间；二是法定假日，就是员工在法定节日要享受休假。我国目前的法定节日包括元旦、春节、国际劳动节、国庆节和法律、法规规定的其他休假节日。《劳动法》规定，法定节假日安排劳动者工作的，支付不低于300%的劳动报酬。

（4）企业补充养老保险计划。企业补充养老保险计划又称企业年金计划。企业年金是在法定福利的基本养老保险基础上建立的由企业和员工按照自愿力量原则自主设立的养老保险制度。它通过设立个人账户和年金基金，采取政府监管与市场化运作方式，为参加员工支付养老待遇。企业年金在国外又称"职业年金"、"雇主退休金计划"。我国于2000年正式将原企业补充养老保险规范为企业年金。

【案例分析】

森华集团的人力资源管理问题

一天，下班的铃声早已响过，位于森华集团办公大楼顶部的会议室还亮着灯。透过明亮的玻璃窗可以看到，围着椭圆型的会议桌坐满了人，与会者正在热烈地讨论着什么。室内烟雾缭绕，桌上的烟灰缸里满是烟头，可以想象这个会议已经开了很长时间了。森华集团的老总吴定邦也在座，他时而皱眉思索，时而频频点头，时而挥着有力的手势发表意见。原来森华公司近来正在筹备境外上市，公司高层领导决定聘请咨询公司帮助他们进行企业诊断，那天正是咨询公司的项目负责人来汇报诊断结果。吴定邦觉得真是旁观者清，咨询公司提出的森华集团存在的很多问题，正是他以往忽略的。看来要在境外上市，就必须在森华集团实行大刀阔斧的改革……

一、公司背景

森华集团公司是位于我国东部沿海开放城市W市的一个综合集团公司，公司的前身是一个服装加工企业。1984年，改革已经慢慢地在全国范围内兴起，尤其在我国沿海城市及周边地区，乡镇企业的发展充满了勃勃生机。就在这时，江南沿海W市一个交通发达的小镇里，人称"能人"的吴定邦看到了这个千载难逢的机遇。经过精心策划，1985年吴定邦挂靠某乡镇企业成立了一家服装厂，取名为森华服装厂。初期，该厂主要是来料加工生产一些简单的衣服和裤子。经过3年的发展，1988年，吴定邦掘到了第一桶金，他的服装厂在周边地区也形成了一定的知名度。此时，随着改革开放进程的加快，人们的很多观念开始发生转变，对衣食住行讲究起来。吴定邦看到了西服市场的潜力，决心生产中高档男士西服。于是，他从银行贷款 500 万元，引进西服生产设备，开始进行西服生产。由于吴定邦舍得花重金聘请经验丰富的老师傅来森华为质量把关，很快森华服装厂的西服就在当地的市场上打开了销路。应该说在市场经济的浪潮中，吴定邦具有一个优秀企业家的基本素质。他善于把握商机，并凭借丰富的个人阅历和经验积累果断决策；他视野开阔、投资眼光犀利、行事作风果断干练，并且胆大心细、敢于创新，善于从成功中总结经验，并有长远的目光，往往在成功之前就想到危机。1992 年 4 月，吴定邦开始了第二次创业。当时正值中国房地产市场火爆之时，吴定邦大胆投资房地产事业，在 5 年的发展中取得了巨大的成功，公司获得高速度发展，在 W 市众多的国资、外资、独资、合资房地产企业中脱颖而出。1996 年年底，森华服装厂改名为森华集团公司。在房地产开发上取得了巨大成功之后，吴定邦并没有满足于现状，他又看到了 IT 行业的巨大发展潜力。1996 年森华集团成立 IT 产业经营部，刚开始只是做些简单的电脑及软件的零售经营活动。1997 年吴定邦加大对 IT 产业经营部的投资，招募人才，很快将 IT 产业经营部发展成为森华信息工程公司，业务也迅速扩大到电脑维修维护、管理软件的开发设计和销售。同时森华也在努力谋求与其他软件公司合营，试图扩大经营业务，争取更大的市场份额。

二、公司目前的组织现状

目前，森华集团的主营业务包括房地产、IT 和服装等几大方面，其中房地产、服装是该集团的主要利润来源。

三、集团管理人员基本情况

吴定邦，森华集团的创始人，目前担任公司的总经理，是一个"讲效率、求实绩、轻过程、重结果"的实用主义者，对下属要求严格、严厉，员工对他十分敬畏。

吴定国，常务副总经理，公司总经理的堂弟，大专文化，主要负责服装分公司和房地产分公司，同时也协助总经理料理一些公司的日常事务。他工作能力一般，曾为公司的服装生产做出了一定的贡献，但知识比较陈旧，一直没有进一步深造，缺乏进出口方面的业务知识，目前服装生产和销售业绩已经呈现下降趋势，但他对吴定邦一贯忠心耿耿。

王林，公司副总经理，森华集团高层中唯一一名非吴氏家族的成员。他具有大学本科文凭，主管信息工程公司，精通目前 IT 行业的情况，在管理信息系统的开发上具有专长。他为人固执，自尊心较强，平时与公司高层管理者之间的沟通较少，管理能力一般。

申筠，女，吴定邦的远房亲戚，总经理办公室主任，负责人力资源部、财务部和秘书部，大专毕业。她与公司的大部分人员关系不是很好，许多员工看不起她，认为她仅仅是因为总经理的亲戚才能坐在办公室主任的位置上，但也是因为这个原因，大部分人并不敢得罪她。

四、公司的人力资源管理现状

森华集团现有员工 689 人，其中高层管理人员 4 人，中层管理人员 14 人，基层管理人员 48 人；在企业员工中，有硕士研究生 5 人，本科生 55 人，大中专毕业生 53 人。集团员工的来源途径主要有两个：一是在当地的劳动力市场上公开招聘，主要针对的是集团及下属分公司的中基层管理人员和一般员工；二是采取特招的方式，引进集团中、高层管理人员，像公司现任副总经理王林就是通过猎头公司从一家软件开发企业那里高薪聘请过来的。事实上，由于公司员工的流动频率较大，森华集团的员工招聘工作一直不间断地进行着，而且集团总经理吴定邦对员工的招聘极其重视，只要有时间，一般都会参加员工招聘的最后选拔。由于固有的观念限制，森华集团在招聘过程中比较重视员工实用性，所以集团缺乏对员工职业生涯的管理，而且集团也缺乏对员工培训的机制。公司总是希望招聘进公司的人员能马上上岗，发挥作用。同时，集团的内部晋升也没有明确的管理规定，员工一旦进入公司后，很少能获得晋升的机会，集团里一旦出现职位上的空缺，往往是经理临时任命一个代理人员，然后在集团外部进行招聘来填补这个空缺。

森华集团的整体工资在当地处于比较高的水平，这与集团总经理吴定邦的想法有关，他认为金钱是一个有效的激励人的手段。但除此以外，集团目前缺乏其他激励手段，缺乏作为一个大集团必要的企业文化，缺乏客观、公正的评价标准和考核机制。所以，集团的员工在尊重、情感交流、价值实现、个人发展规划、信息沟通等方面存在极大的障碍，员工的精神是比较空虚的。事实上，集团总经理吴定邦对人力资源是非常重视的。他一向认为，作为一个大的集团公司，要想在日益变化的市场环境中求得生存，人力资源是根本，尤其是高层、中层管理人员。同时，他也认识到，森华集团发展到现在，在人力资源管理上已经落后了，跟不上当今的企业人力资源管理的潮流，而且已经与集团的发展战略不相匹配。

五、公司面临的问题

与大多数私营企业的成长历程相似，随着集团资产规模的急速扩张和业务的拓展，森华集团目前正面临许多棘手的新问题。经过诊断，咨询公司的专家指出森华集团存在的问题主要有以下几点：

森华集团对未来的发展并没有明确的战略目标和相关策略，所以服装公司、房地产公司和信息工程公司等分公司业务分散，某些分公司的定位非常不明确，集团无法形成核心竞争力。另外，在组织结构方面，分公司各自为政，机构设置重复，整个集团没有共享的管理和服务系统。同时由于员工经常流动，管理层和骨干员工所掌握的知识和技能无法有效传承，最终影响产品创新和市场开拓。

公司的管理存在家族式管理的种种缺陷，以及当前大部分人才对于私营企业还存在许多偏见，他们的首选仍然是外资、合资企业，所以，公司很难在人才市场上招聘到双方满意的人才。最近一段时间以来，吴定邦已经开始感觉到集团整体运作的僵化和效率低下，集团员工似乎不敢对他说真话，不少员工甚至对他敬而远之。集团的中、高层管理人员难以充分发挥积极性、主动性和创造性。公司大多数人"只低头拉车，不抬头看路"的情况十分普遍，员工的流动率大幅度提高，前几个月竟高达25%。集团内部管理也开始出现松动，员工的"打工心理"十分普遍和严重，许多员工都抱着"做一天和尚撞一天钟"的心理来完成自己的工作，缺乏必要的责任心和忧患意识，企业的凝聚力和员工对公司的认同感和归属感严重受挫。

在公司的高层、中层管理者中，管理者当前的知识水平已经跟不上公司发展的需要,甚至已经限制了集团公司的发展。吴定邦最近屡屡感到有必要把公司推向国际市场,才能在激烈的市场竞争中赢得生存和发展。但是,每当夜深人静时,他却发现公司缺乏一个强有力的领导班子来帮助他实施这一重大的战略变革。由于集团缺乏必要的升职制度,许多毕业的大学生加入公司后,认为自己的价值没有实现而离开公司,这在很大程度上加剧了公司人员流动性,造成了恶性循环。

集团内部缺乏基本的企业文化氛围,员工之间缺乏交流和沟通的途径,大部分员工对企业并不是很了解,只是上班下班领薪水而已。公司也从未组织过任何员工之间的娱乐活动,各个部门之间的员工几乎都不认识。由于公司缺乏必要的培训制度,许多新加入的员工,进入公司后自己慢慢地适应自己的业务需要,延长了熟悉、掌握技能的时间,而在自己适应了工作以后,对公司其他方面几乎是一无所知。

对于上述现象,吴定邦已经越来越感到紧迫和压力,感到集团必须要在近期内进行必要的变革。几乎所有的集团高层管理人员都认为,集团的内部管理问题是相当严重的,如果不及时实施管理整改,将会给森华集团的下一步的发展带来不可逾越的障碍。但如何整改呢?

(资料来源:http://wenku.baidu.com/link?人力资源管理案例分析1)

思考题:

1. 森华集团作为一个私营企业,在成长过程中具有哪些特点?现阶段森华集团遭遇发展危机的主要原因是什么?其中哪些与公司人力资源管理职能有关?

2. 森华集团的老总非常重视人力资源,认为人是关键因素,甚至在可能的情况下,亲自参加对员工的招聘选拔,但事实上,森华集团的人力资源管理的效果并不好,这种情况在私营企业中是否常见?造成这一现象的深层次原因有哪些?

3. 森华集团目前的领导班子呈现什么样的特点?这种结构的领导班子,在私营企业的不同发展阶段,分别起到了什么样的作用?具有哪些优点和缺点?随着私营企业的逐步发展壮大,是否有必要加以改革?为什么?

4. 森华集体目前的组织结构具有什么特点?这种类型的组织结构对私营企业的发展起了什么样的作用?

5. 如果你是咨询公司的专家,你将给森华老总提出什么样的整改思路,以便从根本上解决集团目前存在的问题,获得长足发展?

【技能训练】

对刘军的考核

训练目标:

1. 通过角色扮演的训练方法使学生深刻认识人力资源管理中沟通的重要性。
2. 培养学生沟通的技巧和方法

训练方法:

这是一个角色扮演的练习,背景是一家制造公司,一个角色是总经理张维,另一个角色是生产部经理刘军。选出角色扮演总经理张维和生产部经理刘军,其他人当观察者。

上司约见下属进行谈话。这个过程观察者保持沉默,依据"观察者角色说明"为指导,用笔记录谈话过程和内容。在谈话过程结束时，观察者对两人谈话给予反馈，讨论。

总经理张维的角色说明：

你刚请了刘军来你办公室开会。刘军是公司的生产部经理。从许多方面来说，你承认刘军是一个理想的管理人员，他有节约意识，聪明能干，积极主动，为人诚恳。在刘军的领导下，产量稳定上升。此外，刘军也是你的私人朋友。

你请刘军来讨论一个自去年以来一直困扰你的问题。尽管刘军有许多优点，但还是有一个不容忽视的问题，就是生产部一些管理干部拒绝为刘军工作。没有一个生产部门的管理干部在公司工作超过6个月。他们抱怨刘军独断专行，从不允许他们自己处理问题。

刘军总是在监视他们，并明确告诉他们该怎么干，甚至最具体的事务也是如此。

公司一个副总经理位置空缺，你想过要不要提升刘军。另一方面，你还有过一次不同的念头：为了公司，该不该让刘军走人。这个问题你已经同刘军谈过好几次了，你觉得你已经足够清楚地告知刘军提升取决于他是否能够培养一位继任者担任生产部经理职位。

最近许多不错的年轻人离开公司。你要决定要么刘军改变做法抑制人才外流的趋势，要么让他辞职（你在文件处理上稍微落后了一点，不知道刘军最近给你送来了一份报告。如果他提到就说没看到）。

生产部经理刘军的角色说明：

你刚才接到上司——总经理张维的电话，他要见你。在去他办公室的路上，你寻思他找你干什么。你想可能是两件事之一：

一个可能是要提升你做副总经理。张维以前已经数次谈过这件事。如张维所言，如果你能在生产部经理职位上证明自己，副总经理职位非你莫属。你当然记得他曾暗示你理应得到提升。你们的产量创了记录，生产部门在你的领导下有效运转，你对自己的成绩感到自豪。

另一个可能是关于你上周提交给他的那份报告的事。你在那份报告中提出要招聘一些确实优秀的主管和工人，你提出：

——大幅增加工资以期延揽资质更佳的人才。

——建立一项先进的人事测评项目，以便刷掉平庸的求职者。

虽然你对自己在生产部门的成就感到自豪，但有一个问题困扰你，那就是中、低层管理人员的素质太差。这些人当中有几个新近离职，但你愿意让他们通通滚蛋。这些家伙大多让人感到郁闷，又不负责任，智商也太低了一点。大部分不能胜任工作，没有一个可以提升。

你总是为推进下属的工作疲于奔命，不管你怎么指导、鼓励甚至威胁，你似乎还是得亲自检验两遍才能确保他们确实把工作做好。就你看来，你已经通过纠正他们的错误，为公司节约了成千上万元了。

张维是你的老朋友，你对你们之间的工作关系感到满意，想到这里，你踏进了总经理办公室。

观察者角色说明：

一、观察上司开始谈话的方式

1. 谈话者做了什么？他是否以某种方式营造一种融洽的气氛？
2. 谈话者是否开门见山说明谈话目的？
3. 谈话目的是否表述的清楚简明？

二、观察谈话是怎么进行的

1. 谈话者在多大程度上了解下属对工作的感觉？
2. 谈话者是否以泛泛的、一般性问题开始谈话？
3. 上司是否批评下属？
4. 谈话者是否理解下属的思想感情？

5. 谁说话多?
6. 谈话者了解到别的什么没有?
7. 上司有没有表扬下属?

三、观察、评价谈话结果

1. 谈话结束时,谈话者对下属的评价在多大程度上达到了公正和准确?
2. 公司是否给下属激励?
3. 谈完后,两个人之间的关系是改善了还是恶化了?
4. 谈话者怎样才能做得更好些?

训练要求:

总经理张维和生产部经理刘军的扮演者严格按照角色说明尽量贴近真实场景,其余的观察者认真观察并记录二人的表现,最后进行讨论。

【思考题】

1. 什么是人力资源管理?人力资源管理的特征是什么?
2. 简述人力资源规划编制的过程。
3. 人员招聘的渠道有哪些?各自的优缺点是什么?
4. 人员培训的常用方法有哪些?
5. 什么是绩效考核?绩效考核的方法有哪些?
6. 什么是员工福利?员工福利的种类有哪些?

第六章

企业质量管理

【学习目标与要求】
- 理解企业质量及质量管理的基本内涵。
- 熟悉质量管理的发展演变过程。
- 掌握质量管理的基本方法。
- 了解 ISO 9000 系列质量和保证标准的含义,理解推行 ISO 9000 系列质量管理和保证标准的意义及作用。

本田汽车凭什么打进美国市场

美国一向有"装在轮子上的国家"之称,汽车工业十分发达。日本汽车是怎样打进美国市场的呢?

日本汽车在进入美国市场之前,首先研究了德国大众汽车在美国"败走麦城"的教训。大众汽车由于存在安全隐患,让美国人形成了质量低劣的印象。1987 年,大众汽车公司主动撤离了美国。日本本田汽车接受大众汽车公司的教训,先派了一批工程师到洛杉矶地区"探路",对每一段路面坡度进行详细测评,然后回去进行模拟,将他们即将推出的考斯特汽车不断地进行调试,确保生产质量完全适应美国的路况。由于质量过硬且省油,日本汽车一炮打响。在质量管理上,西方人开玩笑说:"美国产品是想出来的,日本产品是做出来的,中国产品是地里种出来的"。好像中国产品生产简单,粗制滥造。

(资料来源:李启明.2011.现代企业管理(第 4 版).北京:高等教育出版社.)

第一节 质量管理概述

质量已成为当今企业成败的主要决定因素。令质量成为管理层关注重点的催化剂是国外企业,特别是日本企业。20 世纪 70 年代的能源危机期间,许多人购买丰田、本田和日产汽车,因为它们比美国汽车更节油。然而,消费者很快发现,日本汽车不仅省油,而且质量也比美国汽车高:装配质量更高,更整洁,更可靠。因此,能源危机过去后,日本汽车由于高质量的声誉依然是一个可怕的竞争对手。著名质量管理专家朱兰(J. M. Juran)博士认为,21世纪是质量世纪,纵观世界历史的发展状况,人类社会目前已经进入了质量世纪。质量的概念已深入人们日常生活、工作、生产的各个领域。质量水平的高低直接反映了组织、地区,乃至国家和民族的素质。质量管理是兴国之道、治国之策。好的质量是组织长期赢得顾客忠诚度,获得持续发展的基石。

一、质量的概念及其发展

1. 质量的含义

国际标准化组织 ISO 颁布的《质量管理和质量保证——术语》把质量定义为:"反映实体满足明确和隐含需要的能力的特性总和"。质量是一组固有特性满足要求的程度。最初用于产品,后逐步扩展至服务、过程、体系和组织,以及上述几项的组合。从这一概念可以看出,质量的内涵是由一组固有特性组成,并且这些固有特性以满足顾客及其他相关方所需求的能力加以标记。

美国质量控制协会将质量定义为一种产品满足确定的或潜在需求的能力的总体特点和特征。质量有几个不同的属性。某一特定产品质量具有八个基本维度。

(1) 绩效。产品最主要的运营特性,如汽车的加速性和电视的画面清晰度。

(2) 特色。一种产品基本功能特性的补充,电动车窗。

(3) 可靠性。一定时期内不出故障的可能性。

(4) 一致性。产品的设计和运营特性与确立的标准相吻合的程度。

(5) 耐用性。产品生命的度量指标。

(6) 维护保养方便性。维修的速度和容易性。

(7) 美观性。产品的外观、触感、口味和气体。

(8) 感觉到的质量。消费者看到的质量。

质量的特性有以下四点。

(1) 经济性。价廉物美反映人们的价值取向,物有所值则是质量的经济性表征。顾客和组织关注质量的角度不同,但对经济性的考虑是一样的。高质量意味着最少的投入,获得最大效益的产品。

(2) 广义性。在质量管理体系涉及的范围内,组织的相关方对产品、过程或体系都有可能提出要求,而产品、过程或体系又都具有固有特性,因此质量不仅指产品质量,也可指过程和体系质量。

(3) 时效性。顾客和其他相关方对组织和产品、过程和体系的需求和期望是不断变化的,组织应不断调整对质量的要求来满足顾客和其他相关方的需求和期望。

(4) 相对性。组织的顾客和其他相关方的多样性使得不同的需求对应的质量要求不同,只有满足需求的产品才被认为是质量好的产品,如林肯型车比福特金牛型车高级,金牛型车又比福特 Focus 型车高级。质量的差别来自设计的不同和其他一些特点。

2. 质量概念的发展

随着经济的发展和社会进步,人们对质量的要求不断提高,质量概念也随之深化发展，具有代表性的有"符合性质量"、"通用性质量"、"广义质量"等。

（1）符合性质量的概念。以"符合"现行标准程度作为衡量依据，符合标准就是合格的产品，符合的程度反映了产品质量的一致性。但是随着科技的进步，过去认为先进的标准现在可能已经落后。长期以来，人们认为产品只要符合标准就满足了顾客的需求，这已经不能适应新时代的要求。即使百分之百符合落后标准的产品也不能认为是质量好的产品。同时"规格"、"标准"不可能将顾客的各种需求和期望都规定出来，特别是隐含的需求和期望。

（2）适用性质量的概念。从使用角度定义产品质量，以适合顾客需要的程度作为衡量依据，认为产品的质量就是产品的"适用性"，即"产品在使用时能成功地满足顾客需要的程度"。质量从符合性发展到适用性，使人们对质量的认识逐步把顾客的需求放在首位。顾客对他们消费的产品和服务有不同的需求和期望，这意味着组织要从"使用要求"和"满足程度"两方面去理解质量的实质，更好地满足顾客的需求和期望。

（3）广义性质量的概念。ISO总结不同的质量概念加以归纳提高，并逐步形成人们公认的名词术语，即"质量是一组固有特性满足要求的程度"。这一含义十分广泛，既反映了要符合标准的要求，也反映了要满足顾客的需要，综合了符合性和适用性的含义。21世纪的质量概念、质量意识、质量文化、质量战略以及质量在世界经济与社会发展中的地位和作用都将有深刻的变化。2000版ISO 9000族国际标准给出的质量概念是广义的，代表了当前的最新认识。

3. 质量的重要性

为了帮助人们理解质量的重要性，美国政府设立了鲍尔得里奇奖，它是根据美国产业界鼓吹质量的前商务部长的名字命名的。这一由商务部下属部门管理的奖项每年一次颁发给那些在产品或服务质量方面有重大改进的企业。换句话说，这一奖项是根据质量的变化颁布的，而不是根据绝对质量颁发的。质量成为管理者关心的重要问题主要源于以下三个原因。

（1）竞争。质量在当今已经成为企业最有力的竞争点之一。例如，通用汽车公司和丰田公司都宣称自己的汽车比别人的汽车质量高。美国航空公司、联合航空公司都说自己提供的服务是最好的、最可靠的。事实上，每家公司都把质量当成一个主要的竞争点。因此，跟不上步伐的企业可能发现自己不仅无法与外国企业竞争，而且也没有能力与本国的其他公司竞争。

（2）生产率。管理还认识到，质量和生产率是相关的。过去，许多管理者认为通过降低质量就可以增加产出（生产率）。当今的管理者已经明白，这样的假设几乎永远是错误的。如果一家企业启动了一个有意义的质量强化项目，可能会有三种结果：第一，次品数量可能会减少，使得消费者退货量减少；第二，由于次品数量降低，被分配到对缺陷进行修复的资源（原材料和人力）减少；第三，由于要求员工对质量负责，减少了对质量检查人员的要求，组织可以用更少的资源单位生产更多的产品。

（3）成本。质量的改善还可以降低成本。低劣的质量导致消费者更高的退货率、高担保成本，以及消费者受到劣质产品伤害后的法律诉讼费用。未来的销售会由于消费者的不满意而受到损失。有质量问题的企业常常需要增加质量检查支出以发现有缺陷的产品。

4. 质量管理

质量管理指在质量方面指挥和控制组织的协调活动，是组织活动的重要组成部分，是组织围绕质量而开展的各种计划、组织、指挥、控制和协调等所有管理活动的总和。质量管理通常包括制定质量方针和质量目标，以及质量策划、质量控制、质量保证和质量改进等活动。质量管理涉及组织各个方面，是否有效实施质量管理关系到组织的兴衰。组织最高领导者需正式发布本组织质量方针，在确立质量目标的基础上按质量管理的基本原则开展各项质量活动。通过建立和健全质量管理体系来实施质量管理。组织应围绕产品质量形成的全过程实施质量管理作为各项管理的主线，采取激励措施激发全体员工积极参与，确保质量策划、质量控制、质量保证和质量改进等活动顺利进行。

5. 质量管理活动主要内容

(1) 质量方针。质量方针指由组织的最高管理者正式发布的该组织总的质量宗旨和质量方向。质量方针是组织经营总方针的组成部分，是组织管理对质量的指导思想和承诺。质量方针的基本要求应包括供方的组织目标与顾客的期望和需求，也是供方质量行为的准则。

(2) 质量目标。质量目标是组织在质量方面所追求的组织质量方针的具体体现。目标既要先进，又要可行，以便实施和检查。通常对组织的相关职能和层次分别规定质量目标。

(3) 质量策划。质量策划致力于制定质量目标，并规定必要的运行过程和相关资源，以实现质量目标。它的关键是制定质量目标并设法使其实现。

(4) 质量控制。质量控制致力于满足质量要求。质量控制适用于对组织任何质量的控制，除生产外，还包括设计、原料采购、服务、营销、人力资源配置等，其目的在于保证质量满足要求。为此要解决要求或标准是什么、如何实现、需要对哪些进行控制等问题。质量控制是一个设定标准、根据质量要求测量结果、判断是否达到预期要求，对质量问题采取措施进行补救并防止再发生的过程。总之，质量控制是确保生产的产品满足要求的过程。

阅读链接

海尔全过程的质量控制

一切工作都是通过过程来完成的，高质量是通过过程来控制的。海尔在 OEC 和市场链管理平台的基础上，在质量控制中遵循螺旋上升的计划、实施、检查、处理的 PDCA 循环工作程序，灵活运用有效的质量管理技术和方法，认真评价和控制质量成本。海尔每个车间都有《主要问题、原因、对策及效果总结》管理看板，对每个月的问题点、产生问题的原因、实施对策、责任人、到位时间、效果跟踪都有详细总结。发现问题立刻解决，不断改进提高。同时注重质量创新，在车间内设有《创新金点子公布》看板，提出质量攻关课题，指出现状、预期目标，由揭榜人揭榜后进行擂台攻关赛，并由具体实施人在取得成果后张榜公布该项目改进的必要性，阐述及评价改进后的效果。

(资料来源：邱伟光. 2005. 公共关系实务. 北京：高等教育出版社.)

(5) 质量保证。质量保证致力于提供质量要求会得到满足的信任。这里指对达到预期质量要求的能力提供足够的信任。保证质量满足要求是质量保证的基础和前提，质量体系的建立和运行是提供信任的重要手段。组织规定的质量要求包括，产品的过程和体系的要求必须完全反映顾客的需求，才能获得顾客的足够信任。质量保证分为内部保证和外部保证两种。内部质量保证是组织向自己的管理者提供信任，外部质量保证是组织向顾客或其他相关方提供信任。

(6) 质量改进。质量改进目的在于增强满足质量要求的能力。由于要求是多方面的，质量改进的对象可能涉及组织的质量管理体系、过程和产品等方面，同时由于各方面的要求不同，为确保有效性、效率或可追溯性，组织应注意识别需改进的项目和关键质量要求，考虑所需的过程，以增强组织体系或过程实现产品满足要求的能力。

二、质量管理的发展演变

质量管理的发展经历了质量检验阶段、统计质量控制阶段、全面质量管理阶段以及后全面质量管理阶段。本节对质量管理发展演变的四个阶段做简要的回顾。

(一) 质量检验阶段

质量检验阶段也称传统质量管理阶段，是质量管理发展的初始阶段。20 世纪初，泰罗在科学管理理论中主张计划和执行分开，所以很多企业设立了"专职检验"这一环节，以判明执行情况是否偏离计划，是否符合标准。那时，人们对质量管理的理解还只限于质量的检验，即依靠检验手段挑出不合格品，并对不合格品进行统计，管理的作用很小。这一阶段，质量管理的中心内容是事后把关性质的质量检查。质量检验阶段缺乏对检验费用和质量保证问题的研究，不具备防止废品产生的功能。

(二) 统计质量控制阶段

1924 年，美国人休哈特等人运用数理统计的原理提出了经济地控制生产过程中的产品质量的方法。即后来发展完善的"质量控制图"和"预防缺陷"的理论，其目的是预防生产过程中不合格品的产生。

第二次世界大战开始，战争对武器弹药等军需品的生产质量提出了新的严格要求。缺乏事先控制和破坏性检验保证的军需产品的质量必然影响战争的进行。美国国防部特邀休哈特等人以及美国材料和实验协会、美国标准协会等，制定了一系列的相关标准。它应用数理统计的方法，对生产过程进行控制。也就是说，它不是等一个工序的整批工件加工完才进行事后检验，而是在生产过程中，定期地进行抽查，并把抽查结果当成一个反馈信号，通过控制图发现或鉴定生产过程是否出现了不正常情况，以便及时发现和消除不正常的原因，防止废品的产生。这种统计质量控制的管理模式使这些公司节约了成本，提高了效率，带来了巨大利润，从而得到广泛应用。

统计质量管理这种方法实现了被动的事后把关到生产过程的积极预防的转变。相对于检验把关的传统管理来说，统计质量管理是概念的更新、检查职能的更新，是质量管理方法上的一次飞跃。

(三) 全面质量管理阶段

随着科学技术和管理理论的发展，企业发现仅仅信赖质量检验和统计质量控制方法很难保证与提高产品质量；同时，只能把质量交给专业的质量控制技术人员也是不妥的。因此，许多企业就有了全面质量管理。

曾任美国通用电气公司质量总监的费根堡姆于1961年首先在《全面质量管理》一书中提出了全面质量管理的概念。他认为，全面质量管理是一种为了能够在最经济的水平上，并考虑充分满足客户要求的条件下，进行生产和提供服务，把企业各部门研制质量、维持质量和提高质量的活动构成一体的有效体系。他强调质量只能应由公司全体人员承担，解决质量问题，不能仅限于产品制造过程。即质量管理应贯穿产品质量产生、形成和实现的全过程，而且解决质量问题的方法多种多样，不能仅限于检验和数理统计方法。

(四) 后全面质量管理阶段（全面质量管理的新发展）

(1) 零缺陷理论。1979年，美国质量管理专家克劳斯比（P. B. Crosby）在《质量免费——确定质量的艺术》一书中提出并确立了"第一次就把事情做对"和"零缺陷"理论。克劳士比认为，"零缺陷"的"零"是一种不容忍缺陷的心态，是一种第一次就将事情做对的追求。GB/T19000—ISO9000：2000标准中阐明，缺陷是为满足与预期或规定用途有关的要求。克劳士比认为，缺陷是现状和"客户要求"之间的差异而非现状和所谓"完美"状态之间的差异。

零缺陷管理思想强调：任何工作都是一个过程；要以客户为中心，以结果为导向，以事实和数据为基础；建立能满足顾客、员工和供应商需要并有效协调其关系的管理体系。零缺陷不等于没有缺陷，而是要求我们把一次做对和次次做对作为工作质量的执行标准。

(2) 6西格玛管理。6SIGMA是20世纪80年代美国摩托罗拉（Motorola）公司为了应对自己的市场被日本同类企业蚕食而创立的一种质量改进方法，在通用电气（GE）、联合信号（Allied Signal）等一些世界级企业中实施并取得了另人瞩目的成就后，广泛被人们接受并应用于实际。6西格玛理论是从全面质量管理理论（TQM）演变而来的，于20世纪90年代由美国通用电气CEO杰克·韦尔奇提出。6西格玛理论是一种以数据为基础，追求几乎完美质量的管理理论。它既是一种质量管理方法，也是一种质量水平测量标准，又是一种质量管理理论和价值观。具体来讲，它是"获得和保持企业在经营上的成功，并使其经营业绩最大化的综合管理体系和发展战略，是使企业获得快速增长的经营方式"，也是"寻求同时提高顾客满意度和企业经济增长的经营战略途径"，是使企业获得快速增长和竞争力的经营方式。

(3) 卓越绩效模式。"卓越绩效模式"是20世纪80年代后期美国创建的一种世界级企业成功的管理模式，其核心是强化组织的顾客满意意识和创新活动，追求卓越的经营绩效。"卓越绩效模式"得到了企业界和管理界的公认，几乎所有经济发达和强劲发展的国家和地区均建立了各自的卓越绩效（质量奖）模式，以推动所在国家、地区的经营管理和核心竞争力的提升。最经典的卓越绩效模式是三大质量奖：美国波多里奇国家质量奖、欧洲质量奖和日本戴明奖。其中，波多里奇国家质量奖的影响最广泛。

第二节 全面质量管理

一、全面质量管理的含义及特点

（一）全面质量管理的含义

全面质量管理（total quality management，TQM）发源于美国，其代表人物是美国著名的质量管理学家费根鲍姆和朱兰，由费根鲍姆在其出版的《全面质量管理》一书中首先提出。它后来在一些国家相继推行，特别是在日本得到了长足发展。它是现代化大生产的产物，它的出现顺应了 20 世纪 60 年代以来企业对质量管理的更高要求，成为现代企业管理的主流。

费根鲍姆认为："全面质量管理指为了达到使用户满意的目标，在企业内各部门综合进行质量开发、质量保持及质量改进等，以便最经济地进行生产和服务的有效体系"。在 ISO8402《质量管理和质量保证》标准中全面质量管理的定义为：全面质量管理是一个组织以质量为中心，以全员参与为基础，目的在于通过让顾客满意和本组织所有成员及社会受益而达到长期成功的管理途径。因此，全面质量管理不仅强调预防为主的思想，尽可能把产品的质量问题消除在设计、制造等过程中，更强调了提高工作质量的目标等，使得产品质量形成全过程的工作质量和工程质量。

（二）特点

全面质量管理不等同于质量管理，是质量管理的更高境界，有着自身的特点。第一，全面质量管理主要是"三全一多样"的管理。"三全"即全面的质量、全过程和全员参与。其中，全面的质量既包括产品质量，也包括服务质量和工作质量等；全过程既包括生产过程，也包括市场调研、产品研发、制造、销售、售后服务等过程；全员参与的全员不仅限于领导和管理干部，而是包括全体人员。"一多样"指尽可能采取多种多样的管理方法。第二，全面质量管理追求的是长期的经济效益和社会效益。

全面质量管理是在统计质量管理的基础上发展起来的，它的出现受到了各国的高度重视，尤其是最先接受这一管理思想和方法的日本。现在，世界上有 50 多个国家和地区正在积极地推行全面质量管理。

二、全面质量管理的基本方法

（一）PDCA 循环法

1. PDCA 循环的内容

PDCA 由英文的计划（plan）、执行（do）、检查（check）、评估（action）几个词的第一个字母组成，它反映了质量管理必须遵循的四个阶段（图 6-1）。

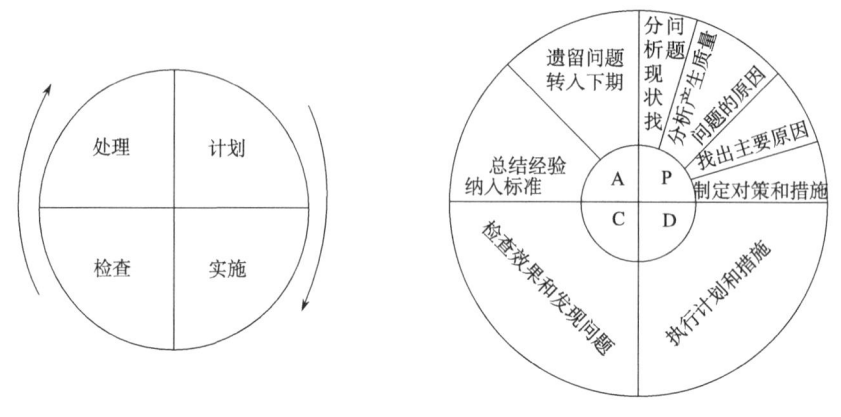

图 6-1 PDCA 循环图

P 是 PDCA 循环的开始，称为计划阶段。这个阶段的主要内容是查找问题、找出原因、分析原因并制定计划，具体是通过问卷调查、电话访问、分析行业整体状况等手段，摸清用户对产品质量的要求，从而确定企业的质量政策、质量目标和质量计划等。

D 是 PDCA 循环的第二阶段，称为执行阶段。这个阶段要做的是执行开始阶段制定的计划，如根据质量标准进行产品设计、试制、其中包括计划执行前的人员培训。

C 是 PDCA 循环中的第三阶段，称为检查阶段。这个阶段要做的是在计划执行过程中或执行之后，检查计划执行情况，调查实施后的效果。

A 是 PDCA 循环中的最后阶段，称为评估阶段。在这个阶段主要要做的是根据检查结果，继续采取相应的措施，巩固已有的成绩，并将遗留问题转入下一个循环。

2. PDCA 循环的特点

PDCA 循环具有以下三方面的特点。

第一，PDCA 循环顺序进行。质量管理靠组织力量推动，像车轮一样向前进，周而复始，不断循环。

第二，大环套小环，相互推动。PDCA 循环作为一种科学运转方法，适用于企业质量管理的各个方面和各个层析。整个企业的质量管理活动是一个大的 PDCA 循环，各个部门、科室、车间直至个人又有各自的 PDCA 循环，形成大环套小环的综合循环体系。

第三，螺旋式上升。质量管理工作，每次循环都解决一批质量问题，质量水平就有了新的提高，遗留问题和再出现的新问题进入下一次循环。每一次循环都赋予新的内容和目标，都有更高水平的循环，质量问题不断被解决，又不断出现新的问题。质量管理 PDCA 循环是一个不断提高的动态循环。

三、质量管理常用的几种工具

在质量管理中，经常要用到一些方法和工具。目前较传统的常用的质量管理方法有八种：分层法、排列图法、直方图、因果分析图法、散布图法、调查表法、控制图法、抽样检验法。

(一) 分层法

1. 分层法的概念

分层法是根据产生数据的特征（何人、何处、何种方法、何种设备等）而将数据划分成若干组的方法。通俗地说，分层就是分门别类。

2. 常见的分层依据

①按操作者或作业方法分层。②按机器设备分层。③按原料分层。④按时间分层。⑤按作业环境状况分层。

3. 分层法的应用步骤

步骤1：收集数据。
步骤2：根据不同的目的，选择分层标志。
步骤3：根据不同分层标志对数据进行分层。
步骤4：按层归类统计。
步骤5：画分层统计图表或分层进行统计分析。

4. 分层法示例

表6-1列出某轧钢厂某月份的生产情况数字。如果只知道甲乙丙班共轧6000吨钢材，其中轧废钢为169吨，仅这个数据，无法对质量问题进行分析。如果对废品产生的原因等进行分类，可看出甲班产生废品的主要原因是"尺寸超差"，乙班的主要原因是"轧废"，丙班是"耳子"。这样就可针对各自产生废品的原因采取相应的措施。

表6-1 某轧钢厂某月份废品分类数量

废品项目	班次			合计
	甲	乙	丙	
尺寸超差	30	20	15	65
轧废	10	23	10	43
耳子	5	10	20	35
压痕	8	4	8	20
其他	3	1	2	6
合计	56	58	55	169

(二) 排列图法

1. 排列图的概念

排列图也称为巴雷特图（pareto diagram），由于质量问题常可以用质量损失的形式表现，大多数损失往往是由少数质量问题引起的，这些质量问题又由少数原因引起。因此，明确了"关键的少数"，就可集中资源解决这些少数原因，避免由此引起的损失。用排列图法，我们可以有效地展现这些关键少数。

2. 排列图作图步骤

步骤1：确定所要调查的问题和收集数据。

步骤2：设计一张数据记录表，将数据填入表中，并计算合计栏。

步骤3：作排列图用数据表，表中列有各项不合格的数据、累计不合格数、各项不合格所占百分比及累计百分比。

步骤4：按数量从大到小顺序，将数据填入数据表中。其他项数据由许多数据很小的项目合并在一起，将其列在最后，不必考虑其他项的数据大小（表6-2）。

表6-2 排列图数据表

不合格类型	不合格数	累计不合格数	所占比例/%	累计比例/%
断裂	104	104	52	52
擦伤	42	146	21	73
污染	20	166	10	83
弯曲	10	176	5	88
裂纹	6	182	3	91
砂眼	4	186	2	93
其他	14	200	7	100
合计	200	—	100	—

步骤5：画两根纵轴和一根横轴。

左边纵轴，标上件数（频数）的刻度，最大刻度为总件数（总频数）。右边纵轴，标上比例（频率）的刻度，最大刻度为100%。

在横轴上按频数大小从大到小依次列出各项。

步骤6：在横轴上按频数大小画出直方柱。

步骤7：在每个直方柱右侧上方标上累计值（累计频数和累计频率百分数），描点并用直线连接，画累计频数折线（巴雷特曲线）。

例：根据表6-2的数据做出排列图6-2。

3. 排列图法注意事项

（1）分类方法不同，得到的排列图也不同。

（2）为了抓住"关键的少数"，在排列图上常把累计比例在0～80%的因素作为A类因素；在80%～90%的因素作为B类因素；在90%～100%的因素作为C类因素。

（3）如果其他项所占的百分比很大，则分类不够理想。

（4）如果数据可以用金额来表示，画排列图时金额最好在纵轴上表示。

（5）排列图可用来确定采取措施的顺序。

（6）对照采取措施前后的排列图，研究各个项目的变化，可对措施的效果进行鉴定。

（三）直方图

1. 直方图的概念

直方图（histogram）法是从总体中随机抽取样本，将从样本中获得的数据进行整

图 6-2 排列图

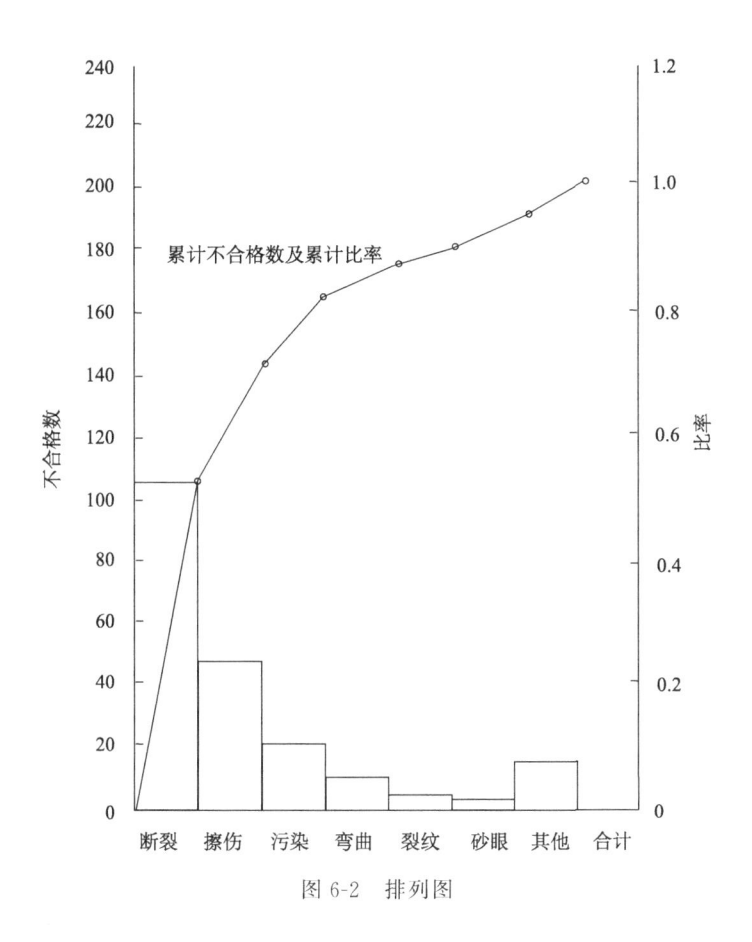

理，从而找出数据变化的规律，以便预测工序质量的好坏等。直方图是常用的 QC 工具。

2. 直方图的作用

①显示各种数值出现的相对频率；②揭示数据的中心、散布及形状；③快速阐明数据的潜在分布；④为预测过程提供有用信息；⑤可以判断"过程是否能够满足顾客的要求"。

3. 直方图的作图步骤

通过实例加以说明。已知车削某零件圆尺寸 $\Phi 10+0.035$mm，为调查车削某零件外圆尺寸的分布情况，从加工过程中取 100 个零件，测得尺寸 $\Phi 10+x$ 的 x 值如表 6-3 所示。

表 6-3 直方图原始数据表 （单位：mm）

2.510	2.517	2.522	2.522	2.510	2.511	2.519	2.532	2.543	2.525
2.527	2.536	2.506	2.541	2.512	2.515	2.521	2.536	2.529	2.524
2.529	2.523	2.523	2.523	2.519	2.528	2.543	2.538	2.518	2.534
2.520	2.514	2.512	2.534	2.526	2.530	2.532	2.526	2.523	2.520

续表

2.535	2.523	2.526	2.525	2.523	2.522	2.502	2.530	2.522	2.514
2.533	2.510	2.542	2.524	2.530	2.521	2.522	2.535	2.540	2.528
2.525	2.515	2.520	2.519	2.526	2.527	2.522	2.542	2.540	2.528
2.531	2.545	2.524	2.522	2.520	2.519	2.519	2.529	2.522	2.513
2.518	2.527	2.511	2.519	2.531	2.527	2.529	2.528	2.519	2.521

作图步骤如下：

步骤1：求极差 R。

原始数据中最大值 x_{max} 和最小值 x_{min}，计算二者的差值，即极差。

步骤2：确定分组的组数和组距。

一批数据究竟分多少组，通常根据数据的多少而定，见表6-4。

表6-4 数据量与分组数的对应表

数据个数	分组数 K
50~100	6~10
100~250	7~12
250以上	10~20

分组数 K 确定后，组距 h 也就确定如下：

$$h = \frac{R}{K} = \frac{x_{max} - x_{min}}{K}$$

步骤3：确定各组界限。

先从第一组起，第一组的上下界限值为 $x_{min} \pm (h/2)$，第二组的上界限值是第二组的下界限值，第二组下界限值加上组距就是第二组上界限值，以此类推，可确定各组的组界。

步骤4：作频数分布表。

统计各组的数据个数，即频数 f_i。

步骤5：画直方图。以横坐标表示质量特性，纵坐标为频数（或频率），在横轴上标明各组组界，以组距为底，频数为高，画出一系列直方柱就得到直方图。

步骤6：在直方图的空白区域，记上有关数据的资料，如收集数据的时间、数据个数 n、平均值 $\bar{x}$、标准差等（图6-3）。

直方图有不同类型（图6-4）。

① 标准型：数据服从正态分布的特征，也是大多数产品质量特性所具有的图形。

② 偏态型：可分为左向型和右向型。可能是由于人为有意识对过程进行干预造成的。

③ 孤岛型：数据中混有另一分布的少量数据。

④ 锯齿型：直方图分组不当或测量误差过大、读数错误所致，不是生产上的问题。

⑤ 平顶型：工序能力不足，进行了全数检验后的形状。

⑥ 双峰型：均值相差较大的两种分布混在一起。

图 6-3　直方图

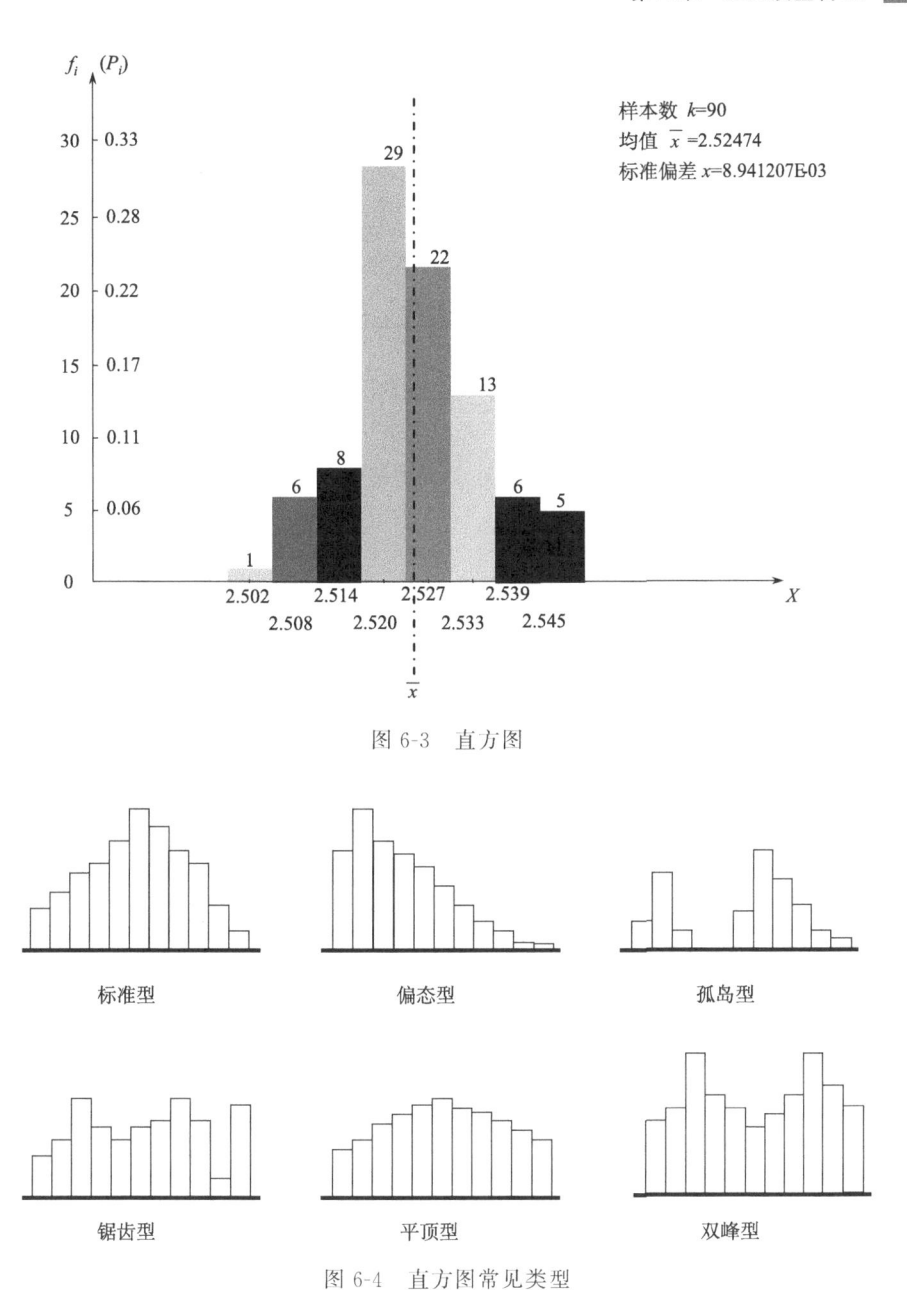

图 6-4　直方图常见类型

（四）因果分析图法

1. 因果图的概念

因果图（cause and effect diagram）是一种用于分析质量特性（结果）与影响质量特性的因素（原因）之间关系的图，其形状如鱼刺，故又称鱼刺图（fishbone diagram）。通过对影响质量特性的因素进行全面系统地观察和分析，可以找出质量因素与质量特性的因果关系，最终找到解决问题的办法。

2. 因果图的结构

因果图的结构如图 6-5 所示。

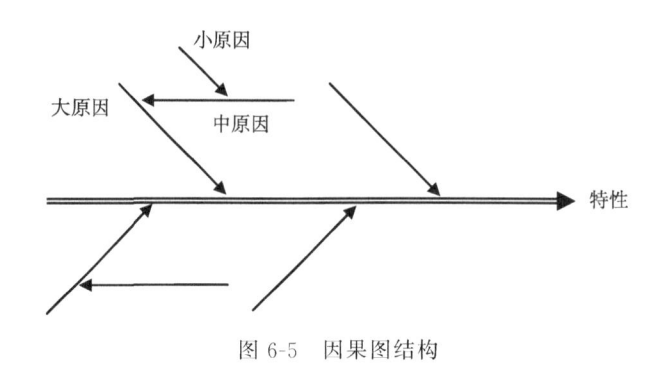

图 6-5 因果图结构

3. 因果图的绘制

(1) 选题，分析对象，确定质量特性（结果），因果图中的"结果"可根据具体需要选择。

(2) 组织讨论，尽可能找出影响结果的所有因素。因果图实际上是一种枚举法，为了能够把所有重要因素都能列举上，故在构造因果图时，强调通过开诸葛亮会，畅所欲言，集思广益。

(3) 找出各因素之间的因果关系，在图上以因果关系的箭头表示出来。讲质量特性（结果）写在纸的右侧，从左到右画一箭头（主骨），将结果用方框框上。接下来，列出影响结果的主要原因作为大骨，也用方框框上。列出影响大骨（主要原因）的原因，也就是第二层次原因，作为中骨；再用小骨列出影响中骨的第三层次的原因，如此类推，一直展开到可以制定具体对策为止。

(4) 根据对结果影响的程度，将对结果有显著影响的重要原因用明显的符号标示。

(5) 在因果图上标出有关信息，如标题、绘制人、绘制时间等。

最后在因果图上标明有关资料，如产品、工序或小组的名称、参加人员、日期等。

4. 因果图方法注意事项

(1) 确定原因时应通过大家集思广益，充分发扬民主。

(2) 确定原因，应尽可能具体。

(3) 质量问题有多少个，就绘制多少张因果图。

(五) 散布图法

1. 散布图的概念

散布图是通过分析研究两种因素的数据的关系，来控制影响产品质量相关因素的一种有效方法。

在实际生产中，往往是一些变量共处于一个统一体，它们相互联系、相互制约。有些变量之间既存在密切关系，又不能由一个（或几个）变量的数值精确地求出另一个变量的数值，称这类变量的关系为相关关系。这种相关关系一般可分为：原因与结果的关系，如加工工艺对质量特性的影响；结果与结果的关系，即特性与特性之间的关系，如钢材的强度与硬度的关系；原因与原因的关系，即形成某种质量特性的两个原因的关系，如影响某零件装配的该零件的尺寸和光洁度之间的关系。这种关系可用散布图来描述。

2. 散布图的作图步骤

第一步，确定研究对象。研究对象的选定，可以是质量特性值与因素之间的关系，也可以是质量特性值之间的关系，或因素与因素之间的关系。这里，通过分析研究合成纤维的强度 y 与拉伸倍数 x 的关系来研究散布图的做法。

第二步，收集数据。一般需要收集成对的数据 30 组以上，同时记录收集数据的日期、取样方法、测定方法等有关事项。

第三步，画出横坐标 x 与纵坐标 y，添上特性值标度。一般横坐标表示原因特性，纵坐标表示结果特性。进行坐标轴的标度时，应先求出数据 x 与 y 的各自最大值与最小值。划分间距的原则：应使 x 最小值至最大值的距离，大致等于 y 最小值至最大值的距离。其目的是为了避免因散布图做法不合适导致判断错误。

第四步，根据数据画出坐标点。按 x 与 y 的数据分别在横、纵坐标上取对应值，然后分别引出平行于 y 轴与 x 轴的平行线，其交点即为所求的坐标点。

（六）调查表法

调查表是利用统计表进行数据整理和粗略原因分析的一种方法，也叫检查表法或统计分析法。常用的调查表有以下三种。

（1）缺陷位置调查表。这种调查表示调查产品各部位的缺陷情况，可将其发生缺陷的位置标记在产品示意图或展开图上，不同缺陷用不同的符号或颜色标出。

（2）不良项目调查表。调查生产中出现的各种不良品，以及各种不良品的比率，以便在技术和管理上采取改进措施，并加以控制。

（3）不良原因调查表。要弄清楚各种不良品发生的原因，需要按设备、操作者、时间等标志进行分层调查，填写不良原因调查表。

（七）控制图法

控制图，又称管理图，指标有控制界限的质量管理图，它能够动态反映质量，从而反映生产过程的控制状态，有利于及时发现问题并采取措施。控制图的基本格式如图 6-6 所示。

根据正态分布理论，只有 0.3% 的点可能超出 $\pm 3\sigma$ 的控制限，因此实际测量中，一旦发现数据（点）跳出控制界限或排列异常，说明生产过程中有异常变化，应迅速采取措施进行控制，真正起到质量预防作用。

通常认为，以下几种状况为生产过程中的异常表现：①点子在中心线的一侧连续出现 7 次以上，如刃具的磨损，会造成圆轴尺寸逐渐增大；②点子在中心线一侧多次出现，不一定连续；③连续 7 个以上的点上升或下降；④在警戒线外多次出现；⑤呈周期性变动。

控制图种类很多，按管理对象可以分为计量值管理图和计数值管理图两类。计量值

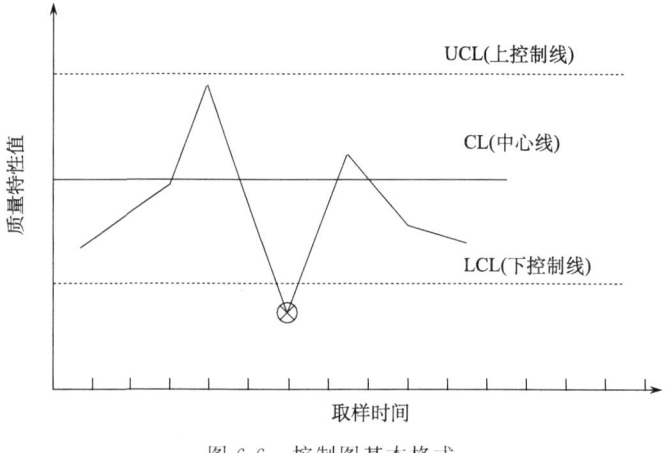

图 6-6 控制图基本格式

控制图有：$\bar{X}$ 图，也叫单值控制图，在计量数据不易取得或不易分组时采用；$\bar{X}$ 图，平均值图，利用样本的平均值来分析和控制母体平均值；R 图，极差控制图；$\bar{X}$-R 图，平均值和极差控制图。

计数值控制图有：P_n 图，不合格品数控制图；P 图，不合格品率控制图；u 图，单位缺陷控制图；C 图，缺陷控制图。常用控制图控制界限参见表 6-5。

表 6-5 常用控制图公式

分类		图名	控制线		备注
			中心线	控制界限	
计量值控制图		$\bar{X}$ 图	$\bar{X}$	$\bar{X} \pm A_2 \bar{R}$	$\bar{X} = \sum_{i=1}^{k} X_i / K$
		R 图	$\bar{R}$	$D_4 \bar{R}$、$D_3 \bar{R}$	$\bar{R} = \sum_{i=1}^{k} R_i / K$
		$\widetilde{X}$ 图	$\widetilde{\bar{X}}$	$\widetilde{\bar{X}} \pm m_3 A_2 \bar{R}$	$\widetilde{\bar{X}} = \sum_{i=1}^{k} \widetilde{X}_i / K$
		X 图	$\bar{X}$	$X \pm E_2 R$ $X \pm E_2 R_s$	$X = \sum_{i=1}^{k} X_i / K$
		R_s 图	$\bar{R}_s$	$D_4 \bar{R}_s$	$\bar{R}_s = \sum_{i=1}^{k} P_{si} / K - 1$
计数值控制图	计件控制图	P 图	P	$P \pm 3\sqrt{P(1-P)/n}$	$P = \sum_{i=1}^{k} P_{ni} / \sum_{i=1}^{k} n_i$
		P_n 图	P_n	$P_n \pm 3\sqrt{P_n(1-P)}$	$P_n = \sum_{i=1}^{k} P_{ni} / K$
	计点控制图	C 图	$\bar{C}$	$C \pm 3\sqrt{C}$	$C = \sum_{i=1}^{k} C_i / K$
		u 图	u	$u \pm 3\sqrt{u/n}$	$\bar{u} = \sum_{i=1}^{k} C_i / \sum_{i=1}^{k} n_i$

这里以 $X\text{-}R$ 图为例做控制图。

（1）搜集数据。通常在生产处于稳定状态时，每隔一定时期抽取一个子样，每个子样的大小为 5～10 个，共抽取 20 多个子样，将数据填表。

（2）求各子样平均值的平均值和极差的平均值。常用控制图公式见表 6-5。

（3）确定上下控制线和中心线。

（4）根据数据绘制 $X\text{-}R$ 图。

（八）抽样检验法

抽样检验，就是从一批产品中随机抽取一部分进行检验，通过检验这少量产品对这批产品的质量进行评估，并对这批产品做出是否合格、能否接收的结论。在生产过程中，为了保证产品符合技术标准，防止不合格品出厂或流入下道工序，通常对产品采取全数检验。所谓全数检验就是对全部产品逐个进行检测，从而判定每个产品合格与否的检验。它又称全面检验，100％检验，其处理对象是每个产品，这是一种沿用已久的检验方法。

但在某些情况下，产品经过检验测得数据后，其功能便被破坏，成为破坏性检验；或者在大量生产的情况下，由于人力、物力、时间和经济上的限制，不可能采用全数检验的办法，只能采用抽样检验的办法。

抽样检验的方法一般适用于以下几种情况：①破坏性检查验收，如产品的可靠性试验，产品寿命试验，材料的疲劳试验，零件的强度检查等。②产品数量很大，质量要求又不是很高，如螺钉、销钉、垫圈等。③测量对象是连续体，如钢水、铁水化验、整卷钢板的检验等。④希望减小检验工作量，节省检验费用。⑤检验的项目很多。

对于抽样检验，应注意这样几个问题：①抽样检验只能相对反映产品的质量，不能把样品的不合格率与整批产品的不合格率等同起来。经过抽样检验合格的产品批只能保证其统计质量，不可能保证整批产品 100％ 都是合格品。因为抽样检验存在一定的局限性，还要承担一定的风险。②经过抽样检验被判定为合格的产品，并不等于批中每个产品都合格；同样，经过抽样检验被判定为不合格的批，也不等于批中每个产品都不合格。③并非任何抽样检验都能达到正确判断整批产品质量的目的。

第三节 质量成本

一、质量成本的定义

质量成本又称质量费用，指企业为保证或提高产品质量而支付的费用和因发生质量问题而导致的其他费用之和。ISO9000 将质量成本定义如下："将产品质量保持在规定的质量水平上所需的有关费用"。

二、质量成本的构成和分析

质量成本主要由两部分构成：直接质量成本和间接质量成本。

其中，直接质量成本又包括质量鉴定成本、预防成本、企业内部事故成本和企业外部事故成本。具体构成见表6-6。

表6-6　质量直接成本项目构成表

直接成本构成	各个构成的具体内容
内部事故成本	废品损失、返修品损失、复检费用、停工损失、产量损失、事故处理费用、产品降级损失
外部事故成本	索赔费用、返货费用、保修费用、折价损失
鉴定成本	进货、工序检查、成品检查费用、试验材料费用、试验劳务费用
预防成本	质量计划费用、新品评审费用、工序能力研究费用、质量审核费用、质量情报费用、质量培训费用、质量改进费用

资料来源：李明贵，王贵.2004.现代企业管理.郑州：黄河水利出版社

间接质量成本又包括信誉损失成本、顾客支付成本、供应商质量成本、设备质量成本和外部质量保证成本等。具体构成见表6-7。

表6-7　间接质量成本构成表

间接成本构成	各个构成的具体内容
信誉损失成本	由顾客发现产品质量问题造成的企业信誉损失引发的成本
顾客支付成本	顾客在产品使用期内因产品质量问题而支付的保养、维修费用
供应商质量成本	因对原材料提出更高的质量要求而支付给供应商的费用
设备质量成本	预防质量缺陷、节约鉴定费用而提供的质量检测和控制设备费用
外部质量保证成本	为提高顾客要求的客观证据所支付的费用，如产品质量认证费用

资料来源：李明贵，王贵.2004.现代企业管理.郑州：黄河水利出版社

在直接质量成本中，质量的预防成本、鉴定成本、内部事故成本是相互影响的。例如，随着预防成本、鉴定成本的增加，产品质量水平也会提高。与此同时，内外部事故成本降低，质量直接总成本也随之下降；如果预防成本、鉴定成本的增加超过了限度，尽管质量水平继续上升，事故成本继续下降，质量直接总成本也会上升。此外，质量的间接成本对企业的影响也不能低估。

三、质量成本的控制和分析

人们往往认为质量和成本是矛盾的，提高质量意味着增加成本。现在，已经有越来越多的管理者认识到，质量本身就是产品或服务的一项关键内容，而不是产品的外部指标，这一认识带来了许多新的改变：①缺陷率大幅降低（零缺陷），利润提高；②"第一次做对"的要求减少了退货和返工；③员工质量意识的提高意味着检查工作的需要减少了，因为员工在观念上已经将质量视为自己工作的责任。

（一）质量成本的控制

质量成本控制指把影响质量总成本的各个质量成本项目控制在计划范围内的一种管

理活动。他是以降低总成本为目标，完成质量成本计划、优化质量目标、加强质量管理的重要手段。质量控制的方法主要有两种：统计过程控制（SPC）和统计质量控制（SQC）。统计过程控制是用抽样方法在生产流程的重要环节进行检查，以确定生产是否正常并找出有问题的步骤。统计质量控制是运用特殊的统计技术来监测生产过程，保证在制品和制成品符合质量标准。企业可以运用由此获得的数据纠正问题、提高质量。企业在生产过程中进行的检查包括采购物料的检查、半成品部件的检查以及发货前的成品检查。

（二）质量成本的分析

质量成本分为两种：生产合格产品的成本和生产不合格产品造成的损失（即质量损失成本）。质量成本的这两个方面是相互联系、相互影响的，二者关系复杂。总体来看，二者之间的关系是此消彼长。只有在二者之间找到一个均衡点，方能使得总成本最低。

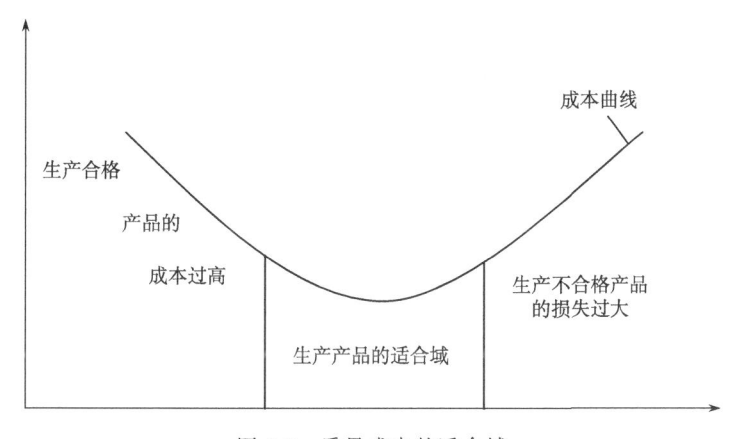

（三）质量成本的适合域

质量成本的适合域指生产产品过程中质量总成本的最低点。如果质量总成本高于这一点，就是需要改进的。在图 6-7 中，处于成本曲线中间区域的就是生产产品的适合域，此处生产产品的总成本最低。如果处在适合域的左边，表明生产合格产品的成本过高；如果处在适合域的右边，则表明生产不合格产品造成的损失过大。至于如何判断质量总成本，则需要具体情况具体把握，采用经验测算、合理比例等合适的方法。

图 6-7 质量成本的适合域

第四节 质量管理体系及 ISO 9000 族标准

20 世纪 80 年代，在全面质量管理发展的同时，产生了第一部管理的国际标准——ISO 9000 族标准。

一、ISO 9000 系列的产生与发展

20世纪中叶,随着军事工业的迅速发展,武器装备日趋先进,生产过程日益复杂,许多产品质量问题往往在使用过程中才逐渐暴露,促使人们逐渐认识到:如果组织的管理体系不完善,产品规范本身就不可能始终提供和支持满足顾客需要的产品,从而导致采购方不但对产品特性提出要求,还对供方质量管理体系提出要求,并以此作为产品规范中有关产品要求的一种补充。质量管理体系标准由此产生。1959年,美国国防部发布了MIL-Q-9858A《质量大纲要求》,成为世界上最早的有关质量保证方面的标准。美国军品生产方面质保活动的成功经验,在世界范围内产生了很大的影响。一些工业发达的国家,如英国、法国、加拿大等,在20世纪70年代末先后制订和发布了用于民品生产的质量管理和质量保证标准。随着各国经济的相互合作和交流,对供方质量管理体系的评价已逐渐成为国际贸易和国际合作的前提。由于各国标准不一致,给国际贸易带来障碍,质量管理和质量保证标准的国际化成为当时世界各国的迫切需要。

国际标准化组织(英文简称ISO)于1979年成立了质量保证技术委员会(TC 176),后改名为质量管理和质量保证技术委员会,并于1986年发布ISO 8402《质量—术语》,于1987年发布ISO 9000《质量管理和质量保证标准—选择和使用指南》、ISO9001《质量体系—设计开发、生产、安装和服务的质量保证模式》、ISO 9002《质量体系—生产和安装的质量保证模式》、ISO 9003《质量体系—最终检验和试验的质量保证模式》、ISO 9004《质量管理和质量体系要素—指南》等6项国际标准,通称为ISO 9000系列标准,或称为1987版ISO 9000系列国际标准。

1994年ISO/TC 176完成了对标准的第一阶段的修订工作,并由ISO发布了1994版ISO 8402、ISO 9000-1、ISO 9001、ISO9002、ISO 9003和ISO 9004-1等6项国际标准,分别取代1987版的6项标准。通称为1994版ISO 9000族标准。

1994年发布ISO 9000族国际标准修订本时,ISO/TC 176提出来"ISO 9000族"的概念,"ISO 9000族"指由ISO/TC 176制定的所有国际标准。ISO/TC176在完成对标准第一阶段的修订(称为"有限修改")工作后,随即启动标准修订战略的第二阶段工作,称为"彻底修改"。1997年底ISO/TC 176提出对标准第二阶段修订的最初成果——工作组草案第一稿(WD1),2000年12月15日ISO正式发布ISO 9000:2000《质量管理体系—基础和术语》、ISO 9001:2000《质量管理体系—要求》和ISO 9004:2000《质量管理体系—业绩改进指南》,分别取代1994版ISO 8402,1994版ISO 9001、ISO 9002、ISO 9003和1994版ISO 9004-1,通称2000版ISO 9000族标准。

自1986年第一项标准ISO 8402《质量—术语》面世至今,ISO已正式发布了22项ISO 9000族标准和2项技术报告(TR)。

二、ISO 9000 的主要类别(结构)

为了满足广大标准使用者的需要,未来的ISO 9000族标准在结构上将发生重大调整,标准的数量在合并、调整的基础上也将大幅减少。标准的要求/指南更通用,使用更方便、灵活,适用面更宽。根据ISO/TC 176的计划,ISO 9000族文件将由以下四

部分组成。

第一部分：核心标准

ISO 9000：2000 质量管理体系—基础和术语

ISO 9001：2000 质量管理体系—要求

ISO 9004：2000 质量管理体系—业绩改进指南

ISO 19011：2002 质量和（或）环境管理体系审核指南

上述四项标准构成了一组密切相关的质量管理体系标准，亦称 ISO 9000 族核心标准。

第二部分：其他标准（目前只有一项）

ISO 10012：2002 测量控制系统

第三部分：技术报告或技术规范

正在制订或已经发布的技术报告或技术规范有：

ISO/TS 10006 项目管理质量指南

ISO/TS 10007 技术状态管理指南

ISO/TR 100014：1998 质量经济性管理指南

ISO/TR 100013：2001 质量管理体系文件

ISO/TR 10017：2002 ISO 9001：2000 中的统计技术指南

ISO/TR 10018：2002 顾客投诉

ISO/TS 21095：2002 质量管理体系咨询师选择和使用指南

根据 ISO/TC 176 的计划，技术报告或技术规范将是发布最多的一类文件。

第四部分：小册子

ISO/TC 176 将根据实施 ISO 9000 族标准的实际需要，编写一些宣传小册子形式的出版物作为指导性文件，包括《质量管理原则》、《选择和使用指南》、《小型组织实施指南》。

三、推行 ISO 9000 族标准的作用

自 1987 年以来，我国国家质量技术监督局先后引入 1987 版 ISO 9000 系列国际标准、1994 版 ISO 9000 族国际标准，并及时将其转化为国家标准。到目前为止，我国已将由 ISO/TC 176 制定的所有 ISO 9000 族国际标准全部等同转化为 ISO 9000 族国家标准，有力地推动了 ISO 9000 族标准在我国的广泛应用，取得了显著的社会效益和经济效益。

2000 版 ISO 9000 族标准总结了世界各国多年来标准化、质量管理、质量认证理论研究的成果和事件经验，无论在结构上、内容上还是在思路上都发生了很大变化。它的发布为各种类型和规模的组织进一步提高质量管理水平、适应我国加入 WTO 后面临的新形势、扩大对外开放、促进国际贸易又一次提供了很好的学习机会和发展机遇。一共有 140 多个国家将 ISO 9000 作为国家标准。ISO 14000 是这一标准向环境绩效方面的扩展，要求公司记录如何提高原材料的利用率、如何控制污染、如何降低污染对环境的影响等，其作用和意义主要表现为以下几点：①标准通用性的加强，为进一步推动标准

在各行各业的应用创造了条件。②标准对文件要求的减少,为组织进一步关注标准实施的有效性创造了条件。③协调一致的一对标准,为持续改进组织的总体业绩与效率创造了条件。④两类标准的趋近,为进一步促进组织管理体系的一体化创造了条件。⑤质量管理原则的应用,为进一步提高组织质量管理的科学性创造了条件。

【案例分析】

20世纪90年代第一汽车集团公司的质量名牌战略

产品是企业的一面旗帜。纵观中国的汽车工业,第一汽车集团公司(以下简称一汽)无疑是当之无愧的产品冠军。这个曾经创造第一辆国产汽车的资深企业,如今又率先形成了中、轻、轿全系列发展的产品格局,总产量已达228万辆。国家质量抽检10年来,一汽的产品质量年年都有大的提高,保持着不败的成绩。那一个个闻名遐迩的名牌产品,构成了一条充满希望的生命链,把一汽推向了新的辉煌。

一、九个质量年与五个"1号文件"

1987年1月1日,欢欣鼓舞的一汽人也许是为了讨一个吉利,特意放弃了法定的休假,随着生产线的隆隆开动,新型的解放CA141驶出了总装配厂房,驶向冉冉升起的太阳,10万一汽职工用20世纪80年代国际水平的全新产品揭开了新的篇章。

然而,现实发展却不像一汽人想象得那般美好。新解放一降生就面临激烈的竞争,稚嫩的身躯难以承受种种严酷的考验。市场给一汽的企业家和每一位员工上了最为生动的一课,他们深刻地认识到,在市场经济条件下,产品质量已经成为企业生存发展的决定性因素,只有成熟又精良的质量与先进性统一起来,才能给产品赋予顽强的生命,从而发挥应有的优势。于是,一汽的决策者们做出决议,把1987年定为企业的第一个"质量年"。从此,质量年活动成为一汽的"保留剧目",迄今已经开展了9个年头,抓质量、创名牌成了一汽永恒的主题。

一汽人把市场的评价看得比什么都珍贵,用户的意见成了一汽产品质量改进提高的重要依据。1988年春节第一天,一汽的七位厂长怀着一腔虔诚分赴全国七大地区,一边给用户拜年,一边听取"上帝"的宝贵意见,用户从他们身上看到一汽人的真诚,他们则从用户那里接受了沉甸甸的厚爱。

有了一份真诚,就有了一份付出;得了一份厚爱,就得了一份动力。在"质量年"活动中,用户们真切地看到了一汽人的巨大成果,这里的解放CA141汽车一批比一批有提高,一年比一年更成熟,随着其骨骼的不断强壮,那卓越的质量形象也深深嵌入亿万国人的心扉。

1991年,一汽的质量工作又加快了节奏。元旦后第一个工作日的清晨,职工们顶着凛冽的寒风到厂上班,意外地发现这天的气氛有些异样,汽车工人报社的记者们早早守候在各个厂门前,他们的脸上荡漾着春色,臂弯上全都搭着一摞报纸,每个职工都领到了一张报纸,打开这份油墨未干的报纸,上面赫然印着由耿昭杰厂长亲自签发的"1号文件":《关于解放CA141车创国优的10项决定》。从此,新年第一天下发"1号文件"又成了一汽的传统项目,而1号文件讲的全是抓质量、创名牌的内容。

"1号文件"发到各个专业厂和职能处室，各个单位很快制定贯彻落实文件精神的"小1号文件"，两级1号文件都有明确的质量目标和主攻方向，每个车间、每个班组、每个职工再层层制定自己的分解落实规则，全厂上下营造一种浓厚的创名牌氛围，一汽人的脑海中打上了一个很深的烙印：质量永远是企业的头等大事，他们在自己的名牌战略中，首先建起了一座"质量意识"的工程。

二、三大支柱和五大法宝

有了坚定的质量意识，还必须有一套切实有力的质量工作措施。一汽从1978年开始推行全面质量管理，曾经是全国企业的一个管理样板。但是，创名牌战略提出了新的要求，还必须创造一种更科学、更严谨的质量管理模式，以适应市场经济的需要，于是，以国外的先进经验为参照，以自身的技术实力为后盾，以全员的参与为保障，一汽把整车质量评审、道路可靠性试验的产品质量改进作为三大支柱，富有创造性地推进自己的名牌战略。

整车质量评审采用国际先进的奥迪特（Audit）评审法，根据产品结构和用户的期望及要求确定评审项目、评审小组由经过专门训练、经验丰富的人员组成，他们按照"质量评审卡"开展工作，不受领导意志的干扰，全站在用户的立场上，客观、独立地对整车的创造、装配、调整质量和外观质量进行评价，评审人员采用随机抽样的办法，每天抽取一辆奥迪轿车，每周抽取一台中型卡车和轻型车，通过看、摸、扳、听、行驶等方法，查出每一个缺陷，即使是座椅的一个短短线头、车身的一个浅浅划痕、油漆的一个小小气泡都不放过。然后，他们再按照847个评审项目，分别评出每一个产品的奥迪特等级，等级越高，质量越差；等级越低，则质量越好。

可靠性试验，就是每月各抽查两辆正常生产的整车和发动机进行道路强化试验，评定汽车的性能是否合乎设计要求，特别是在可靠性能达到国内领先水平之际，一汽采取了比行业标准更为苛刻的试验规范。行业白皮书中规定可靠性过路试验只行驶2500公里，而一汽的试验里程却严格规定在8000公里以上。

一汽通过用户使用过程反馈的意见，制定全年的改进计划，同时采用一些国际上的先进标准和法规，不断提高产品的内在质量和外显质量。

一汽还以"专职检查、质量联保重复确认"、"五位一体"、贯彻ISO 9000国际系列标准和推行精益生产方式作为五大法宝，并且建立了3万多道工序的14个保证体系，一直全方位高效运作，不断追求质量的尽善尽美。同时，还提高评审标准，加大奖惩力度，全厂"天天有评审，周周有讲评，月月有改进，年年产品有大的提高"，一汽还将产品质量工作外延到材料供应和协作厂家，共创名牌的包保合同，使产品从来料加工到装配发运的全过程都处于严控之中，确保了汽车台台优质。

三大支柱支撑名牌工程主体大厦，五大法宝制约工作的各个环节。形成了"不断发现质量缺陷，不断解决质量问题，不断提高产品质量，不断满足用户而求"的良性循环。几年来，仅解放卡车累计改进就有几百项，采用国际标准和法规2000多项。1993年，一汽在CA141各种性能领先国内同类车型的基础上，采取9项重大改进措施，推出了更高水平的CA142，承载能力又提高了20%，百公里油耗降低1升，高负荷工作下的动力性提高10%左右。结构也有了较大改进，可靠性又得到很大提高。从1991开展奥迪特评审以来，一汽的中、轻、轿汽车产品的内在质量和外观质量都迈上了新的台阶。奥迪轿车在国产化率不断提高的前提下，评审等级由1990年的3.0级达到了今年的2.4级，超过了德国大众规定的2.6级标准，解放牌中型、轻型汽车的成量还控制在2.6级左右。近几年，一汽又发展了轻型车，从产品设计到制造技术，整个系统的标准都在创名牌，它的动力系统配备CA488发动机，是目前国内最先进的；它的车身，是在引进技术基础上经过消化吸收加以改进的；它的底盘，是一汽依据多年的技术积累自己开发的，最适合中国的道路条件，质优价廉的新车一出厂，就受到广大用户的欢迎，人们亲切地叫它"小解放"，"大解放"的优良血统在它的身上得到了发扬。

一汽的红旗牌高级轿车几十年名牌锐势不衰，连外国元首到中国，点名要坐红旗特种轿车，即安全又舒适。一汽近年开发的"小红旗"依然承袭了这种优势，"红"透了大江南北。目前，一汽的解放载重汽车、解放轻型车、红旗轿车、奥迪轿车、捷达轿车以纵队之势全面挺进，名牌效应越来越好，市场占有率也越来越高。其中，解放牌汽车不但牢牢占领了国内市场，还大批量地打入了国际市场。坦桑尼亚已经建起了它的组装基地，一汽开创了中国汽车行业跨国建厂的新纪元。据最新数据显示，一汽2009年实现全年销售68.2万辆，同比增长33%，超额完成全年60万辆的预定销售目标。其中，大众品牌销售突破54万辆，奥迪品牌销售达到14.2万辆。一汽已走出了一条"质量兴厂"的金光大道。目前，一汽正在建设一个跨世纪的百万辆工程，将以更加有力的名牌战略开拓国际国内两个市场，一汽的前进道路上，将铺满更多名牌的花环。

（资料来源：张生军.2009-07-31.第一汽车集团公司的品牌战略.http://www.chinavalue.net/Blog/BlogThread.aspx? EntryID=183322.）

思考题：
根据本案例，分析产品质量对于企业发展的重要性。

【技能训练】

改进酒店的服务质量

实训目标：
1. 通过实训，掌握企业产品或服务质量的基本内涵。
2. 培养学生通过案例企业服务质量现状分析，提高学生质量分析及质量改进的能力。

实训形式：
1. 实地调研一家高档酒店或经济型酒店。
2. 通过实地调研及网络对收集的资料展开详细分析。

实训要求：
1. 分小组对调查企业服务质量现状进行描述。
2. 对酒店企业服务质量管理如何进行改进进行分析与讨论。
3. 进一步讨论服务业与制造业对质量的判断标准有何不同。

成果检验：
每组提交一份总结，对自己或者案例公司拟定一份质量改进计划。成果包括以下几个主题：
①作为客户，你判断酒店质量的前三项标准是什么？

②细读4家连锁酒店的网站,说出它们各自强调的质量特点是什么?

③如果你是一家高档酒店的经理,你会考虑增加哪些现在还没有提供的质量特点?

④如果你是经济型酒店的经理,你会考虑增加哪些现在还没有提供的质量特点?

【思考题】

1. 质量的含义是什么?
2. 质量管理发展的各个阶段有什么特点?
3. 简述全面质量管理的实施原则。
4. 简述 ISO 9000 族标准的管理思想。
5. 试述 ISO 9000 族标准的构成和特点。
6. 六西格玛的宏观意义及微观意义是什么?
7. 什么是全面质量管理的 PDCA 循环?
8. 简述质量管理常用的几种工具。
9. 一些质量管理大师声称,高质量的产品或服务就是那些没有差错的产品或服务。其他人声称,当消费者的需求被满足时就存在高质量。还有一些人声称,高质量产品或服务必须具有创新性。你同意上面这些观点吗?如果不同意,你如何定义质量?解释对于质量定义的选择如何影响管理者的行为。

第七章

企业生产与运作管理

【学习目标与要求】
- 认识企业生产与运作管理的重要性。
- 熟悉生产运作管理的基本过程。
- 理解当前主要的企业生产与运作管理方式。
- 通过实例分析,提高对企业生产与运作管理的思考与分析能力。
- 掌握企业生产运作系统的设计、企业生产运作的计划与控制。

青啤的"洋沙子"

青岛啤酒集团是国内最大的啤酒集团,"青岛啤酒"品牌拥有世界级的声誉。但是青啤也认识到,与世界级企业相比,自己在运营方面还有很大的差距。2002年,美国AB集团入股青岛啤酒。2003年,青啤启动了"最佳实践交流活动"。双方都派出了高级别的经理主持,AB集团将管理经验和模式大规模、深入地输入青啤,青啤上下称之为掺入"洋沙子"。

青岛啤酒的高品质源于自己的一套完整严谨的操作流程,是全国啤酒业学习的典范。在与AB集团的交流中,他们发现对方的规程比自己的更细。溶解氧的含量是啤酒保持口味一致性的关键指标。以前青岛啤酒的溶解氧指标很高,基本在0.45ppm[①]。从AB集团引入关键工序控制点回顾法(CRCRP)之后,青啤找出了几百个关键控制点。技术人员和操作工人一起研究操作中的细节问题,将溶解氧的内控指标定在0.2ppm,实际操作水平可以达到0.05~0.06ppm。"现在我公司酿造的每一瓶、每一罐啤酒的品味基本一致。"青啤五公司总工程师冉群说。

通过与AB公司的最佳实践交流,青啤在没有增加任何设备和人员的情况下,生产能力提高了25%。总裁金志国评论说:"增长的产能相当于兼并了4~5个年产量8万吨的啤酒厂,却没有兼并的成本风险。"

(资料来源:吴何.2008.现代企业管理.北京:中国市场出版社.)

---

① 1ppm = 10^{-6}。

第一节 生产与运作管理概述

一、生产与运作管理的基本内涵

(一) 含义

生产与运作管理（production and operations management）是针对生产与运作系统的设计、运行与维护过程的管理，它要对企业的全部生产与运作活动进行计划、组织和控制。

企业的生产与运作活动是一个"投入—变换—产出"的过程，即投入一定的资源，经过一系列形式的变换，使其价值增值，最后以某种形式产出供给满足社会需要的过程。也可以说，是一个社会组织通过获取和利用各种资源向社会提供有用产品的过程。如图 7-1 所示。其中，投入的生产要素包括人力、设备、物料、信息、技术、能源、土地等。产出包括两大类：有形产品和无形服务。中间的变换过程，就是劳动过程、价值增值过程，即生产运作过程。

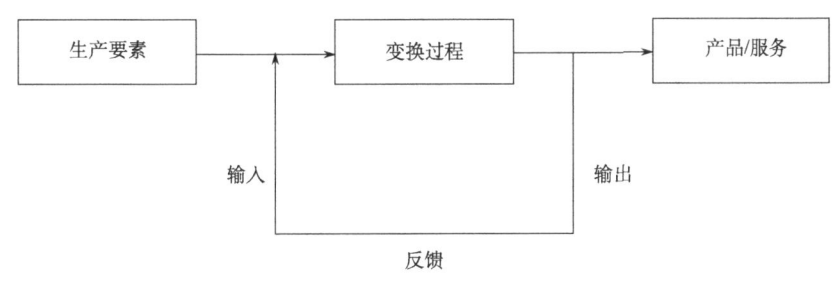

图 7-1 生产运作过程示意图

(二) 生产运作管理的基本内容

生产运作管理是对生产运作系统的设计、运行与维护过程的管理，它包括生产运作过程和生产运作系统。

(1) 生产运作过程。生产运作过程是一个投入—变换—产出的过程，是一个劳动过程或者价值增值过程，是生产与运作管理的第一对象，是考虑如何对这样的生产运作活动进行计划、组织与控制的过程。

(2) 生产运作系统。生产运作系统包括两方面的含义：生产运作系统的结构设计和其运行方式。无论是系统结构还是运行方式，其选择主要取决于产品特点、运作技术、生产批量以及产品的标准化程度。它的构成与变换过程中的物质转化过程和管理过程相对应，也包括一个物质系统和一个管理系统。物质系统是一个实体系统，主要由各种设施、机械、运输工具、仓库、信息传递媒介等组成。管理系统主要指生产运作系统的计划和控制系统，也包括物质系统的设计、配置等问题。

(三) 生产与运作管理的目标

生产运作管理要达到的目标是高效、低耗、灵活、准时、清洁地生产合格产品和提供满意服务。高效是对时间而言，指能够迅速满足用户的需要。低耗指生产同样数量和质量的产品，消耗的人力、物力和财力最少。低耗才能低成本，低成本才有低价格，低价格才能争取用户。灵活使之能很快地适应市场的变化，生产不同的品种并开发新品种，或提供不同的服务和开发新服务。清洁指对环境没有污染。准时指在用户需要的时间，按用户需要的数量，提供所需的产品和服务。质量指合格产品和满意服务。

生产运作管理的任务就在于运用组织、计划、控制等职能，把投入生产过程的各种生产要素有效地结合起来，形成有机的体系，按照最经济的生产方式生产满足社会需要的产品。

二、生产与运作管理的类型

(一) 制造类企业的生产类型和运作过程

传统意义上的生产类型，其分类标准很多。以下从产品的使用性能、生产工艺特征、产品的需求特征、生产过程的稳定性和重复性等方面进行分类说明。

1. 通用产品和专用产品

按照产品的使用性能分类，可分为通用产品和专用产品两大类。

通用产品就是按照一定的标准设计生产的产品，通常具有较大的社会需求量和适用面，如家用电器产品等。这类产品的生产企业一般通过对市场的需求预测，并根据企业自身的生产能力和销售能力等因素进行综合分析，以此来制订生产计划。

专用产品一般是根据用户的特殊需求专门设计和制造的产品。产品的适用范围较小，需求量也小。企业必须经常变换产品品种，生产过程的稳定性较差，无法采用对象专业化的生产组织形式，通常要求所用设备具备较高的柔性，以适应不同产品的生产要求。

2. 流程生产型和加工装配型

按照生产工艺特征分类，可分为工艺过程连续的流程生产型和工艺过程离散的加工装配型两大类。

流程生产型生产的产品主要包括化工产品（化肥、水泥、制药等）、纺织产品、造纸、烟草、金属冶炼、酿酒等。其生产特点是生产过程连续进行且加工工序固定不变，因而原材料通常是以固定路线连续地流过整个加工系统。

加工装配型生产的产品主要包括汽车、机床、家电、电子设备、计算机等。这类产品是由许多零部件构成的，产品结构复杂。其中，各零件的生产过程相对独立，可参照流程生产型的生产组织方式生产。

3. 备货生产和订货生产

按照产品的需求特性分类，可分为备货生产和订货生产两大类。

备货生产指在市场需求预测的基础上，有计划地进行生产。通常，这类产品的市场需求具有一定的规律性，企业可通过提前生产，将产品储备起来，以满足未来一定时期的市场需求，减少生产能力不足造成产品脱销给企业带来的缺货损失。其生产管理的重点是准确的预测，畅通的营销渠道，严格地按未来的需求进行生产，做到有备货而无积压。

订货生产是根据用户提出的具体订货要求组织产品的设计、制造等生产活动，以满足用户的特殊需求。由于是按用户的特殊要求定制，产品大多数是非标准化的。这类产品的价格、质量、数量及交货期，不同的订单有不同的要求，因而生产管理的重点是如何确保在规定的交货期内保质、保量并按规定的交货方式将产品交付给用户。

4. 大量生产、成批生产和单件小批生产

以产品的重复程度及专业化程度作为标准，可分为大量生产、成批生产和单件小批生产。

大量生产类型的特点是生产的品种少，每一种产品的产量大，生产稳定且不断重复进行。通常是经常重复一种或少数几种类似的产品。这类产品一般在一定时期具有相对稳定且很大的需求量，生产对象相对固定，因而产品的工艺流程一般都经过高度标准化设计，在生产组织中，有条件采用高效的专用设备和专用工艺装备，并按对象专业化的原则建立生产线，以提高工作地专业化程度。例如，采用流水生产线的生产组织方式，从而保证企业获得较高的经济效益。

成批生产类型的特点是产品的品种比较多，每一种产品的产量较少，每一种产品都无法维持长时间的连续生产，因而在生产中必须采取多种产品轮番生产的生产组织方式。由于成批生产的产品一般都具有较稳定的生产工艺，且不同的产品之间具有相同或相似的工艺流程，故可配备不同产品专用工艺装备的通用设备，建立多品种的对象生产单元，使产品的生产过程在生产单元内封闭完成，以适应多品种的需要，并保证设备必要的负荷率，提高设备的利用水平。

单件小批量生产的特点是产品的品种繁多，产量很少，生产的产品通常属于一次性需求的专用产品，因此一般不进行重复生产。由于单件小批生产的产品不断变化，决定了其生产设备和工艺装备只能是通用设备和工艺装备。因此，工作地的专业化程度很低，一般按照工艺专业化原则，采用机群式布置的生产组织方式。单件小批量生产管理的复杂性主要体现在：产品繁多、生产计划复杂、生产与运作的实施和控制难度大；生产技术准备工作量大、设备调整时间长、设备利用率低、各个部门之间的协作复杂程度高；工人的操作技能要求高，人力资源管理工作极为关键。采用单件小批生产类型的实例很多，如造船、大型建筑、桥梁、专用大型电机和锅炉等。

(二) 服务类企业的运作类型及组织

服务业是国民经济的重要组成部分，在经济发展中发挥着重要作用，也是我国实现现代化必不可少的一部分。在香港这样的中心城市，服务业的比重达到了90%。提高服务业的生产力是运营管理的重要内容。服务业的行业种类非常多，金融、物流、零售、餐饮、娱乐、旅游等都属于服务业。与制造业相比，服务业具有自己的一些特点：①服务业的产出往往立刻被消费掉，而不像制造业的产品可以储存。②服务业必须在客户想要的时间和地点提供。③服务业通常是劳动密集型的。④服务业的产品通常是无形的，因此很难衡量客户的满意程度。

与制造业相比，服务业与客户的距离更近，往往能够更快获得客户的反馈并做出改进。目前，技术的进步对服务业生产力的提高起到了极大的推动作用。在医疗领域中，新的检测设备让病人获得了过去无法想像的服务体验。条形码的普及不仅减少了超市排队等待的时间，而且极大提高了整个分销过程的效率。ATM 机的普及让银行减少了人力费用，网络交易的盛行让人们搜寻信息、购买商品的效率更高，IT 技术的出现令互动服务的效率大为提高，服务业变得比以往任何时候都更加贴近客户。

1. 通用型服务和专用型服务

以顾客的需求特性分类，可分为通用型服务和专用性服务，如商场、银行、宾馆、餐厅等属于通用型服务，它主要针对一般的日常的社会需求提供服务。而医院、咨询公司、证券公司、会计事务所、律师事务所等属于专用型服务，它主要针对顾客的特殊需求提供服务。

2. 技术密集型服务和人员密集型服务

以服务系统的技术特征分类，可分为技术密集型服务和人员密集型服务两大类。技术密集型服务需要具备优良的技术及设备，如医院、银行、通信业等，都需要大量的设备投入。而人员密集型服务中人员的投入占主导地位，如商场、学校、咨询公司、律师事务所等均属于人员密集型服务。

3. 高接触型服务和低接触型服务

以与顾客直接接触的程度作为标准来进行分类，可分为高接触型服务和低接触型服务。

高接触型服务指在服务过程中顾客与服务人员接触程度密切的服务类型。典型的高接触型服务有学校的课堂教学、理发、旅馆的接待服务、医生的直接诊断服务等。其运作管理的重点应放在服务质量上，服务质量及服务效率的高低往往由服务人员的素质决定。

低接触型服务指在服务过程中顾客与服务人员接触程度较低的服务类型。例如，邮局的邮递服务、银行的支票处理业务等都属于这一类服务。它的最大特点是整个服务过程中顾客只需要较少的必要参与，大量服务工作依靠服务人员借助服务系统来完成。其运作管理的重点应放在提高生产率和降低成本上。

第二节 生产过程的组织

一、企业生产过程

(一) 生产过程组织的概念

工业产品的生产过程，就是从准备生产这种产品开始，直到把它生产出来的全部过程。它的基本内容是人的劳动过程，即劳动者利用劳动工具，作用于劳动对象，使其按一定的生产流程变成工业产品的过程。在某种情况下，生产过程还包括自然过程。自然过程是劳动对象在自然力的作用下，发生物理变化或者化学变化的过程，如自然冷却、自然干燥、自然发酵等。在自然过程中，劳动过程部分地或全部停止。因此，生产过程就是劳动过程和自然过程的组合。

(二) 生产过程的构成

不同的工业企业由于产品构成和工艺特点不同，生产过程的性质和构成也不完全相同。工业企业的生产过程，按其各个阶段或各个部分的作用不同，一般分为以下几种：①生产准备过程，指产品投入生产前所进行的一系列技术准备工作过程，如产品设计、工艺规程的制定、工艺装备的设计与制造。②基本生产过程，指将劳动对象变成基本产品的过程，如机械制造企业的锻造、铸造、机械加工、装配，冶金企业的炼铁、炼钢、轧钢，纺织企业纺纱、织布等。③辅助生产过程，指为了保证基本生产过程正常进行所从事的各种辅助的生产活动和过程，如机械制造企业的工具制造、设备维修和动力生产等。④生产服务过程，指为保证基本生产过程正常进行所从事的各种生产服务过程，如原材料、半成品等物资的供应、运输和仓库管理。我们研究生产过程组织，主要研究基本生产过程组织。

二、合理组织生产过程的基本要求

合理组织生产过程的目的，是使产品在生产过程中行程最佳、时间最短、耗费最小、效益最高。为此，组织生产过程必须努力满足以下五个要求。

(1) 连续性。连续性指产品在生产过程各阶段、各工序之间的流动，在时间上是紧密衔接而连续的，即产品在生产过程中始终处于运动状态，不发生或很少发生不必要的中断或等待时间。

生产过程的连续性好，表明生产过程的时间利率高，可缩短产品的生产周期，从而减少流动资金的占用，加快资金的周转，同时也有利于生产现场的在制品管理。为保证生产过程的连续性，需要在空间和时间两方面合理设计组织，使产品生产流程合理，安排紧凑，消除不必要的中断。

(2) 比例性。比例性指产品在各工艺阶段、各工序之间的生产能力要保持适当的比例关系。即各个生产环节的工人数、设备数和生产面积等影响生产能力的因素要符合客观需要的比例。

保持生产过程的比例性是充分发挥企业生产能力的前提，如果比例失调，按照经济学的"木桶理论"，生产能力最低的环节就成为制约生产能力的瓶颈；另外，由于市场、技术与管理等方面的条件变化，该比例是动态的，企业应及时调整，保持一定的比例。

(3) 平行性。平行性指生产过程的各个阶段、各道工序平行作业，对产品的各个零件、部件尽可能地组织平行加工制造。如果成产过程的平行加工时间多，能大大缩短产品生产周期，为按期交货、加快资金周转提供保证。

(4) 均衡性。均衡性指企业及各个生产环节在相等的一段时间内生产相等或递增数量的产品，使各工作负荷充分并相对稳定，不会出现前松后紧、时松时紧等不良现象。生产过程的均衡有利于充分发挥企业的生产能力，保证产品质量的稳定性。

(5) 适应性。适应性指生产过程依据市场复杂多变的特点，能灵活进行多品种、小批量生产的适应能力。为了提高企业的适应能力，必须使企业设备易于调整，人员具有多种技能，能够不断根据需要变换工作岗位，同时采用先进合理的生产组织方法，如成组技术、多品种混流生产和柔性生产系统等。

三、生产过程的时间组织

为了合理组织并有节奏地进行生产，提高劳动生产率，缩短生命周期，减少资金占用量，不但要求生产过程中的各个组成部分在空间上紧密配合，还要求时间上的互相协调衔接。

生产过程的时间组织，主要是研究劳动对象在生产过程中各道工序之间的结合与衔接（移动）方式。目的在于提高产品在生产过程中的连续性，缩短产品生产周期。

（一）生产周期的含义与构成

产品（零件）生产周期，指从原材料投入生产开始，经过各道工序加工直至成品的出产所经历的全部日历时间。在实际生产过程中，有些工业产品的生产周期比较长，据有关调查显示，其中大部分时间属于等待、闲置等无效时间。生产周期如图 7-2 所示。

产品的生产周期			
生产时间	多余时间		无效时间	
A	B	C	D	E
包括各工艺工序、检验工序、运输工序和必要的停放时间	原因b	原因c	由于管理不善造成的无效时间，如停工待料、设备事故、人员窝工等	由于操作人员的责任造成的无效时间，如缺勤、出废品等

b：表示由于产品设计、技术规程、质量标准不当等增加的多余时间
c：表示由于采用较低效率的制造工艺、操作方法而增加的多余作业时间

图 7-2 产品的生产周期构成

从生产周期的构成看，研究缩短生产周期的途径，主要从技术和管理上采取措施。生产过程的时间组织，主要是从管理上研究整批零件在加工过程中，采用何种移动方式，使工艺工序时间对提高经济效益最为有利。

（二）批量生产零件的移动方式

劳动对象在工序之间的移动方式，指零件从一个工作地到另一个工作地之间的运送形式。劳动对象在工序之间的移动形式与制造产品的数量有关。如果某种产品只生产一

件，就只能在一道工序加工完之后，再把产品送到下一个工作地去加工。如果是加工一批相同的零件，那么可以采用三种不同的移动方式，即顺序移动、平行移动和平行顺序移动。

1. 加工产品在工序间的移动方式

（1）顺序移动方式。顺序移动方式指整批零件在上道工序全部加工完了以后，才开始整批集中运送到下道工序加工。采用这种移动方式，组织工作比较简单，但因零件是整批在各道工序加工和运送，造成了等待运输和等待加工的停顿时间，因而工艺周期最长。

顺序移动方式整批零件的工艺周期，可按下列公式计算：

$$T_s = n \sum_{i=1}^{m} t_i$$

式中，T_s 为工艺周期；n 为零件批量；t_i 为每道工序单件加工时间；m 为工序总数。

（2）平行移动方式。平行移动方式指每一个零件在上道工序加工完后，立即转移到下一道工序加工。零件在工作地之间的运送是逐件进行的，各生产环节对整批零件的加工，在时间上是平行交叉进行的。由于每个零件没有等待运输的时间，产品的工艺周期短。在平行移动方式下，整批零件的工艺周期计算公式为

$$T_p = n \sum_{i=1}^{m} t_i + (n-1) t_{i\max}$$

式中，T_p 为工艺周期；$t_{i\max}$ 为一个零件加工中最长的工序时间。

（3）平行顺序移动方式。平行顺序移动方式是既要考虑加工的平行性，又要考虑加工的连续性。为此需要按以下规则运送零件：①当前一工序时间小于后一工序时间时，前道工序完成后的零件立即转移到后道工序；②当前道工序时间大于后道工序时间时，要等前一道工序完成的零件数足以保证后道工序连续加工时，才将完工的零件转入后道工序。这样，既可保证整批零件在同道工序的连续加工，又能比顺序移动方式的工艺周期缩短。平行顺序移动的批量加工时间公式为

$$T_{sp} = n \sum_{i=1}^{m} t_i - (n-1) \sum t_{i较小}$$

式中，$t_{i较小}$ 为从第一道工序起，前后两道工序两两相比，其中较小的工序加工时间。

2. 三种方式的比较与选择

比较三种移动方式，从工艺周期看，平行移动方式最短，平行顺序移动方式次之，顺序移动方式最长；在设备利用方面，平行移动时，生产效率高的工序可能会出现停顿现象；在组织管理方面，平行顺序移动方式最为复杂。

三种移动方式各有优缺点，在选择移动方式时，应权衡利弊，结合具体条件考虑。一般来讲，批量小，宜采用顺序移动方式；批量大，宜采用平行顺序移动方式或平行移动方式；零件加工时间短，可采用顺序移动方式；反之，可采用平行顺序移动方式；车间按工艺原则组成，宜采用顺序移动方式，而按对象原则组成车间，可采用平行顺序移动方式或平行移动方式。

四、生产过程的空间组织

生产过程的空间组织指要合理地确定企业内部各生产单位、各生产阶段的设置和运输路线，以及劳动者、劳动资料相互结合的方式。其内容包括应设置怎样的生产单位，按照什么原则布置这些生产单位，以及使各个生产单位和设施在空间上形成一个有机整体。

生产过程空间组织方式大体可分为工艺专业化形式、对象专业化形式和混合形式。

(一) 工艺专业化

工艺专业化是按照生产工艺性质不同来设置生产单位的一种产品生产空间组织形式。在工艺专业化的生产单位里，集中了相同类型的机械设备，对企业的各种产品进行相同工艺的加工，如图 7-3 所示。

工艺专业化的特点是：同类设备集中、加工技术单一、分派任务弹性大；加工对象多、工艺路线差别大、难以使工件搬动自动化；各工序之间成批搬运、加工周期长；周转环节多、不易管理。

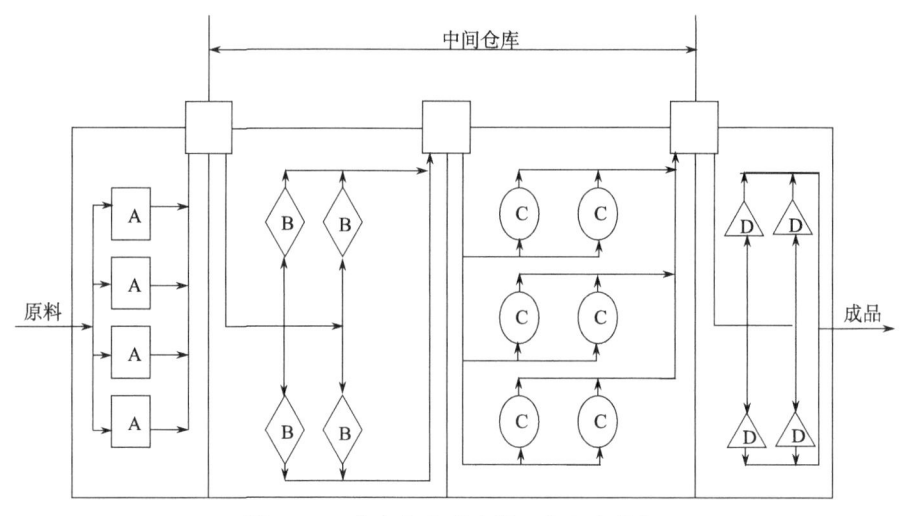

图 7-3　工艺专业化形式设置的生产单位

(二) 对象专业化

对象专业化指按照产品（零件）不同来设置生产单位的一种产品生产空间组织形式。在对象专业化的生产单位里，集中了为制造某种产品所需的各种设备，对相同的产品进行不同工艺过程的加工，如图 7-4 所示。

对象专业化的特点是：工件搬运可以实行机械化、自动化，降低搬运费用；生产流程连续性好，可以缩短生产周期；计划管理十分简单，生产容易控制；应变能力差。

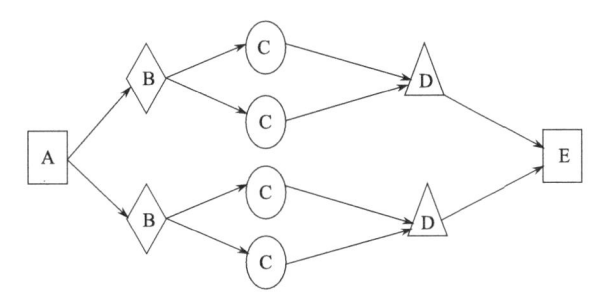

图 7-4　对象专业化形式设置的生产单位

（三）混合形式

混合形式是工艺专业化和对象专业化形式的有机组合。它兼有两种专业化形式的优点，是一种比较灵活的形式。通常，多数规模企业采用混合形式组织生产，有些车间按工艺专业化组织，有些车间可能按对象专业化组织。究竟如何进行空间组织，要根据企业实际生产需要，遵循生产过程的要求来决定。

第三节　生产与运作系统的设计

一、选址

（一）选址的影响因素

厂址选择的重要性无论怎样描述都不过分，因为厂址选择是否恰当，不仅显著影响工厂的建设费用和建设周期，显著影响企业产品的生产运作成本、价格和利润，还显著影响企业的综合竞争力，而且这种影响将持续相当长的时间。国内外大量成功和失败的事例从正反两个方面充分证明了这一点。例如，据对美国各类小企业失败原因的调查显示，15％左右是由于厂址选择不当造成的。

为了获得一个合理、满意的厂址方案，必须对众多影响因素进行全面和深入的分析，主要有以下 14 个条件。

（1）劳动力条件。它包括劳动力的成本、质量（如劳动技能、劳动态度）、可获得性等方面。一般地，劳动密集型企业往往倾向于选择工资水平较低的地区建厂，自动化程度较高的企业往往选择便于员工培训的区域。

（2）产品销售条件。产品销售条件即主要客户所在地和运输成本。厂址选择应尽可能地位于目标市场中心的附近，以提高响应性，方便和吸引目标顾客的购买。据有关资料显示，近期制造业的厂址选择出现了两种新趋势：一是在国外设厂，二是电子、服装等企业将日趋小型化的生产设施建在目标市场附近，重要原因就是为了对市场变化做出敏捷反应，实现快速交货，提高竞争力。

（3）供应条件。一方面，对原材料依赖性较强的工厂，尤其是那些生产运作过程中原材料重量消耗大的工厂，应按照"原材料指向"原则，尽可能靠近原材料产地，如火力发电厂应尽可能建在煤矿附近，造纸厂应尽可能建在森林附近等。另一方面，随着供应链管理思想的传播，厂址应尽可能靠近协作厂，并选择具有良好运输条件的地方。

（4）基础设施条件。基础设施条件主要指供水、供电、供煤气、排水、"三废"处理的可靠性和方便性，以及通信基础设施状况，特别是对那些需要大量用水的制药厂、酒厂、食品厂等，需要大量用电、用气的化工厂、钢铁厂等。水、电、气的来源保证和成本水平往往成为厂址选择考虑的首要问题。

（5）地理条件。这是一种制约厂址选择的客观因素，应避免在下列地质或地势条件不满足要求的区域选址建厂：地震中心或经常发生地震；易遭洪水及大雨淹灌；地面积水排放不畅；接近阴河或废弃矿坑；地基不能满足未来工厂厂房、建筑物、设备和设施的载荷要求；空间面积不足或形状怪异，不满足未来工厂总平面布置和预留进一步发展余地的要求；地势或存在相当的坡度（超过5%），或起伏不定，不够平坦，造成土地平整工作量过大等。

（6）气候条件。气候条件包括温度、湿度、气压、雨量、风向等。

（7）交通运输条件。拥有便利的交通运输条件是厂址选择的一项基本原则，如钢铁、石油炼制等需要运输笨重物料的一类工厂，厂址应尽量靠近港口或铁路；涉及国际贸易的企业，厂址应尽量靠近航空港、海运港口或集装箱周转站，必要时优先选择保税区，以便于国际运输；一般企业的厂址应尽量靠近公路、铁路。

（8）科技依托条件。对技术密集型企业、特别是高科技企业尤为关键。

（9）生活条件。生活条件包括硬件和软件两个方面，前者指住房、生活服务、体育娱乐、交通、银行、邮局等物质设施，后者指就业机会、社区文化及其开放性、人际关系、犯罪率等生活环境。

（10）环境保护条件。例如，严格控制在著名旅游风景区和民用水源附近建厂，居民区附近不宜建设噪声大的工厂。

（11）地价和税收条件。

（12）政治和文化条件。它包括地方政府政策和立场，社区民众的态度，当地的政治、文化、语言、风俗等，尤其是在少数民族地区和国外建厂时，必须牢记这一点。

（13）原有工厂依托条件。

（14）扩展条件。

（二）服务企业选址的关键因素

尽管评判服务企业位置的好坏涉及许多方面，但最重要的因素是顾客获得服务的方便程度，这是由服务本身的特点所决定的。服务的便利性是服务企业竞争力的核心。因此，服务企业选址的关键是面向市场，以提高服务的便利性，促进顾客与企业的业务往来。例如，那些针对小范围市场的服务企业，如杂货店、理发店、修车铺、书报店等，常常是以居住村、居住区为目标市场，服务设施选在目标市场内、靠近居民公共活动场所的地方最为理想；那些服务于较大市场范围的企业，如大型商场、旅馆饭店、医院等，应尽量选择目标市场内比较醒目、交通便利、客流量大的地方。

(三) 厂址选择的程序

(1) 明确厂址选择的目标。根据企业建厂的出发点或目的，明确厂址选择的目标，为确立厂址选择的指导思想和原则提供依据。

(2) 收集、整理有关新工厂的数据资料。这些数据资料包括生产运作规模、占地面积，运输量，水、电、气的用量，对工程水文地质条件的要求，"三废"排放情况等，它们构成设计和规划厂址方案的约束条件。

(3) 辨识厂址选择的主要影响因素。明确厂址选择的主要影响因素，围绕建厂目标和主要因素进行深入分析，建立评价厂址方案的具体标准和指标体系。

(4) 选位。围绕初步选定的若干建厂地区或区域进行分析比较，确定合适的建厂地区或区域。

(5) 开发厂址备选方案。对选位的地区或区域进行实地勘探和现场调查，提出若干具体建厂地点，供进一步研究。

(6) 定址。应用定性和定量相结合的方法，对厂址备选方案进行科学评价，最终选定建厂地点。

二、设施布局

车间布置的重点是基本生产单位的设施布置。车间内设备布置是否科学合理，将影响产品的生产周期和生产成本，影响劳动生产率的提高。要使设备布置合理，必须遵循以下原则：①机器设备应根据其性能和工艺要求安置排列，并保持适当距离，避免阻塞运输；②尽量使产品通过各种设备的建工路线最短，多设备看管时，工人在设备之间的行走距离最短；③便于运输，加工大型产品的设备应布置在有桥式吊车的车间，加工长棒料的设备尽可能布置在车间入口处；④确保安全，各设备之间、设备与墙壁、柱子之间应有一定的距离，设备的传动部分要有必要的防护装置；⑤便于工人操作和工作地的布置；⑥充分利用车间的生产面积，在一个车间内，可因地制宜地将设备排列成纵向、横向或斜角形式，不要剩下不好利用的面积。

(一) 工艺专业化形式

工艺专业化形式也叫工艺专业化原则，它是把同类型的机器设备和同工种的工人集中在一起，建立一个生产单位（车间、工段），对企业生产的各种产品进行相同工艺的加工。按照这种原则布置的车间叫做工艺专业化车间，又称"机群式"、"开放式"车间，如图 7-5 所示。

(1) 优点：①有利于充分利用生产面积、生产设备的能力，个别设备出了故障对整个生产的影响较少；②设备的投资费用较少，大都采用通用设备；③便于对工艺进行专业化的技术管理，开展同工种工人之间的学习与竞赛；④灵活性好，适应性强，增强企业适应市场需要变化的能力。

(2) 缺点：①制品在制造过程中的运输路线长、交叉迂回运输多、消耗于运送原材料和在制品的劳动量大；②增加制品的数量和在制品在制造过程的停放时间，延长了生

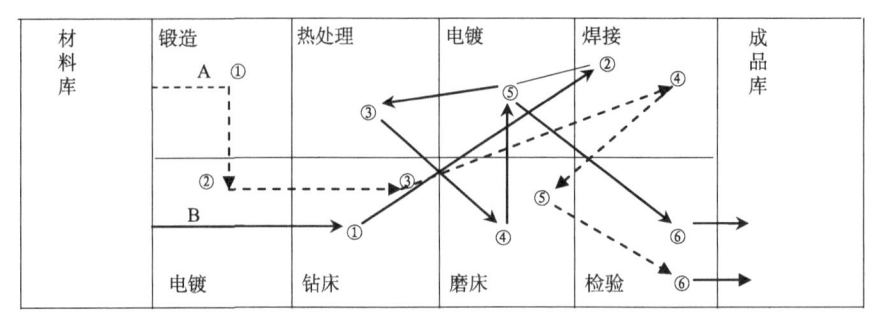

```
材料库 | 锻造 A ① | 热处理 | 电镀 | 焊接 | 成品库
         B      ①      ③       ⑤      ⑥
         电镀   钻床    磨床    检验
```

图 7-5 工艺专业化形式布置图

产周期，占用流动资金多；③增加各生产单位之间的协作关系，难以掌握零部件的成套性，致使各项管理工作的复杂化。

按工艺原则组成的生产单位，适用于品种复杂多变、工艺不稳定的单件小批生产类型。如新产品试制车间、工具车间、机修车间等。

（二）对象专业化形式

对象专业化，又称产品专业化原则。它是把不同类型的机器设备和不同工种的工人按工艺流程的顺序集中在一起，建立一个生产单位（车间或工段），对相同的制品进行不同工艺的加工。按照这种原则组成的车间叫对象专业化车间，又称为"封闭式"车间。在这种车间里，加工对象是一定的，机器设备、工艺方法是多种多样的，工艺过程是封闭的，能独立生产产品，如发动机车间、齿轮车间等，如图 7-6 所示。

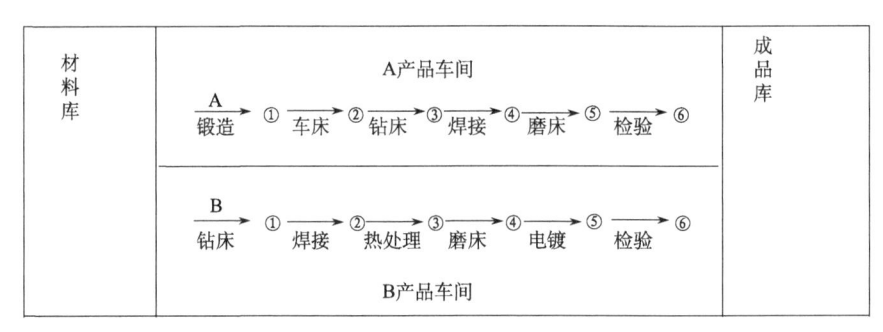

```
材料库 | A产品车间: A 锻造 →① 车床 →② 钻床 →③ 焊接 →④ 磨床 →⑤ 检验 →⑥ | 成品库
        B产品车间: B 钻床 →① 焊接 →② 热处理 →③ 磨床 →④ 电镀 →⑤ 检验 →⑥
```

图 7-6 按对象专业化形式布置示意图

（1）优点：①可以缩短产品的加工路线，节约运输等辅助劳动量和辅助生产面积；②便于采用流水生产等先进的生产组织形式，减少产品在生产过程中的等待时间，缩短生产周期，降低流动资产占用量；③可以减少车间的协作关系，简化管理工作；④可以使用技术等级较低的工人。

（2）缺点：①设备专用性强、需要量多、投资大；②由于同类设备分散使用，个别设备的负荷可能不足，设备的生产能力不能得到充分利用，甚至有可能因为一台设备出现故障，导致生产线全部停工；③对产品品种变化的适应能力差，一旦品种改变，很难做出相应调整。

按对象原则组成的生产单位适用于企业专业方向已经确定、产品的品种比较稳定的大量大批生产类型。

(三) 混合形式

设备按混合形式布置，亦称综合原则布局。它是综合工艺原则和对象原则的优点所构成的介于它们之间的一种方式，在我国企业中应用比较普遍。一个企业里，有些车间可能是按工艺原则布置，有些车间可能是按对象原则布置；车间内部，在工艺原则布置的车间内有的工段是按对象原则布置。例如，机械加工车间是按工艺原则布置的，这个车间内部的连杆工段又是按对象原则布置的；也有可能在按对象原则布置的车间内部，有的工段按工艺原则布置，如活塞车间中的车工工段。这种布置形式机动灵活，如应用得当，可能取得较好的经济效益。

三、工作设计

(一) 工作设计的主要内容

工作设计为有效组织生产劳动过程，通过确定一个组织内的个人或小组的工作内容，实现工作的协调，确保任务的完成。它的目标是建立一个工作结构，满足组织及其技术需要，满足工作者的个人心理需求。工作设计的内容包括：明确生产任务的作业过程；通过分工确定工作内容；明确每个操作者的责任；以组织形式公布分工后的协调，保证任务的完成。图 7-7 给出了与工作设计决策有关的几个主要问题。这些决策受到以下六个因素的影响。

(1) 员工工作组成部分的质量控制。
(2) 适应多种工作技能要求的交叉培训。
(3) 工作设计与组织的员工参与及团队工作方式。
(4) 自动化程度。
(5) 对所有员工提供有意义的工作和对工作出色员工奖励的组织承诺。
(6) 远程通信网络和计算机系统的使用，扩展了工作内涵，提高了员工的工作能力。

(二) 工作设计中的社会技术理论 (sociotechnical theory)

工作设计中的社会技术理论是由英格兰的特瑞斯特 (Eric Trist) 及其研究小组首先提出来的。这种理论认为，工作设计中应该把技术因素与人的行为、心理因素结合起来考虑，如图 7-8 所示。任何一个生产运作系统都包括两个子系统：技术子系统和社会子系统。如果只强调其中一个忽略另一个，可能导致整个生产系统的效率低下，因此应该把生产运作组织看作一个社会技术系统，其中包括人、设备和物料等。生产设备、生产工艺及物流组织与控制方法反映了这个系统的技术性，人是一种特殊的、具有灵性的投入要素，因此这个系统还应该具有社会性。

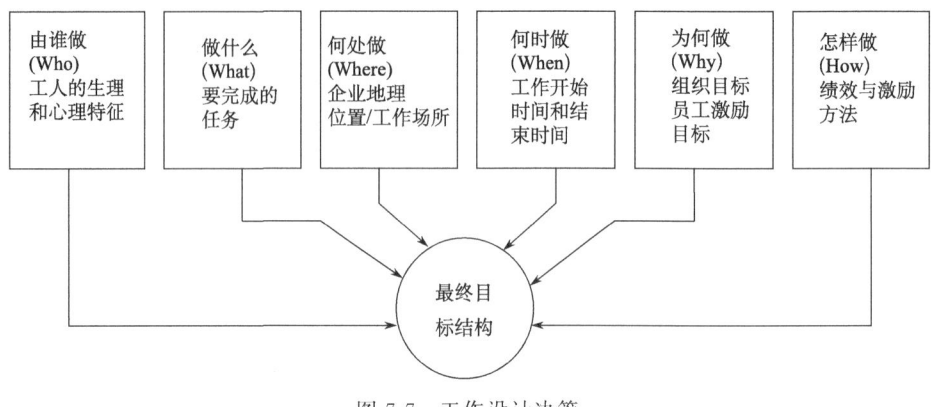

图 7-7 工作设计决策

图 7-8 中,左侧的圆代表从技术角度设计的所有可行的工作方案的集合,右侧的圆代表从社会因素(心理学和社会学)角度设计的所有工作方案的集合。交叉部分代表能满足社会和技术要求的工作设计。该理论认为,最佳的社会技术设计应该在这个交叉部分。

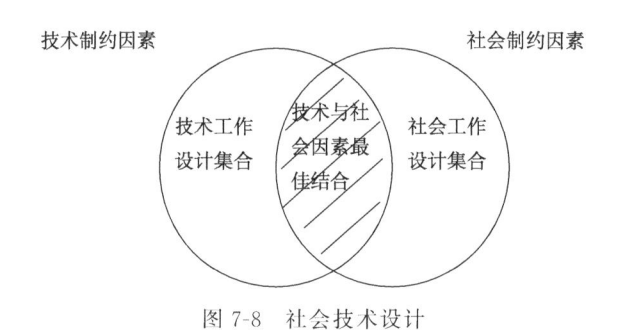

图 7-8 社会技术设计

社会技术设计理论的价值在于它同时强调技术因素与社会变化对工作设计的影响,这与早期工业工程师们过度强调技术性因素对生产效率的影响有很大不同。早期的工业工程师将工人看做其中的一部分,而社会技术设计理论除了考虑技术要素的影响外,还将人的行为因素考虑进来,如把工人调动工作、缺勤、厌倦等与技术选择联系起来。

(三)工作设计中的行为理论

行为理论的主要内容之一是研究人的工作动机,这一理论对于进行工作设计也有直接的参考作用。人们工作的动机有多种:经济需要、社会需要以及特殊的个人需要等(感觉到自己的重要性,实现自我价值等)。人的工作动机对人如何进行工作有很大影响,因此,在工作设计中,必须考虑人的这些精神因素。当一个人的工作内容和范围较狭窄,或工作的专业化程度较高时,人往往无法控制工作速度(如装配线),也难以从工作中感受到成功和满足。此外,与他人的交往、沟通较少,进一步升迁的机会也几乎没有(因为只会很单调的工作)。因此,像这样专业化程度高、重复性很强的工作往往使人产生单调感，导致人对工作变得淡漠，从而影响工作结果。西方的一些研究表明，这种状况给"蓝领"工人带来的结果是：工人工作变换频繁，缺勤率高，闹情绪，甚至故意制造生产障碍。对于"白领"工人，也有类似的情况。

第四节 生产运作计划与控制

一、生产运作计划

生产运作计划是企业计划工作的重要部分，它要根据市场需求与用户订单确定生产计划指标，是企业进行生产运作管理的重要依据，也是企业确定生产人员、资金、设备、物料、能源供应的主要依据，过去有生产大纲之说。通过生产计划对企业计划期内的生产任务做出统筹安排，具体规定企业生产产品的品种、数量、质量和进度，可以把企业生产和市场紧密结合起来，更好地利用企业资源，充分发挥企业生产能力，实现企业目标。

（一）生产计划概述

1. 生产计划的概念

生产计划是企业在计划期内应完成产品生产任务和进度的计划。它具体规定企业在计划期（年、季、月）内应当完成的产品品种、质量、产量、产值、出产期限等一系列生产指标。它不仅规定了企业内部各车间的生产任务和生产进度，还规定了企业间的生产协作任务。生产计划工作的主要任务是充分挖掘企业内部资源，合理利用企业资源，不断生产在国内外市场适销的商品，以提高企业经济效益。

2. 生产计划体系

生产计划体系即生产计划系统。按照系统的思想理解，计划是一个过程，由计划的编制（plan）、执行（do）、检查（check）、调整和改进（action）四个阶段组成，即通常所说的 PDCA 循环。所谓计划系统，就是指计划过程包括的各项具体计划职能或工作及其相关关系的总和。图 7-9 描述了生产运作计划系统的一般轮廓，按照计划的长短和计划内容的性质分为三个层次：①长期的战略性计划。未单独出现，主要反映在企业战略计划的有关内容上，如确立何种竞争优势，发展哪些方向的产品和什么水平的技术，达到多大的生产运作规模，建造哪些生产运作设施，如何获得所需资源等。②中期的战术性计划。主要表现为经营计划和生产运作计划。经营计划是由销售计划、生产运作计划、劳动工资计划、物资供应计划、财务计划等各项职能计划组成的统一的有机整体，也称为年度综合计划，或年度生产经营计划。③短期的作业性计划。它是对生产运作计划的具体落实，由计划执行部门负责编制，任务是正确安排日常生产运作活动的每一个细节，以保证生产运作过程的顺利进行，有效地实现生产运作目标。主生产计划、物料需求计划、生产运作作业计划等都属于这个范畴。

3. 生产计划的主要指标

（1）产品品种指标：指企业在计划期内应当生产的产品品种和数量。品种的表现形

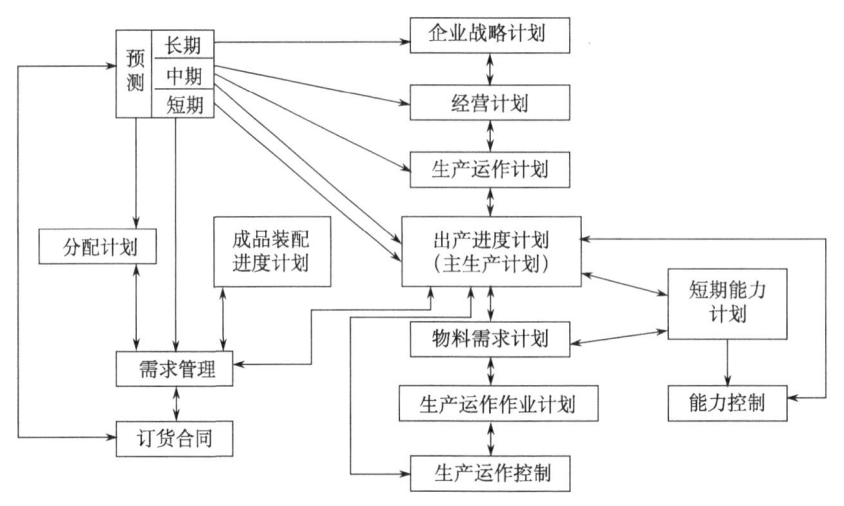

图 7-9 生产运作计划体系框架

式随企业产品不同而不同,如汽车制造厂商有不同型号的汽车,钢铁厂有不同型号的钢材,棉纺厂有不同支数的棉纱等。品种指标既反映企业在品种方面满足市场需要的程度,又反映企业技术水平和管理水平的高低。

(2) 产品质量指标:指企业在计划期内各种产品应当达到的质量标准和水平。质量标准由国际标准、国家标准、行业标准、企业标准与合同规定的技术要求。质量指标可分为两大类:①反映产品本身质量的指标,如产品的使用寿命、技术性能、等级率(优等品率、一等品率)等;②反映生产过程中工作质量的指标,如合格率、废品率、返修率等。

(3) 产品产量指标:指企业在计划期内,生产各种产品的实际数量之和。产品产量既包括企业生产可供销售的成品、半成品以及工业性劳务数量,也包括供企业基本建设、大修理和非生产部门的需要量。

(4) 产值指标:指产量指标的货币表现。它规定企业在计划期内的全部产品和工业性劳务的价值,包括商品产值、总产值、净产值。①商品产值。工业销售产值是以货币表现的工业企业在一定时期内可供销售的工业产品总量,包括可销售的成品、半成品价值、对外提供的工业性作业价值。通常按现行价格计算(商品产值=自备原料生产成品的价值+外售半成品价值+用订货者来料生产产品的加工价值+对外承做的工业性劳务价值)。②总产值。总产值是以价值形式表示的企业在一定时期内完成的生产工作量。其内容包括:用自备原材料生产的可供销售的成品和半成品的价值,用订货来料生产的产品价值,对外承做的工业性劳务价值,期末期初在制品量差额价值。用公式表示为:总产值=商品产值(工业销售产值)+(期末在制品、半成品、自制工具、模型价值—期初在制品、半成品、置之工具、模型价值)+订货来料价值。③净产值。净产值是企业在计划期内的工业生产活动新创造的价值。其计算方法为:(生产法)净产值=总产值—消耗价值;(分配法)净产值=工资+利税+属于国民收入初次分配性质的费用支出。

4. 生产计划的主要内容

生产计划是企业根据社会需求和自身条件对计划期（一般为年度）生产运作目标所作的合理安排。具体包括两方面内容：一是明确规定计划期内应完成的产品品种、数量、质量指标以及生产运作进度；二是综合平衡生产运作所必需的人、财、物等各种资源，进而设计合理的调配与使用这些资源的方案。

（二）生产计划的编制

（1）调查研究，收集资料。编制科学合理的生产计划必须进行调查研究，广泛收集企业内外相关信息，包括企业长远发展规划、国内外市场预测资料、产品生产、销售及库存情况、生产能力和技术措施、物资供应和生产设施状况等。此外，还要认真总结上期计划执行的经验和教训，研究在生产计划中贯彻企业经营方针的具体措施，确定计划需求。

（2）统筹安排，提出初步计划指标。应着眼于更好地满足企业对产品的需求和提高生产的经济效益，对全年的生产任务做出统筹安排。

（3）综合平衡，确定生产计划指标。把需要同生产可能结合起来，将初步生产计划指标同各方面条件进行平衡，使生产任务得到落实。综合平衡内容主要包括：生产任务与生产能力的平衡、生产任务与劳动力的平衡、生产任务与物资供应的平衡、生产任务与生产技术准备的平衡、生产任务与资金占用的平衡等。

（三）生产计划编制的方法

1. 品种的优化

（1）象限法（波士顿组合矩阵法，即 BCG 法）。该方法由美国波士顿咨询集团（Boston Consulting Group）提出，借助矩阵形式进行分析。如图 7-10 所示，它将影响企业产品品种的因素归结为"市场吸引力"和"企业实力"两大类，据此对产品进行评价，确定对不同产品应采取的策略，然后从整个企业的实际情况出发，确定最佳品组合方案。其中，矩阵的四个象限分别代表了四类不同性质的产品——金牛、明星、问题和瘦狗产品。金牛产品是企业目前流入资金的主要来源，应努力巩固其市场地位；明星产品为企业未来发展提供丰富的增长与盈利机会，应优先考虑加强其发展；

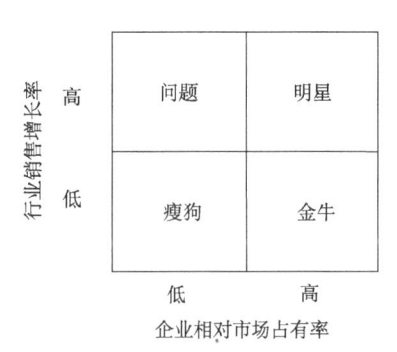

图 7-10 波士顿组合矩阵基本框架

瘦狗产品阻碍企业的发展，应果断淘汰；问题产品则应进一步分析，做出要么加强、要么放弃的选择。

（2）收入-利润顺序分析法。该方法是将生产运作的多种产品分别按销售收入和利润排序，并将它们绘在销售收入与利润分析图上，如图 7-11 所示。

2. 产量的优化

（1）盈亏平衡分析。应用该方法可以确定盈亏平衡点产量，明确一定的生产运作技

图 7-11 收入-利润次序图

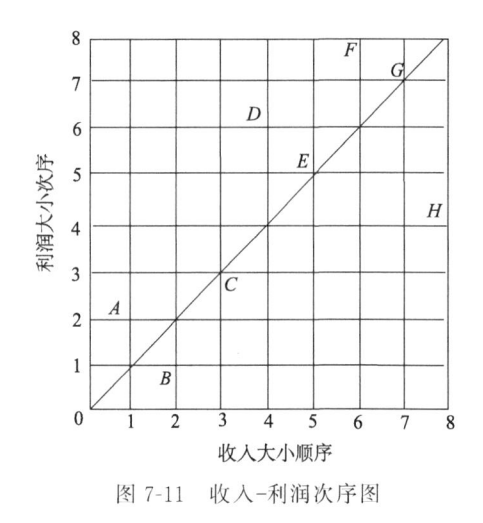

术组织条件下产品产量的最低下限,对决定计划产量有重要的指导意义。

(2) 线性规划。以最大利润为目标,以人、财、物等资源限制为约束条件,通过建立线性规划模型,求解各产品的产量。当有关项目发生变化时,模型参数随之改变,产品产量的最优解也将改变,但企业利润最大化的目标不变。模型参数的改变表示人、财、物等资源条件和相互关系的变化,每种参数组合都代表一个特定的生产运作计划方案,所以,编制生产运作计划的反复平衡和优化过程,可用线性规划模型进行模拟。

3. 订货型企业的生产运作计划的制订

订货型企业的典型方式是单件小批生产运作。由于生产运作的任务是根据用户订单来确定的,订单的到达具有随机性,产品往往又是一次性需求,所以,企业只能先编制生产运作计划大纲,并在接到订单后,按产品分别编制生产运作计划。可见,在订货型企业的生产运作计划中,接受订货决策是一个十分重要的问题。

接受订货决策,就是在用户订单到达时,做出接不接、接什么、接多少订单的决定。一般的决策过程可用图 7-12 来描述,这是一个用户和企业双方要求平衡的过程。对用户来说,订货要求除了产品型号、规格、技术要求、数量、价格和交货时间 D_c 等,还包括用户决定是否向企业订货的临界要求,主要指可以接受的最高价格 $P_{c\max}$ 和最迟交货时间 $D_{c\max}$。对于企业来说,也会在分析企业条件、现有任务、产品要求、市

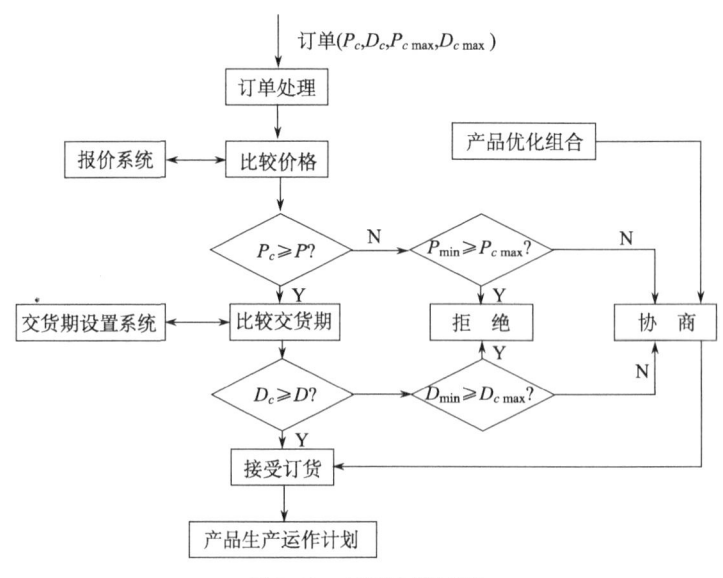

图 7-12 订货决策过程

场行情等诸多因素的基础上，明确接受订货的要求，主要包括价格和交货期，企业将通过其报价系统和交货期设置系统分别给出一个正常价格 P 和可接受的最低价格 P_{min}，一个正常条件下的交货期 D 和赶工情况下的最早交货期 D_{min}。

（三）生产作业计划

（1）生产作业计划含义。生产作业计划是企业生产计划的具体执行计划，是生产计划的延续和补充，是企业日常生产活动的依据。它对于保证企业实现均衡生产，按期、按质、按量完成生产计划，及时提供适销对路的产品，满足市场需要，提高企业的生产效率和经济效益都有十分重要的作用。

（2）期量标准特点。与生产计划相比，生产作业计划有如下特点：①计划期较短。生产作业计划一般只规定月、旬、日、轮班、小时的计划。②计划的内容更具体。生产作业计划把生产任务分解落实到各车间、工段、班组、机台和个人。③计划单位更小。生产作业计划的计划单位是产品的部件、零件直到工序。

（3）生产作业计划的编制。企业编制生产作业计划所需的资料很多，主要包括：年季度生产计划，有关合同协议和协作任务，设备运行状况和检修计划的安排，原材料、外购件供货，动力资源限额分配以及消耗定额情况，产品图纸、工艺文件和工艺装备情况，各车间上月生产作业计划的完成情况和生产进度，核算资料，现有生产能力及负荷情况，人员分配与上期出勤情况，技术组织措施投入生产情况以及各种期量标准。

二、生产运作作业控制

（一）生产运作作业控制的含义

所谓生产运作作业控制，就是不断监督和检查计划的执行情况，及时发现计划执行过程中已经或即将出现的偏差，分析其产生的原因，并采取有效措施纠正或预防偏差。

（二）生产运作控制的内容

（1）作业安排。首先检查生产运作作业计划规定的各项准备工作是否已经完成，物料、工装和机器设备是否已经准备齐全，以确认生产运作过程能够正常进行。然后，开具加工单、检验单、出库单等各种传票，向各个操作人员或作业班组进行作业分配。

（2）测定偏差。在进行作业过程中，按预定时间和顺序检查计划的执行情况，掌握实际结果与计划目标存在的偏差。

（3）纠正偏差。根据偏差产生的原因及其严重程度，采取事前预防或事后调整的不同处理方法。首先，要认真预测偏差的产生，事前规划消除偏差的措施，这是一种积极的选择，如发掘加工潜力、动用库存、组织外协等。其次，要及时将偏差情况向生产运作管理部门反馈，以便管理人员及时调整计划，或在编制下期计划时作为重要参考依据。

（4）提供情报。查证生产运作过程的进行情况和完成时刻，提出报告，并将计划执行结果整理成数量、质量、成本等资料,汇总为统计分析报告,为开展生产运作进度控制、质量控制、成本控制、库存控制等提供必要的情报。

(三) 生产运作进度控制

生产运作进度控制的任务是,根据预先制定的生产运作作业计划和对各种零部件的投入和出产时间、数量及配套性的检查情况,及时采取针对性措施,以保证产品准时装配出厂。

1. 生产运作预计分析

生产运作预计分析属于事前控制范畴,是在规定的计划期(如月、季、年)结束之前,根据进度统计资料所反映的计划完成程度和生产运作发展趋势,在考虑生产运作发展的有利和不利因素的基础上,对本期计划指标可能完成的程度做出预测。这样,企业可以根据预测结果,提前采取调度措施来调整未来剩余时间的产量,最终使实际产量和计划产量趋于一致。

2. 生产运作均衡性控制分析

按照均衡性要求,企业不仅要按时完成生产运作任务,而且每个生产运作环节和每种产品都要按日、按旬、按月完成生产运作任务。因此,要保持生产运作的均衡性,就要控制每天的实际产量,使其完成作业计划规定的指标,而不是要求每天产量完全均匀。显然,如果未能按计划要求实现均衡生产运作,将造成生产运作过程停工待料,或者产生一定的在制品积压,影响企业的经济效益。检查分析生产运作均衡性常用的方法有:

(1) 图表法。图表法是根据企业(或车间、班组、工作地)在各时期的计划产量、实际产量和产量计划完成百分数,绘制产量和产量计划完成百分数动态曲线图,通过计划产量和实际产量的比较以及产量计划完成百分数来反映生产运作的均衡性。

(2) 均衡率法。均衡率法,就是通过计算均衡率指标说明生产运作的均衡程度。均衡率可按照以下两种公式计算:

$$均衡率 = \frac{日产量计划完成百分数之和(超计划时按80\%计)}{工作日数}$$

$$均衡率 = \frac{日实际产量之和(超计划时按计划产量计)}{工作日数} \times 80\%$$

计算均衡率之所以不考虑超计划完成部分,是为了防止用超计划部分掩盖未完成计划的现象。可见,均衡率越高越好,最大值为1。

(3) 生产运作成套性控制分析。对于加工装配式企业来说,其生产运作的产品由许多零部件组装而成,只有保证成套出产各种零部件,才能按计划生产运作出成品。不具有成套性的零部件再多,也装不出成品,反而增加了在制品,造成资金积压。因此,应及时掌握和控制零部件的出产进度,分析零部件的成套性,按产品装配配套性抓好生产运作进度。实践中用成套率指标衡量生产运作成套性情况。成套率为实际成套台份数与计划成套台份数之比,数值越大越好。

生产运作成套控制要从两方面入手:一是合理安排成套性投料;二是成套性出产控

制。通常利用成套性甘特图来分析和掌握成套性情况。

3. 在制品控制

企业生产运作过程中各环节之间的联系，表现为在制品的供需关系。保持合理数量的在制品储备，有利于组织各环节的协调，平衡生产运作，有效防止某个环节出现问题造成的生产运作过程中断。但在制品储备过多，将增加生产运作空间的占用，造成资金积压，掩盖生产运作中的问题和矛盾，会给企业带来损失。

根据存放地点的不同，在制品控制工作可分为以下两个方面。

（1）车间在制品控制。车间在制品控制取决于生产运作类型和生产运作组织形式。在大量大批生产运作条件下，在制品数量比较稳定，在生产运作中的流转有一定的顺序和规律，事先制定有标准定额，通常采取轮班生产运作作业计划，并结合统计台账来控制在制品的数量和流转。

（2）库存在制品控制。半成品库是不同车间在制品运转的枢纽。库存在制品控制的任务是：及时有效地接收、保管、配套和发送半成品；严格按照库存在制品定额监督、控制库存在制品数量；及时准确地向生产运作指挥系统提供信息，反映库存在制品变动情况。

第五节 现代企业新型生产与管理方式

一、大量生产方式

制造业的生产方式经历了"手工生产方式→大量生产方式→JIT 生产方式→精益生产方式"的过程。19 世纪，包括汽车在内的众多产品主要依靠高度手工技艺工匠一件一件的制作。由于是手工生产，几乎没有完全一样的两件产品。在这种方式下，产量不可能提高，即使提高产量也不会带来成本的降低。这种生产方式的最大缺点除了成本高以外，还缺乏一贯性和可靠性，是进一步提高生产的最大障碍。20 世纪初，美国福特汽车公司的创始人亨利·福特（Henry Ford）创立了以零部件互换原理、作业单纯化原理以及移动装配法为代表的大量生产方式，把单件制造的手工作业方式带进了一个全新时代，引起了制造业的根本变革，由此揭开了现代化大生产的序幕。百年来，随着制造业产品越来越复杂，自动化技术、自控技术以及各种加工技术的发展，这种生产方式在形式和内容上都在不断地增加新内容和变化，至今仍然是制造业"以量取胜"的普遍生产方式。

大量生产方式的特征可以概括为：①产品开发阶段，由市场调研人员提供某种新产品的设想，由分工不同的设计人员分别设计并绘制图纸，再由制造工程师考虑制造工艺。②生产阶段，将设备专用化、作业细分化，每道工序的工人只奉命完成自己分内的任务。保持原料、零部件和在制品的重组库存，以保证生产的连续性。③完成阶段，由检验人员检查产品的质量，将不合格产品退回生产部门修理或重做，成品在仓库大量堆积。它的基本发展模式是：单一品种（或少数品种）大批量生产→以批量降低成本→成本降低刺激需求扩大→进一步带来批量的扩大。

二、准时生产制

随着社会经济的发展和科学技术的进步，商品市场发生深刻的变化。人们对产品质量、成本和品种的要求日益提高，产品更新速度加快，产品的生产周期缩短，市场竞争加剧。一个企业的生产作业方式必须对市场具有快速反应能力，能及时向市场提供多品种、高质量、低成本的产品。因此，大批量生产组织方式的弊端逐渐显现。创始于日本丰田公司的 JIT（准时化生产技术）及其相应的看板技术是通过改善作业活动，消除隐藏在企业里的种种浪费现象，彻底消除库存浪费和劳动力浪费来降低成本的方法。它使传统的以预测和批量为基础的"推动系统"转变为"拉动系统"，也使企业的生产流程、生产效率、组织结构乃至企业理念发生了巨大的变化。

（一）准时化生产

JIT（just in time）即实时、适时和即时的意思。JIT 准时化生产指在精确测定生产各工艺环节作业效率的前提下，按订单准确地计划、消除一切无效作业和浪费的一种管理模式，又称为零库存生产（zero inentories）。简单地说，就是在合适的时间，将合适的原材料和零部件，以合适的数量，送往合适的地点，生产出需要的产品。合适的时间与合适的数量，即适时适量要求通过看板管理的方式实现生产同步化、均衡化及批量极小化；生产所需的产品可通过质量管理保证产品的质量。其构造体系如图 7-13 所示。

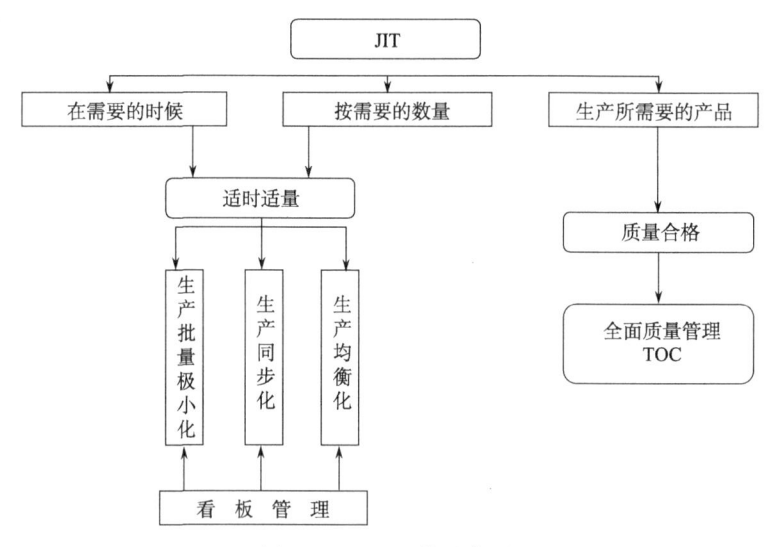

图 7-13 JIT 的构造体系

（二）JIT 生产方式的目标

JIT 的目标是彻底消除无效劳动和浪费，努力降低成本，提高产品质量，取得高额利润。具体而言，JIT 要求达到以下五个目标。

（1）零废品。传统生产系统认为废品是不可避免的，因此提出允许的不合格率或可接受的质量水平。JIT 的目标是消除各种引起不合格品的原因,使每一道工序都达到最高水平。

(2) 零库存。在传统生产系统中,制品库存和成品库存被视为资产,代表系统中已累积的增值。而 JIT 认为,库存是生产系统设计不合理、生产过程不协调和生产操作不良的证明。

(3) 准结时间最短。准结时间的长短与批量选择相联系。如果准结时间接近于零,意味着批量生产的优越性不复存在,准结成本也趋于零。因此,采用极小的批量是 JIT 追求的生产方式。

(4) 提前期最短。长提前期、大批量的系统存在生产应变能力差、柔性小等缺陷。JIT 从产品设计与生产过程设计入手来缩短提前期,达到产品设计合理,既能满足用户的不同需求,又易于实现加工生产的目的,改变传统生产系统产品设计与工艺过程设计分离的状态。

(5) 减少零件搬运。零件运送、搬运等属非增值操作。因此,减少零件加工数量,减少零件的运送量和搬运次数,也就节省了运输的人力资源,避免了无效劳动和浪费。

(三) JIT 的基本方法

(1) 适时适量生产。当今时代已经从卖方市场转变为买方市场。因此,各种产品的产量必须灵活地适应市场需要量的变化,以销定产。实施"适时适量"生产,就是在市场需要时生产需要的产品。

(2) 弹性配置作业人员。降低劳动费用是降低成本的一个重要方面。为此,作业人员配置应根据生产的需要,当市场需求波动时,要求劳动力资源也作相应调整。因此,增加作业人员的工作适应性和工作弹性十分重要。

(3) 严格质量保证。JIT 生产方式通过将质量管理贯穿生产过程的每一道工序来实现质量提高与成本降低的一致性。具体方法是"自动化"。这里的"自动化"指融入生产组织的两种机制:一是使设备或生产线能够自动检测不良产品,一旦发现异常或不良产品,可以自动停止设备运行的机制;二是指生产第一线的操作工人发现产品或设备问题,有权自动停止生产的管理机制。

(4) 拉动式生产系统。生产现场控制采取"拉动式"系统,改变过去由上道工序推动下道工序的"推动式"生产,如图 7-14 所示。JIT"拉动式"系统即生产指令下达到

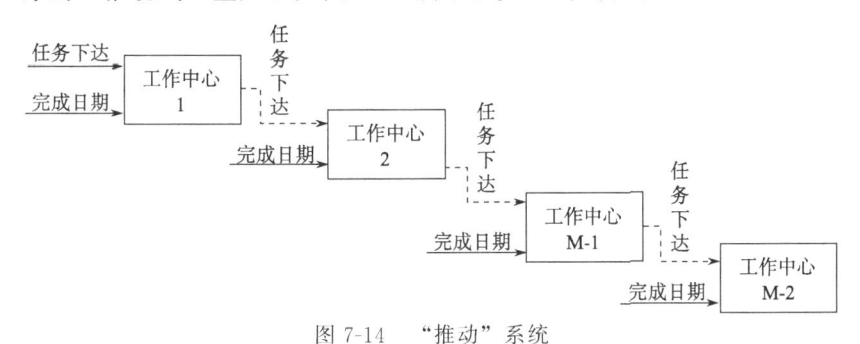

图 7-14 "推动"系统

最后一道工序，由最后一道加工工序开始，反工艺顺序逐级"拉动"前面工序，如图 7-15 所示。

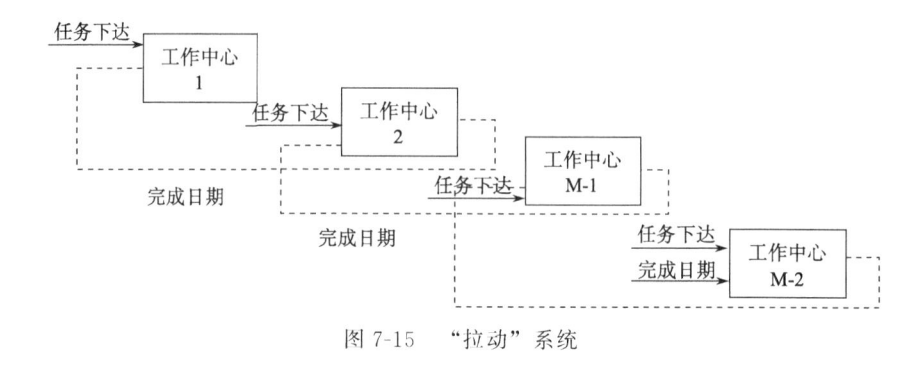

图 7-15 "拉动"系统

(四) 看板管理

1. 看板控制系统

"拉动"系统的实现靠看板管理控制系统。所谓看板，即前后道工序传递相关指令的工具，有生产看板和运输看板两种。看板可以是一张卡片，或是直接用一定标准的容器代替，有时还可以是一种信号，代表一定数量的零件，并标明加工的工作地点和下道工序的地点，主要内容可如图 7-16 所示。

图 7-16 看板示例（生产看板、运输看板）

2. 看板控制系统的运行过程

看板系统的运行过程可以用图 7-17 来说明。

从图 7-17 中可以看出，每道工序都有一个入口和一个出口，入口处放置欲加工的零配件，用标准容器装好，上面挂着运输看板，出口处放置已经加工好的零配件，也用标准容器装好，上面挂着生产看板。当生产指令到最后工序时开始生产，待所用的零配件用完时，将空容器中的运输看板取下，拿到上道工序出口处，将装满零配件的容器里的生产看板取下，放入生产看板盒内，把运输看板挂上送回下道工序，上道工序的工人见到生产看板盒内的生产看板便开始生产，当用完入口处的零配件时就用运输看板到它的上道工序取货，如此由最后工序起，反顺序地逐个拉动各个工序的生产，达到准时生

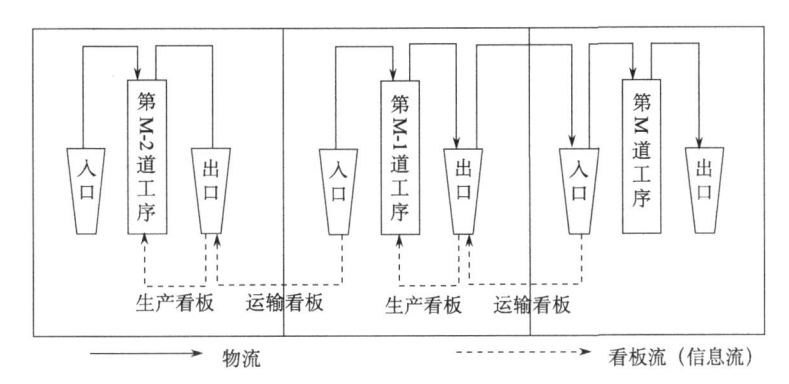

图 7-17　看板运行过程

产的目的。

从以上描述可知，在看板系统的生产现场，一种零配件可放置在两个位置，即生产该零配件的工序的出口处和使用该零配件的入口处。其总量就是它的在制品定额，定额越大，看板数越多。由此可见，看板系统实际上是将原来存放在仓库里的零配件拿出来，放在生产现场，让人们一目了然，杜绝过量生产的产生。

三、敏捷制造

（一）概述

敏捷制造（AM）是美国为重振其制造业的领导地位而提出的一种新的制造模式。20世纪80年代后期，美国向日本学习精益生产方式，试图夺回在制造业的优势，保持在国际上的领先地位。受美国国会的委托，美国国防部投入500万美元，由里海大学的亚科卡研究所主持，成立了以13家大公司为核心的、80多家公司参加的联合项目组，于1994年底完成了《21世纪制造企业战略》报告，提出了"敏捷制造"的概念，描绘了未来信息社会工业生产方式的蓝图。

（二）敏捷制造的概念

所谓敏捷制造，指制造业采用现代通信手段，通过快速配置各种资源（包括技术、管理和人），以有效、协调的方式响应用户的需求，实现制造的敏捷性。

敏捷制造的核心是企业在不断变化、不可预测的经营环境中的快速重构能力，具体表现为多个企业的核心制造能力构成的动态联盟或虚拟企业，或者单个企业系统对外部变化的需求的响应和满足能力。

（三）敏捷制造的原理

敏捷制造必须采用标准化和专业化的计算机网络和信息集成基础结构，以分布式结构连接各企业，构成虚拟制造环境，以竞争合作为原则，在虚拟制造环境中动态选择、择优录用成员，组成面向任务的虚拟企业，进行快速生产。敏捷制造由基础结构和虚拟企业两部分组成,是不断循环、动态结合的过程。基础机构为虚拟企业提供环境和条件,虚拟企业实现对市场变化的快速响应,它的创建与解散依市场机遇而定。

(四) 敏捷制造的特点

(1) 具有快速开发满足市场需求的新产品的能力。
(2) 具有发展通过编程可重组的、模块化的加工单元的能力。
(3) 具有按订单生产,以合适的价格满足顾客定制产品或顾客个性产品要求的能力。
(4) 具有企业间动态合作的能力。
(5) 具有持续创新能力。
(6) 具有与用户建立一种完全崭新的"战略"依存关系的能力。

(五) 推行敏捷制造管理模式的开发手段

(1) 虚拟企业。竞争环境快速变化,要求企业及时做出快速反应。现在产品越来越复杂,一个企业已不可能快速、经济地独立开发和制造全部产品。因此,根据任务,由一个公司内部某些部门或不同公司按照资源、技术和人员的最优配置,快速组成临时性企业即虚拟企业,才有可能迅速完成既定目标。这种基于动态联盟的虚拟企业可以降低风险,使生产能力前所未有地提高,从而缩短产品的上市时间,减少相关的开发工作量,降低生产成本。

(2) 拟实制造。拟实制造综合运用仿真、建模、虚拟现实等技术,提供三维可视交互环境,从产品概念产生、设计到制造全过程进行模拟实现,以期在真实制造之前,预估产品的功能及可制造性,获取产品的实现方法,从而大大缩短产品上市时间,降低开发、制造成本。

拟实制造的组织方式是,从事产品设计、分析、仿真、制造和支持等的人员组成"虚拟"产品设计小组,通过网络合并进行工作,运用数字技术"虚拟"创造产品,即完全在计算机上建立产品数字模型,并在计算机上对这一模型产生的形式、配合和功能进行评审、修改。这样,常常只需制作一次最终的实物原型,就能使新产品开发一次性获得成功。

四、6S

(一) 含义

6S 管理由日本企业的 5S 扩展而来,是现代工厂行之有效的现场管理理念和方法,其作用是:提高效率,保证质量,使工作环境整洁有序,预防为主,保证安全。6S 的本质是一种执行力的企业文化,强调纪律性的文化,不怕困难,想到做到,做到做好,作为基础性的 6S 工作落实,能为其他管理活动提供优质的管理平台。

(二) 6S 管理内容

整理(seiri)——将工作场所的任何物品区分为有必要的和没必要的,除了有必要的留下来，其他的都消除掉。目的是腾出空间，空间活用，防止误用，塑造清爽的工作场所。

整顿（seiton）——把留下来的必要的物品依规定位置摆放，并放置整齐加以标识。目的是使工作场所一目了然，消除寻找物品的时间，整整齐齐的工作环境，消除过多的积压物品。

清扫（seiso）——将工作场所内看得见与看不见的地方清扫干净，保持工作场所干净、亮丽。目的是稳定品质，减少工业伤害。

清洁（seiketsu）——将整理、整顿、清扫进行到底，并且制度化，经常保持环境处在美观的状态。目的是创造明朗的现场，维持上面3S的成果。

素养（shitsuke）——每位成员养成良好的习惯，并遵守规则做事，培养积极主动的精神（也称习惯性）。目的是培养习惯良好、遵守规则的员工，营造团队精神。

安全（security）——重视成员安全教育，每时每刻都有安全第一的观念，防患于未然。目的是建立安全的生产环境。所有的工作应建立在安全的前提下。

（三）6S 的主要作用

6S 管理是企业现场各类管理的基础活动，它有助于消除企业在生产过程中可能面临的各类不良现象。6S 管理在推行过程中，通过开展整理、整顿、清扫、安全等基本活动，使之成为制度性的清洁，最终提高员工的业务素养。因此，6S 管理对企业的作用是基础性的，也是不可估量的。6S 管理是环境与行为建设的国际性管理文化，能有效解决工作场所凌乱、无序的状况，能有效提升个人行动能力与素质，有效的改善文件、资料、档案的管理，能有效处理工具、物品、器械的管理，使工序简洁化、人性化、标准化，节约时间，提升工作效率，有效提升团队业绩。我们可以从以下四个方面来概括 6S 的管理作用。

（1）提升企业形象。实施 6S 管理，有助于企业形象的提升。因为整齐的清洁工作环境，不仅能使企业员工的士气得到激励，还能增强顾客的满意度，从而吸引更多的顾客与企业合作，并迅速提升企业的知名度，在同行中脱颖而出。因此，良好的现场管理是吸引顾客、增强客户信心的最佳广告。此外，良好的形象一经传播，就使 6S 管理企业成为其他企业学习的对象。因此，我们完全可以说 6S 管理是"最佳的推销员"。

（2）减少浪费。企业实施 6S 管理的目地之一就是减少生产过程的浪费。工厂中各种不良现象的存在，在人力、场所、时间、士气、效率等多方面给企业造成了很大浪费。企业通过 6S 管理的实施可以达到提高效率、减少场地浪费、降低不必要的材料及工具的浪费，减少"寻找"的浪费，减少工作差错，降低成本，其直接结果就是为企业增加利润。因此，我们说 6S 管理是"节约能手"。

（3）安全保障的基础。降低安全事故发生的可能性，这是很多企业，特别是制造加工类企业一直寻找的重要目标之一。6S 管理可以从三个方面保障企业的安全：①遵守作业标准，不易发生工作事故；②所有设备都进行清洁、点检，能预先发现存在的问题，从而消除安全隐患；③消防设施齐全，消防通道无阻塞，万一发生火灾或地震，员工生命安全保障大幅度提升。

6S 管理的实施，可以使工作场所显得宽敞明亮，地面上不随意摆放不应该摆放的物品，通道通畅，各项安全措施落到实处，并且 6S 管理的长期实施，可以培养工作人员认真负责的工作态度，这样也会减少安全事故的发生。所以，我们把 6S 管理说成是"安全专家"。

（4）标准化的有效推进。标准化是制度化的最高形式，它是一种非常有效的工作方法。有效地使用标准化可以使工作更便捷、高效、稳定。6S 管理强调作业标准化，并养成遵照标准做事的工作习惯。只有这样才能保证品质稳定，如期达成生产目标。因此，可以说 6S 管理是标准的推进者。

6S 管理法彻底改变了人们对传统工厂作业现场的印象，整洁高效的现场是最好的产品推销员。6S 可以减少浪费，提高工作效率，有助于实现生产作业的标准化，还可以为员工创造出更友好的工作环境。在我国，大多数生产型企业已经实行了 6S 法，中国海尔就是较早采用这一方法的知名企业之一。

【案例分析】

丰田汽车公司的生产运作管理

丰田市附近的丰田汽车公司的主机组装厂是一个生产多种小型客车的现代化大型工厂，丰田公司一直引以为豪，每年都有许多世界各地的人前来参观。

给人留下深刻印象之一的是流水线中各项任务工作量出奇的均衡。一般情况下，一项任务比其他工位的任务稍难或漫长，为了赶上生产进度，一些员工必须多做些工作，或是一些员工早于他人完成了自己的任务，因此他们可能会无事可做，或故意放慢工作的步调，这种不均衡的现象是常见的，也是人们预料之中的。

但在丰田公司的组装工厂里，各项任务在时间和工作量上都是相同的，每个人都在用同样一个步调工作。一项任务完成时，上下工序的员工也同时完成他们的任务。当某一环节出错时（如某个操作人员遇到了困难），反应过程也十分快速。这个操作人员会立即启动报警系统，这种系统会开动这个工作台上方的警报器和黄色旋转灯，一个电子板会自动闪亮以显示故障的工作台及克服故障需要的时间，其他工作台的一个或多个员工会拿上工具箱，赶到发生故障的工作台，帮助同事恢复正常工作。

一班工作结束时，电子板就会汇总所发生的故障及其原因，然后，这些问题就成了项目改进的焦点。这个例子的关键在于，它向我们展示了日本公司一个十分明显的特征：通过工程改进追求工程的不间断性，每一个误差都得仔细检查、诊断和修正。任何事情都不能任其自然，任何缺陷，无论多么罕见，都不会被看作可忽略的纯随机事件。这种精神是实现真正 JIT 所必不可少的！所有精力都集中于保持工作的持续、不间断性，就像流水一般。仅 1986 年，只有 6 万员工的丰田工厂竟收到了 260 万条改进建议！其中，96％的建议被管理层或员工自己采纳实施。

从丰田经验所得到的与 JIT 有关的事情令人难以忘记。工厂里，除了组装线上正在组装的汽车外，根本没有任何库存。正常情况下，人们预料在这里会看到成堆的车门板、保险杠、座位、挡风玻璃、发动机、离合器、转动轴等。但在丰田工厂，除了一些价位较低的零部件外,其他什么都没有,在那儿,装运卡车不断地开到导轨上,一个一个卸下零件之后,另一辆车取代它的位置,这辆车则返回供应厂去装下一批货。这让那些熟悉汽车生产的人都难以相信,更惊人的是导轨上的汽车并不都一样,有着不同发动机的轿车、旅行车等按交叉顺序排列在导轨上。由于提前通知部件供应商有关信息,其装运车就相应地按顺序装载。

以组装发动机的那一段生产线为例,一辆敞口装运车开到它的导轨上,一个装卸扳手将左边的发动机取下,回摆,在操作员的引导下把发动机放到汽车主体的相应位置,接着操作员把汽车沿其导轨移到下一站,又由下一工作台把发动机固定。装卸扳手则回到下一辆装运车前,把发动机从支架上取下,回摆,再把它放到导轨的下一辆汽车主体上,如此等等。导轨上的汽车类型不同,供应厂商将会按丰田公司组装线的要求顺序装载不同的发动机。

(资料来源:肖智军,党新民.2005.精益生产方式JIT.广州:广东经济出版社:267-272.)

思考题:
1. 上述案例给你的启示是什么?
2. 实现JIT有哪些基本的手段?
3. 谈谈您自己对JIT的认识和看法。

【技能训练】

组织设施布置方案分析与优化设计

实训目标:
1. 掌握制造企业生产系统设施规划和优化布置的具体方法。
2. 培养学生团队协作精神、以团队方式分析问题和解决问题的能力。
3. 加深对本课程理论与方法的掌握,培养学生分析和解决生产运作系统问题的能力。

实训形式与要求:
1. 学生自选或指定一家企业、服务网点或超市等,策划"组织设施布置方案分析与优化设计"活动。由指导教师向学生发放课程设计背景资料,向学生讲述本次技能训练设计方法、步骤和要求。
2. 设计过程按3~6人为一组,采取课堂集中辅导、分散设计的方式进行。
3. 各组设一个组长,负责组织和协调本小组的讨论、任务分工等。
4. 设计过程必须在本组独立完成,不得跨组参考或抄袭,避免方案出现雷同。
5. 设计原则上在两周内做完。

实训内容:
1. 调研所需资料
(1) 了解并绘制该组织或服务网点现有设施布置草图。
(2) 掌握一定时间内的生产订单(或服务要求),包括产品品种、数量、交货期等。
(3) 各订单产品(服务)的工艺流程。
2. 车间设施规划与布置设计步骤
(1) 了解和分析原有设施布置图,分析其设施布置方案的优缺点。
(2) 根据手头掌握的订单生产任务量,统计各中心(工序)的物流量,并画出该车间设施之间物料运输量矩阵表。

（3）根据原有设施布置图，确定设施距离矩阵表。

（4）计算并分析原有布置方案的工作总量。

（5）用从至表——实验法，对现有布置方案进行优化，寻求并得到较优布置方案。

（6）采用物流量矩阵表和工作中心距离矩阵表，计算优化布置方案的运输工作总量，并比较新旧方案的物流运输量工作量结果。

（7）画出新的合适优化布局图——明确标注各工作中心名称、面积形状大小、所处位置、包括通道、储存区、出入口等。

3. 设计原则

(1) 设施布置要求在现有生产条件的基础上，达到运输工作总量最小化。

(2) 既要满足客户交货期要求，又要充分利用设备和人力，达到成本最小化。

4. 提交设计报告

（1）最终设计结果要求提供详细的计划编制报告书。解释设计过程的每一步，说明设计思路和依据，计算过程和计算结果。

（2）设备布置方案的设计草图。

成果检验：

1. 在小组分工协作、充分讨论、相互启发的基础上形成设计方案，最终提交一份课程设计报告。

2. 各小组选出一个代表，代表全组进行方案演示和答辩，在各组推选代表进行方案介绍的基础上，各组分别对其他组评分，并指出成功与不足，推选 2~3 个优秀设计方案。

【思考题】

1. 什么是生产运作管理？

2. 影响企业厂址选择的因素有哪些？

3. 生产计划主要指标有哪些？

4. 什么是生产控制？生产控制的主要方法有哪些？

5. 简述准时化生产方式的含义及特征。

6. 分析服务业运营管理与制造业运营的主要差异。

7. 服务型组织如何利用运营管理的技术？给出你所在学校（教育服务的提供商）的例子。

8. 考虑一个在你看来提供高质量产品和服务的企业。这些企业的哪些特性让你觉得它们的质量高？你认为每个人都会同意你的判断吗？为什么？

第八章

财务管理

【学习目标与要求】
- 理解企业财务管理的基本概念。
- 掌握企业财务管理的目标。
- 掌握企业财务管理的基本内容与方法。

牛肉面中的理财经

跟朋友在路边一个不起眼的小店吃面，由于客人不多，我们就顺便和小老板聊了会儿。谈及如今的生意，老板感慨颇多，他曾经辉煌过，于兰州拉面最火的时候在闹市开了家拉面馆，日进斗金啊！后来却不做了，朋友心存疑虑地问他为什么。

"现在的人聪明啊"！老板说，"我当时雇了个会做拉面的师傅，但在工资上总也谈不拢"。

"开始的时候为了调动他的积极性我们是按销售量分成的，一碗面给他5角钱的提成，经过一段时间，他发现客人越多他的收入也越多，这样一来他就在每碗面里放超量的牛肉来吸引回头客"，"一碗面才四块，本来就靠薄利多销，他每碗多放几片牛肉我还赚哪门子钱啊"！

"后来看着这样不行，钱全被他赚去了！就换了种分配方式，给他每月发固定工资，工资给高点也无所谓，这样他不至于多加牛肉了吧！因为客多客少和他的收入没关系"。

"但你猜怎么着"？老板有点激动了，"他在每碗面里都少放许多牛肉，把客人都赶走了"！"这是为什么"？这下轮到我们激动了。"牛肉的分量少，顾客就不满意，回头客就少，生意肯定就清淡，他（大师傅）才不管赚不赚钱呢，他拿固定的工钱巴不得你天天没客人才清闲呢"！

结果一个很好的项目因为管理不善黯然退出市场，尽管被管理者只有一个。

（资料来源：胥朝阳，王静.2010.精编财务管理原理（第2版）.武汉：武汉理工大学出版社.）

第一节 财务管理概述

公司的目标就是创造价值,在从事价值创造的过程中,要进行各项经济活动并处理好同各方有关的经济关系,即财务活动和财务关系。那么,企业在生产经营过程中主要有哪些财务活动,在财务活动的过程中要处理哪些关系呢?本节将阐述这些基本内容。

财务管理是基于企业生产循环过程中客观存在的财务活动和财务关系而产生的,是企业组织财务活动、处理与各方面财务关系所形成的一项经济管理工作。企业财务活动指资金的筹集、投放、使用、回收及分配等一系列行为,表现为资金的流转。财务关系也是资金流转过程中相关各方所形成的经济利益关系。

一、企业财务活动

财务管理是基于企业客观存在的财务活动、财务关系而实施的管理。财务活动是企业的资金运动;财务关系是企业资金运动体现的经济关系。企业的资金运动,就是通过筹资、投资、用资和配资的财务活动来实现连续的运动。企业财务活动指资金的筹集、投放、使用、回收及分配等一系列行为。从整体上讲,财务管理的内容包括筹资管理、投资管理、用资管理和配资管理等四项管理。

(一) 企业筹资活动

企业从各种渠道以各种形式筹集资金,是资金运动的起点。筹资指企业为了满足投资和用资的需要,筹措和集中所需资金的过程。

企业为了开展经营活动或者为了扩大经营规模以及对外投资等,都必须筹集一定数量的资金。因此,筹资是企业的一项重要的、经常性的财务活动。企业生产经营所需要的资金,可以采用吸收直接投资,或者发行股票等方式筹集自有资本(即主权资本),也可以向银行申请借款或者发行公司债券等方式筹集负债资本。企业从投资者和债权人那里筹集的主要是货币资金。根据企业生产经营的实际需要也可以有选择地吸收一部分实物资产或无形资产。企业筹资活动所取得的资金形成了资金收入,而支付各项筹资费用、支付利息、偿还借款等是引起的资金费用,上述所发生的资金收支活动是由筹资所形成的财务活动。

总体来讲,企业可以从两方面筹资并形成两种性质的资金来源:一是权益资金,它是企业通过向投资者吸收直接投资、发行股票、企业内部留存收益等方式取得的自有资金;二是负债资金,它是企业通过向银行借款、发行债券、应付款项等各种方式取得的债务资金。企业吸收直接投资、发行股票、向银行借款、发行债券等方式筹集的资金,表现为企业资金的流入。企业偿还借款、支付利息、投资以及付出各种筹资费用等,表现为企业资金的流出。这种资金筹集而产生的资金收支,便是企业筹资引起的财务活动。

在筹资过程中,企业应做好筹资规划,以保证投资所需资金;同时,还要通过筹资渠道、筹资方式或工具的选择,合理确定筹资结构,以降低筹资的成本和风险,实现预期经营目标。

(二) 企业投资活动

企业筹集资金的目的是为了把资金用于经营活动以谋求最大的盈利。投资指企业将筹集的资金投入使用的过程，包括对内使用资金和对外投放资金。企业筹集的资金，若投入到生产经营性资产上，便会形成企业的对内投资，如购置设备、兴建厂房、购进原材料、支付工资等；企业若把资金投放于金融性资产，便形成对外投资，如购买其他企业的股票、其他企业的债券、政府公债、投资基金或与其他企业联营等。无论是购买内部所需要的各种资产，还是购买外部各种证券，企业都需要支付相应的资金。当运用这些资产从事生产和销售活动，把产品、商品售出或收回对外投资时，便可取得收入，收回资金。这种因企业投资产生的资金收支便是投资引起的财务活动。

(三) 企业经营活动

在企业的日常生产经营过程中，会发生一系列的资金收付。第一，企业要采购材料或商品、支付工资和其他营业费用，以便从事生产和销售活动；第二，当企业把所经营的产品或商品售出后，便可取得收入，收回资金；第三，如果企业现有资金不能满足企业经营的需要，还要采取短期借款、赊购等方式筹集所需要的资金。上述经营活动的各个环节都会产生企业资金的收付。这就是因企业经营而引起的财务活动，也称为资金营运活动。

企业生产经营过程，既是物资产品的生产和形成过程，也是价值的形成和实现过程。在企业生产经营过程中，必然发生一系列的资金收支活动。例如，在采购阶段，购买生产经营所需要的各种材料物资；在生产阶段，支付员工的工资、津贴、奖金等劳动报酬以及支付各项管理费用等；在销售阶段，企业向市场提供产品或服务等，都会发生资金的支出。实现营业收入的同时，企业还会与有关客户发生债权或债务的资金结算。这些活动所发生的资金收支就是企业生产经营活动中用资金形成的财务活动。

(四) 企业分配活动

企业在经营过程中会产生利润，对外投资也会给企业带来利润，这表现为企业有了资产的增值或负债的减少。企业获得的利润要按规定的程序进行分配。首先要依法纳税；其次要弥补亏损、提取公积金、公益金；最后要向投资者分配利润。这种因利润分配产生的资金收支便属于由利润分配引起的财务活动。就是说，对企业生产经营过程形成的利润以及对外投资取得的收益按照法定程序进行分配。从广义来看，包括对收入的分配和对利润的分配；从狭义来看，仅仅指利润分配。按照财务制度规定，企业一定时期所实现的收益，首先根据税法规定弥补以前年度的亏损，并且依法交纳所得税；其次按照规定的办法和标准提取盈余公积金和公益金；最后在企业投资者间对剩余部分进行分配。

上述互相联系又有一定区别的四个方面相互依存，构成了完整的企业财务活动，是企业财务管理的基本内容。

二、企业财务管理的原则

企业开展财务管理工作，就是要充分发挥财务管理的运筹作用，力争实现企业内部条件、外部环境和企业目标之间的动态平衡，并从平衡中寻求发展，促使企业实现其发展战略和经营目标。因此，遵循一定的财务管理原则，是企业财务活动的内在要求。一般而言，企业财务管理原则包括：①资本结构优化原则。资本结构优化原则指企业在资金筹集过程中要充分考虑资金成本的高低，注意发挥财务杠杆的作用，选择最佳的筹资方式，保持最有利于实现企业发展战略和财务目标的资本结构。②资源有效配置原则。资源有效配置原则指企业在生产经营过程中，对拥有的各项资源进行有效配置和优化组合，并随着生产经营和市场竞争情况的变化不断进行动态调整，使其发挥最大的利用效果。③现金收支平衡原则。现金收支平衡原则指企业在组织财务活动中，力求使现金收支在数量上和时间上达到动态的协调平衡，实现资金链条环环相扣，以保证企业生产经营活动持续不断地顺利进行。④成本效益最优原则。成本效益最优原则指企业在生产经营活动中，加强成本管理，控制费用水平，实现以尽可能少的成本耗费获得最大化的经济效益，从而增强企业的成本竞争优势。⑤收益风险均衡原则。收益风险均衡原则指企业在组织财务活动中，对存在的收益与风险互相依存的关系，经过充分评估进行正确的抉择，以取得合理的平衡。⑥分级授权管理原则。分级授权管理原则指企业应建立内部分级归口财务管理制度，规定企业内部不同管理层次、不同部门的财务管理权限及相应的责任，明确互相制约又互相配合的管理关系。⑦利益关系协调原则。利益关系协调原则指企业利用经济手段处理相关利益主体的财务关系，兼顾投资者、经营者及其他职工、债权人和社会等各方利益，为企业创造和谐的运行环境。

三、财务管理的特点

企业生产经营活动的复杂性，决定了企业管理必须包括多方面的内容，如生产管理、技术管理、劳动人事管理、设备管理、销售管理、质量管理、关系管理和财务管理等。上述各项工作既互相联系、紧密配合，又有科学的分类，具有各自的特点。

(1) 财务管理是一项综合性管理工作。企业管理在实行分工、分权的过程中形成了一系列专业管理，有的侧重于使用价值的管理，有的侧重于信息的管理。社会经济的发展，要求财务管理主要是运用价值形式对经营活动实施管理。通过价值形式，把企业拥有的经济资源、经营过程和经营成果进行合理地规划和控制，达到企业效益不断提高、财富不断增加的目的。因此，财务管理既是企业管理的一个独立方面，又是一项综合性的管理工作。

(2) 财务管理与企业各方面具有广泛联系。在企业中，一切涉及资金的收支活动，都属于财务管理的范畴。事实上，企业内部各部门与资金不发生联系的现象是很少见的。因此，财务管理的触角，常常伸向企业经营的各个角落。每一个部门都会通过资金的使用与财务部门发生联系，每一个部门都要在合理使用资金、节约资金等方面接受财务部门的指导，受到财务制度的约束，以此保证企业经济效益的提高。

(3) 财务管理能迅速反映企业的生产经营状况。在企业管理中，决策是否得当，经营是否合理，技术是否先进，产销是否顺畅，都会迅速地在企业财务指标中得到反映。企业生产的产品如果适销对路，质量优良可靠，可带动生产发展，实现产销两旺，加快资金周转，增强盈利能力，这一切都可以通过各种财务指标迅速地反映出来。因此，财务管理工作既有独立性，又受整个企业管理工作的制约。财务部门应通过自己的工作，向企业管理者及时通报有关财务指标的变化情况，以便把各部门的工作都纳入提高经济效益的轨道，努力实现财务管理的目标。

四、财务管理的环境

企业的财务管理环境又称理财环境，指对企业财务活动产生影响作用的企业外部条件。它们是企业财务决策难以改变的外部约束条件，更多的是适应它们的要求和变化。财务管理的环境主要包括法律环境、金融市场环境和经济环境。

（一）法律环境

财务管理的法律环境指企业和外部发生经济关系时应遵守的各种法律、法规和规章。企业的理财活动，无论是筹资、投资还是利润分配，都要和企业外部发生经济关系。在处理这些经济关系时，应当遵守有关的法律规范。相关的法律包括以下三类。

(1) 企业组织法规：包括《公司法》、《企业法》、《合伙企业法》、《个人独资企业法》及《外资企业法》等法律；《登记管理条例》、《外资企业法实施细则》等法规和规章。

(2) 税收法规：包括《企业所得税法》、《税收征收管理法》等法律；《增值税暂行条例》、《营业税暂行条例》、《消费税暂行条例》、《资源税暂行条例》、《进出口关税条例》、《企业所得税法实施条例》、《税收征收管理法实施条例》等法规；《增值税暂行条例实施细则》、《营业税暂行条例实施细则》、《消费税暂行条例实施细则》、《资源税暂行条例实施细则》、《进出口关税条例实施细则》等规章。

(3) 财务法规：包括《中华人民共和国会计法》、《企业财务通则》、《企业财务会计报告条例》、《国有资本金绩效评价规则》及《证券法》、《合同法》等，这些法律法规的颁布给企业的财务活动带来了重大影响。

（二）金融市场环境

1. 金融市场与企业理财

广义的金融市场，指一切资本流动的场所，包括实物资本和货币资本的流动市场。狭义的金融市场一般指有价证券市场，即股票和债券的发行和买卖市场。

金融市场具有的作用为：①金融市场是企业投资和筹资的场所。②企业通过金融市场使长短期资金互相转化。③金融市场为企业理财提供有意义的信息。

2. 金融资产的特点

金融性资产的特点包括：流动性、收益性、风险性。其中，流动性和收益性呈反比；风险性和流动性呈反比；收益性和风险性呈正比。

3. 金融市场上利率的决定因素

在金融市场，利率是资金使用权的价格，它可以用以下公式表示：

$$利率 = 纯粹利率 + 通货膨胀附加率 + 风险附加率$$

纯粹利率指无通货膨胀、无风险情况下的平均利率。在没有通货膨胀时，国库券的利率可以视为纯粹利率。纯粹利率的高低受平均利润率、资金供求关系和国家调节的影响。

利息是利润的一部分，所以利息率依存利润率，并受平均利润率的制约。一般而言，利息率随平均利润率的提高而提高，利息率的最高限度不能超过平均利润率；利息率最低限度大于零，不可能等于或小于零。至于利息率占平均利润率的多少，要看竞争结果。在平均利润率不变时，金融市场上的供求关系决定市场利率水平。经济高涨，供应量不变，利率上升。反之亦然。政府为了防止经济过热，在减少货币供应量的同时，利率上升。反之亦然。

通货膨胀附加率，以弥补通货膨胀造成的购买力损失。每次发行的国库券利率随预期通货膨胀率的变化而变化，国库券的利率等于纯粹利率加上预期通货膨胀率。

风险附加率，指投资者要求资金能否保证收回本金而采取的收益。风险越大要求的收益率越高，风险和收益存在对等的关系，是投资者要求的风险补偿。

（三）经济环境

经济环境主要指企业从事财务活动的宏观经济环境，具体包括以下四个方面。

（1）国家的经济政策。政府具有宏观调控经济的职能。社会经济发展规划、政府产业政策、经济体制改革措施及财经法规，对企业的生产经营和财务活动都有重大影响。国家的各项经济政策都是用以促进国民经济发展的，但不同地区、不同行业的政策存在一定的差异。企业在财务决策时要认真研究国家的经济政策，按照政策导向行事，趋利除弊，做到既有利于国民经济发展，又有利于增强企业自身的经济实力。

（2）经济发展状况。经济发展状况对企业理财有重大影响。社会经济发展存在周期性是人所共知的现象，我国的经济发展与运行也呈现周期性的波动。过去若干次投资膨胀、生产高涨的过热现象，致使国家采取控制投资、紧缩银根等措施进行调控。经济的快速发展，为企业扩大规模、调整方向、打开市场以及拓宽财务活动领域带来了机遇。同时，经济的快速发展与资金紧张又是客观存在的一对矛盾，这给企业的财务管理带来了严峻的挑战。此外，由于国际经济交流与合作的发展，全球经济活动日趋融合，西方经济周期的影响不同程度地波及我国的一些企业。因此，企业财务管理人员应熟悉国内外经济环境，把握经济发展周期，为实现企业经营目标和经营战略服务。

（3）通货膨胀。通货膨胀不仅危害消费者，也给企业理财带来很大困难。例如，通货膨胀会引起企业利润虚增，造成企业资金流失，资金占用大量增加，加大企业资金需求，引起利率上升，加大企业资金成本，引起有价证券价格下降，增加企业筹资难度等。企业对通货膨胀本身无能为力，只有中央政府才能控制通货膨胀速度。作为财务管理人员，应能预测通货膨胀的发生及其影响，并采取积极主动的应对措施，减少其不利影响。

(4) 市场竞争。竞争广泛存在于市场经济,任何企业都无法回避。市场经济竞争不仅最终体现为产品和服务的竞争,而且表现为人才竞争、技术竞争、资金竞争、信息竞争和管理竞争。市场经济是一种竞争经济。竞争是市场经济系统得以运行的动力,并由此推动经济发展。但对企业来说,竞争既是机会,也是威胁。作为企业财务管理人员应认真研究本企业及竞争对手的特点,弄清自身的优势和劣势,分析造成这种情况的原因,探求对策,为企业做出财务决策、制定财务策略提供可靠的依据,使企业在竞争中立于不败之地。

第二节 财务管理的目标

企业财务管理的目标,简称财务目标,指企业财务管理工作所要达到的根本目的。它是企业财务管理工作的出发点和落脚点,是企业管理总目标的重要组成部分。财务目标具有稳定性、多元性和层次性的特点。稳定性指在一个阶段,企业制定的财务目标应当保持相对稳定;多元性指财务目标一般由主导目标和辅助目标组成;层次性指财务目标可分为整体目标、局部目标和具体目标。

财务管理的目标取决于企业的总目标,并且受财务管理自身特点的制约。根据现代企业财务管理理论和实践,最具有代表性的财务管理目标主要有以下几类。

一、企业的总目标

企业总目标可以概括为生存、发展、获利。

(一) 生存

企业只有生存,才可能获利。企业生存依托于市场,包括商品市场、金融市场、人力资源市场、技术市场等。企业生存的第一个基本条件是以收抵支。企业一方面付出货币,从市场取得所需的资源,另一方面提供市场需要的商品或服务,从市场换回货币。企业的获得至少要等于付出,才能继续经营,这是企业长期得以生存的基本条件。如果企业长期亏损,扭亏无望,就失去了存在的意义,会不断地消耗社会资源,为避免进一步扩大损失,股东会主动决定终止企业。

企业生存的另一个基本条件是到期偿债。企业为扩大业务规模或满足经营周转的临时需要,可以向其他个人或法人举债。国家立法规定债务人必须"偿还到期债务",必要时"破产偿还"。如果企业不能偿还到期债务,就可能被债权人接管或被法院判定破产。

因此,企业生存的危机主要来自两个方面:一个是长期亏损,它是企业终止的内在原因;另一个是不能偿还到期债务,它是企业终止的直接原因。亏损企业为维持运营被迫进行偿债性融资,借新债还旧债,如不能扭亏为盈,迟早会因借不到钱而无法周转,不能偿还到期债务。盈利企业由于极速扩张等原因,可能冒险失败,无法偿还到期债务,也陷入破产风险。因此,力求保持以收抵支和偿还到期债务的能力,减少破产的风险,使企业能够长期、稳定地生存下去,是对财务管理的第一个要求。

(二) 发展

企业是在发展中求得生存的。企业的生产经营是"逆水行舟,不进则退"。在竞争空前激烈的现代社会,企业必须不断推出更好、更新、更受顾客欢迎的产品,才能在市场中立足。一个企业如果不能发展,不能提高产品和服务的质量,不能扩大自己的市场份额,产品就没有核心竞争力,就会在竞争中被淘汰。

企业的发展集中表现为扩大收入。扩大收入的根本途径是提升产品核心竞争力,提高产品的质量,扩大销量,这就要求企业要不断更新设备、技术和工艺,并不断提高各种人员的素质,即投入更多、更好的物质资源、人力资源,并改进技术和管理方法。在市场经济中,各种资源的取得,都需要付出资金,企业的发展离不开资金。

因此,筹集企业发展所需的资金,是对财务管理的第二个要求。

(三) 获利

企业存在的目的是获利。已经建立起来的企业,虽然有提高职工收入、改善劳动条件、扩大市场份额、提升产品质量、减少环境污染等多种目标,但是增加盈利是其最具提高综合能力的目标。盈利不但体现企业的出发点和归宿点,还可以概括其他目标的实现程度,并有助于其他目标的实现。

从财务上看,盈利就是使资产获得超过其投资的回报。每项资金都有成本有回报。企业要最大限度地利用现有资产,使其能创造出最大的效益。

因此,合理、有效地使用资金并使企业获利,是对财务管理的第三个要求。

综上所述,企业的目标是生存、发展和获利。这就要求财务管理完成筹措资金、有效使用资金的任务。企业能够生存并成功,很大程度上取决于它过去和现在的财务政策。财务管理不仅与资产的获得及合理使用的决策有关,还与企业的生产、销售管理有直接联系。

二、利润最大化

这种观点认为,利润代表了企业新创造的财富。利润越多说明企业的财富越多,越接近企业的目标。

利润是企业按照配比原则将一定期间的全部收入减去全部费用后的差额,是衡量企业经济效益、考核企业经营成果的重要指标之一。企业实现的利润越多,一定程度上反映企业的经济效益越好,对社会的贡献越大,企业资本补充的能力越强。企业从资金筹集、资金投放、资产营运到成本控制等财务活动的各个环节,无一不是为降低成本消耗以实现利润最大化为目的的。所以,以利润最大化为企业的财务目标具有一定的道理,但这只能作为短期财务目标,不能作为企业长期的、整体性的财务目标。

以利润最大化为企业财务管理的目标,的确有一定道理。因为利润是增加所有者投资收益的来源,也是形成资本公积和扩大经营规模所需资金的重要来源。但是,利润最大化目标也有一些难以克服的弊端。首先,利润最大化中的"利润"是一个绝对数,它不能反映利润额与投入资本额的比率关系,不能科学地说明企业经济效益水平的高低;

其次，利润额是特定时期实现的利润，它没有考虑资金的时间价值，更没有反映风险等因素；最后，过分强调利润额的增加，可能迫使企业管理者一味追求短期经营利益，导致利润虚增和资产高估，一旦环境发生不利变化，企业就会陷入困境。

三、每股盈余最大化

这种观点认为，应当把企业的利润和股东投入的资本联系起来考察，用每股盈余（或权益资本净利率）概括企业的财务目标，可以避免"利润最大化目标"的缺点。

资本利润率是利润额与资本额的比率。每股收益指归属于普通股东的利润额与发行在外的普通股股本数的比例。该指标适用于股份制企业。这里的利润额一般指净利润。以上两个指标都是相对数，因此可以反映企业实现的利润与投入资本的关系，有利于不同规模的企业或同一企业不同时期经营成果的对比，揭示其盈利水平的差异。

这种观点比第一种观点稍有改进，但也存在一些缺陷。每股收益最大化的目标能够说明企业的盈利水平，可以在不同规模的企业间进行对比，也可以在同一个企业的不同期间进行对比，以揭示盈利水平的差别。但是，该指标仍然没有考虑资金时间价值和风险价值，也不可避免地引起企业短期行为，可能与企业的发展战略目标相背。

四、股东财富最大化

这种观点认为，企业所有者创办企业的目的是扩大其财富，而财富的最大化取决于企业价值的最大化。所谓"企业价值"，指企业能给投资者带来的财富，既包括从企业获得正常利润，也包括出售股权获取资本利得。就股份有限公司而言，企业价值最大化最终体现在股票的市场价格。

因为股票的市场价格体现了投资公众对公司价值的客观评价。公司股票价格的高低，不仅反映了公司目前和未来的获利能力、预期收益，同时也体现了资金的时间价值和风险等因素。因此，可以说企业价值就是企业的市场价值，是企业所能创造的未来预期的现金流量的现值，反映企业潜在的获利能力和成长能力。未来现金流量的现值这个概念，包括了资金时间价值和风险价值两个方面的因素。

企业价值指企业的市场价值，是企业所能创造的预计未来现金流量的现值，不是账而是价值。它反映了企业潜在或预期的获利能力与成长能力。对上市公司而言，企业的市场价值取决于股票价格和数量；对非上市公司而言，企业的价值要以投资者预期投资时间为起点，通过将未来现金流量（主要指投资收益）按预期投资时间以相同口径进行折现来计算。企业现金流量的折现值，就是企业的价值。企业所得的投资收益越多，实现收益的时间越短，应得的报酬越确定，企业的价值就越大。很显然，这种计算办法既考虑了资金的时间价值，又考虑了风险因素。同时，追求企业价值最大化，既体现企业对资产保值增值的要求，也有利于社会资源的合理配置。因此，这一目标克服了前两种目标的诸多缺陷，被认为是目前经济体制下相对较为合理并被普遍接受的一种财务目标。

这种观点的优点是：①该目标考虑了资金的时间价值和投资的风险价值。②该目标反映了对企业资产保值增值的要求。③该目标有利于克服管理的片面性和短期行为。

④该目标有利于社会资源合理配置。

当然，以企业价值最大化为财务目标也存在一些问题。例如，对非上市公司而言，企业价值的评估很难做到客观和准确；对上市公司而言，虽然可通过股价变动反映企业的价值，但由于股价本身也受多种因素影响，有时也不一定能真实反映企业的实际价值。特别是在即期市场及股票市场不稳定的情况下，这种可能性表现得尤为明显。对此，我们必须有清醒的认识。

五、财务管理目标的协调

企业财务管理目标是企业价值最大化。根据这一目标，财务活动所涉及的不同利益主体如何进行协调是财务管理必须解决的问题。企业的本质是利益相关者的契约集合体。企业要实现财务目标，必须正确处理好各利益相关者的关系，努力协调好他们之间存在的矛盾。

企业财务活动涉及不同的利益主体，其中最主要的是股东、经营者和债权人，这三者的关系构成了企业最重要的财务关系。企业是所有者即股东的企业，也是经营者和债权人等利益相关者的企业；财务管理目标是股东的目标，也应当兼顾经营者和债权人的目标，但经营者、债权人与股东的目标并不完全一致，企业只有协调好这三个方面的矛盾，才能实现"股东财富最大化"的目标。

（一）股东和经营者的矛盾与协调

股东为企业提供资本金，目标是使其财富最大化。经营者希望在提高企业价值或股东财富的同时，提高自己的报酬、荣誉和社会地位，增加闲暇时间，降低劳动强度。经营者有可能为了自己的目标背离股东目标，如借口工作需要乱花股东的钱，装修豪华的办公室，买高档汽车，增加享受成本等；或者蓄意压低股票价格，以自己的名义借款买回，导致股东财富受损，自己从中渔利。为了解决或弱化这一矛盾，股东通常可以采取监督和激励两种办法来协调自己和经营者的目标。监督是通过公司的监事会来检查公司财务。当经营者的行为损害股东利益时，要求董事和经理予以纠正，解聘有关责任人员；另外，股东也可以支付审计费，聘请注册会计师审查企业财务情况，监督经营者的财务行为。激励是把经营者的报酬同其绩效挂钩，通过"股票选择权"、"绩效股"等形式，使经营者自觉自愿采取各种措施提高股票市价，从而达到股东财富最大化的目标。

（二）股东和债权人的矛盾与协调

债权人把资金交给企业，其目标是到期收回本金，并获得约定的利息收入。企业借款的目的是用它扩大经营规模，投资有风险的经营项目。资金一旦到了企业手里，债权人就失去了控制权，股东可以通过经营者为自身利益而伤害债权人利益。例如，不经过债权人同意，投资比预期风险高的新项目，若侥幸成功，超额利润会被股东独吞；若不幸失败，债权人也将遭受损失。债权人如何保护自己的财富呢？一方面债权人寻求立法保护，如破产时优先接管，优先于股东分配剩余财产等。另一方面还可以在借款合同中加入限制性条款，如规定资金用途，规定不得发行新债的数额。当发现公司有意侵蚀其债权价值时，可提前收回借款，拒绝进一步合作等。

（三）财务管理目标与社会责任

企业财务管理目标与社会目标在许多方面是一致的，企业在追求自己的目标时，必然为社会提供服务，自然会使社会受益。例如，企业为了生存，必须生产符合社会需要的产品，满足消费者的需求；企业为了发展，要扩大规模，自然会增加职工人数，解决社会就业问题；企业为了获利，必须提高劳动生产率，改进产品质量，改善服务，从而提高社会生产效率和公众的生活质量。但企业财务管理目标与社会目标也有不一致的地方。例如，企业为了获利，可能生产伪劣产品；可能不顾工人的健康和利益；可能造成环境污染；可能损害其他企业的利益等。国家要保护所有公民的正当权益，股东只是社会中的一部分，他们在谋求自己利益的同时，不能损害他人利益。为此，国家颁布一系列保护公众利益的法律法规，如反暴利法、环境保护法、消费者权益保护法和产品质量法等。通过这些法律法规来强制企业承担社会责任，调节股东和社会公众的利益。财务管理目标与社会责任的关系分析如表8-1所示。

表8-1 财务管理目标与社会责任的关系分析

关系人	目标	与股东冲突的表现	协调方法
经营者	报酬、闲暇、风险	道德风险、逆向选择	解聘、接收、激励
债权人	到期收回本金、利息	违约投资高风险项目 发新债使旧债券贬值	契约限制 终止合作
社会公众	可持续发展	伪劣产品、环境污染、劳动保护	法律规范、道德约束 行政监督、舆论监督

阅读链接

财务管理目标演进——MT企业财务管理目标选择

化名MT企业，成立于1960年，属于国有单位，当初设矿时，全部职工不过200人，拥有固定资产40万元，流动资金10万元，矿长王宏志等一班人均享受国家处级待遇，且全部由上级主管部门——某地区煤炭管理局任命。企业的主要任务是完成国家下达的煤炭生产任务。

由于年年超额完成国家下达的生产任务，MT企业多次被评为"红旗单位"，矿长王宏志也多次被评为地区劳动模范。MT企业生产的煤炭属于优质煤，由国家无偿调配。企业所需的生产资料和资金每年均由某地区煤炭管理局预算下拨。曾有参观团问王矿长："你们的材料充足吗？车辆够用吗？"王矿长没有直接回答，而是领着他们参观了一下仓库。参观团所见：仓库堆满了尖镐、铁锹等备用工具，足可以放心地使用三年，车库停放五辆披满灰尘的解放牌汽车。有人用手一擦，惊叹道：呵，全是新的，你们企业真富有！

20世纪80年代，经济形势发生了深刻变化——计划经济时代结束，市场经济时代来临。国家对企业拨款实行有偿制,流动资金实行贷款制,产品取消调配制,导致MT企业昼间产生了危机感。好在王宏志矿长能够解放思想、大胆改革。首先,成立了销售部,健全了会计机构,引进一批刚刚毕业的大学毕业生,同时在社会上招聘了一批专业人才,使企业人员素质大幅度提高,队伍壮大到400人。人员管理方面,打破了"大锅饭",引入竞争机制,人员与工作挂钩;物资管理方面,实行限额领料、定额储备、定额消耗制度;成本管理方面,推行全员负责制;生产管理方面,实行以销定产、三班工作制;销售管理方面,实行优质优价、送货上门制度等。按王矿长的话讲:"我们所做的一切管理工作,都是为了实现自负盈亏,多创造利润,为国家多做贡献,为企业员工多发奖金,多搞福利"。

MT企业从规模上讲属于中小企业。20世纪90年代,随着市场经济的建立,以及国家抓大放小政策的实施,MT企业不得不走向股份制改造之路。1994年10月,国家将MT企业的净资产2000万元转化为2000万股,向社会发售,每股面值1元,售价2元,民营企业家石开购得1000万股,其余股份被50位小股东分割。石开自然成为董事长,经董事会选举、董事长任命,杨记担任了MT股份有限公司的总经理。辛苦工作几十年,卓有贡献的矿长王宏志就此哀叹地离休了。

MT公司成立后,决策层首先考虑的是负债融资问题,目标资本结构,自有与借入之比为1:1,其次考虑的是更新设备、引进先进生产线等重大投资问题。董事会决议:利用五年左右的时间使企业的生产技术水平赶上一流水平,企业产品在本地区市场占有率达到20%,在全国市场占有率达到3%,资本(自有资金)报酬率达到26%,股票争取上市并力争价格突破15元/股。

(资料来源:吴平安等.2001.财务管理学教学案例.北京:中国审计出版社.)

第三节 企业财务管理的基本内容与方法

一、企业财务管理的原则

(一) 资源配置优化原则

在企业既定经营规模和一定生产技术条件下,生产经营所需要的各种物资资源的数量总额是有一定限度的。各种资源只有在这个数量限额内形成最佳配置,才能使资源的有效作用最大限度地发挥出来。以财务结构比例表示的资源配置结构合理,才能保证生产经营活动的顺利进行,并实现最大的经济效益。反之,资源配置的结构比例失调,就会影响生产经营活动的顺利进行,甚至会使企业经营陷于困境。可见,通过对资金的合理运用和有效调节来实现企业资源的优化配置,是财务管理的一项基本要求。

(二) 收入支出平衡原则

要保证资金循环周转的畅通无阻,不仅必须要求资金收支在数量上保持平衡,还要求收支在时间上协调一致。也就是说,资金的收入数量要能满足经营过程各环节的资金需求，收不抵支就会影响资金的正常运转。即使同一时期的资金收支在数量上基本平衡，但在收支时间上衔接不上，也会影响资金循环周转的顺利进行。例如，支出在前收入在后，同样也会给资金周转造成障碍。

必须指出，资金的收支平衡原则并不是要求保持资金收支的绝对平衡。由于企业经营活动的复杂性和企业外部经营环境的多变性，资金收支平衡总是相对的、暂时的。经营环境与条件的变化必然会打破原来的平衡形成新的不平衡。财务管理的任务之一就是通过对资金的有效协调和调度，在新的条件下建立新的资金收支平衡关系。收支平衡原则要求在财务活动过程中，以实现企业价值最大化为目标，保持财务收支的基本平衡。

（三）成本效益权衡原则

成本效益原则要求财务活动中的每项财务决策都遵循提高经济效益的基本要求，对每项财务决策的财务收支都要进行成本效益分析，并以此作为标准选择最优财务方案。例如，在应收账款的管理中，适当延长收账期可以扩大销售额，增加收益，但是可能产生坏账损失和收费增加。只有延长收账期增加的收益超过相应增加的成本时，延长收账期的财务决策才可能有利。在财务管理上，权衡成本与效益，是企业财务管理必须遵循的一个基本原则。

（四）风险收益均衡原则

由于企业经营收益的不确定性，使得负债越多，偿债风险越大，对资本收益率的影响也越大。如果无法清偿到期债务，企业可能面临破产的危险。因此，企业筹资决策必须在负债筹资的收益和风险之间进行权衡，以确定收益较高、风险适度的负债额度。在企业投资中，任何一个投资项目未来的报酬都存在一定的风险，企业必须认真进行可行性分析，科学决策。

（五）利益关系和谐原则

在市场经济体制下．企业必然与有关方发生经济联系。这种经济联系，实质是一种经济利益关系。企业财务管理不仅要管理好、使用好资金，而且必须理顺企业与有关利益集团的经济利益关系。

（1）切实维护投资者的合法权益。企业要维持健康而又稳定的发展，实现资本保值和增值，就应该使投资者获得长期的、较高的、稳定的投资回报。

（2）努力保障债权人的利益。债权人的利益是债券的安全性、按期还本付息。为此，企业必须不断提高盈利水平，维持良好的财务状况，保持较强的偿还债务的能力。

（3）积极维护国家的经济利益。企业必须守法经营，依法纳税，杜绝任何形式的偷税、漏税、骗税、抗税行为，保护社会生态环境。

（4）竭力维护员工的切身利益。企业必须遵循"按劳分配"与"按资分配"相统一的原则，把个人激励与工作绩效紧密挂钩，充分调动员工的积极性、主动性、创造性，正确处理员工与企业、近期利益与长期利益的关系，增强企业的凝聚力、生产力、竞争力。

（5）正确处理与其他企业的利益。企业在生产经营中，必然与其他企业发生供应链关系，企业应该守合同、讲信用、重信誉，营造一个良好的企业形象。

二、企业财务工作的组织

企业财务工作的组织，主要涉及两个问题：第一，谁是财务管理的主体；第二，在企业内部设立什么样的机构进行管理。

1. 财务管理主体

财务管理主体，指对企业有重大影响的财务决策权的掌握者和承担者。这是组织企业财务活动必须明确的问题。

任何组织形式的企业，都应具有两种基本的经济权力，即所有权和经营权，这是企业经营运作和财务运作的基础。当企业采取独资或合伙的组织形式时，所有权和经营权往往是合二为一的，因而其中的财务管理权也是不可分的。独资或合伙企业所有权主体与经营权合二为一，所有者构成财务管理主体。

企业如果采取公司制的组织形式，所有权和经营权发生分离，这时公司作为微观经济主体就只是表现为经营权主体。在公司组织下，两权分离引起所有权主体和经营权主体的分离，使公司的财务管理主体也相应分离。也就是说，企业的财务管理主体分属于所有者和经营者。就整体而言，所有者一般不直接对企业的生产经营活动进行决策或参与决策，只是参与做出有关所有者权益或资本权益变动的财务决策，日常的生产经营活动和财务活动则由经营者进行决策。这样，公司财务管理决策权客观上由所有权主体和经营权主体分担，从而形成财务管理主体的双重化。

2. 企业财务管理机构

财务管理机构是从事财务管理活动的组织机构。在我国，目前大多数企业的财务管理机构与会计机构是合并设置的。但是，在西方发达国家和地区，企业财务管理机构的设置深刻反映了市场经济特点，有许多方面可供我们借鉴。整体上讲，他们的财务管理机构与企业经营性质密切联系，可分为三种类型。

（1）以会计为轴心的财务管理机构。这种机构的特点是不分离会计核算职能与财务管理职能，该机构同时具有两种职能，并且该机构内部以会计核算职能为轴心来划分内部职责，也有的在内部单设财务管理岗位。这种财务管理机构一般适合中、小型企业。

（2）与会计机构并列的财务管理机构。这是一种独立于会计核算职能，专门享有筹资、投资和资金分配职能的财务管理机构。该机构内部以财务管理职能为轴心来划分内部职责，典型的做法是设立规划部、经营部和信贷部三个职能部门。其中，规划部主要进行财务预测和计划；经营部主要是实际组织资金的筹措和供应，进行金融投资和资金分配；信贷部主要是对赊销对象或提供商业信用的对象进行信用调查和信用追踪，对拖欠者进行债务催收和清理。一般而言，这种财务管理机构主要适合于大型企业。

（3）公司型财务管理机构。这种机构的特点在于它本身就是一个独立的公司法人，独立对外从事各种财务活动，是具有法人资格的财务公司。公司型财务管理机构一般设立于集团公司或跨国公司内部，主要负责集团公司或跨国公司的整体财务管理和各成员企业间的财务协调。其主要业务包括：负责整个集团公司或跨国公司的资金筹集；运用整个集团公司的盈余资金或其他资金进行金融市场投资和信用放款等；负责公司成员企业的资金融通、结算等，充当集团公司的内部"银行"角色。

三、企业财务管理的基本内容

（一）制定财务战略，发挥财务职能

财务战略是为了让企业能在较长时间内生存和发展，在充分估计影响企业长期发展的各种因素的基础上，为实现财务目标而制定的指导财务活动的总规划和总原则。它由战略思想、战略目标和战略计划三个基本要素构成。作为企业发展战略的重要组成部分，企业的整体财务战略一般分为紧缩型战略、稳定型战略和发展型战略三种类型。在市场经济条件下，制定财务战略并加强管理，对企业财务管理工作乃至实现企业发展战略目标具有重要意义。

财务职能指利用价值形式来组织财务活动，协调财务关系，为实现企业的发展战略和财务目标服务。发挥企业的财务职能，就是要做好财务预测、决策、预算、控制、分析、监督和考核工作，充分发挥企业财务管理的组织、协调、配置和平衡作用，正确处理好企业内部资源条件、外部经济环境和企业目标的平衡关系，并从动态平衡中寻求发展。

（二）合理筹集资金，有效营运资产

筹集资金，组织资金供应，是企业财务管理的首要任务。首先，企业应当根据自己生产经营和发展战略的需要确定合理的资金需要量，然后考虑如何筹资。在筹资过程中要注意分析资金成本因素，充分利用财务杠杆，选择有利的筹资渠道和可行的筹资方式，以尽可能低的资金成本及时筹集所需要的资金。

企业资金利用效果的好坏取决于资产能否有效营运。资产营运过程也是资源配置过程，包括现金流量管理和投资管理。企业对筹集的资金实行统一集中管理，按不同环节、不同业务的合理需要调度资金，有计划地安排现金流量，防止现金收支脱节。在组织财务活动中，注意开展资产结构动态管理，保持资产与负债的适配性，结合生产经营的特点，合理安排采购业务，积极控制存货规模，及时回收应收账款，避免盲目投资，提高固定资产利用效能，不断调整和改善资产结构，提高资产质量，实现资源优化配置。

（三）控制成本耗费，增加企业收益

企业为了获得各项收入，必然需要支付相关成本、费用，包括材料、人工等直接成本，销售及管理等各项费用以及依法缴纳的税金。在收入既定的情况下，成本消耗越少，企业收益越大。同时，相同产品的单位成本消耗越少，意味着越有市场竞争优势，越容易实现销售目标。因此，控制成本消耗，是企业财务管理的一项重要内容。

（四）理顺收益分配关系，增强企业活力

企业不仅是投资者获得投资回报的载体，也是经营者和其他职工提供劳动、创造价

值并取得报酬的载体，还是依法缴纳税费的义务人。现实生活中，由于收益分配不规范，导致企业财务关系混乱，最终恶化财务和经营环境，损害企业长远发展利益的情况很多。因此，正确理顺企业与国家、投资者、经营者和其他职工之间的分配关系，建立有效的激励机制，对调动各方面的积极性、改善企业财务管理的内部微观环境、增强企业竞争能力和发展能力具有重要意义。

（五）规范重组清算财务行为，妥善处理各方权益

企业重组清算，是在市场经济条件下实施扩张经营、战略收缩或者增强内力而进行的资本运作措施。不论是主动的还是被动的，企业重组清算都必然产生一系列的财务问题，引起现有利益格局发生变化。因此，企业必须规范重组清算的财务行为，有效控制财务风险，妥善处理各项财务事项，维护国家、投资者、债权人和企业职工各方的合法权益。

（六）强化财务监管，实施财务控制

企业的生产经营活动必须借助价值形式才能进行，因此运用现金收支和财务指标实施财务监督，可以及时发现和反映企业在经营活动和财务活动过程出现的问题。财务监督为实施财务控制、改进财务管理、提高经济效益提供了保障，是企业财务管理的一项保障性手段。

财务控制是以财务预算和制度规定为依据，按照一定的程序和方式，对企业财务活动进行约束和调节，确保企业及其内部机构和人员全面落实财务预算。其特征是：以价值形式为控制手段，以不同岗位、部门和层次的不同经济业务为综合控制对象，以控制日常现金流量为主要内容。财务控制是企业落实财务预算，开展财务管理的重要环节。

（七）加强财务信息管理，提高财务管理水平

加强企业的财务信息工作，要将计算机科学、信息科学和财务管理科学结合起来，在整合各项业务流程的基础上，对企业物流、资金流、信息流进行一体化管理和集成运作，从而加强财务管理的及时性、有效性和规范性，提高企业的整体决策水平。财务信息管理，从计算机在财务中的运用，到建立财务业务一体化的信息处理系统，再到实现统筹企业资源计划，是循序渐进的过程，需要具备一定的内外部条件。企业可以结合自身经营特点和所具备的客观条件，逐步推行信息化财务管理，不断提高财务管理水平。

四、企业财务管理的方法

企业财务管理工作是一项综合性的价值管理工作，要实现财务目标，必须运用一定的方法才行。企业财务管理的方法通常包括财务预测方法、财务决策方法、财务预算方法、财务控制方法、财务分析方法等。

（一）财务预测方法

财务预测方法指根据财务活动的历史资料，考虑现实的要求和条件，对企业未来的

财务活动和财务成果做出科学的预计和测算。其目的在于：预测各项生产经营和投资方案的效益，为财务决策提供可靠的依据；预测财务收支变化的情况，以确定经营目标；预测各项收支定额和标准，为编制计划和分解计划服务。

财务预测主要包括明确预测目标、搜集相关资料、建立预测模型、确定最佳预测结果等步骤。实际工作中，财务预测方法主要运用于企业资金需要量预测、各类成本费用预测、投资预测、营业收入和企业收益预测等方面。财务预测方法具体又分定性预测法和定量预测法。定量预测法通常有趋势预测法、因果分析法等。企业在进行财务预测时，应将定性和定量两种方法结合起来使用。

（二）财务决策方法

财务决策方法指理财者按照财务目标的总体要求，采用专门的手段，对多个备选方案进行比较分析，从中选出最佳的方案。财务决策是财务管理工作的核心，财务决策的正确与否直接影响企业的兴衰成败。财务决策主要包括确定决策目标、提出备选方案、进行分析评价、选择最优方案等步骤。实际工作中，财务决策方法主要运用于企业筹资决策、投资决策、营运资金管理决策和收益分配方案决策等方面。财务决策方法具体有优选对比法、数学微分法、线性规划法、概率决策法和损益决策法等。

（三）财务预算方法

财务预算方法指为了实现财务决策的目标，运用科学的技术手段和数量方法，以货币形式对财务活动的内容和结果进行具体规划。财务预算是财务决策的具体化，它是根据财务决策的方案和财务预测所提供的信息为基础编制的，也是制定财务活动的主要依据。财务预算主要包括分析决策方案、确定预算目标、调整相关指标、实现综合平衡、组织预算编制等步骤。实际工作中，财务预算方法主要运用于企业现金预算、各种成本费用预算、预计资产负债表、预计利润表和预计现金流量表等方面。财务预算方法具体有固定预算法、弹性预算法、增量预算法、零基预算法、定期预算法和滚动预算法等。

（四）财务控制方法

财务控制方法指在财务管理过程中，利用有关信息和特定手段，对企业财务活动所施加的影响或进行的调节。财务控制是实现财务预算目标的关键。财务控制主要包括制定控制标准、分解落实责任、实施追踪控制、及时调整对策、加强考核奖惩等步骤。实际工作中，财务控制方法主要运用于企业财务风险控制、成本费用控制、销售和收益分配控制等方面。财务控制方法具体又有预防性控制、指导性控制、补偿性控制等。

（五）财务分析方法

财务分析方法指根据有关财务核算资料，运用一系列财务指标，对企业财务活动的过程和结果进行分析和评价。其目的在于：了解企业财务预算的执行和完成情况，找出存在的差异及其原因，评价企业财务状况和经营成果。财务分析主要包括确定分析目标、掌握相关信息、进行指标对比、分析差异原因、提出改进措施等。实际工作中，财务分析方法主要运用于企业偿债能力分析、营运能力分析、盈利能力分析和发展能力分析等方面。财务分析方法具体有对比分析法、比率分析法和因素分析法等。

【案例分析】

三九集团的帝国梦

曾几何时，三九集团一度拥有超过200亿元总资产、3家上市公司和400余家子公司，涉足药业、农业、房地产、食品、汽车、旅游等产业。不过，今天的三九集团已经风光不再了。

2003年9月28日，有媒体刊文《98亿贷款：银行逼债三九集团》，披露三九集团共欠银行贷款余额98亿元，已经陷入巨额财务危机。此文一出，顿时把三九集团的资金窘境曝光于天下。在接下来的一个多月里，"讨债大军"纷沓而至，三九集团内部一片混乱，一些性急的银行开始封存三九集团的资产，冻结质押权，并向法院提起诉讼。三九集团在全国各地的数百家子公司、孙公司都成了银行逼债的对象。浙江湖州的工商银行，索性冻结了三九集团湖州药厂的银行账户，将所有进入的流动资金全数扣押，造成药厂资金链断裂，生产经营陷入停顿，公司只好宣布破产。

资料显示，1995~1997年，三九集团收购企业近50家。1999年以后，三九集团进一步通过并购等方式快速扩张。截至2004年年底，三九集团的下属企业已经达到443家。一时间，三九集团成为子公司林立、跨行业、产权关系复杂的庞然大物，但集团内部资金严重失控，集团公司和成员企业在没有认真进行可行性分析的情况下，盲目扩张，到处投资，并从银行借入大量债务，导致集团的财务风险大增。由于集团内部的组织结构复杂，集团对于各子公司的资产、负债情况缺乏必要的了解，导致集团财务极度混乱，更加剧了集团的风险。

2005年12月23日，三九集团原董事长赵新先被批准逮捕，更使三九集团问题成为人们关注的焦点。

（资料来源：李明辉.2006-12-31."赵新先与今日'三九'重大挫折的关系是什么，从'三九'的战略选择上看今天的结局".中国财经报）

思考题：

1. 三九集团失败的原因是什么？
2. 如果三九集团在进入新行业的初期就制订合适的财务计划，是否可以减少或避免所遭遇的问题？

【技能训练】

沃尔玛公司的财务目标与利益相关者

沃尔玛百货有限公司由美国零售业的传奇人物山姆·沃尔顿先生1962年在阿肯色州成立。经过40余年的发展，沃尔玛百货有限公司已经成为美国最大的私人雇主和世界上最大的连锁零售商。目前，沃尔玛在全球10个国家开设了超过5000家商场，员工总数160多万，分布在美国、墨西哥、波多黎各、加拿大、阿根廷、巴西、中国、韩国、德国和英国 10 个国家。每周光临沃尔玛的顾客近一亿四千万人次。沃尔玛连续多年荣登《财富》杂志世界 500 强企业和"最受尊敬企业"排行榜。2007 年 4 月 16 日,美国著名财经杂志《财富》(Fortune)公布了最新的美国企业 500 强,跨国零售商沃尔玛荣登榜首,2006 年,沃尔玛的销售收入增长 11.2%,增至 3511 亿美元,高于埃克森-美孚公司的 3473 亿美元。这也是沃尔玛近 6 年第五次荣登该榜首位。埃克森美孚、通用汽车分别为第二、第三名。沃尔玛在短短 40 多年的时间里,从美国中西部一家乡村杂店迅速崛起为全球 500 强之首,是什么使得服务行业的零售百货公司多次战胜赚钱快的石油、汽车公司而成为美国最有实力的公司呢?沃尔玛成功的因素很多,它不仅在销售方面有独到之处,在财务管理方面也有值得我们借鉴的地方。笔者在此仅从财务目标角度对这一现象进行剖析。

20 世纪 80 年代至今,美国已有 29 个州修改了公司法,要求公司经理为公司利益的相关者(stakeholders)服务,而不仅为股东(stockholders)服务。1995 年 5 月,由 29 个发达国家组成的经济合作与发展组织(OECD)理事会正式通过《公司治理结构原则》指出,公司治理结构框架应当确认利益相关者的合法权益,并且鼓励公司和利益相关者为创造财富和工作机会、保持企业财务健全而积极地合作。中国证监会在 2002 年年初出台的《上市公司治理准则》第六章专门为公司利益相关者的地位、范围、作用、权力等做了框架性的规范,从制度方面为中国上市公司利益相关者的利益保护奠定了基础。

在现代市场经济条件下,企业的目标并非唯一追求股东财富最大化或企业利润最大化,而应该是相关利益者财富最大化。从某种程度上说,沃尔玛公司正是"利益相关者财富最大化"模式的最大受益者和成功典范。下面笔者仅就沃尔玛在经营战略和经营策略中追求股东利益、顾客利益、员工利益、供应商利益、社会利益等利益相关者的利益最大化,并最终达到利益相关者财富最大化方面剖析沃尔玛的成功之道。

(一)顾客利益

沃尔玛创始人山姆·沃尔顿一语破的——"我们并肩合作,这就是秘诀。我们为每一位顾客降低生活开支。我们要给世界一个机会,来看一看通过节约的方式改善所有人的生活是个什么样子"。沃尔玛有句名言:"不管我们付出的代价多大,如果我们赚了很多,就应当转送给顾客"。这种始终以低出别家商店价格出售,给予顾客最大实惠,强调尊重顾客,提供一流服务,"天天低价"、"顾客第一"与"微笑服务"的理念成为沃尔玛的致胜法宝。为了实现低价,沃尔玛想尽了招数,其中重要的一点就是大力节约开支,绕开中间商,直接从工厂进货。这种类似网络零售商"零库存"的做法使沃尔玛每年可节省数百万元美元的仓储费用,使得企业能真正做到薄利多销,将这些费用让利给顾客。同时,沃尔玛提供了更高的品质保证。沃尔玛超市所售货物在价格上占有绝对优势,不仅如此,沃尔玛店内的通道、灯光设计都是为了令顾客更加舒适;店门口的欢迎者较其他同行更主动热情;收银员一律站立工作以示对顾客的尊敬;这些都使沃尔玛成为消费者的最佳选择。

(二)员工利益

沃尔玛强调尊重公司的每一个人,多年来实行以人为本的管理策略,沃尔玛的员工不是被称为"雇员",而是被称为"合作者"或"同事"。在美国管理界,沃尔玛被公认为最具管理特色的公司之一,并多次被评为最适宜工作的公司之一。公司对员工利益的关心并不只是停留在口头或是几条标语式的企业文化理论上,而是有一套详细、具体的实施方案。沃尔玛拥有 190 多万名员工,公司给予每一位职工体现人生价值的机会都是均等的。每一位员工都享有培训和提升的机会,更重要的是沃尔玛在全公司推行利润分享、雇员购股计划、损耗奖励计划、例会制度、福利计划等,将公司和职工结成一个利益共同体,沃尔玛员工的献身精神和团队力量都堪称一流。人力资本所有者参与企业收益的分配,不仅实现了人力资本所有者的权益,而且实现了企业财富分配原则从货币拥有者向财富创造者的转化,这已成为世界经济发展的一种趋势。

(三) 供应商利益

目前一些中小零售商，包括中国大多数超市都通过压低供货商的利润来降低成本，提高利润，如收取上架费、保证金等。沃尔玛并不因自身规模大、实力强就肆意损害供应商来增加自身利润，而是重视与供应商建立友好融洽的协作关系，保护供应商的利益。它通过优化供应链，降低物流成本（它花费4亿美元从休斯公司购买商业卫星）实现全球联网建立零售链，让供应商赞不绝口。沃尔玛拥有世界上最为庞大的民用数据库，沃尔玛的管理人员可以随时得知万里之外任何一家分店的运转情况，随时控制库存和进货。据调查，沃尔玛给予供应商的优惠远远超过同行，沃尔玛的库存流量速度是美国零售业平均速度的两倍，这使得供应商能及时为生产、销售提供有力的决策支持，加快资金周转速度，从而降低成本，提供给沃尔玛的价格也会降低，这使得沃尔玛的销售额和经营利润同时获得大幅度增长。沃尔玛公司还不断开发自己的品牌，这样不仅直接指导生产者调整产品结构，而且由于自有品牌的市场独占性，使得沃尔玛公司获得了较其他商品更高的利润。可见，与供应商的合作，实现了双赢。

(四) 债权人利益

沃尔玛深知保持良好的信用、按时还本付息是确保债权人利益的最好方法，与债权人也建立了良好的按时还款信用关系，因此银行等债权人也非常乐意贷款给它，这为沃尔玛的早期发展及壮大提供了充裕的资金。从1946年第一次贷款1800美元购买冰激凌机开始，到1970年沃尔玛发行股票之前，贷款是沃尔玛最重要的资金来源，对财务目标的实现起到了重要作用。

(五) 股东利益

股东是企业的所有者，他们关心投资回报率和企业的发展。从满足股东要求和利益出发，沃尔玛加强与股东的交流，保证股东对公司的信心，得到了他们的支持，并且吸引了更多的投资者。事实上，最令股东们满意的还是沃尔玛的经营业绩和投资回报。沃尔玛的股东平均年投资回报率是全美国投资回报率最高的企业之一。在2006年福布斯全球富豪榜排名中，在前20名中沃尔玛公司股东就占了5名。

(六) 政府和社会利益

政府在制定经济政策、进行宏观调控并提供各种公共服务方面，对企业生产经营具有直接或间接的影响。对于沃尔玛这样的跨国公司，能否与所在国政府建立良好的关系，将影响其进一步发展壮大和财务目标的实现。对此，沃尔玛通过一系列策略，建立了与当地政府之间的良好关系。多年以来，沃尔玛注重帮助政府发展教育事业，并捐助公益慈善事业，赢得了良好的社会效益。以在中国为例，沃尔玛在中国的企业社会责任计划重点体现在保护环境、回馈社区、关爱儿童、支持教育和救助灾区等五方面。近十年来，沃尔玛已经累计向各种慈善公益项目捐赠总额超过2600万元人民币的资金和物品，沃尔玛全国员工在社会公益事业方面所投入的工时累计超过13万小时。

综上所知，沃尔玛公司在财务目标的定位上采用了利益相关者财富最大化模式，充分考虑到公司的竞争力和最终成功是利益相关者协同作用的结果，是来自不同资源提供者的贡献。沃尔玛公司正是考虑了顾客、员工、供应商、社会等利益相关者的利益，使它能创造奇迹，从"一个卖廉价衬衫和鱼杆的摊贩"成为美国最有实力的公司。

我国目前正处在企业内外环境不断发生剧烈变动的新经济时代，财务的准确定位事关企业的生存和发展。企业的财务目标应该是各个利益相关者利益的最佳兼顾，各利益主体是合作关系，财务分配政策应保持动态平衡，获得各利益主体的信任与支持，强调"多赢"。利益相关者财富最大化模式不仅适应市场经济的客观要求，而且能够促进企业持续健康发展，符合当今构建和谐社会的根本要求，是我国企业财务目标的最佳选择。

(资料来源：谢晖.2007.从财务目标论沃尔玛成功之道.商场现代化，8 (513)：70-71.)

训练目标：
1. 增强对企业财务管理目标的认识。
2. 培养分析企业财务管理的能力。

训练方法：
1. 班级以小组为单位，每个小组关注一种类型的利益相关者。
2. 应用所学理论分析其所代表的利益团体。
3. 请老师担任裁判，进行评判及分析。

训练要求：
1. 通过最新资料收集与调研，获得较为充分的资料。
2. 每组以展示及演讲的形式准备发言稿。
3. 发言要结合理论与本章知识进行分析与讨论。

成果检验：
1. 每个小组提交一份完整的分析报告。
2. 每组派一个代表发言，各组之间相互讨论。
3. 裁判根据报告的质量和讨论中小组成员的表现给予评估，按一定比例确定成绩。

【思考题】

1. 何谓企业财务管理？企业财务各环节有何关系？
2. 如何理解企业财务目标及其理财原则？
3. 现代企业的发展需要什么样的理财理念？
4. 企业家如何面对筹资风险与投资风险的挑战？
5. 为什么说财务管理的实质是对资金的管理？
6. 简述财务管理的内容。
7. 设计一个简单的财务管理工作流程。
8. 如何理解财务管理的环境？
9. 目前我们国家的宏观经济政策是怎么样的？将如何影响企业财务管理决策？

第九章

物流管理

【学习目标与要求】
- 掌握物流的概念和物流的作用与价值。
- 了解物流运输管理合理化的影响因素和实现途径。
- 掌握 ABC 库存管理法和 JIT 库存管理法。
- 了解物流配送的基本流程。
- 理解配送中心的功能和作用。

信息不畅是青啤"保鲜"大碍

青啤从 1998 年起开始推行"新鲜度管理"。但是,按照旧有的业务流程,产成品出厂后先进周转库,再发至港、站,再到分公司仓库,最后才转运给消费者,啤酒作为日常消费品,其口味已发生了极大的变化。由于物流渠道不畅,不但增加了运费,加大了库存,也占用了资金,提高了管理成本,"新鲜度管理"很难落到实处。另外,各区域销售分公司在开拓市场的同时还要管理运输和仓库,往往顾此失彼。所以,青啤把"新鲜度管理"、"市场网络建设"等纳入信息化建设范畴。青啤认为,由于不能及时为公司决策层提供准确的销售、库存信息,使得信息不畅成为消费者喝到最新鲜啤酒的严重障碍。

2000 年,青啤决定利用先进的信息化手段再造青啤的销售网络,组建青啤销售物流管理信息系统,建立合理顺畅的涵盖销售公司与各销售分公司物流、资金流、信息流物流管理信息系统。这个系统对企业发货方式、仓储管理、运输环节进行了全面改造,实现销售体系内部开放化、扁平化的物流管理。

青啤销售物流管理信息系统由财务、库存、销售、采购、储运等模块构成,以加快产品周转,降低库存,加速资金周转。更重要的是实现以销定产的"订单经济"。

2001 年 2 月,青啤与 ORACAL 正式开始合作,引入 ERP 系统实施企业信息化战略。青啤规划"借助 ERP 系统这个现代管理平台,将所有的啤酒厂、数以百计的销售公司、数以万计的销售点集合在一起。对每一点、每一笔业务的运行过程实施全方位监控，对每一个阶段的经营结果实施全过程的审计，加快资金周转速度，提高整个集团的通透性，实现资源的优化配置"。在金志国看来，"做 ERP，青啤绝对不是赶时髦，我们需要用新技术改造青啤传统业态的管理体制和动作方式"。金志国说，"后面我们的任务更重，首先要建立畅通的渠道，这当然需要进一步的变革，还要制定各种规章制度，建立综合信息库，采用先进的数理统计方法对收集的信息进行分析处理，并应用到营销决策、资源配置、纠正预防和持续改进过程中去"。

应该说，借助于网络技术的应用，改造产品价值链，实现企业生产链向供应链管理转变是青啤管理重组的必经之路。

（资料来源：孙阅，唐实.2012.实用管理文案范本全书.北京：北京工业大学出版社.）

第一节　物流概述

现代文明开始以来，物流就已经存在了，它算不上什么新鲜事物。然而，讲到现代物流，尽管它好像看不见、摸不到，实现最佳物流已成为业务管理和部门管理最激动人心和最富挑战意义的作业领域之一。物流也被誉为企业发展的"加速器"和"第三利润源泉"，物流业的发展被称为21世纪的"黄金产业"。

一、物流的概念

物流最早产生于第二次世界大战，围绕战争物资供应，以美军建立的"后勤"理论为原型。当时的"后勤"指将战时物资生产、采购、运输、配给等活动作为一个整体进行统一布置，以求战略物资补给费用更低、速度更快、服务更好。后来，将"后勤"体系移植到现代经济生活中，才逐步演变为今天的物流。物流系统也可像互联网般促进全球化。在贸易上，若要更进一步与世界联系，就得靠良好的物流管理系统。

1935年，美国市场营销协会最早从销售角度对物流进行了定义："物流是销售活动中所伴随的物质资料从生产地到消费地的种种企业活动，包括服务过程"。很显然，这一定义仅仅概括了销售领域的物流活动，并没有囊括所有的物流活动。

1960年，美国物流管理协会将物流定义为："物流是把完成品从生产线的终点有效地移动到消费者手里的广大范围的活动，有时也包括从原材料的供给源到生产线的始点的移动"。

2001年，美国物流管理协会又对物流的定义进行了完善，将其修改为："物流是供应链运作中，以满足客户要求为目的，对货物、服务和相关信息在产出地和销售地之间实现高效率和低成本的流动和储存所进行的计划、执行和控制的过程"。这说明，物流不仅可以是物品、服务和相关信息从供应地到消费地的正向的流动过程，还可以是物品、服务和相关信息从消费地到供应地的逆向的流动过程，即把逆向物流纳入物流的范畴。目前普遍认同的便是这一定义。

我国国家标准物流术语将物流定义为："物流是物品从供应地向接受地的实体流动过程，根据实际需要，将运输、存储、装卸、搬运、包装、流通加工、配送、信息处理等基本功能实施有机结合"。这一定义重点强调了物流包括的一系列具体的活动。

阅读链接

"第三利润源"学说是由日本早稻田大学的西泽修教授提出来的。企业挖掘利润最直接的方式就是降低成本,而产品成本中最明显的成本构成就是原材料成本和劳动加工成本。因此,人们把"物质资源"和"劳动力资源"分别视为"第一利润源"和"第二利润源",通过节约物质资源和降低劳动力的消耗在生产领域挖掘利润。当这两个利润源的潜力越来越小的时候,这两个领域所能开发的利润也达到了一定的极限。这时,人们又发现了物流的潜力,于是把目光转向了物流领域,从物流活动中挖掘利润,使其成为继节约物质资源和降低劳动力消耗之后企业创造利润的第三条途径,因此把物流称为"第三利润源"。

这三个利润源分别对应生产力的三个要素。"第一利润源"对应的是劳动对象,"第二利润源"对应的是劳动者,"第三利润源"对应的是劳动工具。

把物流作为"第三利润源",实际上就是通过物流合理化来降低物流成本,进而为企业创造更多的利润。

(资料来源:http://wenku.baidu.com/link? 第三个利润源)

二、物流管理的目标

在企业运作中,物流是将企业的原料采购、生产、销售等各环节有效衔接的桥梁与纽带。企业物流管理的目标就在于帮助企业实现以最低的总成本创造最高的客户价值,具体体现在以下五个方面。

(1) 服务最优。企业实施物流管理的首要目标之一,就是实现各部门之间及上下游企业之间协调一致的运作,从而保证达到满意的客户服务水平,保留现有客户,吸引潜在客户,并不断提高客户对企业的忠诚度,最终实现企业价值的最大化。

(2) 物流质量最优。商品从生产领域进入消费领域,中间要经过多次不同情况、不同条件的运输、储存、装卸、搬运、堆码等各种物流作业,不正确、不规范的物流作业往往导致商品发生不同程度的损坏,最终使企业花费更多的费用来完成货物的交付。因此,物流质量管理是发展和维持全面质量管理不断改善的主要组成部分。达到与保持物流质量最优的水平,也是物流管理的重要目标之一,这一目标的实现,必须从原材料、零部件供应的零缺陷开始,直至物流管理全过程、全方位质量的最优化。

(3) 快速反应。快速反应指按照客户的要求,把客户需要的产品快速送达指定地点。这一目标体现企业能否及时满足客户需求的能力,是服务性目标的延伸。现代企业的竞争实质上是时间的竞争,这就要求企业要尽可能地缩减不必要的物流环节,努力在最短的时间内完成物流作业,最大限度地缩短从客户发出订单到获得满意交货的时间周期,从而实现快速有效的客户反应,更快更好地满足客户需求,如"直达物流"、"JIT物流"就是这一目标的具体表现。

(4) 总成本最低。企业提供良好的服务,不仅体现在要快速响应客户需求,让客户快捷方便地获得所需要的正确产品,同时还要考虑让客户获得更多的实惠,也就是说要通过良好的物流管理或物流运作降低产品的成本和价格，最终让利于消费者，如沃尔玛连锁超市就是通过强大的物流配送系统的支撑，做到了"天天低价"。

（5）库存合理化。库存合理化目标实质上就是把存货减少到与客户服务目标一致的最低水平。这样既能满足客户需求，避免缺货，同时又能加快库存资金的周转率，使企业分摊在存货上的资金得到最充分的利用。

三、物流的作用与价值

随着现代物流的发展，人们越来越意识到物流对于企业生产经营的重要性。可以说，离开了物流，任何企业的生产经营活动都不能正常完成。物流作为企业生产经营活动的必要环节，不仅能保证企业生产经营活动的连续稳定运转，还能帮助企业降低成本，增加利润，进而提高企业竞争力。

（1）物流是企业生产经营的前提保证。在现代企业的生产经营活动中，物流贯穿于从原材料采购到加工制造，直至把产品送达顾客的全过程。其中，每个环节都必须经过物流活动才能完成。例如，采购环节涉及原料的运输、储存、装卸、搬运等物流活动，只有按质、按量把原料送到生产线上，才能保证生产线的稳定运行；生产环节涉及上下工序间零部件、半成品的搬运等物流活动，只有做到上下工序的有效衔接，才能保证生产线连续不断地运转；销售环节涉及产成品的运输、储存、装卸、搬运、包装、流通加工等物流活动，才能把产品顺利地销售出去。另外，各环节之间也需要通过物流活动才能有效衔接起来，因此可以说，物流是企业生产经营活动连续稳定运转的前提保证，企业生产经营活动的任何一个环节都需要伴随有物流活动的运行。

（2）物流是企业的"第三利润源"。目前，高昂的成本已经成为很多企业发展的困境之一，特别是物流成本居高不下，成为困扰我国很多企业的难题。继挖掘原材料成本和劳动成本之后，人们发现物流领域还有很大的降低成本的空间，于是把物流作为能够为企业创造利润的"第三利润源"。物流活动的合理化不仅能消除企业生产经营中不必要的物流环节，提高企业的生产经营效率，同时还能帮助企业降低生产经营成本，为企业创造更多的利润。

（3）物流是提升企业竞争力的法宝。在当前的经济环境下，企业之间的竞争越来越激烈。合理的物流活动能够帮助企业降低成本，进而让利于顾客，通过价格竞争吸引更多的客户。另外，快速有效的物流活动还能保证企业将产品及时准确地送到客户手中，更好地满足客户需求，进而提升企业形象，增强企业竞争力。

第二节　物流采购管理

有效的货物或服务的采购，对公司的竞争优势具有极大的作用。采购过程把供应链成员连结起来，保证供应链的供应质量。在许多行业中，原材料投入成本占总成本的比例很大，投入原材料的质量影响成品的质量，并由此影响顾客的满意度和公司的收益。因为采购对于收入、成本和供应链关系有决定性的作用，不难理解为什么采购管理越来越受到重视。

一、采购管理的内容

采购管理是计划下达、采购单生成、采购单执行、到货接收、检验入库、采购发票的收集到采购结算的采购活动的全过程,对采购过程中物流运动的各个环节状态进行严密的跟踪、监督,实现对企业采购活动执行过程的科学管理。

采购管理包括采购计划、订单管理及发票校检三个组成部分。

(1) 采购计划管理。采购计划管理是对企业的采购计划进行制订和管理,为企业提供及时准确的采购计划和执行路线。采购计划包括定期采购计划(如周、月度、季度、年度)和非定期采购任务计划(如系统根据销售和生产需求产生的)。通过对多对象、多元素采购计划的编制、分解,将企业的采购需求变为直接的采购任务。

(2) 采购订单管理。采购订单管理以采购单为源头,对从供应商确认订单、发货、到货、检验、入库等采购订单流转的各个环节进行准确的跟踪,实现全过程管理。通过流程配置,可进行多种采购流程选择,如订单直接入库,或经过到货质检环节后检验入库等。在整个过程中,可以实现对采购存货的计划状态、订单在途状态、到货待检状态等的监控和管理。采购订单可以直接通过电子商务系统发向对应的供应商,进行在线采购。

(3) 发票校检。发票管理是采购结算管理中重要的内容。采购货物是否需要暂估、劳务采购的处理、非库存的消耗性采购处理、直运采购业务、受托代销业务等均是在此处理。通过对流程进行配置,允许用户更改各种业务的处理规则,也可定义新的业务处理规则,以适应企业业务不断重组,流程不断优化的需要。

二、采购管理的过程

采购过程的管理中会遇到许多问题,包括组织结构的不灵活、组织文化的不灵活等。但大部分公司认为,这一过程相对而言是较为容易的,在处理这些活动时,重要的是不同的公司对采购过程有不同的要求。四步法可以用于适应公司采购过程的特殊要求。下面的步骤可用来提高效益。

(1) 确定采购类型。在采购过程中,确定采购类型,在大多数情况下将决定整个过程的时间和复杂性。按时间和复杂程度采购可以分为三种类型:①直接按过去的惯例采购,或称重新采购。②修正采购,需要对目前供应商或投入物做些改变。③全新采购,由全新的用户需求引起的采购。

(2) 决定必要的投入水平。采购过程需要公司时间与信息的投入。采购人员在采购时需要花费时间,采购越复杂、越重要,所花的时间就越多,尤其涉及一个新的采购。信息可以是内部或外部的,内部信息是有关用户需求和采购对公司的意义的信息,外部的信息是有关供应链成员、潜在的供应商和其他单位的信息。采购越复杂、越重要,为了采购的效率,则需要更多的投资,如果没有足够的投资,可能在满足用户需求方面就会产生问题。

(3) 采购过程的实施。这是说起来容易做起来难的步骤,一般根据不同的情况实施,它包括实施必要的活动,以有效地采购满足用户的需求。这一步骤也允许专业采购人员及时收集数据。

（4）对采购过程的有效性进行评估。采购过程管理的最后一步中，最重要的是评价实际投资，以及如何更好地满足用户需求的能力。这是一个控制步骤，有两个问题：用户的需求满足了吗？投资是否有必要？请注意，目的是投资足够的时间与信息来真正满足客户需求，如果采购过程无效，原因可能追溯到没有足够的投资，没有进行适当的活动，或在进行一项或多项活动时产生失误。不论何种情况，如果采购过程无效，管理者必须确定为什么无效，并采取适当措施，确保以后的采购有效。如果采购活动以合适的投资水平满足了用户的需求，则采购是有效的，并可作为今后采购的一个参考。

第三节　物流运输管理

运输指物品借助运力在空间上发生的位置移动。具体地讲，运输就是用设备和工具，将物品从一个地点向另一个地点运送的物流活动，包括集货、分配、搬运、中转、装入、卸下和分散等一系列操作。虽然运输过程中不产生新的物质产品，但它可以实现物流的空间效用。

阅读链接

通用汽车公司通过采用业务外包策略，把零部件的运输和物流业务外包给理斯维物流公司。理斯维公司负责通用汽车公司零部件运输到几个北美组装厂的工作。通用汽车公司则集中力量于其核心业务——轿车和卡车制造。通用汽车与理斯维公司的这种外包合作关系始于1991年，节约了大约10%的运输成本，缩短了18%的运输时间，裁减了一些不必要的物流职能部门，减少了整条供应链上的库存，并且在供应链运作中保持了高效的反应能力。理斯维在Cleveland设有一个分销中心，处理交叉复杂的运输路线，通过电子技术排列它与各个通用汽车公司北美工厂的路线，这样可以动态地跟踪装运情况，并且根据实际需求实现JIT方式的运输。理斯维的卫星系统可以保证运输路线组合的柔性化。如果一个供应商的装运落后于计划，理斯维可以迅速地调整运输路线的组合。理斯维采用的"精细可视路线"技术，保证了通用汽车公司生产线上的低库存水平。

（资料来源：http://www.isoyes.com/SIX6Sigma/2519.html）

一、运输方式的分类

货物从生产所在地向消费所在地的物理性转移，是通过不同的运输方式实现的。运输方式可以按照以下方法分类。

（一）按运输线路分类

按照运输线路可将运输方式分为干线运输、支线运输、城市内运输和厂内运输。

（1）干线运输。干线运输是利用铁路干线、公路干线、大型船舶的固定航线进行的长距离、大数量的运输，是进行远距离空间位置转移的重要运输形式。干线运输一般速度较同种工具的其他运输要快,成本也较低。干线运输是运输的主体。

(2) 支线运输。支线运输是与干线相接的分支线路上的运输。支线运输是干线运输与收、发货地点之间的补充性运输形式,路程较短,运输量相对较小。支线的建设水平往往低于干线,运输工具水平往往也低于干线,因而速度较慢。

(3) 城市内运输。城市内运输是一种补充性的运输形式,路线较短,主要是干线、支线运输到站后,站与用户仓库或指定接货地点之间的运输,是单个单位的需要,运量较小。

(4) 厂内运输。厂内运输是在工业企业范围内,直接为生产过程服务的运输。一般在车间与车间之间、车间与仓库之间进行。小企业以及大企业车间内部、仓库内部的这种运输不称为"运输",而称为"搬运"。

(二) 按运输作用分类

按照运输的作用可将运输方式分为集货运输和配送运输。

(1) 集货运输。集货运输是将分散货物汇集后集中运输的形式。一般是短距离、小批量的运输,货物集中后才能利用干线运输形式进行远距离及大批量的运输。因此,集货运输是干线运输的一种补充形式。

(2) 配送运输。配送运输是将站点中已按用户要求配好的货物分送至各个用户的运输。一般是短距离、小批量的运输。从运输角度来讲是对干线运输的一种补充和完善。

(三) 按运输的协作程度分类

按照运输的协作程度可将运输方式分为一般运输、联合运输及多式联运三类。

(1) 一般运输。一般运输指孤立地采用不同运输工具或同类运输工具而没有形成有机协作关系的运输,如汽车运输、火车运输等。

(2) 联合运输。联合运输简称联运,是使用同一运送凭证,由不同运输方式或不同运输企业进行有机衔接运送货物,利用每种运输手段的优势充分发挥不同运输工具效率的一种运输方式。

采用联合运输,对用户来讲,可以简化托运手续,方便用户,同时可以加快运输速度,也有利于节省运费。经常采用的联合运输形式有:铁海联运、公铁联运、公海联运等。

(3) 多式联运。多式联运是联合运输的一种现代形式。一般的联合运输规模较小,在国内大范围物流和国际物流领域,往往需要反复使用多种运输手段。在这种情况下,进行复杂的运输方式衔接,并且具有联合运输形式的称作多式联运。

二、运输的基本方式

物流中的运输是重要环节。物流中采用的运输方式有很多,每种运输方式都有自身的特点和独特的经营方式。了解各种运输方式及特点,对合理选择和正确利用各种运输方式具有重要意义。

(一) 公路运输

公路运输指主要使用汽车，也使用其他车辆（如人力车、畜力车）在公路上进行货客运输的一种方式。公路运输主要承担近距离、小批量的货运及水运、铁路运输难以到达地区的长途、大批量货运，以及铁路、水运优势难以发挥的短途运输。由于公路运输有很强的灵活性，近年来，在有铁路、水运的地区，较长途的大批量运输也开始使用公路运输。

公路运输的主要优点是灵活性强，公路建设期短，投资较低，易于因地制宜，对收到站设施要求不高。可以采取"门到门"运输形式，即从发货者门口到收货者门口，不需转运或反复装卸搬运。公路运输也可作为其他物流运输方式的衔接手段。公路运输的经济半径一般在200千米以内。

(二) 铁路运输

铁路运输是使用铁路列车运送客货的一种运输方式。铁路运输主要承担长距离、大数量的货运，在没有水运条件的地区，几乎所有大批量货物都是依靠铁路，是在干线运输中起主力运输作用的物流运输方式。铁路运输优点是速度快，运输不大受自然条件限制，载运量大，运输成本较低。主要缺点是灵活性差，只能在固定线路上实现运输，需要与其他运输手段配合和衔接。铁路运输经济里程一般在200千米以上。

(三) 水运

水运是使用船舶运送客货的一种物流运输方式。水运主要承担大数量、长距离的运输，是在干线运输中起主力作用的运输形式。在内河及沿海，水运也常作为小型运输工具使用，担任补充及衔接大批量干线运输的任务。

水运的主要优点是成本低，能承担低成本、大批量、远距离的运输。但是水运也有显而易见的缺点，主要是运输速度慢，受港口、水位、季节、气候影响较大，因而一年中中断运输的时间较长。水运有以下四种形式。

(1) 沿海运输。沿海运输是使用船舶通过大陆附近沿海航道运送客货的一种物流运输方式，一般使用中、小型船舶。

(2) 近海运输。近海运输是使用船舶通过大陆邻近国家海上航道运送客货的一种物流运输方式，视航程情况使用中型船舶或小型船舶。

(3) 远洋运输。远洋运输是使用船舶跨大洋的长途运输形式，主要依靠运量大的大型船舶。

(4) 内河运输。内河运输是使用船舶在陆地内的江、河、湖、川等水道进行运输的一种物流运输方式，主要使用中、小型船舶。

(四) 航空运输

航空运输是使用飞机或其他航空器进行运输的一种形式。航空运输的单位成本很高，因此，主要适合运载的货物有两类，一类是价值高、运费承担能力很强的货物，如贵重设备的零部件、高档产品等；另一类是紧急需要的物资，如救灾抢险物资等。

航空运输的主要优点是速度快，不受地形的限制。在火车、汽车都达不到的地区也可依靠航空运输，因而有重要意义。

在实际的物流运作中，航空运输主要采取以下三种方式。

（1）班机运输。班机指在固定时间、固定路线、固定始发站和目的站间飞行的飞机。通常班机使用客货混和飞机，一些大型的航空公司也有开辟定期全货运机航班的，班机具有定时、定航线、定站等特点，适用于运输急需品、鲜活货物以及时令性货物。

（2）包机运输。包机运输指包租整架飞机或由几个发货人联合包租一架飞机来运输货物。包机又分为整包机和分包机两种形式。前者适用于运输数量较大的货物，后者适用于有多个发货人，货物到达站是同一个地点的货物运输。

（3）集中托运。集中托运指航空货运公司把若干单独发运的货物组成一整批，用一份货运单整批发运到预定目的地，由航空货运公司在当地的代理人收货、报送、分货后交给实际收运人的运输方式。集中托运的运价比班机运价低 7%～10%，因此发货人比较愿意将货物交给航空公司安排。

（五）管道运输

管道运输是利用管道输送气体、液体和粉状固体的一种运输方式，靠物体在管道内顺着压力方向循序移动实现。与其他运输方式的重要区别在于，管道设备是静止不动的。

管道运输的主要优点是，采用密封设备，在运输过程中可避免散失、丢失等损失，也不存在其他运输设备本身在运输过程中消耗动力形成的无效运输问题。另外，适合运输量大、定点、单向的流体运输。

管道运输的缺点是在输送地点和输送对象方面具有局限性。一般适用于气体、液体，如石油、天然气等。目前也发展到粉粒体的近距离输送，如粮食、矿粉等，并且还研究了将轻便物体放到特定密封容器内，在管道内利用空气压力进行输送的方法，如书籍文件、实验样品的输送。随着技术的进步，输送对象的范围在不断地扩大。

以上几种运输方式的综合比较见表 9-1。

表 9-1　几种运输方式的综合比较

运输方式	适用情况	优点	缺点
公路运输	小批量、短距离	活性强、建设期短、投资较低	长距离运输运费比较昂贵、易污染、常发生事故、消耗能量多
铁路运输	长距离、大批量的货运	速度快、不大受自然条件限制、载运量大、运输成本较低	灵活性差、只能在固定线路上实现运输
水路	长距离、数量大的运输	适合长距离运输、成本低、批量大、承载量大	速度慢，受港口、水位、季节、气候影响较大
航空运输	高价值货物和紧急物资	速度快、不受地形的限制	成本高
管道运输	气体、液体的近距离输送	可避免散失、丢失	输送地点和输送对象有局限

第四节 物流库存管理

一、库存管理的概念

库存管理也称库存控制，指对制造业或服务业生产、经营全过程的各种物品、产成品以及其他资源进行管理和控制，使其储备保持在经济合理的水平，是企业根据外界对库存的要求和订购特点，预测、计划和执行一种库存的行为，并对此行为进行控制。库存控制的关键在于确定如何订货、订货多少、何时订货等问题。

对库存管理控制不当会导致库存不足或剩余。库存管理基于两个方面：一个是用户服务水平，即在正确的地点、正确的时间，有合适数量的产品。另一个是订货成本与库存持有成本的关系。

二、库存管理的方法

（一）ABC 库存分类管理法

1. ABC 库存分类管理法原理

ABC 库存分类管理法又称为重点管理法。其基本特点是：将企业的全部存货分为 A、B、C 三类，属于 A 类的是少数价值高的、最重要的项目，这些存货品种少，单位价值却较大。实物中，这类存货的品种数大约占全部存货总品种数的 10%，而从一定期间出库的金额看，这类存货出库的金额大约占全部存货出库总金额的 70%。属于 C 类的是为数众多的低值项目，其特点是，从品种数量来看，这类存货的品种数大约占全部存货总品种数的 70%，而从一定期间出库的金额看，这类存货出库的金额大约占全部存货出库总金额的 10%。B 类存货介于这两者之间，从品种数和出库金额看，大约都只占全部存货总数的 20%。管理时，对金额高的 A 类物资，要重点加强管理与控制；B 类物质按照通常的方法进行管理和控制；C 类物资品种数量繁多，但价值不大，可以采用最简便的方法加以管理和控制。

2. ABC 库存分类原则

在对库存物资进行 ABC 分类时，要遵循一定的原则，否则，实施 ABC 库存管理方法不仅不能带来成本的降低，反而在某些方面适得其反，给库存管理工作增添麻烦，一般来说，有三个方面的原则。

（1）成本-效益原则。这是企业各种活动必须遵守的基本原则。也就是说，无论采用何种方法，只有在付出的成本能够得到完全补偿的情况下才可以实施。企业对库存进行 ABC 分类同样也适用于这一原则。如果是一个规模很小、存货少的企业，不用花费太多的人力、物力就可以把库存管理好，就没有必要劳师动众地进行分类管理，花费不必要的精力在 ABC 分类上面。但对一个中、大型企业，库存品种上千甚至上万种，其中又能分出主要品种、次要品种，实施 ABC 分类就显得非常必要了。因为相对于实施这种方法所花费的成本，企业所取得的效益才是主要的。

（2)"最小最大"原则。本来库存管理就是以"最小的成本求得最大效益"，ABC

库存管理法更要贯彻这一原则。管理的本身并非重点，管理的效果才是最主要的。我们要在追求 ABC 分类管理成本最小的同时，追求效果的最优，这才是管理之本。

(3) 适当原则。在通过 ABC 库存管理分析进行比率划分时，要注意企业自身的状况，对企业的库存划分 A 类、B 类、C 类并没有一定的基准。例如，同样是轮胎，在汽车配件厂可能是 B、C 类物品，在轮胎专营店则一定是 A 类物品。商业企业与生产企业分类时使用的比率不同，这就要求企业要对存货情况进行详细的统计分析，找出适合自己的划分比率，才能扎实地做好 ABC 库存管理分析的准备工作，为以后进行分类管理打下坚实的基础。

3. ABC 库存分类管理

ABC 分析的结果只是理顺了复杂事物，明确了重点，若要将分析转化为利益，必须针对三类库存物品进行有区别的管理。

(1) A 类库存物资。A 类库存物资在品种数量上仅占库存物资的 10% 左右，但其资金额却占 70% 左右，因此，这类物资对企业相当重要，需要最严格的管理。对整个企业来说，应该千方百计地降低他们的消耗量（对销售人员来说，则是增加它们的销售额）。对于库存物流管理人员来说，除了应该协助企业降低它们的消耗量外，还要在保证供给的情况下尽量降低他们的库存额，较少占用资金，提高资金周转率。

为此，对 A 类库存品种进行管理应采取以下措施：①根据需求变化特点组织进货。A 类物资中，有些是日常需要，有些则是集中消耗的，如基建项目、船舶建造、船舶大修等的用料量集中发生，批量很大，且用料时间是可以预知的，应掌握其需求时间，尽可能慎重、正确地预测其需求量，需要时再进货，以免过早进货造成积压。②增加盘点次数，以精确掌握库存量，保持完整的库存记录。③恰当选择订购点，请客户配合，力求出货量稳定，以减少需求变动，将安全库存量降至最小。这就要求对库存量的变化进行严密监控，事先了解供货厂家的生产情况、运输条件、本系统其他仓库物品的库存情况等。一旦库存降低至订购点，便可忙而不乱，保证供应。④降低进货批量。对 A 类库存物资原则上应勤进货、少量采购，尽可能在不影响需求的情况下降低进货的批量，这样便可减少库存，提高库存周转率。

(2) C 类库存物资。C 类库存物资与 A 类库存物资相反，虽然品种数很多，但所占的库存金额却很少。对这类物资，不应该投入过多的管理力量，多储备一些，并不会增加多少占用资金。对此类物资的管理具体措施如下：①将一些货物不列入日常管理的范围。例如，对于螺丝、螺母之类数量大、价值低的货物不作为日常盘点的货物，并可规定最少出库的批量，以减少处理次数等。②安全库存量可以保持较高，以免发生缺货现象。③减少这类货物的盘点次数，可以一个月或两个月盘点一次。④通过现代化工具能够很快订货的货物，可以不设置库存。⑤尽可能提高订货批量、减少订货次数，以便在价格上获得优惠，降低费用，多存储对库存资金的占用影响不大。对 C 类库存物资通常订购六个月或一年的需求量，期间不需要保持完整的库存记录。

(3) B 类库存物资。对 B 类库存物资的管理严格程度介于 A、C 两类之间，可以用常规管理方法管理，通常的做法是将若干物品合并在一起订购。具体管理措施有两点：①可以采用定量订货方式采购，但对前置时间较长，或需求量出现季节性变动趋势的商品要采用定期订货方式采购。②每两到三周进行一次盘点。

对 A、B、C 类库存品种的管理控制标准可以归纳为表 9-2。

表 9-2 ABC 分类库存品种的管理控制准则

分类及管理方法		A	B	C
定额的综合程度		按品种或规格	按大类品种	按该区总金额
定额的查定方法	消耗定额	技术计算法	现场查定法	经验估算法
	周转库存定额	按库存理论的数学模型	按库存理论的数学模型	经验统计法
检查		经常检查	一般检查	以季或年度检查
统计		详细统计	一般统计	按金额统计
控制		严格控制	一般控制	金额总量控制
安全库存		控制较低水平	较大	允许较高

(二) 零库存管理法

零库存管理亦称 JIT 库存管理，可以追溯到 20 世纪六七十年代。当时的日本丰田汽车公司实行准时化生产方式，并在管理手段上采用看板管理、单元化生产等技术，实行拉式生产，以实现生产过程中基本没有积压的原材料和半成品。这样大大减少了生产过程中的库存和资金积压，也提高了相关生产活动的管理效率。

1. 零库存的含义

零库存是一种特殊的库存概念，是库存管理的理想状态，它并不是指企业所有的原材料、半成品、成品的库存为零，而是指在确保企业生产经营活动顺利进行的条件下，采用各种科学的管理方法，对库存进行合理计算和有效控制，尽可能降低库存量的一种方法。它的基本思想是：在恰当的时间、恰当的地点，以恰当的数量、恰当的质量提供恰当的物品。零库存并不等于不要储备和没有储备。也就是说，某些经营实体不单独设立库存和储存物资，并不取消其他形式的储存活动。实际上，企业为了应付各种意外情况，如运输时间延误、到货不及时、生产和消费发生变化等，常常要储备一定数量的原材料、半成品和成品，只是这种储备不采用库存形式而已。

2. 零库存管理的形式

(1) 委托保管方式。委托保管方式，是受托方接受用户的委托，利用其专业化的优势，以较高的库存管理水平、较低的库存管理费用代存代管所有权属于用户的物资，使用户不再设立仓库，甚至可以不再保有安全库存，从而实现零库存。这种零库存方式主要是靠库存转移实现的，并不能使库存总量降低。但委托方省去了仓库规划、建设及库存管理的大量费用和时间，集中力量于生产经营，体现了专业化特色，是目前国内企业发展零库存的主要趋势。

(2) 协作分包方式。协作分包方式，主要是制造企业的一种产业结构形式，这种形式可以以若干企业的柔性生产准时供应，使主企业的供应库存为零，同时，主企业的集中销售库存使若干分包劳务及销售企业的销售库存为零。在经济发达国家，制造企业都是以一家规模很大的主企业和数以千百计的小型分包企业组成一个金字塔形结构。例如，分包零部件制造的企业可采取各种形式和库存调节形式，以保证主企业的生产，按指定时间送货到主企业，从而使主企业不再设立原材料库存，实现零库存。

（3）轮动方式。轮动方式，也称同步方式，指在对系统进行周密设计的前提下，使各个环节完全协调，从而取消甚至使工位之间暂时停滞的一种零库存、零储备形式。这种方式是在传送带式生产基础上，使生产与材料供应同步进行而形成的。

（4）准时制方式。准时制方式指依靠有效的衔接和计划达到工位之间、供应与生产之间的协调，从而实现零库存。看板方式是准时方式中一种简单有效的方式，要求企业各工序之间或企业之间或生产企业与供应者之间采用固定格式的卡片作为凭证，由下一环节根据自己的节奏，逆生产流程方向，向上一环节指定供应，各环节做到准时同步，从而使供应库存实现零库存。

（5）水龙头方式。水龙头方式，是一种像拧开自来水管水龙头就可以取水一样提取物资而无须自己保有库存的零库存方式，这是日本索尼公司首先采用的。用户可以随时提出购入要求，采取需要多少就购入多少的方式，供货者以自己的库存和有效供应系统承担即时供应责任，从而使用户实现零库存。这种方式经过一定时间的演进，已发展成即时供应制度。

（6）配送方式。配送方式是综合运用上述若干方式，采取配送制度保证供应从而使用户实现零库存的。

阅读链接

揭秘丰田"零库存"

为了彻底消除浪费，早期的丰田在美国"自选超市方式"的启发下，把超市看作生产线上的前一道工序，顾客购买相当于后一道工序，他们在需要的时间购买需要数量的商品，而超市将立即补充顾客买走的那一部分商品。丰田经过实际生产中的不断完善与调校后，拉动式生产应运而生，即"由后一道工序在需要的时刻到前一道工序去领取需要数量的特定零部件，前一道工序则只生产所需要领取的数量"。

因此，在广州丰田的总装车间，看不到分门别类堆积在物架上的零部件，也见不到其他工厂"零部件搬运工往来穿梭"的繁忙景象。这都归功于丰田的 SPS（对装配线成套供给零部件）体系，即每一个物料架紧随一辆等待装配的车身，总装工人只需在物料架和车身同步流动的平台上，将触手可及的零部件对号入座装配上车身即可，连工人转身取物料的时间都省了。"通过对零部件采取这种'配餐式'的供应，在必要的时间内生产必要数量的产品，是丰田精益生产方式所倡导的"。因此，广州丰田无论整车还是零部件，都能实现"零库存"的管理目标，同时也掀起了"60秒生产一辆凯美瑞"的新一轮效率革命，兑现了"顾客买多少，就送多少到顾客手上"的承诺。

广州丰田不仅引进了丰田最先进的设备和人才，还引进了生产中非常重要的一环：看板方式。根据拉动式生产的实际情况，把生产计划下达给最后的组装线，在指定的时间生产指定数量的指定车型，组装线便依次向前一道工序领取所需要的各种零部件。在这一过程中，"用于领取工件或者传达生产指令的媒介"就是为拉动式生产而量身定做的"看板方式"。

"思路其实很简单。看板记录所需物品的信息内容,广丰的所有生产人员都根据看板所显示的信息,来生产零部件或完成品,它起到了传递生产和运送指令、调节生产均衡、改善运营机制的作用。看板方式是从丰田汽车的零部件生产开始的,但它的优越性使其在全工厂扩展开来,已经成为丰田汽车的中枢神经"。

(资料来源:http://www.youshang.com/content/2010/05/25/13716.html)

第五节 物流配送管理

配送是物流系统的一个子系统,而且是直接面对用户提供物流服务的子系统。由于服务的对象不同,配送物品的性质不同,用户要求的多样化,特别是定制化服务的需求,使得配送系统的要素、配送模式和服务等也呈现多样化。深入认识配送体系的构成,正确选择配送系统模式,对提高物流效率和经济效益有着重要影响。

一、配送的定义与特点

配送是物流中一种特殊的、综合的活动形式,是商流与物流的紧密结合,包含了商流活动和物流活动,也是包含了物流中若干功能要素的一种形式。

(一)配送的定义

对物流配送较为通俗的理解是,配送是按客户的订货要求,以较为现代的送货方式,在物流节点间进行货物配备,继而将产品送交客户,实现资源的最终配置的经济活动。在国家标准《物流术语》中,物流配送的定义是:在经济合理区域范围内,根据客户要求,对物品进行拣选、加工、包装、分割、组配等作业,并按时送达指定地点的物流活动。

有学者从资源配置的角度说明配送,认为"配送是以现代送货形式实现资源配置的经济活动"。进一步理解为:配送是资源配置的一部分;配送是"最终配置",因而是接近客户的配置;配送的主要经济活动是送货,强调"现代"两字;配送是接近客户的那一段流通领域,有其局限性。

(二)配送的特点

(1)配送是一种专业化的增值服务。整个配送体系必须要有明确的经营组织——专业配送中心,稳定的商品供应渠道,现代化、自动化的装备,专业化的管理水平。配送是一种专业化的分工方式。配送为客户提供定制化的服务,根据客户的订货要求准确及时地提供物资供应保证,在提高服务质量的同时,通过专业化的规模经营获得单独送货无法得到的低成本。

(2)配送全过程有现代化技术和装备作保证。物流配送面对的是成千上万的供应厂商和消费者,还有不断变化的市场环境,这就决定了拥有现代化的配送设施和完善的配送网络是做好物流配送的前提条件，是扩大物流配送规模的必要手段。同时，配送联系着供应链的上游和下游，其运作管理具有很强的复杂性，在运营中会用到很多的配送技术和设备，如 GIS 技术、GPS 技术、自动分拣系统、自动立体化仓库等。

(3) 配送活动有效地连结了物流和商流。配送是重要的物流手段，是重要的商流形式，配送将销售与供应有机结合起来，使物流和商流一体化。成功的配送活动一般具有以下重要功能：①准确而又稳定的配送活动保证供给的同时，可以最大限度地降低生产企业或流通企业的商品库存量，从而降低销售总成本；②集中而高效的配送活动在简化流通程序、缩短流通渠道的同时，可以提高物流系统本身的效率及服务水平，这是赢得消费者的有效手段；③合理而顺畅的配送活动，可以提高车辆的利用率，节约能源，降低成本，减少交通拥挤和城市污染，同时也可以降低物流系统的单位成本。

二、配送的模式

(一) 企业自营型模式

自营配送模式指企业物流配送的各个环节由企业自身筹建并组织管理，实现对企业内部及外部货物配送的模式。这种模式有利于企业供应、生产和销售的一体化作业，系统化程度相对较高，既可满足企业内部原材料、半成品及成品的配送需要，又可满足企业对外进行市场拓展的需求。其不足之处表现在，企业为建立配送体系的投资规模将会大大增加，企业配送规模较小时，配送的成本和费用也相对较高。

一般而言，采取自营性配送模式的企业大都是规模较大的集团公司。有代表性的是连锁企业的配送，基本上都是通过组建自己的配送系统来完成企业的配送业务，包括对内部各场、店的配送和对企业外部顾客的配送。

(二) 单项服务外包型配送模式

这种模式主要是由具有一定规模的物流设施设备（库房、站台、车辆等）、拥有专业经验及技能，以及从事批发、储运或其他物流业务经营的企业，利用自身业务优势，承担其他生产性企业在该区域内的市场开拓、产品营销而开展的纯服务性的配送。

随着物流产业的不断发展，以及电子商务模式的不断丰富，外包型配送服务成为众多企业的首选。通过外包配送模式，可以节约企业的运营成本，大大提高企业自身的专业化服务优势。同时，提供外包服务的企业一般都是第三方物流服务商，他们拥有广泛的服务网络，专业的服务团队，灵敏的市场供求信息，可以更好地为企业提供定制化的配送服务。

在将企业的配送业务外包出去的同时，也会在一定程度上将企业的供求信息泄露给外界，给企业经营造成一定的影响，并且企业的一些特殊要求可能无法得以实现，用户与企业的沟通也需要通过外包企业来传达，企业自身对用户的需求反应会滞后。

(三) 社会化的中介型配送模式

这种模式中，从事配送业务的企业，通过与上家（生产、加工企业）建立广泛的代理或买断关系，与下家（零售店铺）形成较稳定的契约关系，再将生产、加工企业的商品或信息进行统一组合、处理后，按客户订单的要求，配送到店铺。

这种配送模式可减少用户组织所需全部物资的进货负担，他们只需要和少数配送企业联系，便可解决多种需求的配送。因此，这是对用户服务较强的配送形式。

此配送方式需要企业具有较强的组织和协调能力，其稳定性也较差，因为企业要与上、下游的几家企业形成互用网络，就必须保证上、下游企业都是正常运营的，如果某个企业出现问题，这种模式就会受到影响，甚至损害企业自身利益。

（四）共同配送模式

按照日本工业标准（JIS）的解释，共同配送指"为提高物流效率，许多企业一起进行配送的配送方式"。即为提高物流效率对某一地区的用户进行配送时，由许多配送企业联合在一起进行的配送，它是在配送中心的统一计划、统一调度下展开的，有以下两种运作方式。

（1）由一个配送企业对多家用户进行配送。即由一个配送企业综合某一地区多个用户的要求，统筹安排配送时间、次数、路线和货物数，全面进行配送。

（2）仅在送货环节上将多家用户待运送的货物混载于同一辆车上，然后按照用户的要求分别将货物运送到各个接货点，或者运到多家用户联合设立的配送货物接收点上。这种配送有利于节省运力和提高运输车辆的货物满载率。

三、配送的业务流程

配送作业是配送企业或部门运作的核心内容。因而配送作业流程的合理性以及配送作业效率的高低都会直接影响整个物流系统的正常运行。现将主要作业过程概括如下。

（1）进货。进货作业包括把货品做实体上的接收，从货车上将货物卸下，并核对该货品的数量及状态（数量检查、品质检查、开箱等），然后记录必要信息或录入计算机。

（2）搬运。搬运是将不同形态的散装、包装或整体的原料、半成品或成品，在平面或垂直方向加以提起、放下或移动，可能是要运送，也可能是要重新摆置物料，从而使物品能适时、适量移至恰当位置或场所存放。在配送中心的每个作业环节都包含搬运作业。

（3）储存。储存作业的主要任务是把将来要使用或者要出货的物料保存，且经常要做库存品的检核控制，储存时要注意充分利用空间，还要注意存货的管理。

（4）盘点。货品因不断地进出库，在长期的累积下容易造成库存资料与实际数量不符，或者有些产品因存放过久、不恰当，致使品质功能受到影响，难以满足客户的需求。为了有效控制货品数量，需要对各储存场所进行盘点作业。

（5）订单处理。由接到客户订货至准备着手拣货之间的作业阶段，称为订单处理，包括有关客户、订单的资料确认、存货查询、单据处理以及出货配发等。

（6）拣货。每张客户的订单中都至少包含一项以上的商品，如何将这些不同种类数量的商品由配送中心中取出集中在一起，即所谓的拣货作业。拣货作业的目的在于正确且迅速地集合顾客所订购的商品。

(7) 补货。补货作业包括从保管区域将货品移到拣货区域，并作相应的信息处理。

(8) 出货。将拣取分类完成的货品做好出货检查，装入合适的容器，做好标示，根据车辆趟次别或厂商别等指示将物品运至出货准备区，最后装车配送。

(9) 配送。配送指将被订购的物品，使用卡车从配送中心送至顾客手中的活动。配送主要涉及从供应链的制造商到终端客户的运输和储存活动。运输的功能在于完成产品空间上的物理转移，克服制造商与客户之间的空间距离，从而产生空间效用。储存的功能就是将产品保存起来，利用客户产品供应与需求在时间上的差距，创造时间效用。所以，配送创造了时间效用和空间效用。

阅读链接

通常情况下，国内的很多货主企业总是相信大型物流公司。李宁公司在挑选物流公司时，不找最大的物流公司，只找最适合的。

李宁公司的招标准则是，选择最合适的承运商。李宁公司选择的物流服务商都是一些中等规模的物流公司或是运输公司。李宁公司意识到，大的物流公司有可能有更大的客户，如果自己在行业里排第二，那么肯定会有更大的客户排在前面，其受重视程度肯定要比自己大。有了这种新的思考之后，李宁转变思路，开始选择一些中等规模的物流运输公司为合作伙伴。李宁的货物开始备受重视，物流公司在服务上尽心尽力，这样物流公司在与李宁公司的合作中就可以做到：无论什么情况，李宁公司的货物首先发。

李宁公司在招标选择承运商时，非常重视招标的流程合理，注重能够真正控制招标的过程。在选定承运商之后，李宁公司还非常重视对承运商的动态管理，连续进行对承运商的绩效考核、末位淘汰与追踪控制。

李宁公司的承运商和物流代理公司都必须接受严格的绩效考核。公司共有5个考核指标，分别是：准时提货率、及时正点率、货损货差率、服务态度以及完美回单率。针对专线承运商，李宁物流部会亲自监控每一个指标的完成，而对于代理公司，则作整体考评。

所有物流承运商都要把他们的信息管理系统与李宁公司物流部进行对接，及时反馈运输监控信息。他们必须每天报报表，包括货单号、提货时间、发货时间、在途时间、长途运输中不同地点的报告和事故原因分析报告。与此同时，李宁公司物流部有运输追踪部专门负责电话追踪经销商、专卖店，把自己得到的信息与承运商反馈的数据统一做一个文件，形成承运商一个月的编程。

参照这些编程，李宁公司每个月都会给承运商打分，每个季度集中一次，把数据报表向承运商公布，针对其不足，限期整改。依靠这种严格的末位淘汰制度，承运商的服务水平不断提高，现在与李宁公司合作的承运商不仅有招标入围的，还有曾经被淘汰后又提高自身水平再次得到李宁认可的。李宁公司的货物运输在业内受到广泛的赞许，赢得了广大经销商的信赖：只要货款到账，货物就一定会安全正点送到。

（资料来源：http://www.iscwl.com/blog/hangye/680.html）

【案例分析】

海尔：现代物流创造的奇迹

海尔集团首席执行官张瑞敏在一次研讨会上谈起海尔为什么要搞物流时说："物流对海尔的发展非常重要，为此我们大约用了两年半的时间进行物流的整合和改造。到目前为止，我们认为物流对企业的发展起到了巨大的作用"。

张瑞敏认为："在网络经济时代，一个现代企业，如果没有现代物流，就意味着没有物可流。这是由现代企业运作的驱动力所决定的。现代企业运作的驱动力就是两个字：订单。如果没有订单，现代企业就不可能运作。也就是说，它不可能有物可流。要实现这个订单，意味着靠订单去采购，为订单去制造，为订单去销售。如果要实现完全以订单去销售采购制造，那么支持它的最重要的一个流程就是物流。如果没有物流，就不可能有订单的采购；如果没有订单的采购，那就意味着采购回来的就是库存，因为采购回来的这些物料到底给谁不知道；如果没有订单的制造，就等于天天虽然非常忙，但是在制造库存，生产的产品等于天天增加库存。最后，没有订单的销售，说到家，就是处理库存，因为你不知道卖给谁，唯一的出路就是降价、削价处理"。

1. 重塑企业的业务流程，真正实现市场化程度最高的订单经济

海尔现代物流的起点是订单。企业把订单作为企业运行的驱动力，作为企业流程的源头，完全按订单组织采购、生产、销售等全部经营活动。从接到订单起，就开始了采购、配送和分拨物流的同步流程，现代物流过程也就同时开始。由于物流技术和计算机管理的支持，海尔物流通过3个JIT，即JIT采购、JIT配送、JIT分拨物流来实现同步流程。这样的运行速度为海尔赢得了源源不断的订单。目前，海尔集团平均每天接到200多个销售订单，每个月平均接到6000多个销售订单，定制7000多个规格品种，需要采购的物料品种达15万种。由于所有的采购基于订单，采购周期减到3天；所有的生产基于订单，生产过程降到一周之内；所有的配送基于订单，产品一下线，中心城市在8小时内、辐射区域在24小时内、全国在4天之内即能送达。总起来，海尔完成客户订单的全过程仅为10天时间，资金回笼一年达15次（1999年我国工业企业流动资本周转速度年均只为1.2次），呆滞物资降低73.8%。张瑞敏认为，订单是企业建立现代物流的基础。如果没有订单，现代物流就无物可流，现代企业就不可能运作。没有订单的采购，意味着采购回来就是库存；没有订单的生产，就等于制造库存；没有订单的销售，就不外乎是处理库存。抓住了订单，就抓住了满足即期消费需求、开发潜在消费需求、创造崭新消费需求这个牛鼻子。但如果没有现代物流保障流通的速度，有了订单也会失去。

2. 从根本上改变物流企业的流通方式，基本实现资本效率最大化的零库存

海尔改变了传统仓库的"蓄水池"功能，使之成为一条流动的"河"。海尔认为，提高物流效率的最大目的就是实现零库存。现在海尔的仓库已经不是传统意义上的仓库，它只是企业的一个配送中心，成了为下道工序配送而暂时存放物资的地方。

建立现代物流系统之前，海尔占用50多万平方米的仓库，费用开支很大。目前，

海尔建立了两座我国规模最大、自动化水平最高的现代化、智能化立体仓库，仓库使用面积降为2.54万平方米。其中，坐落在海尔开发区工业园中的仓库，面积1.92万平方米，设置了1.8万个货位，满足企业全部原材料和制成品配送的需求，其仓储功能相当于一个30万平方米的仓库。这个立体仓库与海尔的商流、信息流、资金流、工作流联网，同步传输数据，采用世界上最先进的激光导引无人运输车系统、机器人技术、巷道堆垛机、通信传感技术等，整个仓库空无一人。自动堆垛机把原材料和制成品举上7层楼高的货位，自动穿梭机把货位上的货物搬下来，一一放在激光导引无人驾驶运输车上，运输车井然有序地按照指令再把货送到机器人面前，机器人叉起托盘，把货物装上外运的载重运输车上，运输车开向出库大门，仓库中物的流动过程结束。整个仓库实现了对物料的统一编码，使用了条形码技术、自动扫描技术和标准化的包装，没有一道环节会使流动的过程梗塞。

海尔的流程再造使原来表现为固态的、静止的、僵硬的业务过程变成了动态的、活跃的、柔性的业务流程。未进行流程再造前的1999年，海尔实现销售收入268亿元，库存资金15亿元，销售资金占用率为5.6%。2000年实现销售收入406亿元，比上年超了138亿元，库存资金降为7亿元，销售资金占用率为1.72%。今年海尔的目标是把库存资金降为3个亿，销售资金占用率降到0.5%，届时海尔将基本实现零库存。在海尔所谓库存物品，实际上成了在物流中流动着的、被不断配送到下一个环节的"物"。

3. 从根本上打破企业自循环的封闭体系，建立市场快速响应体系

面对日趋激烈的市场竞争，现代企业要占领市场份额，必须以最快的速度满足终端消费者的多样化个性需求。因此，海尔建立了一整套对市场的快速响应系统。一是建立网上订单管理平台。全部采购订单均由网上发出，供应商在网上查询库存，根据订单和库存情况及时补货。二是建立网上支付系统。目前网上支付已达到总支付额的20%，支付准确率和及时率达100%，并节约近1000万元的差旅费。三是建立网上招标竞价平台。供应商与海尔共同面对终端消费者，以最快的速度、最好的质量、最低的价格供应原材料，提高产品的竞争力。四是建立信息交流平台。供应商、销售商共享网上信息，保证商流、物流、资金流的顺畅。集成化的信息平台，形成了企业内部的信息"高速公路"，架起了海尔与全球用户资源网、全球供应链资源网和计算机网络的桥梁，将用户信息同步转化为企业内部信息，以信息替代库存，强化整个系统执行订单的能力。海尔物流成功地运用电子商务体系，大大缩短了海尔与终端消费者的距离，为海尔赢得了响应市场的速度，扩大了海尔产品的市场份额。在国内市场份额中，海尔彩电占10.4%，冰箱占33.5%，空调占30.6%，冷柜占41.8%。在国际市场，海尔产品占领了美国冷柜市场的12%、200升以下冰箱市场的30%、小型酒柜市场的50%，占领了欧洲空调市场的10%，中东洗衣机市场的10%。目前海尔的出口量已经占到销售总量的30%。

4. 扭转企业以单位参与市场竞争的局面，使企业通过全球供应链参与国际竞争

从1984年12月到现在，海尔经历了三个战略发展阶段。第一阶段是品牌战略，第二阶段是多元化战略，第三阶段是国际化战略。在第三阶段，其战略创新的核心是从海尔的国际化到国际化的海尔，建立全球供应链网络，而支持这个网络体系的是海尔的现

代物流体系。

海尔在进行流程再造时，围绕建立强有力的全球供应链网络体系，采取了一系列重大举措。一是优化供应商网络。将供应商由原有的2336家优化到978家，减少了1358家。二是扩大国际供应商的比重。目前国际供应商的比例已达67.5%，较流程再造前提高了20%。世界500强企业中已有44家成为海尔的供应商。三是就近发展供应商。海尔与已经进入和准备进入青岛海尔开发区工业园的19家国际供应商建立了供应链关系。四是请大型国际供应商以其高技术和新技术参与海尔产品的前端设计。目前参与海尔产品设计开发的供应商比例已高达32.5%。供应商与海尔共同面对终端消费者，通过创造顾客价值使订单增值，形成了双赢的战略伙伴关系。

在抓上游供应商的同时，海尔还完善了面向消费者的配送体系，在全国建立了42个配送中心，每天按照订单向1550个专卖店、9000多个网点配送100多个品种、5万多台产品，形成了快速的产品分拨配送体系、备件配送体系和返回物流体系。与此同时，海尔与国家邮政总局、中远集团和黄天百等企业合作，在国内调配车辆可达16 000辆。

海尔认为，21世纪的竞争将不是单个企业间的竞争，而是供应链与供应链之间的竞争。谁所在的供应链总成本低，对市场响应速度快，谁就能赢得市场。一只手抓住用户的需求，一只手抓住可以满足用户需求的全球供应链，这就是海尔物流创造的核心竞争力。

（资料来源：中国应用技术网. http://www.aptchina.com/technicadmin/50442/）

思考题：

1. 与传统企业相比，海尔的物流理念有哪些突破？
2. 海尔在物流整合上有哪些什么措施？
3. 海尔成功地利用物流能力的提升，增强国内外市场的竞争力，你认为有哪些关键因素？

【技能训练】

训练目标：

通过实际物流配送方案的调查与制作，加强学生对物流相关流程的认识，培养学生实际的操作能力。

训练方法：

选取当地某一数量较多的零售行业（如便利店）为设计对象，根据当地这一行业的实际情况，尝试设计一个便利店的共同配送方案，提高整个零售业的物流效率。方案内容应包括以下部分：

1. 便利店的配送现状及存在的问题分析。
2. 共同配送模式的设计。
3. 配送业务流程的设计。
4. 方案实施的难点预测。

训练以小组为单位，采用方案竞赛的形式展开。训练以优化方案的制作为要求，方案包括书面材料和PPT文档。在竞赛过程中，15分钟为小组代表陈述方案时间，10分钟为课堂辩论时间。

训练要求：

1. 方案的内容注意可行性、有效性和创新性。
2. 幻灯片的制作清晰、美观。
3. 方案的陈述语言简洁、流利。

成果检验：

教师根据方案的可行性和有效性，以及PPT的制作水平和课堂辩论情况给予相应的评价，并和学生共同评选出优秀方案小组。

【思考题】

1. 什么是物流？物流的作用和价值有哪些？
2. 影响运输合理化的因素有哪些？如何实现运输的合理化？
3. 试描述ABC库存管理法的原理。
4. 实现JIT库存管理法的方法有哪些？
5. 试描述配送的业务流程。
6. 配送中心的作用和功能是什么？
7. 比较第三方物流与第四方物流之间的关系。

第十章

企业文化管理

【学习目标与要求】
- 明确学习企业文化的必要性,掌握企业文化的基本功能。
- 理解企业文化的基本内涵及基本特性,比较中日美不同国家的管理文化。
- 掌握企业文化的内在结构。
- 把握企业文化建设的关键环节。

同一个声音——康大集团企业文化管理

2006年6月16日是个值得纪念的日子。这天,青岛康大集团与北京同心动力企业管理顾问有限公司,一同举行了青岛康大集团企业文化咨询项目启动大会,拉开了康大集团企业文化管理的序幕。

康大集团既是2005年中国成长企业的100强之一,也是2006年度国家统计局公布的中国大企业集团竞争力500强之一。董事局主席高思诗先生1992年带领6名员工和5000元人民币创业;2002年提出打造学习型组织;2005年建立事业部管理体制,精细化目标管理和绩效考核体系全面展开;2006年10月,旗下食品产业在新加坡境外上市,创下青岛市四个第一……

2004年年初,康大进行了组织框架、人事调整、薪酬改革和管理规范化建设等四个方面的改革尝试,加强绩效考核和目标管理,加大执行力度,实施品牌战略,确立了由生产型向市场型转变的发展方向。

随着集团的快速发展,很多管理问题也逐渐凸现。公司的执行力下降,管理半径的扩张跟不上企业的高速发展,人员匮乏尤其是中间力量塌腰,制度老化。为了解决这些问题,集团进行了组织架构调整和引进人才的尝试,然而新老人员观念的冲突以及岗位的频繁调动使得集团凝聚力下降,人心不稳。

2006年6月16日,康大企业文化项目正式启动,同心动力咨询集团进驻康大,开始了为期15天的调研活动。通过个人访谈、公司探讨、反复探究、访谈与问卷相互印证等系统分析模式,深度研析康大集团的文化现状以及未来组织文化的变革需求。

访谈共涉及集团有关人员446人次，回收内部问卷总数509份，有效问卷464份。调研后形成了200多页的调研报告。

通过调研，对公司目前存在的管理问题进行了分析，隐藏在这些问题背后的东西就是企业文化，只有从文化的角度去分析和解决，才可能真正解决存在的管理问题。公司应该清晰地梳理并提炼出系统的企业文化，形成康大独有的企业文化体系，从文化管理角度倡导一种团队支持导向的企业文化。在一种人性化文化氛围下，指导公司制定更加合理的激励机制、绩效评价和考核体系，制定更加合理的薪酬分配体系和培训体系，加强财务管理，构建营销体系，加强内部沟通和协调，激励全体员工不断开拓创新，从而不断加强和提高公司的管理绩效，增强公司的品牌形象，把公司真正建设成为和谐康大、百年康大。

在企业文化体系指引下，康大集团管理变革的力度更大，涉及面更广。在员工基本认同的情况下，改革效果可谓事半功倍，大大提高了管理绩效。

按照新的企业文化体系，康大集团进行了组织框架的调整，组建了事业部，按照新的企业文化体系，调整了管理人员，取得了非常好的效果。

康大集团的所有理念全面植根于集团所有人员，通过层层讨论，按照科学方法，使各个层级各个部门每个人都形成了一整套自己的行为准则，最终落实到员工的行为上，员工目标一致，声音同一，康大集团面貌焕然一新。

（资料来源：王谦修.2008.同一个声音——青岛康大集团企业文化案例.企业科技与发展，01：18-19.）

第一节 企业文化的基本内涵

一、文化与企业文化的内涵

（一）文化的含义

中国古代，"文化"的含义是"人文化成"和"以文教化"，这与西方文化一词中的培养、教育、改变之意吻合。《易传》中有"关乎人文，以化成天下"之说，意思就是要以文化典籍和礼仪道德来教化民众。"文化学之父"泰勒说："所谓文化或文明乃是知识、信仰、艺术、道德、法律、习俗以及包括作为社会成员个人获得的其他任何能力、习惯在内的一种综合体"。《大英百科全书》（1973～1974年）将文化概念分为两类。第一类是"一般性"的定义，将文化等同于"总体的人类社会遗产"；第二类是"多元的、相对的"文化概念，即"文化是一种来源于历史的生活结构的体系，这种体系往往为集团成员所共有"，它包括这一集团的"语言、传统、习俗和制度"，包括有激励作用的思想、信仰和价值，以及在物质工具和制造工具中的体现。美国人类学家克拉克洪和凯利把文化看作"历史创造出的、清晰和不清晰、理性和非理性的所有生活图式，这种图式在任何给定的时间都作为一种人类行为的潜在指导而存在"。文化人类学家怀特认为每种人类文化可以分成三个部分：经济和技术、社会结构及意识形态。他认为，经济与技术是社会结构和意识形态的基础，要理解社会结构意识形态只有在经济与技术的基础上才能做到。中国《辞海》对文化的定义，一直沿用广义与狭义两种解释："从广义来说，指人类社会历史实践中所创造的物质财富和精神财富的总和。从狭义来说，指社会的意识形态以及与之相应的制度和组织结构"。

（二）企业文化的内涵

目前关于企业文化的定义也有很多。英国人类学家爱德华·泰勒在1871年出版的《原始文化》中第一次将文化作为一个中心概念来使用，将其表述为："文化是个复杂的总体，包括知识、信仰、艺术、道德、法律、风俗，以及人类在社会里所获得的一切能力与习惯"。本书采用使用最广泛的、具有权威性的、由美国麻省理工学院组织行为学教授爱德华·沙因（Schein）关于企业文化的定义。沙因将企业文化定义为：企业文化是在一定的社会经济条件下，通过长期的社会实践所形成的，并为全体成员公认和遵循的共同意识、价值观念、职业道德、行为规范和准则的总和，是一个企业或一个组织在自身发展过程中形成的以价值为核心的独特的文化管理模式。企业文化最能体现一个企业组织的价值观、行为准则、制度设计和工作程序。

企业文化的内涵，可以从以下四方面进一步理解。

（1）企业文化的核心是企业价值观。价值观指人们对客观事物发展变化总的看法和评价。价值观是在人们的世界观和人生观基础上形成的，同时又反过来对人的世界观和人生观产生影响。企业总是把自己认为最有价值的对象作为本企业追求的最高目标、最高理想或最高宗旨，一旦这种最高目标和基本信念成为统一本企业成员的共同价值观，就会构成企业内部强大的凝聚力和整合力，成为组织成员共同遵守的行为指南。因此，企业价值观制约和支配企业的宗旨、信念、行为规范和追求目标，企业价值观是企业文化的核心。

例如，一些大公司的核心价值观是：

沃尔玛：对顾客全心全意服务。

摩托罗拉：优质服务，做摩托罗拉人。

斯尼公司：尽善尽美、神奇、惊险、衣着整洁、充满热情。

GE：精简、迅捷、自信；在所有的领域位居前一、二名。

（2）企业文化的主题是以人为主体的人本文化。人是整个企业中最宝贵的资源和财富，也是企业活动的中心和主旋律。因此，企业只有充分重视人的价值，充分调动人的积极性，发挥人的主观能动性，努力提高企业全体成员的社会责任感和使命感，使企业和成员成为真正的命运共同体和利益共同体，才能不断增强企业的内在活力，实现企业的既定目标。

（3）企业文化的管理方式以软性管理为主。企业文化是以一种文化的形式出现的现代管理方式。也就是说，它通过柔性而非刚性的文化引导，建立企业内部合作、友爱、奋进的文化心理环境，自动协调企业成员的心态和行为，并通过对这种文化氛围的心理认同，逐渐内化为企业成员的主题文化，使企业的共同目标转化为成员的自觉行动，使群体产生最大的协同力。这种由软性管理所产生的协同力比企业的刚性管理制度有更强的控制力和持久力。

(4) 企业文化的重要任务是增强群体凝聚力。企业的成员来自五湖四海，不同的风俗习惯、文化传统、工作态度、行为方式、目的和愿望等都会导致成员之间的摩擦、排斥、对立、冲突乃至对抗，不利于企业目标的顺利实现。企业文化通过建立共同的价值观和寻找观念共同点，不断强化企业成员之间的合作、信任和团结，使之产生亲近感、信任感和归属感，实现文化的认同和融合，在达成共识的基础上，使企业具有一种巨大的向心力和凝聚力，这样才有利于企业共同行为的齐心协力和整齐划一。

二、企业文化的基本特征

企业文化是在企业长期发展过程中逐步形成和完善的。由于各个企业的历史和社会环境不同、行业特点不同、技术设备和生产经营状况不同、人员组成结构和员工素质不同，以及它们所处的社会文化背景不同，各个企业所形成的企业文化模式也不尽相同。企业文化的本质特征可以归纳为以下六点。

(1) 民族性。民族文化是企业文化的根基，企业文化的形成离不开民族文化。在世界文化体系中，每个民族都有自己独特的进化途径和文化个性，在不同的经济环境和社会环境中形成特定的民族心理、风俗习惯、宗教信仰、道德风尚、伦理意识、价值观念等，它们反映在企业文化上就是企业文化的民族特性。

(2) 客观性。企业文化是一种文化的积淀。它是在所处的社会物质环境——包括文化传统、社会组织方式、社会交往方式、社会心理素质等的合力作用下，在具有一定生产工艺、运行机制及传统、习俗、信念、意识等的企业生产经营实践中形成的。成功的企业有优秀的企业文化，失败的企业则是有不良的企业文化。不管人们是否意识到，企业文化总是客观存在的，并不断的发挥着或正或负、或大或小的作用。

(3) 独特性。每个企业都有自己的历史、类型、性质、规模、人员素质等。因此，在企业经营管理的发展过程中，必然形成具有本企业特色的价值观、经营准则、经营作风、道德规范，也就是说，每个企业的企业文化都应具有鲜明的个体性和独特性。在一定条件下，这种独特性越明显，其内聚力越强。所以，在建立企业文化过程中，一定要结合企业自身的特点，形成自己的个性特征。

(4) 综合性。文化是精神活动、精神性行为以及精神物化产品的总称。文化内容的综合性使企业文化带有综合性的特征。企业文化作为一种独特的文化，在内容上带有综合性，它渗透到企业的各个方面，可以说企业的各项内容都有可能成为企业文化的组成部分。一个职工的价值观不是企业文化的内容，但大部分职工的共同价值观就是企业文化的一部分。由此可见，企业文化的内容是包罗万象的。

(5) 继承性。每一种文化都是在承袭前人的优秀文化成果和传统的基础上建立起来的。企业文化历经漫长的岁月磨炼，会逐步形成自身相对稳定的传统。继承性包括两个方面的含义：一是企业文化作为一种亚文化，必然受到民族文化的影响，继承民族文化的特点，带有民族文化的烙印。例如，受本民族文化的影响，美国的企业文化带有创新、个人主义和理性主义色彩；英国的企业文化则带有贵族化的特点。二是企业文化延续了企业自身的文化传统和特点，这一特点在西方那些历史较长的企业中表现得十分明显。

(6) 人本性。人本性强调人的重要性，是现代企业文化的一大特征。企业是人的企业，以企业员工为本、以顾客为中心，努力服务社会，平衡相关者的利益，必然使企业文化表现出强烈的人本主义色彩。人的素质决定企业的素质和企业文化的品质。其他如机器、设备等生产要素，离开了人，都只是一堆废物。从这个角度看，企业文化就是以人为中心、以文化引导为手段的管理思想。惠普文化常被人称为"HP Way（惠普之道）"。它的创始人休莱特有一段名言："相信每个人都愿意尽心尽力把工作做好，并不断追求创新，只要我们能提供一个适宜的环境，他们就一定成功"。这段话至今仍镌刻在惠普公司总部的门口。

第二节 企业文化的结构与功能

一、企业文化的内在构成

关于企业文化的结构划分有多种观点。一种是将其分为两个层次，如有形文化与无形文化、外显文化与内隐文化、物质形式与观念形式、"硬"文化与"软"文化等；另一种将其分为四个层次，即精神文化、制度文化、行为文化和物质文化。这些不同的结构划分有其各自的合理性，使用不同的结构划分对认识企业文化并无影响。本书中，我们把企业文化划分为四个层次，即理念层、制度层、行为层和物质层。

（一）理念层

理念层主要指企业的领导和员工共同信守的基本信念、价值标准、职业道德及精神面貌。理念层是企业文化的灵魂和核心，是形成制度层、行为层和物质层的基础和原因。企业文化中有无理念层是衡量一个企业是否形成自己的企业文化的标准。企业文化的理念层包括企业最高目标、企业哲学、企业精神、企业风气、企业道德、企业宗旨。

阅读链接

被喻为"经营之神"的松下幸之助谈到自己对企业的管理时，曾有这样一段话："当员工100人时，我必须站在员工前面以身作则，发号施令；当员工1000人时，我必须站在员工中间，协调各方，相互配合，努力工作；当员工10 000人时，我只有站在员工后面，双手合十，以虔诚之心祈导他们万众一心，众志成城"。企业规模较小时，企业管理者亲力亲为，带领员工冲锋在前，发挥模范带头作用就行了；但到了中等规模时，要善于管理，用严格的制度进行约束，加上强硬的手段就可以使企业正常运行；当企业规模非常庞大时，就要祈求员工万众一心，自发拼搏，这里需要全体员工有一种共同的信仰，一种共同的价值观，这是一种无穷的力量，这种力量来自于管理者的魅力，来自于一种伟大的思想影响力，一种高度升华的精神力量。这种精神力量，就是优秀的企业文化！

（资料来源：企业文化的作用及建设途径．http://wenku.baidu.com/link?）

（二）制度层

也叫企业的制度文化，在企业文化中，是具有本企业文化特色的各种规章制度、道德规范和职工行为准则的总称，包括厂规、厂纪、厂服、厂徽以及生产经营中的交往方式、行为准则等，是一种强制性文化。它集中体现了企业文化的物质层和理念层对员工和企业组织行为的要求。制度层规定了企业成员在共同的生产经营活动中应当遵守的行为准则，包括：一般制度，指企业中存在的带有普遍意义的工作制度和管理制度，以及各种责任制度；特殊制度，指企业的非程序化制度，如员工评议干部制度、总结表彰会制度、干部员工平等对话制度、企业成立周年庆典制度等；企业风俗，指企业长期沿袭、约定俗成的典礼、仪式、行为习惯、节日、活动等，如歌咏比赛、体育比赛、集体婚礼等。企业风俗由精神层主导，又反作用于精神层。企业风俗可以自然形成，也可以后期形成，一种活动、一种习俗，一旦被全体员工共同接受并沿袭下来，就会成为企业风俗的一部分。

（三）行为层

企业文化的行为层指企业员工在生产经营、学习娱乐中产生的活动文化，它包括企业经营、教育宣传、人际关系的动态体现，也折射出企业精神和企业的价值观。根据行为主体划分，企业行为包括企业家行为和员工行为。

（1）企业家行为。企业家是企业的灵魂，也是"企业文化的旗手"。企业家最重要的任务是建设企业文化。企业文化是企业创始人、领导人、企业制度建立者和社会建筑师的创业活动的结果。企业家行为决定了企业文化健康与优化程度，决定了员工对企业的信心程度，也决定了企业在未来竞争中的胜负。有什么样的企业家，就有什么样的企业和什么样的企业文化。企业家的行为常常成为企业员工效仿的行为规范。

（2）企业员工行为。企业员工是企业的主体，企业员工的群体行为决定了企业整体的精神风貌和企业文明的程度。因此，企业员工群体行为的塑造是企业文化建设的重要组成部分。例如，微软公司的形象是人们穿着随便但工作时间很长。相反，美洲银行的形象是正规的、工作纪律严格并且着装保守的公司。德洲仪器公司则喜欢谈论它"只穿衬衣"的文化，公司里不系领带，经理大多不穿外套。西南航空公司则保持追求快乐和兴奋的文化。

（四）物质层

这是企业文化的表层部分。它是企业创造的物质文化，是形成企业文化精神层和制度层的条件。从物质层中往往能折射出企业的经营思想、管理哲学、工作作风和审美意识。它主要包括以下七个方面。

（1）企业名称、标识、标准字、标准色。这是企业物质文化最集中的外在体现。例如，珠海丽珠集团新标志创意：以圆形为主体，涵盖了"同心、进取、认真、高效"的丽珠精神，旋转对称的两个"L"构成"Z"，表达了丽珠集团正以充足的动力高速前进，标志的标准色为蔚蓝色，明喻孕育生命万物之源的蓝天大海，象征科技与自然的完美结合，展示了人类日益注重与生存资源相关的水与空气的环保意识。显然，这个新标志宣扬了当今人们关注的"绿色革命"，把企业的命运和使命与社会的命运和前途紧紧地联系在一起。这样深明大义的企业，当然会得到社会的支持和人们的爱戴。

（2）企业外貌、自然环境、建筑风格、办公室和车间的设计方式和布置方式、绿化美化情况、污染的治理等是人们对企业的第一印象，无一不是企业文化的反映。

（3）产品特色、式样、外观和包装。产品的这些要素是企业文化的具体反映。

（4）厂徽、厂旗、厂歌、厂服、厂花。其中包含了很强烈的企业物质文化内容，是企业文化一个比较形象的反映。

（5）企业的文化体育生活设施。

（6）企业造型和纪念性建筑。包括厂区雕塑、纪念碑、纪念墙、纪念林、英模塑像等。

（7）企业的文化传播网络。包括企业自办的报纸、刊物、有线广播、闭路电视、计算机网络、宣传栏（宣传册）、广告牌、招贴画等。

综上所述，企业文化的四个层次是紧密联系的。物质层是企业文化的外在表现和载体，是制度层、行为层和理念层的物质基础；制度层约束和规范着物质层、行为层及理念层的建筑，没有严格的规章制度，企业文化建筑就无从谈起；行为层是企业物质层、制度层和理念层的现实体现；理念层是形成物质层和制度层的思想基础，也是企业文化的核心和灵魂。

阅读链接

海尔的文化战略

海尔集团创立于 1984 年，海尔的前身——青岛电冰箱总厂，是一个亏损 147 万元濒临倒闭的小厂，经过 16 年的发展，现已成为全国 500 强中名列 30 位、销售收入 162 亿元、品牌价值 265 亿元的特大型企业。海尔公司之所以取得这么大的成绩，与成功的企业文化战略不无关系。正如一位西方哲人所说，经济现象和伦理文化是同一因果链的两个侧面，经济现象的背后是文化力。

1. 构成海尔文化战略大系统中的三个子系统

美国管理大师德鲁克有一句名言："创新就是创造一种资源"，为了实现这种创新，海尔首先制定了文化战略的大系统和实施这个大系统的三个子系统：第一个子系统是企业内部系统。用海尔的核心文化最大限度地调动全体员工的积极性，不断提高产品的质量。第二个子系统是企业外部系统。用海尔的营销文化最大限度地满足用户的需要，不断扩大市场份额。第三个子系统是企业快速反应系统。用海尔的战略理念，紧紧关注并跟上国家宏观调控政策，及时抓住机遇发展企业规模。"个人生涯计划与海尔事业规划的统一"是海尔的企业口号。

为了实现海尔上述这个大系统的战略目标，公司提出了将个人生涯计划和海尔事业规划相统一的企业价值观，这个价值观的核心思想是：人的价值高于物的价值；共同价值高于个体价值；共同协作的价值高于独立单干的价值；社会价值高于利润的价值。在企业价值观的定位上，海尔从单向度的企业精神向作为价值体系的企业远景和共同视野转化。

张瑞敏认为，海尔要实现企业的总体目标，要实现个人生涯计划与海尔事业规划的统一，要调动全体员工的积极性，不断提高产品的质量，要解决共同价值与个体价值的关系问题。企业的基础是个人，没有个人能力的发挥，没有了解个人能力是怎样发挥作用的，企业就不能成为一个有机体，也就不可能形成企业活力。企业的所有问题都在于人，每个人都有自己的意愿，企业文化就要研究人，研究人的意愿、人的心智、人的思考方式，如果员工本身没有被充分激励去向目标挑战，当然不会有企业的成长。所谓团队精神、团队文化，就是充分兼顾职工个人的利益、个人的人生目标、个人的爱好和志向，充分调动每个员工的积极性，激励他们为企业的共同事业贡献力量。海尔在进行团队文化教育时，还特别强调共同价值是个体价值得以实现的根本保证。因为，一个基于个人利益增进而缺乏合作价值观的企业在文化意义上是没有吸引力的，这样的企业在经济上也是缺乏效率的，以各种形式出现的狭隘的个人利益的增进，不会给我们的企业和社会带来好处。这就是海尔文化的核心。

2. 海尔文化的落脚点——品牌文化战略的实施

海尔文化包括五个观念意识：一是质量意识——有缺陷的产品就等于废品。海尔认为，如果让有缺陷的产品出厂，这个产品就不可能有竞争力，而且也是对用户不负责任。闻名全国的海尔"砸不合格冰箱"事件，使所有海尔人认识到：只要是带有缺陷的产品，就不让它出厂，从而确立海尔的质量意识和品质意识，并把这种质量意识上升为海尔人的敬业报国、追求卓越的企业精神。二是市场意识——品牌无国界。优质产品不等于品牌产品。要创名牌产品，不仅要盯住企业内部，更要盯住市场，向消费者提供比竞争对手更令人满意的产品。三是用户意识——用户永远是对的。在海尔的服务理念中，"用户的难题就是我们的课题"、"为你设计，让你满意"、"用户永远是对的"已渗透到每一个员工的内心。海尔认为，真正为用户着想，开发生产满足用户需求的产品，才能真正赢得市场，走在竞争对手的前面。四是品牌意识——先卖信誉后卖产品。海尔认为，处于资本运营走向品牌运营的过程中，必须导入"先卖信誉后卖产品"的理念，树立品牌的美誉度。海尔的"先难后易"的品牌战略，就是其品牌意识的生动写照。五是服务意识——星级服务。面对供大于求的市场，海尔已建立了与国际接轨的星级一条龙服务，即售前—售中—售后—回访—开发—制造，把"用户的烦恼减少到零"作为服务目标。

（资料来源：张平华. 2004. 中国企业管理创新. 北京：中国发展出版社.）

二、企业文化的功能

企业文化对于一个企业的成长来说，可能不是最直接的表现因素，却是最持久的决定因素。企业文化对企业发展有导向、规范、约束、凝聚、融合等作用，这已逐渐成为企业管理者的共识。从企业文化的基本结构看，企业文化具有以下功能。

（1）导向功能。导向功能指企业文化对员工和企业生产经营活动发挥着引导作用，长期引导员工为实现企业目标而努力。企业文化建设中的共同价值观、企业精神、经营哲学等内容规定了企业和职工的价值取向，规定了企业的经营战略、经营方针和经营目标，实际上就是为企业指明了发展的方向，为企业员工设计出了一个共同奋斗的目标。具体体现在：①规定企业行为的价值取向；②明确企业的行动目标；③建立企业的规章制度。企业文化反映了企业整体的共同追求、共同价值观和共同利益。这种强有力的文化，能够对企业整体和企业每个成员的价值取向和行为取向起到导向作用。一个企业的企业文化一旦形成，就建立了自身系统的价值和规范标准，对企业成员个体思想和企业整体的价值、行为取向发挥导向作用。

（2）凝聚功能。企业文化通过沟通企业员工的思想，使之形成对企业目标、准则、观念的认同感，产生对本职工工作的自豪感和对企业的归属感，从而使员工个体的集体意识大大加强，使自己的思想感情和行为与企业的整体联系起来。这就是企业文化的凝聚功能。主要体现在目标凝聚和价值凝聚。良好的企业文化会使员工与企业形成一定的相互依存关系，从而产生对企业的某种群体意识。这种意识能使个人行为、思想、感情与企业整体统一起来，产生一种合力，使企业内部组织一体化，朝着一个共同的目标努力。

（3）激励功能。良好的企业文化是企业物质文化和精神文化的体现，在这种共同的文化氛围下工作的全体员工就产生一种认同感、归属感、信任感或荣誉感。因此，企业文化的激励作用要以职工对企业的信任、认同为基础。同时企业要创造一个宽松的、有利于进取的环境，调动广大员工的积极性，在共同的物质文化和精神文化环境下形成强大的凝聚力。具体体现在：①信任激励；②关心激励；③宣泄激励。在以人为本的企业文化氛围中，领导与职工、职工与职工互相关心，互相支持，特别是领导对职工的关心，会让职工感到被尊重，自然会振奋精神，努力工作。另外，企业精神和企业形象对企业职工有着极大的鼓舞作用，特别是企业文化建设取得成功，在社会上产生影响时，企业职工会产生强烈的荣誉感和自豪感，他们会加倍努力，用自己的实际行动去维护企业的荣誉和形象。

（4）约束功能。企业的建立能形成无形约束力和有形约束力。无形约束力来自价值取向、企业精神等群体压力，通过舆论、感情、伦理等约束员工行为。它是一种理性的、韧性的约束。有形的约束来自企业制度，它带有一定的强制性，条款分明、有奖有惩，有职工工作和操作的具体标准，企业规章制度的约束作用是硬性的，规章制度面前人人平等；无形约束和有形约束对规范企业和职工行为的意义一样重大。

科学管理是以物为中心的管理，企业文化则强调以人为中心的管理。从这个意义上说，企业文化是企业管理的灵魂。企业文化具有特殊的强制渗透功能，把企业精神融会于厂规、厂法等规章制度中，使人和企业行为规范化。这是经营者管理的依据，是企业形成自我约束机制的基础。由于这些规章制度反映了企业内所有职工的共同利益和要求，理所当然地会受到理解和支持。

（5）辐射功能。企业文化和社会文化紧密相连，在受社会大文化影响的同时，也潜移默化地影响社会文化，并对社会产生一种辐射功能，影响社会，服务社会，成为社会改良的一种重要途径。

企业文化不仅在本企业发挥作用，而且会对社会辐射和扩散。其辐射功能主要是通过以下途径实现的：①通过企业精神、价值观、伦理道德向社会扩散，与社会产生某种共识，并为其他企业或组织所借鉴、学习和采纳；②通过产品这种物质载体向社会辐射；③通过员工的思想行为所体现的企业精神和价值观，向社会传播和扩散文化。

第三节 东西方管理文化的比较

"以大象为题作文，德国人写的是《大象的思维》，法国人写的是《大象的爱情》，俄国人写的是《俄罗斯大象是世界上最伟大的大象》。"

"一幢各国人群居的大楼起火，犹太人背出来的是钱袋，法国人背出来的是情人，中国人背出来的是母亲。"

这两个例子生动地说明了不同民族文化的差异。文化的差异必然导致管理的方法手段的不同。随着经济全球化的不断深入，随着跨国公司的蓬勃发展，随着国际国内市场竞争的日趋激烈，任何一个国家都必须学习和借鉴其他国家先进的管理思想与管理方法。因此，了解、分析、比较不同国家的管理文化具有特别重要的意义。

一、美国的文化

美国是一个移民国家，美国文化是由不同的民族文化交融而成的。在独立战争之前的一个半世纪内，主要是西欧移民及从非洲和南美洲贩卖或雇佣来的奴隶；独立战争之后的两个世纪，移民来自包括亚洲在内的世界各国，移民们从各地带来了不同国家不同民族的文化，经过300年的交融混合，形成了独具一格的美国文化。由于这种远洋移民文化对生产力有良好的促进作用，再加上天时地利的环境，美国的经济迅速发展，以物质文化和制度文化为载体的美国精神文化又向欧洲、美洲、大洋洲等地传播，具有强大的辐射力。被称为"移民文化"的美国文化具有如下特点。

（1）重科学、重法律、重信仰、理性主义。这是受西欧文化影响的结果，西欧文化有三个历史渊源：①古希腊的科学精神。强调人要正确认识自然，按自然规律办事，让自然为人类造福。美国人崇尚科学特别是自然科学，注重技术创新，讲究理性主义。在管理中强调采用科学的方法、合理的程序、合理的规章，才能取得高效率。②古罗马的法律制度：强调每个公民都要明确自己的权利和义务，要捍卫自己的权利并履行自己的义务。要明是非、辨善恶，依法律制度规范社会公众的行为。美国人讲法制，守规矩，注重依法管理。③希伯莱民族的宗教。强调人应该有信仰，这样才能规范人的精神活动并引导人们从善弃恶。

（2）个人主义的价值观。与中国人传统理解的"自私自利"的个人主义不同，美国人把"个人主义"理解为：①崇尚个人奋斗精神。不依赖父母、不依赖家族，主张通过个人努力获取自己的财产和地位。②私人财产神圣不可侵犯。主张"产权明晰"，私人合法权益受法律保护。③个人与组织的关系只是工作关系。企业短期雇佣员工，员工流动性大，企业与员工的关系靠雇佣契约规定。

（3）崇尚平等竞争和英雄主义。由于是移民国家，在个人事业成功的历史上，主要靠个人能力和奋斗精神，很少像英国或其他封建国家那样受到家族血缘的荫护，靠裙带关系获得高官厚禄的成分很少。美国人敬佩做大事、立大功、出大名的大人物，这种个人英雄主义比封建的出身论即"龙生龙凤生凤，老鼠的儿子会打洞"好得多，前者有利于公平竞争，有利于个人聪明才智的充分发挥，有利于生产力的发展。

二、日本的文化

日本与中国同属东方民族，有着相同的文化渊源。19世纪中叶以前，日本是一个封建的农业国家，与现代文明隔绝。但在明治维新后，日本迅速学习西方发展资本主义，20世纪后期成为仅次于美国的世界第二经济强国。日本的成功在于它不仅大量引进西方先进的科学技术，而且学习一整套美国的现代科学管理制度、思想、方法，并把日本儒家资本主义管理模式中的伦理精神与美国科学管理思想巧妙地融为一体，形成以东方文化为基础、东西方文化交融的日本文化。日本文化的主要特点有以下两个。

(1) 受中国儒家文化的深远影响。日本的民族文化受中国文化的影响最深，可以说，日本文化的基础是中国的儒学、由中国传入的佛教和日本的神道。第二次世界大战前后，西方文化才较多地传入日本。今天，年纪较大且有一定地位的日本人，仍常常以孔孟之道作为座右铭，许多公司的经营理念有浓厚的儒学色彩。例如，丰田公司社民办公室的座右铭是"天地人知仁勇"，其来源是孟子的"天时地利人和"和孔子的"好学近乎知，力行近乎仁，知耻近乎勇"。日本著名企业家横山亮次认为，日本企业的终身雇佣制和年功序列工资制是根据孔子的"礼"的思想并结合日本的具体实际提出的。在日本企业内部普遍提倡的是"忠、仁、信、和"，是标准的儒家思想，这种思想使日本企业具有其他国家企业难以看到的"积聚力"。日本社会是一个容不得个人主义的社会，极度强调集体主义，不提倡内部竞争，力图避免冲突，强调的是团结和妥协，即所谓的"和"。日本社会中，团体主义、家族主义观念强烈，个人对集体有依赖感。

(2) 耕种型的岛国文化。日本长期的发展历史是单一的种植型经济，千百年来以种植业为主，这种耕作方式从播种到收获都需要家族及邻人的相互协作，倾向于发挥集体的智慧和力量。耕种型的日本文化呈现安守故土、注重相互合作、强调集体力量、富于人情味的特点。

日本是一个人口众多但国土狭小、自然资源贫乏的国家，恶劣的生存环境使日本人意识到必须得到世界各国的资源支持，必须学习外国的文化，包括科学技术和管理等。因此，日本在文化上绝不排外，但在经济上又有着强烈的对外扩张甚至是侵略意识和"肥水不流外人田"的心理，外族人很难在日本找到"待遇优厚"的工作。

同时，民族的危机感和忧患意识使日本人富有进取精神和民族凝聚力，较多地考虑本民族的利益，在商业往来中经常斤斤计较，不够豁达。

三、中国的文化

中国是一个具有五千年悠久历史的文明古国，是东方文化的典型代表。中国的各种文化现象，有其相当特殊的背景。

(1) 自给自足的小农经济的长期影响。中国是一个典型的农业国。千百年来，中华民族在幅员辽阔、江河纵横的自然环境中从事单一的种植型农业生产，"日出而作，日落而息"。农业经济又是典型的自给自足的自然经济，商业经济落后，人们"鸡犬之声相闻，老死不相往来"。这种生活方式养成了人们勤劳、节俭、散漫、守旧的生活习惯，人们追求和谐、安稳、平和、懒散的生活，习惯于乐天知命、安分守己。在为人处世原则上崇尚中席之道，提倡"温、良、恭、俭、让"的君子风度和方式，很少有强烈的自我表现。提倡道德和人格的自我完善，要求人们通过道德修养，融个体于群体之中。崇尚"克己复礼"，只有克制身心，服从群体，才能与世俗和谐相处。在中庸之道的影响下，人们从众心理较强，缺乏敢为人先的冒险精神、开拓精神和进取精神。可以说，乐天知命、小富即安就是小农心理的典型写照。

（2）以儒家文化为主要渊源。相对于欧美的基督教文化和印度的佛教文化，中国的传统文化是以儒学为主要渊源的"人学"，其精髓是积极的入世精神。所谓入世精神，就是积极地关心社会现实的人生态度，"天下兴亡，匹夫有责"。这种积极的人生态度，几千年来激励着中华民族在艰苦的环境中，创造了灿烂的古代文化，锤炼出自强不息的民族精神。

（3）封建宗法制度的约束。中国古代长期存在着以血缘关系为纽带的宗法制度，它把社会成员以宗亲、家族为基本单位牢固地联系在一起，使其有共同的风俗习惯、心理状态、行为规范，宗族成员有很强的集体主义感，宗族内部有很强的凝聚力。另外，宗法制度导致"家长制"式的集权专制，形成了重人治、轻法治的传统，出现了裙带关系比法律条文更起作用的社会关系网。

这种以伦理为中心的社会，重视维系人际关系的伦理纽带，有利于社会关系的稳定与和谐。它要求人们把自己看作家庭、社会的一员，并时刻意识到自己在其中的责任；它把个人、家庭、国家的命运较为紧密地联系起来，使爱国主义和民族的整体感有了坚实的基础，有助于民族凝聚力的增强。在现代社会中，只要我们注意对伦理道德的发展与完善，它就能成为我们树立社会责任感、提高组织凝聚力、建设优秀组织文化的思想武器。

四、东西方文化的简单比较

世界上的民族文化最有代表性的是以欧美为代表的西方文化、以中日为代表的东方文化和以印度为代表的印度文化。表10-1仅对东西方文化作简单比较，比较和理解时

表10-1 东西方文化的简单比较

比较项目	东方文化	西方文化
产生渊源	儒教、道教、佛教、神教	基督教、古希腊科学、古罗马法制
核心理念	仁爱、义、忠诚、和、中庸、集体的人本、人治	科学、法治、个体的人本
基本特征	感情型文化、感性、封建主义	契约型文化、理性、资本主义
对企业管理的影响	等级制度、保守、讲人情、长期雇佣、论资排辈、公司利益高于一切、集权管理、决策专断、团队协作	平等、创新、讲利益、契约、雇佣、岗位工资制、公司与员工共同发展、分权管理、决策民主、个人奋斗

资料来源：刘志坚等.2003.管理学原理与案例.广州：华南理工大学出版社.

应注意如下问题：东西方文化各自是博大精深的体系，很难三言两语说清；东西方文化是不断发展和相互融合的；一些文化特征本身就是复杂的矛盾体；对文化的理解不能简单化。

阅读链接

儒家伦理思想与现代企业经营方程式

经营管理作为一种文化、一种精神、一种风格，却只能深深打上各民族的文化烙印。日本的企业家对此有比较清醒的认识，日本是属于"儒家文化圈"的国家，对儒家治国之道的应用由来已久。明治维新以后，为适应日本工业化的需要，被称为"日本近代企业之父"的涩泽荣一倡导了"经济道德合一说"。日本现代管理思想家伊藤肇指出："日本企业家只要稍有水准的，无不熟读《论语》，孔子的教诲给他们的激励影响至深，实例多得不胜枚举"。据统计，自涩泽荣一之后，从现代经营管理的角度解说《论语》的专著在日本出版数10部，其中伊藤肇著的《东方人的经营智慧》一书影响甚广。对于日本热衷把儒家伦理思想成功地应用于现代企业经营管理，应引起我们重视！同时，多年来人们忽视中国台湾、中国香港、东南亚华人创造的经济奇迹中蕴涵的文化意义，他们只注意研究造成这一奇迹出现的行政、经济原因，而导致这一奇迹出现的文化因素和民族精神的作用却被忽视了。许多人以为东亚"四小龙"的经济腾飞只不过因为这些地区彻底地实行了西方资本主义的生产经营方式。这是十分简单肤浅的见解。其实，传统文化创造了这种现代化模式，可以说儒家伦理思想在东亚地区广为流传，影响极大。

儒家伦理思想的基本精神是"仁义礼智信"，我们从现代经营管理的角度去诠解，就会发现"仁义礼智信"不仅是伦理之道，也是经营管理之道。

一、以"仁"为原则的经营管理思想

"仁"是儒学伦理哲学的中心范畴与最高道德准则，其本义是友爱、互助、同情。作为现代企业，应将仁爱之德施于人民大众，真诚、友好地对待别的企业或客户，加强双方的沟通、理解和联系。当受到别的企业帮助后，应当铭记不忘，寻找机会给予报答；当别人有难时，追求卓越的企业家会主动伸出援助之手，帮其排忧解难。只有这样，才能赢得广大用户的真情厚谊，从而促进本企业的蓬勃发展。

近年来，沿海地区在中国改革开放的政策指导下，率先利用地缘优势，大力吸引外商，兴办大批实业，使经济迅速崛起，然而，一批明智的企业家具有战略眼光，发达了不忘支援"老边穷少"地区的经济发展，积极加入到"扶穷"行列之中，这充分体现了这些企业家富则兼善天下，是其仁。这是未来企业的发展趋势，必将被越来越多的人们所推崇和认可。

二、以"义"为特征的经营管理手段

"义"是儒家重要的道德规范之一，指人的思想和行为要符合一定的标准。凡是功勋卓著、业绩辉煌的企业家，都非常注重"义"在企业行为中的作用，把"义"视为企业精神的主要方面，既谈赚钱又讲友谊，既注重经济效益，又注重社会效益，对内对外都应有"江湖义一桩"，是其义。在当今商海，既要承认对物质利益的追求是合乎人情的，又要注重这一追求必须符合社会公认的道德准则。儒家并不一概反对利，它强调的是要先义后利、见利思义、以义求利，主张"君子之财、取之有道"，坚决反对重利轻义、见利忘义、不仁不义，甚至不择手段的唯利是图。在儒家看来，管理者的职责就是要正确处理好"义"与"利"的关系，确立"义利合一"，并把"义以生利"的思想转化成一种经营理念。事实上，儒家的义利观是用来调节社会集团与集团、个人与社会、个人与个人之间利益的思想武器。

三、以"礼"为基础的经营管理特色

"礼"是儒家伦理道德思想的基本范畴，泛指各类典章制度和道德规范。相对内在的道德感情和伦理思想的"仁"而言，"礼"是外在的伦理行为与社会制度，它起到调节人际关系，达到社会和谐安宁的作用。中国一向有"礼仪之邦"的盛誉，儒家十分重视"礼"在管理活动中的作用，并认为"礼"是管理者修养的标准，治民治国的依据。"礼"是外在的道德规范，在现代文明经商的社会里具有更广阔而丰富的内涵。企业是处于社会中的有机体，它的组成成员是社会中的个人，必须遵循社会的一些公共准则，这样，才能成为"礼仪之企业"。作为企业的经营者，应以"礼"来规范其行为准则。"礼"不仅是一种传统美德，也是企业成长的必然选择！一个独到的为消费者设想的见解，一个温情的微笑，无不展现出非凡的魅力。企业形象并不是空中楼阁，企业形象建立在礼貌待客、文明经商、言谈谦和、举止端庄、仪表整洁、精神饱满、员工的一举一动、一言一行上。员工的形象在某种程度上代表企业的形象。古今中外的企业都重视礼的宣传。

四、以"智"为动力的经营管理韬略

"智"是儒家伦理思想的基本概念，指的是聪明智慧的品德。在风谲云诡、尔虞我诈、陷阱多多的商海，要靠人才，靠超群的智慧和谋略方能克敌致胜，此乃"智"。当今世界，竞争的焦点已从市场竞争转移到人才的竞争，国家的振兴、企业的发展，就是靠大批的人才。尊重知识、尊重人才是企业兴旺发达的先决条件，尤其是迫切需要一批能开拓创新、善经营管理的企业家和实干家。人才资源是最宝贵的资本，其价值是无法估计的。智力和人才是现代企业腾飞的动力源泉，是赢得胜利的锐利武器。在企业管理中是需要高度智慧的。毛泽东说过：领导者的责任不外是用人和出主意两类，不论是"用人"还是"出主意"都需要智慧。所以，一个优秀的企业领导应把选人任贤和知人善任看成企业管理者最主要的事项之一。

五、以"信"为核心的经营管理目标

"信"是儒家伦理思想的重要范畴之一，泛指诚实不欺、讲信用的品德。讲信用、守诺言是中华民族的美德。孔子的名言："自古皆有死，民无信不立"。取信于民，企业就稳定、发展；失信于民，企业就难有立足之地，甚至出现危机。"信"对于一个组织而言，就是信誉。"人无信不立"，信誉对于任何组织都是立业的根本。顾客是企业赖以生存、发展的真正基础，为此，企业经营活动的圆心是顾客，企业经营能否成功，关键在于顾客，在于企业是否赢得顾客的信誉。现代经营者提出"用户至上、信誉第一"的口号，就是向客户提供全面满意的服务，这是树立企业形象和提高企业信誉最有效的方式。时代已赋予消费者导向极其重要的地位。在变幻莫测的商战中，"信誉第一，宾客至上"已成为市场竞争的一个秘密武器，具有强大的威力和辐射力。良好的信誉已成为

企业开拓并巩固市场，获得超额利润的神秘砝码，对于企业的发展壮大起着不可估量的促进作用。众多著名的大财团和跨国公司都是"以信为本"，靠信誉占领市场、扩大市场，重诺言、守信用，言而有信，是衡量一个企业的重要标准。

当今，在国际市场竞争日益激烈的情形下，越来越多的人们意识到儒家伦理思想与现代企业经营管理有着非常密切的内在联系，深知儒家伦理思想在现代企业经营管理中占据着非常重要的地位，对企业参与竞争、赢得优势、走向辉煌有着重大的意义和深远的影响，在东亚地区日益受到企业界人士的高度重视和广泛应用，取得了令人瞩目的成就，并在逐步扩大其影响，使更多的专家学者，对华人经济的崛起，开始从博大精深的儒家伦理思想的角度去发掘和探索。

（资料来源：儒家伦理思想与现代企业经营方程式. 2008-01-28. http://www.7158.com.cn/webs/articleInfo. ）

【案例分析】

以人为本的惠普文化

美国惠普公司是世界500强之一，它以人为本的企业文化在企业界独树一帜，被誉为"惠普之道"。

1. 可以超级反映情况

惠普采取门户开放政策，惠普总裁办公室从来没有门，任何员工都可以越级向上反映各种问题。在惠普中国总部，如果中国员工受到顶头上司不公正的待遇或看到公司发生问题时，不会以忍为怀，他们往往可以直面陈述，有时还要超级反映情况。在越级报告后，换来的并不是指责甚至开除，而是顶头上司最真诚的歉意。

与惠普打过交道的人，都感到惠普的做派与别家公司不一样，它更加和蔼可亲，更加有大家风范。很多公司一旦发展壮大，总裁就开始有很多的特殊待遇，如有自己的私人飞机，但惠普历任总裁却没有。惠普总裁普莱特搭乘的总是同一架普通飞机。

惠普公司认为，人才最需要的是信任和尊重。惠普在这方面是个包容性很强的公司，它只问你能为公司做什么，而不是强调你从哪里来。在处理问题时只有基本的指导原则，把具体细节留给基层经理，以便做合理的判断，这样公司可以给员工保留发挥的空间。惠普是最早实行弹性工作制的企业，允许科技人员在家里办公。惠普不歧视离开惠普又想返回的人才，曾经有一位副总裁，在惠普经历了三进三出，公司和员工对此都很坦然。

惠普实行分权管理，在公司管理层的支持下，各类人员各负其责，自我管理。公司鼓励员工畅所欲言，要求员工了解个人工作情况对企业大局的影响，并不断提高自身的技能以适应顾客不断变化的要求。惠普公司对职工的信任在实验室备品库的管理上表现得最为清楚。实验室备品库是存放电气和机械零件的地方。开放政策就是说，工程师们不但在工作中可以随意取用，实际上还鼓励他们拿回自己家里供个人使用。这是因为惠普公司认为，不管工程师们用这些设备所做的事是否跟他们手头从事的工作项目有关，反正他们无论是在工作岗位上还是在家里摆弄这些玩意都能学到一些东西。它是一种精神、一种理念，员工感到自己是整个集体中的一部分，这个集体就是惠普。

2. 让员工自己选择自己的未来

惠普相信员工，同时也尊重员工的选择。公司的管理者常常对员工强调，培养自己的专业要比对公司的忠心更重要。惠普中国公司原总裁陈翼良曾强调说："我认为公司和员工双方都应这样来思考：公司不欠我的，我也不欠公司的，谁也不应该欠谁的。员工一定要为自己设计未来。未来的组织可能不是金字塔形的，而是网状的，并不是因为你在公司资深而受人尊重，而是因为你对公司更有价值，对公司未来方向更有掌握，赢得别人的尊重。我一直建议我的员工说，你们不要以为只有忠诚度才能换来你们的长久安稳，我觉得忠于自己的专业要比对公司的忠心更为重要。公司选择员工，同时我们也要让我们的员工自己选择未来。"相信员工、尊重员工是惠普文化的基石，也正是惠普文化的魅力所在。惠普凭着这样以人为本的管理措施留住了优秀的人才，不断创造经营佳绩。

3. 惠普之道的核心价值观

惠普文化常常被人称为"HP Way"（惠普之道）。它的创始人休莱特有一段名言："相信每个人都愿意尽心尽力把工作做好，并不断追求创新，只要我们能提供一个适宜的环境，他们就一定成功"。这段话至今仍镌刻在惠普公司总部的门口。

惠普之道有五个核心价值观，它们像是五个连体的孪生兄弟，谁也离不开谁，它们是：相信、尊重个人，尊重员工；追求最高的成就，追求最好；做事情一定要非常正直，不可以欺骗用户，也不可以欺骗员工，不能做不道德的事；公司的成功是靠大家的力量完现的，并不是靠某个个人的力量；相信不断地创新，做事情要有一定的灵活性。惠普文化的核心是相信每个员工都有他的重要性，因此一定要尊重每个员工，只有这样，公司员工才能齐心协力为公司的发展而努力。

（资料来源：李启明. 2011. 现代企业管理（第四版）. 北京：高等教育出版社.）

思考题：

1. 惠普公司的核心文化是什么？
2. 惠普之道中，哪些值得中国企业学习借鉴？

【技能训练】

从网站上收集国内外几家著名企业的企业文化方面的资料，并解释它们的企业标志、企业精神、经营理念及核心价值观。

训练目标：

1. 通过实训加深学生对企业文化内涵的基本认识；
2. 培养学生对企业文化内在构成的初步分解能力。

训练形式：

1. 实地调查或网上收集企业文化案例资料，对企业文化的基本构成进行分析；
2. 以班级各小组为单位进行分组讨论；
3. 每组写出发言提纲。

训练要求:
1. 每组负责人做好组内成员的合理分工,以某一企业为例,各组成员分别收集相关资料;
2. 结合本章学习内容展开讨论,形成本组讨论结果。

成果检验:
1. 每组提交一份总结报告,对企业文化内在结构展开分析;
2. 各组负责人对该成员的表现进行初级评议,并分析其成功与不足,或各组内部互评综合得分;
3. 各组派代表发言,各组分别对其他组评分,并指出成功与不足。

【思考题】

1. 什么是企业文化?企业文化各个层次包括哪些内容?
2. 企业文化的内在结构中哪一个最核心?为什么?
3. 你认为中国传统文化对于现代企业文化建设的借鉴意义何在?企业在文化建设中应如何有效地结合传统文化?
4. 根据霍夫斯塔德的不同文化中的个体行为差异,试说明你最愿意在哪个国家工作,为什么?你最不愿意在哪个国家工作?为什么?
5. 国际文化测验题:
(1) 请说出 10 个国家的主要宗教。
(2) 在迎接商业伙伴时,哪个国家应该握手?哪个国家应该鞠躬?哪个国家会拥抱或接吻?
(3) 在哪个国家应当避免穿紫色的衣服?
(4) 在哪些国家侍者或小企业在提供服务之前要先付小费?
(5) 在哪个国家说西班牙语是一种冒犯?
(6) 在哪个国家向所有的商务客人递名片是很重要的?

第十一章

现代企业创新

【学习目标与要求】
- 掌握企业创新的基本内涵及性质。
- 理解企业创新、制度创新、组织创新、技术创新及其之间的基本关系。
- 掌握企业技术创新、企业制度创新、企业管理创新的基本内容。
- 初步具备运用企业创新概念框架及基本理论思考问题、分析问题的能力。

创新的宜家

你有过四处求借睡椅用来排队的经历吗？或是在一家家具店外面搭一星期帐篷的经历吗？宜家，这家以现代设计为特色的零售店在亚特兰大开业时的情景就是这样的。这一品牌是如此深入人心，在盛大的开幕典礼上有几千人在外面排队。2006年4月，宜家在东京的新店，也是日本的第一间宜家，开业第一天就吸引35 000名顾客。香港的一间宜家开业时，当地的交通堵塞持续了一整天。

顾客对宜家的高档设计和低廉价格相结合的独特产品极为忠诚。公司创始人英格瓦·坎普拉德在瑞典的一个小农场长大，1943年创建宜家。17岁时他就开始销售便宜的小商品。后来，他的产品线扩大到当地家具商的家具产品。16年后，也就是1957年，英格瓦·坎普拉德才开办了第一家宜家商场。在初期的缓慢发展后，宜家的成长逐渐加快。现在，宜家在33个国家开设了231间商店，每年平均增加15间店面。

宜家的理念是"好的设计和功能以及便宜的价格"，其商业模式的基本要素之一是设计风格。斯堪的那维亚设计师设计出线条清晰、时尚的产品。宜家的风格强调轻便、自然木质和明快的色彩。设计外观以曲线、特殊材料和怪异为主导。家具可以适应不同空间和装修的要求。宜家对设计和成本的注重是创新的。其瑞典的设计师说："设计漂亮而昂贵的产品并不难，设计出既有用又便宜的产品才是真的挑战"。

宜家在培养顾客品味方面也表现出创新。它鼓励消费者放弃家具是一种耐用品的观点。宜家经理马西埃认为，保留老家具没有什么意义。他说："美国人的餐桌一辈子只换1.5次，就像他们的婚姻一样"。当然，这种敢于承担风险的做法增加了宜家公司家具的销售。

宜家的产品创新不仅仅表现在风格上。宜家在绝大多数产品使用可回收的软木（如松木），保护自然环境，还为每一种产品印刷了专门的小册子指导回收。为了节省运输中消耗的能源，所有的产品都是拆件，公司将组件运到顾客手上，由顾客自行组装。廉价的木材和拆件式的运输为宜家节省了开支，可以在较低的价格下获得较高的利润。

宜家的店面设计也表现出创新性。店内陈设有趣而独到。顾客在店内走动，在宜家提供的记事本上记下要买的东西，然后自己到商店里面的仓库区找到这些东西。商店里面还有附属设施，包括提供瑞典式餐饮的餐厅和有人看管的儿童玩耍区。这样可以让顾客享受更多的服务，可以延长他们在店内的逗留时间。购买结束后，顾客可以租赁宜家的大型车将大件送回家。

宜家未来的成功取决于其能否保持创新和领先一步。宜家的公司资产规模已超过了500亿美元，宜家正在继续走向成功。

（资料来源：里基·W. 格里芬. 2011. 管理学（第9版）. 刘伟译. 北京：中国市场出版社.）

第一节 企业创新概述

一、创新的含义与性质

（一）创新的含义

美籍奥地利经济学家约瑟夫·熊彼特（J. A. Schumpeter）在1912年出版的《经济发展理论》中指出，经济活动有两种类型：一种是经济循环，这种状态下，企业的总收入等于总支出，整个生产过程循环往复，周而复始，企业没有发展。另一种是经济发展，它的基本动力便是创新。熊彼特将"创新"的概念定义为"企业家对生产要素重新组合"，并指出："创新活动是在经济活动中存在着的某种破坏均衡的力量"。在熊彼特的眼中，"创新"才是推动企业成长的根本途径。"创新"绝不等同于传统意义上的"技术革新"，一种新的变革只有当它被应用于经济活动时才能成为真正意义上的企业活动创新。熊彼特把创新（innovation）定义为：创新指把一种新的生产要素和生产条件的"新结合"引入生产体系。熊彼特认为，创新是一个经济范畴，而非技术范畴，它不是科学技术上的发明创造，而是把已发明的科学技术引入企业，形成一种新的生产能力。

美国管理学家彼得·德鲁克把创新定义为：创新是"使人力和物质资源拥有更大的物质生产能力的活动"；"任何改变现存物质财富创造潜力的方式都可以称为创新；创新是创造一种资源"。在德鲁克看来，创新绝不仅仅是一项原有的产品和服务的改进，而是提供与以前不同的经济满足，并使经济成为更有活力、更有创造性的活动。

（二）创新的特性

（1）创新的主体是企业。创新主体指在创新体系内进行创新的开发和使用的个人和组织。企业是创新体系中最主要的创新主体。其他创新主体还包括用户、供应商、竞争企业、大学等研究机构、中介组织等非企业组织等。

（2）创新是一种经济行为，目的是获取潜在的利润，市场实现是检验创新成功与否的标准。

（3）创新者不是发明家，而是能够发现潜在利润、敢于冒风险并具备组织能力的企业家。

（4）创新联结了技术与经济，是将技术转化为生产力的过程。

（5）创新是一个综合化的系统工程，需要企业中多个部门的参与合作。

二、创新过程

一个新的创意、构思在实验室被证实是可行的，这是发明创造，但不一定具有价值性、实用性、商业性。当能够以适当的规模和切合实际的成本，稳定的重复生产并产生一定经济效益和社会效益时，才能成为创新。创新是企业发展的一个关键阶段，是将创意、创造发明形成具体的产品或成果，并实现市场化，为消费者带来新价值的完整过程。

组织创新过程包括创新理念的开发、应用、上市、成长及对创新理念的成熟与衰退的管理。图11-1描述了创新的过程。

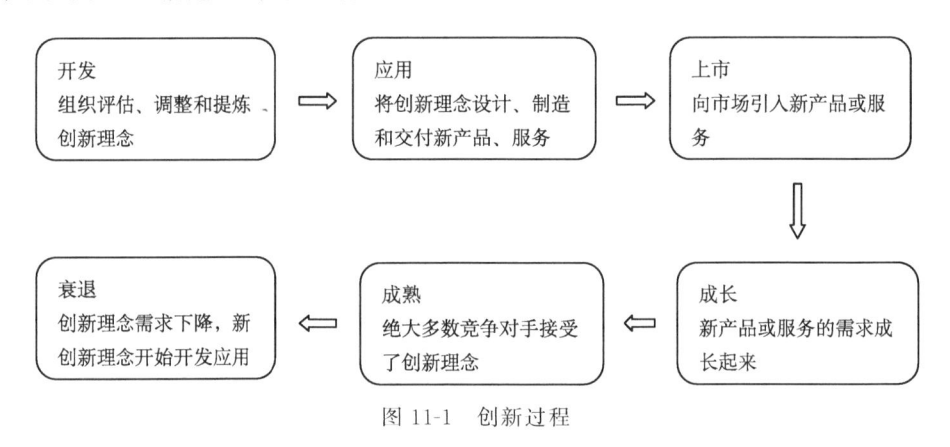

```
┌──────────────┐   ┌──────────────┐   ┌──────────────┐
│ 开发          │   │ 应用          │   │ 上市          │
│ 组织评估、调整 │⇒ │ 将创新理念设计、│⇒ │ 向市场引入新产│
│ 和提炼创新理念 │   │ 制造和交付新产 │   │ 品或服务      │
│              │   │ 品、服务      │   │              │
└──────────────┘   └──────────────┘   └──────┬───────┘
                                              ⇓
┌──────────────┐   ┌──────────────┐   ┌──────────────┐
│ 衰退          │   │ 成熟          │   │ 成长          │
│ 创新理念需求下 │⇐ │ 绝大多数竞争对 │⇐ │ 新产品或服务的│
│ 降，新创新理念 │   │ 手接受了创新理 │   │ 需求成长起来  │
│ 开始开发应用   │   │ 念            │   │              │
└──────────────┘   └──────────────┘   └──────────────┘
```

图 11-1　创新过程

（一）创新的开发

创新开发包括创新理念的评估、调整和提炼。创新开发为本来潜力不大的产品和服务开创巨大的市场潜力。例如，著名的游戏软件制作公司 Parker Brothers 公司在创新开发过程决定不将室内排球游戏上市，而是单卖这款游戏设计的吸引人的小泡沫球。这家公司永远也不会知道室内排球游戏会不会好卖，但碰碰球和许多相关产品为公司带来了数百万美元的收入。

（二）创新的应用

创新应用是组织采用一个开发的创新理念，进行新产品、服务或流程设计、制造和交付的过程。在这一阶段，创新从实验室中走出来转变为有形的商品或服务。创新应用的例子之一是宝丽来的电波对焦即时成像系统。用电波发现移动物体的位置、速度和方向是二次世界大战期间首先由盟国军队大规模使用的。

（三）应用上市

应用上市是组织向市场引入新产品或服务的过程。问题不是"创新可行吗"，而是"顾客愿意购买创新产品或服务吗"？历史上有许多未能在顾客中赢得足够兴趣的创新理念，如索尼的坐垫加热器、宝丽来 SX-70 即时成像相机（开发费用花了 30 亿美元，一年的销售不足 10 万台）。也就是说，即使经过了开发和应用阶段，新产品和服务在上市阶段仍然会失败。创新是一个艰苦的过程。把创造发明引入生产过程需要巨额投资，要冒巨大的风险。因为并不是所有的发明创造都有实用价值，都能带来市场机会，人们往往会过高估计发明创造的价值，而忽视市场需求是否真实可靠。中关村一经销商与北大学生合作开发一种能在黑暗中发出荧光的键盘，不用灯光就可以敲打键盘。这个创意很好，但试制成本过高，市场前景不被看好。因为绝大多数经常使用计算机者，基本都可实现盲打，该产品缺乏实用性，不能成功。创新是创造发明的成果商业化、市场化的过程，必须充分考虑市场的需求和市场的承受力。日本太阳工业集团总领导能村龙太郎取得了一项新产品专利——"太阳浴池"，既可以在家庭里装上让小孩浴水玩耍的泳池，其构造可叠，在寸土寸金的日本，让家庭拥有不占地方的活动泳池可以供小孩自由玩耍，肯定会畅销。但结果是"太阳浴池"产品以彻底失败告终。事后分析失败的原因是，为了保证产品坚固耐用而导致高价格。尽管当时日本经济已有了惊人的发展，但人们只是刚刚步入消费时代，消费能力很有限，绝大多数家庭对这种奢侈的儿童泳池望而却步。

（四）应用成长

一旦创新进入成功上市阶段，下一阶段将是应用成长。这是组织实现高经济绩效的阶段，因为产品或服务的需求通常会大于供应。没能预期这一阶段到来的组织会在无意间限制自己的成长。高估需求同样有害，销售不掉的产品可能在仓库待上几年。有的创新方案本身很好，但缺乏条件，也不能实现。20 世纪 60 年代初期，美国一家管理顾问公司的执行董事吉尔伯特·克利提出，我们已经进入"世界企业"的时代，有眼光的企业家应该把建立"世界企业"提上议程。所谓"世界企业"的基本特征是：首先从价格最便宜的国家购进原料，然后到工资最低的国家开办工厂，最后把产品销售到价格最高的国家。从理论上讲，"世界企业"的创意具有很强的说服力。美国、日本许多企业纷纷到低工资的海外地区建立工厂，但大部分都失败了。这些地区与发达国家在文化背景上有很大差异，管理上遇到很多麻烦，开办"世界企业"的企业家们最终只好承认失败。

（五）创新成熟

经过一段时间的成长，创新的产品或服务往往会进入成熟阶段。创新的成熟阶段是产业中绝大多数组织接受创新并且以几乎相同的方式进行应用。这一阶段，创新的技术应用可能变得极为复杂。由于绝大多数企业已经应用了创新，要么它们自行开发了创新，要么模仿了其他组织的创新，相互之间几乎没有竞争优势。创新开发和创新成熟所需要的时间随着产品和服务的不同千差万别。如果创新中包括了复杂的技术（如复杂的制造过程或高度复杂的团队协作），那么从成长阶段到成熟阶段将需要更长的时间。此外，如果实施这些创新所需要的技能是稀缺的和难以模仿的，战略模仿将被推迟，组织可以保持较长时间的竞争优势。

（六）创新衰退

任何成熟的创新中都包含着衰退的种子。组织无法从成熟期的创新获得竞争优势，它必须鼓励自己的创意科学家、工程师寻找新的创新。对竞争优势的不断追求驱动新产品和服务从创新阶段到创新成熟，直到创新衰退。创新衰退是创新需求下降和新一代创新开发与应用的阶段。

三、创新与企业的可持续发展

企业创新可以带来以下四大功效。

（1）领先一步，形成自己的核心能力，成为行业中的领先者。无论是成本、技术还是其他方面的领先都能使企业拥有比竞争对手更大的回旋余地。位于其后的竞争对手需要花费一定的时间和精力来追赶。相对于竞争对手，行业领先者能腾出更多的人力、财力和物力来谋划企业日后的生存与发展。

（2）创造新的生产组织方式，提高资源配置效率，增强企业的竞争力。知识作为不可忽视的力量加入到生产中，计算机技术的迅猛发展又使信息在企业中的传播较以往有了很大的不同，人力资本作为一种不可或缺的生产要素，使得以往的机械式管理已不再适用。企业自身的种种变化，要求企业的生产组织形式做出相应的改进。从集权到分权，U形组织结构、H形组织结构以及M形组织结构的出现，组织再造理论的流行等都是企业创新的结构，目的都是为了实现对资源更有效的整合，提高企业的竞争能力，以实现企业的可持续发展。

（3）推动企业的发展。创新并不仅仅指企业根本的、全面的革新，企业进行适应性调整也是一种创新。因为这是企业经营者对生产要素进行重新组合的一种形式。调整后的企业更能适应生存环境，企业资源配置的效率自然也能有所提高。适应性调整又不会减小企业现有的规模和业绩，却能为其在日后的发展铺平道路。

（4）创造出奇制胜的机会。日益激烈的市场竞争中，唯有创新才能出奇制胜，才能使企业获得巨大的成功。在企业的创新活动中，"第一个吃螃蟹者"不仅是英雄，而且是成功者。创新能使企业产品与众不同，竞争对手对于有别于传统的竞争方式需要花费一定的时间来适应，这就使创新企业在竞争中获得主动。另外，新奇的出发点往往也是竞争对手防卫的薄弱之处，使企业能较轻易地克敌制胜。简单地说，创新能使企业在竞争中拥有"易守难攻"的优势。

四、企业创新的内容

(一) 技术创新

1947年,熊彼特在出版的富有创新精神的著作《资本主义、社会主义和民主主义》中提出,技术创新是创新的内生思想。创新指一种新的生产方式的引入,这种新方法可以建立在一种新的科学发现基础上,也可以是以获利为目的经营某种商品的新方法,还可以是工艺上的创新。新的生产方式,具体指企业从投入品到产出品的整个物质生产过程发生的"革命性"变化,或称"突变"。这种突变与循环流转中年复一年的同质流动或小步骤调整不同,既包括原材料、能源、设备、产品等硬件创新,也包括工艺程序设计、操作方法改进等软件创新。其中,产品创新按新产品的创新和改进程度,分为全新新产品、换代新产品、改进新产品和仿造新产品;工艺创新可以分为独立的工艺创新和伴随性的工艺创新。创新理论倡导者彼特提出,对创新的需求,并不是由市场产生,而是由拥有技术专利的创新主题按技术的功能适用性进行创新,从而间接满足市场上存在的某种需求或在市场上创造新需求。这一理论模式可表示为

科学发展或技术发现 ──→ 技术创新 ──→ 新产品 ──→ 市场需求

科技进步之所以会推进企业创新,根本原因在于科学技术是第一生产力,是最革命、最活跃的因素,并持续不断的发展。科学技术与生产力其他要素以及社会经济相互渗透,转化为现实的生产力,实现经济增长,这就是科学技术的物化过程。第一,科学技术具有内在的物化趋向性,它通过技术化、工程化、生产化和商业化,物化成产品和服务。第二,技术系统有生命周期,具有自我更新的功能。当旧的技术知识已经不能创造人类需要的产品或服务时,便会自我淘汰,新的科技技术会取而代之,进入新科技自身的物化过程。第三,某种新的科技技术的出现会激发或创造新的需求,这种新的技术作为满足需求的手段,将会很快完成物化过程,最终完成技术创新。

(二) 制度创新

制度创新指引入新的企业制度安排代替原来的企业制度,以适应企业面临的新情况或新特点。20世纪70年代,兰思·戴维斯和诺斯(L. Davis & North)等人把熊彼特的创新理论和制度学派的"制度"综合起来,研究现存制度的改革在促使企业获得追加利益中制定的规则、服务程序和道德、伦理行为规范。具体包括企业的组织方式、产权结构、管理体制以及市场规范等。制度创新的核心是产权制度创新,它涉及为调动经营者和员工的积极性而设计的一整套利益机制。制度创新的目标是建立现代企业制度,这应当是一个反应新型生产关系的制度体系,其内容包括:两权分离、产权清晰的企业产权制度,以公司制为主的企业组织制度,以规范的法人治理结构创新的企业领导制度,科学、合理又与时俱进的用工制度、工资制度、人事制度、财务制度等。只有先进的企业制度安排,才能调动各类员工的积极性,推动技术创新和管理创新的发展。

(三) 管理创新

管理创新指企业把新的管理要素（如新的管理方法、新的管理手段、新的管理模式等）或要素组合引入企业管理系统的创新活动，它通过对企业的各种生产要素（人力、物力、技术）和各项职能（包括生产、市场等）在质和量上进行新的变化或组合安排，以创造一种新的、更有效的资源整合范式。这种范式既可以是新的有效整合资源以达到企业目标和责任的全过程式管理，也可以是新的具体资源整合及新的目标制定等方面的细节管理。创新管理的主体首先是组织的管理者，尤其是高层管理者。其次是组织的全体成员。管理创新是对产品和服务的设计、制造及递送过程的变革。管理创新不一定直接改变产品或服务的物理外观和绩效。事实上，我们所说的企业业务流程改变或再造就属于管理创新。管理创新主要包括五个方面：①提出一种新的经营理念及思路并有效实施。②创设一个新的组织结构使之有效运转。③提出一种更有效的新管理模式。④设计一种新的管理模式。⑤进行一项制度创新。管理创新行为的产生如图 11-2 所示。

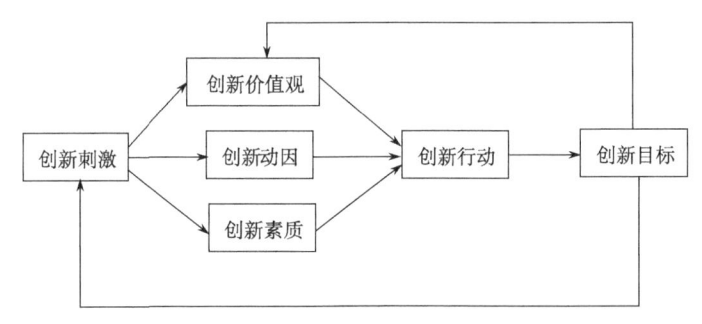

图 11-2 管理创新行为

管理创新对企业发展的效用主要体现在五个方面：①提高企业经济效益；②降低交易成本；③稳定企业，推动企业发展；④拓展市场，帮助竞争；⑤有助于企业家阶层的形成。

五、技术创新、管理创新、制度创新之间的关系

(一) 制度创新是技术创新和管理创新的动力和基础

企业技术创新和管理创新的目的是提高生产能力和生产效率，但这些创新活动的主体是以企业家为核心的全体员工。例如，对于股份制企业来说，包括经营管理阶层的各级经理人员，劳动者阶层的工人、科技人员、营销人员等。市场需求、计划干预、商品竞争、技术推动所构成的外部压力能否有效转化为企业技术创新和管理创新的内在动力，关键在于企业活动主体进行技术创新能否给个人带来物质经济利益和成就感（如上级的表彰及个人地位的升迁等）的满足，企业管理者阶层与劳动者阶层的技术创新和管理创新利益刺激能否到位，是否有足够的强度。

因此，制度创新应该先于技术创新和管理创新，为创新主体提供一种将个人利益与

企业目标相结合的制度安排，使企业的各个利益相关者（如所有者、经营管理人员、技术人员和普通员工等）能在这种安排下得到相应的利益，从而拥有追求技术创新和管理创新的动力。

（二）管理创新是技术创新和制度创新的组织保障

首先，管理创新是一种创造新的资源整合范式的动态性活动。通过这一活动，可以形成有效、科学的管理，与技术一起构成现代企业不可缺少的投入组合。但作为一种与生产技术知识有着本质不同的知识体系，管理是一种"知识的知识"，具有"整合"和"优化"生产要素（包括技术）的特征，即管理对技术有一定的驾驭性。可以说，一方面，通过管理创新使企业内部的权力机构、决策机构、执行机构形成所有者、经营者及生产者之间明确的激励和制衡关系，形成科学的领导体制和决策程序，从而确立技术创新的决策和激励机制，使技术创新从独立于企业的研究机构和实验室进行逐渐变为在企业内进行，即为促进技术创新内在化——R&D体系的建立与开展提供动力机制；另一方面，技术创新是一个从研究开发—市场成功—创新扩散的完整过程，具有高度的不确定性，即除了进行技术创新R&D领域的特性因素外，还受到技术创新主体能力、行为方式、技术创新过程的管理效率等因素的影响，因而技术创新过程既是一个技术问题，又是一个管理问题。

其次，任何一种新的企业制度的建立，都是市场和企业边界的重新界定，企业内部的产权体系重新安置以及公司治理机构重新确立的过程。新制度经济学认为，产权体系重新安置产生的对资源配置的效率是通过合适的组织结构安排实现的，如威廉姆斯认为产权再安置形成的交易技术和组织结构有个匹配问题，并且有效率的新组织结构的创新过程应遵循资产专用性原则和外部效应原则。因此，现代企业制度中一系列的产权再安置，必将导致企业的组织结构做出相应的调整和变更，即必须进行组织管理的创新；另外，产权体系重新安置的过程，也是一个具有很强不确定性的制度经济一体化的过程，而且制度创新与技术创新一样，也有一个投入与产出的效率问题。所以，从这个意义上讲，制度创新本身是一个动态的、需要管理的过程。只有通过制度创新过程中的管理创新（建立相适应的管理机制、组织构架等），才能降低制度创新的不确定性。加快制度创新的进程，促进制度创新、优化资源配置效率目标的实现，真正发挥其巨大的制度效应。所以说，管理创新也是制度创新的组织保障。

（三）技术创新是制度创新和管理创新的物质条件

（1）技术创新是管理创新的物质条件。正如钱德勒所说，"现有的需求和技术创造管理协调的需要和机会"。可以说，技术创新直接或间接地给管理创新带来新的课题，推动管理创新的展开。技术创新的直接推动作用表现为：通过技术创新过程使管理技术（即管理的程序化因素）得以创新，直接促进管理方法和管理手段的创新，如价值工程、网络技术、信息技术、运筹学、博弈论的运用；技术创新的间接推动作用表现为：技术创新中生产技术（产品、工艺方面）的创新，使得企业的组织结构、人员安排、市场营销及管理观念都需做出相应的变革，以适应企业生产流程、产品性能的变化，如新产品成功开发后的市场创新。

（2）技术创新还是进一步推动制度创新的物质条件。由于技术创新的成果只能在现有的制度框架下分配，对技术创新中的各个关键角色来说，他们的利益诉求只能服从于现有的制度，一旦现有的制度不能满足他们对创新成果的利益诉求，他们进行技术创新的积极性就会下降，使得技术创新在现有制度下的发展空间变得有限。当技术创新发展到这个现有制度下的极限之后，客观上就要求制度做出创新，为下一轮的技术创新打好制度的基础。同时，技术创新也为本次的制度创新准备了充分的物质条件。

第二节 企业技术创新

一、企业技术创新的含义

技术创新指从技术的新构想开始，经过研究开发或技术组合，到获得实际应用，并产生经济效益、社会效益的商业化的全过程。其中，技术的新构想指新产品、新服务、新工艺的新构想，构想的产生可以来源于科学发现、技术发明、新技术的新应用，也可以来源于用户需求；技术组合指将现有技术进行新的组合，它只需进行少量的研究开发，甚至不经过研究开发即可实现；实际应用指生产新产品、提供新服务、采用新工艺或对产品、服务、工艺的改进；经济效益、社会效益指近期或未来的利润、市场占有率或社会福利等；商业化指全部活动出于商业目的；全过程则是从新思想产生到获得实际应用的全部过程，这一过程如果中止于新设想或研究开发，则不能成为技术创新。

不同学者关于技术创新有不同的定义。1912年，美籍奥地利裔经济学家J.A.熊彼特（J.A.Schumpeter）在1912年《经济发展理论》中指出，技术创新指把一种从来没有过的关于生产要素的"新组合"引入生产体系。这种新的组合包括：①引进新产品；②引用新技术，采用一种新的生产方法；③开辟新的市场（以前不曾进入）；④控制原材料新的来源，不管这种来源是否已经存在，还是第一次创造；⑤实现任何一种工业新的组织，如生成一种垄断地位或打破一种垄断地位。索罗（S.C.Solo）技术创新的"两步论"即新思想来源和以后阶段的实现发展，被认为是技术创新概念界定研究的里程碑，在20世纪70年代的创新研究中独树一帜。厄特巴克（J.M.Utterback）在《产业创新与技术扩散》中认为："与发明和技术样品相区别，创新是技术上的实际采用或首次应用"。1962年伊诺思对技术创新作了如下定义：技术创新是几种行为综合的结果，这些结果包括发明的选择、资本投入保证组织建立、制定计划、招用工人和开辟市场等。此外，关于技术创新，曼斯费尔德（M.Mansfield）的研究对象主要侧重于产品创新。1973年，弗里曼（C.Freeman）在《工业创新中的成功与失败研究》中指出，技术创新是技术工艺和商品化的全过程，导致新产品的市场实现和新技术工艺与装备的工业化应用。技术创新是产品或服务物理外观或绩效的变革，产品或服务生产的物理过程的变革。例如，在半导体取代真空管、集成电路取代半导体、芯片取代集成电路的技术过程中，许多电子产品的功能、易用性和运算速度得到了巨大提高。

二、企业技术创新的内容

(一) 渐进性创新和根本性创新

20 世纪 80 年代苏塞克斯大学的科学政策研究所 (Science Policy Research Unit, SPRU) 根据创新的重要性将技术创新划分为渐进性创新和根本性创新。

渐进性创新 (incremental innovation，或称改进型创新) 指对现有技术的改进引起的渐进的、连续的创新。这是一种几乎存在于所有工业和服务业活动中的，主要依靠需求压力和技术机会连续不断推进技术发展的创新活动。例如，对现有的彩色电视机进行改进，生产屏幕更大、操作更方便、能收视更多频道的电视机。技术革新多属于渐进工艺创新。渐进产品创新指一种现有产品经过改进，性能得到显著增强或提高的创新。

根本性创新 (radical innovation，或称重大创新) 指技术有重大突破的技术创新。它常常伴随一系列渐进性的产品创新和工艺创新，并在一段时间内引起产业结构的变化。根本性创新一旦成功，将开拓新的市场，或者使原有产品的质量得到巨大改善或成本得以降低，如数字式高清晰度彩色电视机就是电视机领域的一项根本性创新。

(二) 产品创新和过程 (工艺) 创新

按照技术应用的对象不同，技术创新可分成产品创新和工艺 (过程) 创新。

产品创新 (product innovation) 指技术上有变化的产品的商业化，包括有形产品和无形产品的创新。在技术上有某种改变，可以是原有产品性能的提高、外观的改善、耐用程度的增强，也可以是性能、外观等完全不同的全新产品，如一款新型汽车、一种针对体弱婴儿的新型保险政策、一套新的家用娱乐系统。产品创新是现有产品或服务物理特征的变革或新的产品和服务品牌的创立。

过程创新 (process innovation)，也称工艺创新或流程创新，指产品生产技术的变革，它包括新工艺、新设备和新的组织管理方式。流程创新是产品和服务的制造、创造或分销方式的变革。如果说产品创新通常影响开发，那么流程创新直接影响其制造。过程 (工艺) 创新同样也有重大和渐进之分。可以是采用新的原材料或半成品，可以是采用新的或改善的模具，也可以是采用新的或者改善的新设备、新工序或新的加工形式，还可以是采用新的或改善的生产组织管理方式，如网上银行、电子商务、新型汽车或家用娱乐系统生产过程中生产工艺及生产设备的调整，与新型保险政策相关的办公程序及处理程序。

三、企业技术创新的过程

20 世纪 60 年代以来，国际上出现了多种具有代表性的技术创新过程模型。下面介绍几种有代表性的技术创新过程模型。

(一) 技术推动模型

技术推动模型是最早提出的模型 (图 11-3)。该模型认为，技术创新是由科学发现和技术发明推动的,研究与开发(R&D)是创新的主要来源,市场是创新成果的被动接受者,研究与开发产生的成果在寻求应用的过程中推动创新的完成。

在现实生活中,许多根本性创新确实来自技术的推动,对技术机会的认识会激发人们的创新努力,特别是新的发现或新的技术,常常容易引起人们的注意,并刺激人们为之寻找应用领域。例如,无线电、晶体管、计算机的发明导致的根本性创新就是由技术发明推动的。

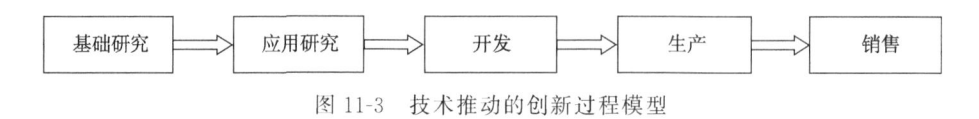

基础研究 → 应用研究 → 开发 → 生产 → 销售

图 11-3 技术推动的创新过程模型

(二)需求拉动模型

20世纪60年代中期,通过对大量技术创新的实证研究和分析发现,大多数技术创新(特别是渐进性创新)并不是由技术推动引发的,而是由需求拉动引起的,于是提出了需求拉动模型(图 11-4)。该模型中,强调市场是研究与开发构思的来源,市场需求为产品和工艺创新创造了机会,激发企业为之寻找可行的技术方案的研究与开发活动,并认为技术创新是市场需求引发的结果,市场需求在创新过程中起到了关键性的作用。研究表明,60%~80%的创新是由市场需求引发的。因此,对企业而言,研究需求、需求拉动技术创新更重要。

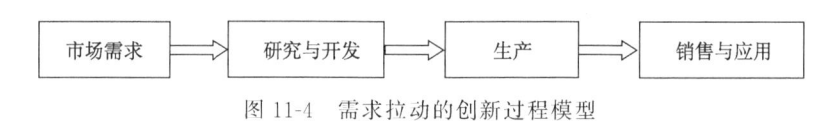

市场需求 → 研究与开发 → 生产 → 销售与应用

图 11-4 需求拉动的创新过程模型

(三)技术与市场交互作用模型

很多人认为,将创新界定为由前一环节向后一环节单向推进的过程过于简单化,对创新的激发过程来说过于绝对化,于是在20世纪70年代末80年代初,在综合前两种模型的基础上提出了第三代创新过程模型,即交互作用模型。该模型认为,技术创新是技术和市场共同作用引发的,单纯的技术推动和需求拉动创新节之间,以及创新与市场需求和技术进步之间还存在交互作用关系。

(四)一体化创新过程模型

一体化创新过程模型是20世纪80年代后期出现的第四代创新过程模型,它不是将创新过程看作一个职能到另一个职能的序列性过程,而是创新构思的产生、研究与开发、设计、制造和市场营销的并行过程(图 11-5)。在模型中,强调研究与开发部门、设计生产部门、供应商和用户之间的联系、沟通和密切合作。波音公司在新型飞机的开发和生产中采用了这种一体化创新方式,大大缩短了新型飞机的研制生产周期。我国两弹一星的研制也采用了这种一体化创新的方式。

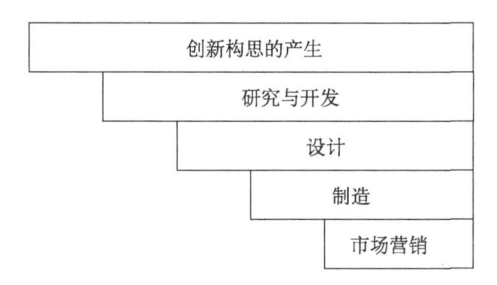

图 11-5　一体化创新过程模型

（五）系统集成网络模型

系统集成网络模型是 20 世纪 90 年代初提出的第五代创新过程模型，是一体化模型的进一步发展。该模型认为，创新过程不仅是一体化的职能交叉过程，也是多机构系统集成网络联结的过程。该模型强调合作企业之间的战略联系，更多地借助专家系统进行研究与开发，利用仿真模型替代实物原型，并采用创新过程一体化的计算机辅助设计与计算机集成制造系统。例如，美国政府组织的最新半导体芯片的开发过程就是多机构系统集成网络联结的过程。随着技术的飞速变化，技术创新过程模型也在不断更新。创新过程变得更快、更灵活、更有效率，并越来越多地使用新的信息技术。同时，创新过程涉及的因素比以前更多，创新过程也变得越来越复杂，这就要求在创新过程中具备高素质的技术和管理人员，并建立具有高度适应性的有利于创新的组织机构。

四、企业技术创新战略模式

（一）企业技术创新战略模式的类型与特点

企业技术创新战略主要解决企业技术创新的基本原则、根本目标和主要规划等企业技术创新经济活动中带有全局性和方向性的问题。企业技术创新战略有不同的分类标准。按照创新经济学的主流观点，企业技术创新战略主要有四种不同的分类。

1. 按技术开发方式划分

（1）自主创新战略。自主创新指企业通过自身的努力和探索产生技术突破，攻破技术难关，并在此基础上依靠自身的能力推动创新的后续环节，完成技术的商品化，获取商业利润，达到预期目标的创新活动。

（2）模仿创新战略。模仿创新指企业通过学习、模仿率先创新者的创新思路和创新行为，吸取率先成功的经验和失败的教训，引进、购买或破译率先者的核心技术和技术秘密，并在此基础上完善，进一步开发，在工艺设计、质量控制、成本控制、大批量生产管理、市场营销等创新链的后期阶段投入主要力量，生产在性能、质量、价格方面具有竞争力的产品，与率先创新的企业竞争，以此确立自己的竞争地位，获取经济利益的一种行为。

(3) 合作创新战略。合作创新指在企业间或企业、科研机构、高等院校之间的联合创新行为。合作创新通常以合作伙伴的共同利益为基础，以资源共享或优势互补为前提，有明确的合作目标、合作期限和合作规则，合作各方在技术创新的全过程或某些环节共同投入、共同参与、共享成果、共担风险。合作创新一般集中在新兴技术和高新技术产业，以合作开发为主要形式。

2. 按技术竞争态势划分

(1) 领先战略。技术领先战略致力于在同行业竞争中处于技术领先地位，采用该战略要求企业不断开发新技术并占领市场。

(2) 跟随和模仿战略。技术跟随和模仿战略不追求率先开发、采用新技术，而是在新技术被开发、采用后即行跟上或进行模仿。该战略往往是在对率先采用的新技术进行改进后推向市场，甚至只利用率先技术的原理开发独特的技术。跟随和模仿战略中的模仿战略与前述技术开发分类中的模仿战略有相同之处，但也有差别。相同之处在于技术都来源于模仿；不同之处在于，跟随和模仿战略不仅模仿技术，还常常模仿技术推向市场的过程、市场目标和行为。

3. 按市场竞争划分

(1) 市场最大化战略。它追求最大的市场占有率，在技术上表现为或以领先的技术抢先占领市场，巩固和扩大市场阵地，或以优势（但不一定是领先的）技术与优势资源的良好配置来开拓市场，扩大市场份额。

(2) 市场细分化战略。在主要市场已被占领的情况下，这种战略强调应用基本技术服务特定的细分市场。要求企业在制造技术上具有较高的柔性，有较强的工程设计能力。

(3) 成本最小化战略。这种战略利用规模经济和制造技术的优势，大力降低成本以取得价格竞争的优势。企业要不断优化产品设计，在生产系统采用优势制造技术，实现专业化，并降低管理费用。

4. 按行为方式划分

(1) 进攻战略。在市场竞争中采取进攻姿态，向同行业市场和技术领域发起进攻，以进入或扩大技术领域或市场阵地。

(2) 防御战略。在市场竞争中采取防御姿态，固守本企业的技术和市场阵地。为此，要采取一系列措施建立和加固进入壁垒，以便在遭到攻击时有力地反击。

(3) 游击战略。采取这种战略的往往是处于技术和市场劣势的企业。为了打破现有的技术和市场地位格局，他们推出一种新的技术以取代占统治地位的现有技术，打乱优势企业的阵脚，以求重新瓜分市场。这种战略一旦得手，就要转变为其他战略。

以上从不同角度讨论的战略类型，是以占企业主导地位而论的。实际上，企业的技术创新战略是一个体系概念，它是以某种战略为主体，其他战略相配合的几种战略集合而成的。同一企业可以同时存在两种以上的战略。

（二）企业技术创新战略模式选择的实施步骤

（1）机会、目标及竞争态势识别。在调查和充分掌握信息的基础上，对市场机会进行鉴别；预测技术发展前景、市场规模大小、竞争者可能采取的行动；估计本企业的可能活动空间；明确本企业的发展战略对技术创新的要求。

（2）企业能力评价。对本企业的技术能力及资源调动、运用能力进行评价，并与潜在竞争者进行比较，鉴别本企业的优势与劣势。

（3）机会、目标与能力的匹配分析。产业机会能否被企业利用，企业战略对技术的要求能否达到，取决于企业的技术能力与将机会和要求变为现实需求的匹配。企业要对这些匹配关系进行恰当的分析与判断。

（4）基本战略的选择。在对机会、目标和能力进行深入分析的基础上，对企业拟采取的基本技术创新战略做出选择。这是一个关键步骤，也是复杂而重大的决策。决策者要在错综复杂且往往相互矛盾和相互牵制的众多因素中权衡。

（5）主要战略部署的决策。在选定基本战略后，还要就实施战略的一些关键问题做出决策，包括技术、产业和市场定位等。技术定位是对主要技术发展方向做出选择，产业定位是对拟进入的产业做出选择，市场定位是对企业拟占领的市场做出选择。

阅读链接

思科进军数字家庭市场：是天堂还是地狱？

以并购而著称、快速成长起来的思科被业界称为"快鱼"。2000年以前，思科凭借互联网爆炸时期积累的雄厚资本，进行了大规模并购，一年内并购的公司多达数十家，一度成为世界上最有价值的公司。然而，近年来这条快鱼却放缓了成长的脚步。在中国，华为举着价格与服务这两把剑，杀得思科很受伤。思科中国的销售额已经连续4年只能维持在6亿美元左右，甚至每年都有些许的下滑。思科2006年第一季度的报告显示，尽管订单数创了新高，但中国区增速只达到亚太区平均水平的30%，大大低于印度的70%。

这样的表现并不奇怪。一方面网络设备市场增长放缓；另一方面市场竞争加剧。因此，思科迫切需要寻找新的业绩增长点。当前，思科最重要的任务就是冲出突围，在日益被分食的市场上重整旗鼓。数字家庭市场成为思科重点突围的方向。

"困兽"转身：进军数字家庭市场

2003年，思科收购了生产WiFi网络无线路由器的Irvine公司；2005年7月，思科收购了丹麦的KISS公司，该公司能够提供数字娱乐信息传送到家庭的另一种途径；2005年11月，思科以70亿美元收购了以生产有线电视机顶盒而著称的Scientific Atlanta公司。目前，美国市场只有两家公司在生产销售有线电视机顶盒设备，除了Scientific Atlanta公司外，另一家是摩托罗拉公司。2006年2月，思科包括迪士尼以及英特尔投资基金又投资了视频点播MovieBeam公司，如果用户购买了Linksys公司生产的价值199美元的机顶盒设备，通过该视频点播公司，用户花费很少的钱就能观看到100部最新的高清晰度电影。

如今，思科家庭数字市场的商业模式已经完全成型。在思科所描绘的世界中，所有的数字化设备都能够相互交流。思科首席执行官约翰·钱伯斯认为，在未来的数字化生活中，电视、电话及互联网服务将三网合一进入家庭，消费者将通过特殊菜单（如浏览器）控制电视。

数字家庭市场——令人垂涎的"猎物"

据 Forrester 资讯公司称，2004 年，只有 8.8% 使用了宽带连接的家庭实现了网络化，2005 年这一数字不会超过 20%，到 2010 年时这一比例将攀升至 40%。

面对前景可观的家庭网络设备市场，思科是无法抵挡这个诱惑的。思科首席技术官兼旗下 Linksys 家庭网络部门主管查尔斯·詹卡洛在接受采访时说，消费者对网络连接设备的需求呈现"家用化"趋势，传统消费电子产品又在向"网络化"靠拢，这给予互联网设备公司一个拓展新市场的绝佳机遇。"消费电子企业的核心竞争力在于单机设备，然而随着市场潮流的不断变化，带有联网新功能的电子产品正日益受到消费者的追捧，这足以让我们成为市场的'搅局者'"。

对网络化电子消费品市场的开拓，必将带动与之相关的网络技术的开发和网络产品的消费。正如思科公司总裁兼 CEO 钱伯斯所说，美国以外各国的运营商网络负荷正在以 100% 的年增长速度发展。随着亚洲和北美考虑以先进的点播服务提供高清晰 IP 电视节目，网络负荷可能会每年增长 300%～500%。总之，"网络上的负荷就等于我们能销售的产品数量"。随着网络化电子消费品的需求升温，思科的传统网络设备产品也将得到进一步的需求拉动。

通过系列并购，思科在数字家庭市场上的产品路线已清晰可辨，有人认为思科的系列并购是"一次伟大胜利"。通过这些并购，思科不仅将在宽频电视这一新兴领域具备与媒体巨头更多"讨价还价"的能力，还将使微软欲垄断数字电视标准的企图落空。此外，当今世界排名第一的机顶盒生产商摩托罗拉将面临一个无比强劲的对手。而且，思科与 Google、雅虎等在线内容公司有着良好的合作关系，这也是思科进军数字家庭市场的一个优势。

（资料来源：游昌乔.2006-04-24.思科进军数字家庭市场：是天堂还是地狱?. http://www.emkt.com.cn/article/260/26049-4.html.）

第三节 企业制度创新

一、企业制度创新的概念

（一）"制度"的含义

制度指一系列被制定出来的规则和程序，旨在约束追求主体效用最大化的团体和个人的行为。因此，制度的基本功能就是提供人类相互影响的框架。这种制度框架约束人们的选择集合，构成了一种经济秩序的合作与竞争关系。同样，企业制度就是企业这一特定范围内各种正式和非正式的规则的集合，旨在约束企业及其成员追求效用最大化的行为。

企业制度的形成有其现实基础,其物质载体便是企业组织。如果以个体为生产单位,就不需要企业制度,只有在群体合作进行生产时,才需要有约束并协调成员行为的规则,才会形成企业制度。因为在群体合作生产中,要使用由合作各方提供的各种不同类型的资源,而且其生产并不是单个成员拥有资源分别产出的简单加和。出于"搭便车"的动机,个人往往会谋求少提供资源而多索取收益(如少干活多拿钱等),企业制度的出现恰好成为保证群体合作生产正常运行的激励约束机制。

(二) 企业制度创新

制度创新指一种新的制度安排,指制度主体通过建立新的制度调整和优化各方面的关系,明确各方权利和利益,完善组织结构及各项规章制度,合理配置各种要素,以获得更大追加利益的活动。制度创新的实质是利益格局的调整。

(1) 广义的制度创新,除组织创新外,还加上市场创新和管理创新,不仅包括企业内部的非市场契约创新,还包括企业外部的各种非市场的与市场的契约关系,如企业与企业、企业与银行、企业与政府等不同利益主体的契约关系等创新。

(2) 狭义的制度创新,即指组织创新,主要包括企业的产权结构、组织结构、雇用结构、分配结构、激励制度以及生产管理制度等创新。

制度创新就是改变原有的企业制度,塑造适应社会生产力发展的市场经济体制和现代化大生产要求的新的微观基础,建立产权清晰、权责明确、政企分开、管理科学的现代企业制度。制度创新意味着对原有企业制度的否定,是一个破旧立新的过程。本质上是对权利和利益的调整和再分配。

(三) 制度创新的一般过程

制度创新一般过程可以划分为五个步骤:

(1) 形成"第一利益集团"。所谓"第一利益集团",指预见潜在利益,并认识到只有进行制度创新才能得到这种潜在利益的决策者,对制度创新起着主要的作用。

(2) "第一利益集团"提出制度创新的方案。

(3) "第一利益集团"按照最大利益原则对各种可供选择的方案进行比较和选择。

(4) 形成"第二利益集团",即形成在制度创新过程中帮助"第一利益集团"获得利益的组织,它能够促使"第一利益集团"的制度创新方案得以实现。

(5) "第一利益集团"和"第二利益集团"共同努力,实现制度创新。制度创新的过程如图11-6所示。

(四) 企业制度创新的内容

制度创新主要包括产权制度创新和公司治理结构创新。

1. 产权制度创新

1) 企业产权制度的内涵

企业产权制度是围绕企业财产权利的运营而发生的相关主体间权、责、利关系的制

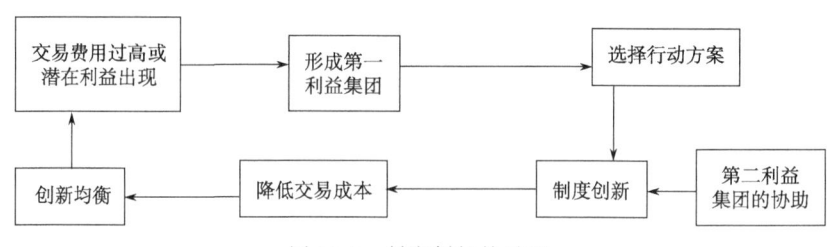

图 11-6 制度创新的过程

度安排。它规定企业内所有者、经营者、生产者在一定条件下的地位、相互关系以及各部门的作用。企业产权制度就是企业法人财产权制度。它的实质在于，企业是通过何种权利框架和组织方式来实现自己的目的。在此制度下，终极所有权的实现形式主要是参与企业的决策，获得收益；法人企业是享有财产的占有权、处置权等。这是建立现代企业制度改造我国国有企业的核心所在。因为只有建立现代企业制度，才能使国家公权力与法人企业民事权利分离，才能使全民所有权（国家所有权）与法人企业分离，才能使政企真正分开。

2) 企业产权制度的历史演进

企业产权制度的历史演进是一个自然的历史过程，它反映生产力进步的要求，并总是向着更有效率的方向进行调整。

3) 企业产权制度的历史演进阶段

（1）个人业主制。个人业主制也称"独资企业"，指由个人出资经营的企业。出资者就是企业主，掌握企业的全部业务经营权力，独享企业的全部利润，独自承担所有的风险，并对企业的债务负无限责任。它不是法人，全凭企业主的个人资信对外进行业务往来。

个人业主制企业的优点是：企业建立与歇业的程序简单易行，企业产权能够较为自由的转让；经营者与所有者合一；所有者的利益与经营者的利益是完全重合的；经营者与产权关系密切、直接，利润独享，风险自担，经营的保密性强。

个人业主制企业的缺点是：① 无限的责任；② 有限的规模；③ 企业的寿命有限。

（2）合伙制。合伙制企业指由两人以上按照协议投资、共同经营、共负盈亏的企业。合伙制企业财产由全体合伙人共有，共同经营，合伙人对企业债务承担连带无限清偿责任。

设立合伙企业，应当具备下列条件：① 有两个以上合伙人，并且都是依法承担无限责任者；② 有书面合伙协议；③ 有各合伙人实际缴付的出资；④ 有合伙企业的名称；⑤ 有经营场所和从事合伙经营的必要条件。

（3）现代公司制。指以完善的公司法人制度为基础，以有限责任制度为保证，以公司企业为主要形式，以产权清晰、权责明确、政企分开、管理科学为条件的新型公司制度，其主要内容包括公司法人制度、公司自负盈亏制度、出资者有限责任制度、科学的领导体制与组织管理制度。

二、现代公司治理结构创新

(一) 股东大会

公司是由股东投资组成的,股东应是公司权力的最终来源。由于股东人数众多,需要由股东大会这种机构来代表股东的意愿,以体现资本所有权。因此,股东大会是公司的最高权力机构,公司其他机构行使的职权都直接或间接地来自或派生自股东大会。大多数国家的法律都赋予股东大会最高的权力。但是,股东大会作为一个议事表决的非常设机构,本身不能直接进行业务经营活动。因此,就需要设立一个代替股东大会、代表股东意愿、执行股东大会决议的机构——董事会。

(二) 董事会

依照法律规定,董事会必须由公司设置,由股东推选的董事组成,对内管理公司事务,对外以公司名义进行活动。它是公司生产经营和行政管理的领导机构。

(三) 专门委员会

为了保证决策和管理的科学性,大型股份公司的董事会往往下设若干专门委员会,作为董事会决策管理的咨询机构。法律对专门委员会一般不作强制性规定,由公司根据自身的具体情况决定是否设立,并在公司章程或章程细则中对专门委员会的设立程序、职权等事项做出具体规定。

(四) 监事会

监事会是股份公司依照公司法、公司章程设立的对公司事务进行监督的机构。在各国公司法中,具有这种性质或类似性质的公司机构,有的称为监察会或监察委员会,有的称为监察人或监察人会,也有的称为查账员。

各国法律对监事会的具体性质和行使职权的规定不尽相同,大致有两种情况。

(1) 监事会是对公司业务管理活动实施监督的机构。在这种情况下,公司的业务经营管理主要由董事会来执行,监事会的监督对象主要是董事会的业务活动,不参与公司业务决策和具体管理,对外也不能代表公司。

(2) 监事会是具有监督公司业务管理职能,并参与决策管理的机构。德国、法国和意大利等国家实行这种监事会制度。

我国公司法规定,股份有限公司和有限责任公司设立监事会。监事会由股东代表和适当比例(具体比例由公司章程规定)的公司职工代表组成。董事、经理及财务主管等高级管理人员不得兼任监事。

关于企业制度创新,主要应注意以下三个方面:

(1) 选择适合自身的企业制度形式。现代企业制度是社会化大生产和商品经济发展到一定阶段的产物,其典型组织形式是公司制,它较好地适应了从事大规模生产和大规模流通的经济活动的大中型企业的需要。企业改革取得的成果表明,建立现代企业制度是国有大中型企业制度创新的必然选择,但是在我国建立现代企业制度具有特殊性。现代企业制度最早是对西方市场经济条件下企业模式的归纳和总结,亦是市场经济高度发展的产物。我国是在社会主义市场经济逐渐形成,产权关系逐步理顺调整过程中建立企业制度的,具有一定特殊性。因而我们不能把西方企业的模式当作完美的制度形态,更不能将西方国家现有的某种具体制度形式等同于现代企业制度。现代企业制度是历史发展到一定阶段的产物,它自身也是动态发展,没有固定的制度体系可供追寻,在不同的经济背景下有不同的模式体现。现代社会中,现代企业制度创新的必然结果是建立某种适合自身发展的现代企业制度。企业在制度创新过程中要走自己的特色创新之路。

(2) 建立创新制度体系。企业制度是关于企业组织、运营、管理等行为的规范和模式,它主要包括产权制度、企业组织制度和管理制度,不能以任何一种组织形式创新代替制度创新的全部。部分条件成熟的企业已经借鉴国外企业的先进经验,结合自身状况进行了公司制改造,并取得了一定的经济效益。有的企业仅是产权制度改革,而未注意相关制度的配套改革,这不利于其长远发展。所以企业的任何一种具体制度发生变革,其他制度如人事用工制度、分配制度、财务制度等也要同步开展创新活动,以保证整个新制度体系的协调运转。

(3) 保证制度创新的目标。一种创新制度是否优越的衡量标准是企业的内部交易成本是否降低。制度是交易活动的规则,由于交易活动成本的存在,制度运行是有成本的,制度创新同样也受成本收益约束。制度创新应坚持收益大于成本的原则。其实际发生条件是新制度运行之后能提供净收益,而且新制度提供的净收益要大于旧制度提供的净收益。若创新成本过高,制度创新活动无价值,制度创新即意味着失败。

第四节 企业管理创新

一、管理创新的含义

(一) 管理创新的定义

所谓管理创新,指企业通过引入一种更为有效且尚未被众多企业采用的管理方式和方法,改变原有生产函数,或建立新生产函数,从而在要素不变的情况下,提高产出水平,或者在较少要素投入的情况下,获得同样高的产出水平。在完整的企业创新中,组织创新主要解决企业的产权制度和企业的组织问题,技术创新主要是采用一种新方法或新技术的问题,管理创新则是创造一种更有效的资源整合模式,把各种生产要素整合起来,以建立新的生产函数。在一定意义上说,管理创新带有整合的特征,它是一种更加有效的整合范式。这种范式既可以是新的有效整合资源达到企业目标的全过程管理,也可以是新的具体资源整合,即目标体系等方面的细节管理。

有三类因素将有利于组织的管理创新,它们是组织的结构、文化和人力资源实践。

(1) 组织结构因素。有机式结构对创新有正面影响;拥有富足的资源能为创新提供重要保证;单位间密切的沟通有利于克服创新的潜在障碍。

(2) 文化因素。充满创新精神的组织文化通常有如下特征:接受模棱两可,容忍不切实际，外部控制少，接受风险，容忍冲突，注重结果甚于手段，强调开放系统。

(3) 人力资源因素。有创造力的组织积极地对员工开展培训，使其保持知识的更新；同时，它们还给员工提供高工作保障，以减少他们担心因犯错误而遭解雇的顾虑；组织也鼓励员工成为革新能手，一旦产生新思想，革新能手会主动而热情地将思想深化，提供支持并克服阻力。

(二) 管理创新的特点

管理创新不同于一般的"创新"，其特点来自于创新和管理两个方面。管理创新具有创造性、长期性、风险性、效益性和艰巨性。

(1) 创造性。以原有的管理思想、方法和理论为基础，充分结合实际工作环境与特点，积极吸取外界的各种思想、知识和观念，在汲取合理内涵的同时，创造新的管理思想、方法和理论。其重点在于突破原有的思维定式和框架，创造具有新属性的、增值的东西。

(2) 长期性。管理创新是一项长期的、持续的、动态的工作过程。

(3) 风险性。风险是无形的，对管理创新具有挑战性。管理创新并不是总能获得成功。创新作为一种具有创造性的过程，包含许多可变因素、不可知因素和不可控因素，这种不确定性使得创新必然存在许多风险。这也是创新的代价所在。但是存在风险并不意味着一味地冒险，做无谓的牺牲，要理性地看待风险，充分认识不确定因素，尽可能地规避风险，使成本付出最小化，成功概率最大化。

(4) 效益性。创新并不是为了创新而创新，而是为了更好地实现组织目标，取得效益和效率。通过技术创新提高产品技术含量，使其具有技术竞争优势，获取更高的利润。通过管理创新，建立新的管理制度，形成新的组织模式，实现新的资源整合，从而建立企业效益增长的长效机制。

(5) 艰巨性。管理创新因其综合性、前瞻性和深层性而颇为艰巨。人们的观念、知识、经验以及信组织目标、组织结构、组织制度，关系到人的意识、权力、地位、管理方式和资源的重新配置，这必然牵涉各个层面的利益，使得管理创新在设计与实施中遇到诸多"麻烦"。

(三) 管理创新分类

1. 根据创新内容分类

根据创新内容的不同。管理创新可分为观念创新、手段创新和技巧创新。其中，手段创新又可细分为组织创新、制度创新和方法创新。管理创新贯穿全过程。根据完整的管理创新过程中创新重点的不同，可将管理创新划分为管理观念创新、管理手段创新和管理技巧创新。

(1) 管理观念创新指形成能够比以前更好地适应环境变化并更有效地利用资源的新概念或新构想的活动。

(2) 管理手段创新指创建能够比以前更好地利用资源的各种组织形式和工具的活动，可进一步细分为组织创新、制度创新和管理方法创新。其中组织创新指创建适应环境变化与生产力发展的新组织形式的活动，制度创新指形成能够更好地适应环境变化和生产力发展的新规则的活动，管理方法创新指创造更有效的资源配置工具和方式的各种活动。

(3) 管理技巧创新指在管理过程中为了更好地实施调整观念、修改制度、重组机构，或更好地进行制度培训和贯彻落实，更好地进行员工思想教育等活动所进行的创新。

2. 根据创新程度分类

根据创新的程度，管理创新可分为渐变性创新和创造性创新。渐变性创新主要基于对原有事物的改进，创造性创新更多的是基于新事物的引入。

在实践中，根据管理创新程度的不同，还可以将管理创新分为以下三种类型。

(1) 重大创新。始于管理观念创新，从根本上改变原有管理思想或管理手段的创新，如企业再造理论，它的提出就是源自对传统分工理论前提条件的否定。

(2) 一般创新。管理基本思想改变不大，创新发生在管理手段和技巧上，与原方法相比变化不大，即主要是根据实际情况对现有管理思想的实现手段或运用领域、范围进行改进，管理技巧创新一般属于此类。另外，变化较小的管理手段创新如管理信息系统的进一步开发也属此类。

(3) 综合创新。指既有管理思想的改变，又有管理手段或管理技巧的改变，但变化程度不大的这类管理创新，如股份合作制、员工持股制度等。

【案例分析】

武桥重工：制度创新使老国有企业重获新生

美国次贷危机引发的金融风暴笼罩整个华尔街，蔓延到世界的各个角落，对世界经济造成了严重的影响。在经济危机之下，企业面临生存与淘汰的严峻考验，企业靠什么赢得市场，取信消费者，以换取生存的权利呢？

1. 三次改制使老牌国企走出困境

武桥重工的崛起源于连续进行的三次改制。

拥有半个多世纪历史的武桥重工进入 2002 年到了破产的边缘。1997～2002 年，连续 6 年净资产不到一个亿的桥机厂（武桥重工集团股份公司的前身），每年平均亏损不低于 1000 万元。

"那是一段很抑郁的日子"。武桥重工股份有限公司董事长、总经理黄雍回忆当时的情形依然深有感触。1997 年，他从大桥局五公司调到陷入危局的桥机厂任副厂长，亲眼目睹参与了这个国企大厂困局中的抗争与突围。

正是这种生死存亡的关键时刻，桥机厂人开始思考在改制中寻找企业的出路：2002 年末，桥机厂第一次改制，由全民所有制国有企业，改为国有控股 80%、员工持股 20% 的有限责任公司。

2005 年，尝到改制甜头的桥机厂人筹划第二次改制，创立了中铁武桥重工股份有限公司。和第一次的翻牌改制相比，这是一次更伤筋动骨的彻底改制，通过清资核产，量化国有资产，置换国企职工、集体企业职工身份，国有股减持为不足20%，企业员工普遍持股，经营管理团队和技术骨干尽可能多持股。

2007年，武桥重工进行第三次改制，从资本市场引进战略投资者，进一步改善股权结构，实现股份多元化，按照上市公司要求规范股权管理，筹划公司挂牌上市。

五年跨三步，一改、再改、三改，一个濒临破产的老牌国企，终于走出困境，获得新生，并且成功"变身"为现代企业，走上了迅猛发展的快车道。

黄雍对记者说：从"大桥局桥机厂"到"中铁武桥重工"，再到"武桥重工集团"，武桥重工人经历了观念转变、身份转换和体制变革的三大阵痛，但阵痛过后，迎来的是企业的新生。现在的局面是：坚冰已被打破，航道业已开通，企业发展的路会越走越宽广。

2. 在变化中寻找生机

从20世纪90年代到21世纪，国有企业改制一直是一个趋势和潮流，但一些企业的改制往往停留在"翻牌改制"这一步，再深入的改制很难坚持下去。是什么力量支撑武桥重机五年完成三次改制，而且一次比一次深入，一次比一次彻底？

"人心思变，企业求变，在变化中寻找生机，这就是我们坚持改制的原动力"。黄雍一语道出企业求生存、求发展的内在需求。

谈到第二次、第三次改制的初衷，黄雍表示，第一次的改制实际上是一次翻牌改制，即把国有大型企业的二级企业改成国有企业控股的有限责任公司。虽然企业有了独立法人地位，但因为大桥局持有改制后的"中铁武桥重工有限责任公司"80%的股权，是绝对的控股方，改制后的企业自主权依然很有限，所以，需要一次更深入的改制。

2005年，恰逢国家经贸委等八部委联合下发"859号文件"，提倡大型国企实行主辅分离，辅业改制和股份制改造。武桥重工在大桥局的格局中正好属于辅业，所以，公司就抓住这个机会，乘势而上，提出第二次改制。

"相比第一次的翻牌改制，这次改制是一场攻坚战，要完成三个艰巨任务：一是要清产核资，量化国有资产，使国有股由原来的80%减持为不足20%；二是置换掉国企职工、集体企业职工的身份，由员工变成股东；三是动员经营管理人员、技术骨干多持股份，让他们和企业荣辱与共，共同成长"。黄雍表示。

两次改制成功后，企业的活力增强了，业绩也越来越好，于是公司就有了第三次改制。"其实，这件事我们过去一直想做，但那个时候企业自己是'破帽遮颜过闹市'，自己还看不起自己呢，哪能指望别人来给你投资"。

家有梧桐树，才招凤凰来。第三次改制吸引了七家法人单位购买公司40%的股权，不仅募集了7240万元资金，更重要的是促进了公司向现代企业迈进一大步。"我们按照上市公司的运作模式，完成了对股份公司的进一步改造，一是逐步收购普通员工所持的股份，减少自然人股东数额，成立一家法人公司代表管理团队和技术人员在股份公司的利益，按照上市公司要求规范股权管理，构建公司下属的二级单位法人实体，搭建母子结构，创建集团式集约化管理模式，为挂牌上市铺平了道路"。

3. 危机背后蕴含机遇

"改制的目的是解放生产力。武桥重工的三次改制扩大了企业的经营自主权，提高了决策效率，增强了企业在市场上的竞争力"。黄雍介绍。改制前，企业的很多决策都要等待上级公司批准，一些好方案或被束之高阁，或者批下来时，商机早已错过，所谓"黄花菜都凉了"。改制后，公司的决策效率提高了，看准的事，只要对企业发展有利，董事会很快可以定下来。

"改制后的新体制、新机制与新技术匹配，为推动企业发展释放了巨大的能量"。对于这几年公司取得的业绩，黄雍如数家珍：公司整合原来单一的桥梁工程机械研究所、起重机研究所、水工设备研究所、施工设备研究所、自动化控制研究所和工艺研究所，组建了实力强劲的技术设计研究中心，加大了对科技研发的投入，先后研制了一批具有较高科技含量的桥梁施工设备，如投入武汉天兴洲公铁两用长江大桥基础施工的KTY-4000型动力头钻机，为上海东海大桥研制的"小天鹅"2500吨海运架梁起重船和具有世界领先水平的"天一号"3000吨海上运架梁起重船，为我国客运专线建设研发的900吨轮胎式运梁车等。这些新设备的研制成功和投入使用，在为我国桥梁建设做出新贡献的同时，也增强了武桥重工的核心竞争力。

改制还极大地调动了公司上下的创造热情和劳动积极性。武桥重工党委书记、副董事长陈维克介绍，武桥重工制定适合于改制企业的工资分配方案起步于2003年，这些年也在根据改制的深入和企业发展的新形势进行增补和调整。目前主要设置了8个大类的分配模式：年薪制、协议工资、技术项目包干工资、提成工资、岗薪工资、计件工资、承包工资、竞业禁止工资和保密工资等。

同时，改制后企业的增值渠道呈多元化态势。改制前，企业的收益模式比较单一，就是靠造设备、卖设备赚钱。改制后，公司在"一业为主"的前提下，通过资产置换、资本运作等多种方式筹资融资，实现企业资产升值。

"2006年是武桥重工改制步伐最大的一年，按照上市公司的要求，公司进一步优化运营模式，搭建新型母子结构，组建6家并规范4家二级独立法人公司。这个举措既是为了公司上市的需要，更是为了公司的长远发展。作为国内桥梁设备和机械的领军企业，我们的目标就是要打造一个能够抵御市场风浪，既能协同作战，又能单兵突击的现代企业舰群"。黄雍对武桥重工未来的发展前景充满信心。

危机背后意味着机遇。在这次危机中，优秀的企业能够快速抓住危机背后的机遇。武桥重工经过了3次脱胎换骨的改制和连续10年的科技创新与技术改造，企业体制更活，决策速度更快，控制风险的能力更大，产品的科技含量更高，品牌的竞争力更强。2008年，公司提前完成7.5亿元产值的目标，实现利润5000万元，和2007年同期比增长了21%和5%。2009年，公司的目标是，完成产值10亿元，实现利润0.65亿元。在全面实现企业跨越式发展的同时，努力为中国的桥梁装备发展和桥梁建设水平的快速提升再立新功。

（资料来源：康源.2009-02-10.武桥重工：制度创新使老国有企业重获新生.中国企业报创新周刊.）

思考题：

1. 该企业改制的实质是什么？改制后形成了什么样的治理模式？

2. 从该案例中分析制度创新的意义。

【技能训练】

研究某组织内发生的一个真实创新。可以通过采访、阅读商业报纸或互联网获得资料。描述创新的过程，实际的创新是否遵循本章所描述的理想过程？为什么？

实训目标：
1. 增强学生对企业创新的基本认识。
2. 培养学生对企业创新的初步分析能力。

实训形式：
1. 实地调查或网上收集案例公司资料并对创新类型进行分析。
2. 以班级各小组为单位进行讨论。
3. 每组写出发言提纲。

实训要求：
1. 分小组或每个同学分别对案例公司创新情况做出总结性描述。
2. 结合本章学习内容展开讨论，形成本组讨论结果。

成果检验：
1. 每组提交一份总结，对所分析的案例公司指出其改进创新的初步设想或启示。
2. 组长对每个同学的表现进行评议，并分析成功或不足，或者小组内部互评综合得分。

【思考题】

1. 什么是创新？
2. 请分析这样的评述："管理创新只是一种思维方式的改变"。
3. 企业技术创新战略有哪些类型？
4. 如何看待技术创新、制度创新、管理创新三者的关系？
5. 举出一些成功的新产品和现有产品改进的例子，再举出一些不成功的例子。
6. 下列产品分别属于哪三种创新形式（激进或渐进、技术或管理、产品或流程）？
(1) 用录像进行教学，通过互联网传递影像。
(2) 虚拟组织的流行。
(3) 用医院里常用的 MRI 扫描仪检查航班行李。
(4) 结合手机与手提电脑的特性、能够上网的设备。
(5) 能够做人手无法做到的精密手术的机器臂。
(6) 混合动力车，混合使用汽油和电池。
(7) 用游戏教授士兵规划和实施战斗。

第十二章

国际企业管理

【学习目标与要求】
- 正确理解国际企业管理中的基本概念。
- 掌握国际企业全球化战略模式及其选择。
- 掌握国际企业的风险防范与管理。
- 了解中国企业国际化经营。

海尔的国际化战略

"国际化"这个概念在一些企业眼里就是出口创汇,而且是给国外大公司做定牌,这种企业现在为数不少。"国际化"在另一些企业眼里看来是自讨苦吃,"放着13亿人口的中国市场的肥肉不吃,为什么要到国际市场去啃骨头"?

海尔人认为,国际化不仅仅是出口创汇,更重要的是出口创牌,这不是企业愿不愿意的问题,是有没有这个能力的问题。进军国际市场并非海尔一朝一夕的念头,是海尔在发展过程中的必然趋势,是海尔在国际市场上做大做强之后顺势而为的结果,海尔进军国际市场的目的不仅仅是出口创汇,更要成为国际化的海尔,创出中国的世界名牌。

海尔集团是1984年引进德国利勃海尔电冰箱生产技术后,在青岛电冰箱总厂基础上发展起来的产品多元化、经营规模化、市场国际化的特大型企业。海尔是中国首批公布的十大驰名商标中唯一的家电名牌。

海尔从一个亏空147万元的集体小厂迅速成长为拥有白色家电、黑色家电和米色家电的中国家电第一品牌,包括42门类8600多个品种,冰箱、冷柜、空调、洗衣机、电热水器、吸尘器等产品市场占有率均居全国首位,企业销售收入以平均每年82.8%的速度稳定增长,1998年实现集团工业销售收入162亿元。1997年8月,海尔被国家经贸委确定为中国6家首批技术创新试点企业之一,重点扶持其冲击世界500强。

海尔的发展经历了三个战略阶段:

1. 名牌发展战略阶段——名牌战略与国际化的关系

只有国内市场做大做强,才有资格谈国际化的问题。

这一阶段，海尔艰难起步并确立冰箱行业的名牌地位，代表事件就是"砸冰箱"，通过砸掉 76 台有问题的冰箱，砸醒职工的质量意识，树立名牌观念。

经过艰苦努力，海尔通过质保体系国际认证、产品国际认证、检测水平国际认可取得国际化资格；海尔从引进、消化、吸收到通过合资引智，使各类产品与国际保持同步。

2. 多元化发展战略阶段——多元化与国际化的关系

企业在竞争中取胜要靠国际化，国际化必须要多元化。

国外把家电分为三类：白色家电、黑色家电和米色家电。白色家电指可以替代人们家务劳动的产品；黑色家电指可提供娱乐的产品，像彩电、音响等；米色家电指电脑信息产品。

多元化的发展是一种趋势，最关键的是在国际市场把牌子做好。我不一定有自己的工厂，但我却拥有全世界的市场。

3. 国际化发展战略阶段——海尔的国际化与国际化的海尔

海尔的国际化是国际化海尔的一个基础，只有先做到了海尔的国际化才能去做国际化的海尔。我们在做海尔国际化的时候，就是要海尔的各项工作都能达到国际标准，主要包括三个方面：①质量；②财务；③营销。质量要达到国际标准；财务的运行指标、运行规则应该和西方财务制度一致；营销观念、营销网络应达到国际标准。我们自身具备这种素质就可以进入国际市场，所以"出口"是针对海尔的国际化而言。

选择在美国建厂，从某种意义上说是自找苦吃，因为在美国建厂要求非常高，但是在美国市场成功的话，就可以取得非常宝贵的经验。另外，美国市场非常大，我们在美国市场已经销售了几十万台，如果不设厂，就会有很大的制约，如运费问题。

（资料来源：方虹.2006.国际企业管理.北京：首都经贸大学出版社.）

第一节 国际企业概述

国际企业是经济国际化的一种组织形式，它是科学技术进步、世界经济发展不平衡以及企业经营国际化的产物。它的迅速发展对国际经济产生了深刻影响。研究国际企业形成和发展的过程、途径、原因，认识它的性质、作用，对我国企业经营国际化具有十分重要的理论意义和实践意义。

21 世纪以来，人类进入了信息和知识经济时代。随着世界经济一体化步伐的加快，企业的经营活动也从 20 世纪 60 年代末至 20 世纪 80 年代中期的国际化过渡到 21 世纪的全球化，且日益呈现加剧的趋势。

一、国际企业的概述

（一）相关概念

国际企业（international enterprise）指从事涉及国际范围的产品、技术、劳务、信息、资金等经营活动的企业。

国际企业活动具体可分为以下五类：

(1) 商品买卖——国际贸易。

(2) 直接投资——包括制造业、采掘业、农业、建筑业、商业、公共事业等。

(3) 专利授权与特许——包括商标、专利权、制造程序或具有财产价值的知识产权的使用。

(4) 劳务供应——包括市场广告、法律服务、财务信息咨询、保险、货物运输、会计以及管理技术咨询等劳务的供应。

(5) 其他投资——如证券投资及不动产投资等。

国际企业的活动可分为两个基本过程。一是资源的传送或转移，包括物品、人员、资金、技术等，转移的方向或层次由各国的经济差异或发展水平决定。二是国际企业与东道国或母国在经营过程中发生的各种联系和影响，这种联系和影响既有互相配合互利互惠的一面，也有相互矛盾导致冲突纠纷的一面。

国际企业的主体经营活动是国际商务，国际企业的主要代表类型是跨国公司。

跨国公司（transnational corporation）指由两个或多个国家的实体组成的公营、私营或混合所有制企业。

跨国公司经营的形式多样，所有权的形式也有很大的差异，研究的学者往往站在不同的角度思考和判断问题，因此不仅造成跨国公司的定义不同，而且称谓不同。例如，有人称跨国公司为多国企业（multinational enterprise，MNE），或多国公司（multinational corporation，MNC），也有人将跨国公司称为全球公司（global corporation），甚至称为宇宙公司（cosmocorp）。1974年，联合国经社理事会讨论知名人士小组提供的《跨国公司对发展和国际关系的影响》报告时，一位拉丁美洲的代表提出，为避免与安第斯条约国家共同创办的多国联营公司混淆，建议用"transnational corporation"替代"multinational corporation"，因此，"transnational corporation"成为联合国称呼跨国公司的正式用语。

不同的定义和称谓反映了跨国公司的复杂形态。以后我们会看到，从事国际商务活动的企业不一定都是跨国公司，而且在进行国际商务活动时，企业规模的大小、跨国的程度都有很大的差异。国际企业类型的划分如图12-1所示。

(二) 企业国际化

企业国际化既然是一个发展过程，人们自然会提出如何评价这个发展过程，即对企业国际化程度作一个评价。这是一个颇有争议且尚处于探索阶段的问题。基本方法主要有两种，一种是比例法，一种是指数法。

1. 比例法

比例法是采用一系列指标来反映企业的国际化程度。美国学者苏利文设计了五种指标来反映企业的国际化程度，包括：

国际销售率＝国外销售总额/国际销售总额×100%

海外资产比例＝海外资产净值/全部资产净值×100%

国际管理指数＝高级管理人员的国际经验

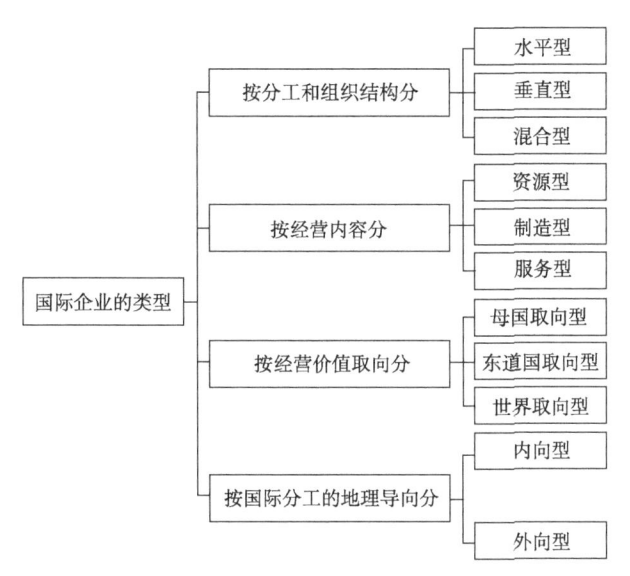

```
                                      ┌─ 水平型
                      ┌─ 按分工和组织结构分 ─┼─ 垂直型
                      │                └─ 混合型
                      │                ┌─ 资源型
                      ├─ 按经营内容分 ────┼─ 制造型
    国际企业的类型 ────┤                └─ 服务型
                      │                ┌─ 母国取向型
                      ├─ 按经营价值取向分 ─┼─ 东道国取向型
                      │                └─ 世界取向型
                      │                  ┌─ 内向型
                      └─ 按国际分工的地理导向分 ┤
                                         └─ 外向型
```

图 12-1　国际企业的类型

国际投资指数＝投资过程中对海外市场的熟悉度

海外公司比例＝海外子公司/全部子公司×100%

2. 跨国化指数法

使用国际化指数评价企业国际化的经营强度，具体公式如下：

跨国化指数＝[(国外资产/总资产＋国外销售额/总销售额＋国外雇佣人员/雇员总数)/3]×100%

3. 国际化动态雷达图法

企业国际化是一个动态过程，在其进程中，企业随着外部环境以及企业经营活动状态的变化而变化。主要涉及如下几个因素：组织机构、海外资金比例、销售额比例、国外雇员比例、海外生产比例和管理的一致性。

(1) 组织机构。企业的组织结构形成企业内部的部门权力和职权范围。组织结构可分为职能型、产品型、地域型、混合型和网络型，这五种方式的演变可反映企业的国际化程度。

(2) 海外资金比例。海外资金比例主要反映资金的海外筹集、海外运用规模和程度。资金筹集中，海外筹集资金与总筹集资金的比例反映企业国际化程度；资金运用中，海外投资项目的多少反映国际化水平的高低。

(3) 销售额比例。销售额比例主要反映对海外市场的依存程度。将企业海外销售额与企业销售总额进行对比，反映国外市场对企业经营业绩的贡献率。

(4) 海外当地雇员比例。现在企业的竞争是人才的竞争，各企业都十分重视人才。在企业海外经营中，海外雇员占全体雇员的比例可以直接反映企业人力资源开发的国际化程度。

(5) 海外生产比例。海外生产比例主要反映企业生产户主的广度，将企业海外生产的总产值与全部产值进行对比，反映企业生产地域的广泛性。

（6）企业管理制度的一致性。在企业财务、人事、生产、销售等运作管理过程中，企业的海外公司和国内公司是否采用一致的标准和规则，是衡量企业国际化程度的标志之一。一致性越高，反映企业国际化程度越深。

雷达模型从以上六个方面反映企业的跨国经营水平，如图12-2所示。

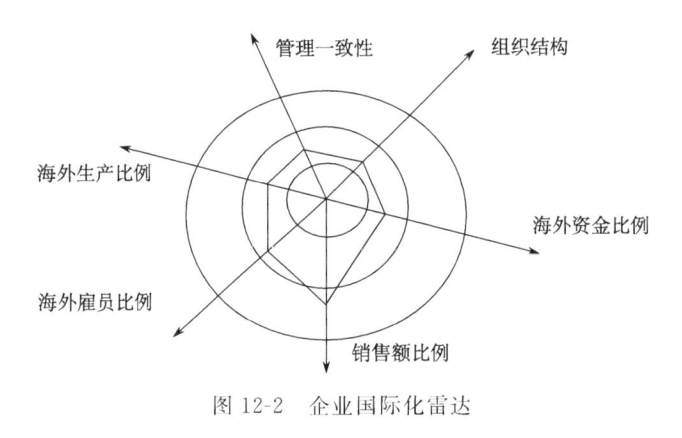

图 12-2　企业国际化雷达

把企业在各个指标上的位置依次相连，形成一个封闭的雷达图，该图形面积大小反映企业国际化经营水平的高低。

二、全球化进程中的企业国际化

（一）企业经营国际化的道路选择

企业经营国际化并不是单纯意义上的"跨出国门，走向世界"。越来越多的企业发现，在经济全球化的浪潮中，它们所面临的国际竞争并不是在遥远的异国他乡，而是在自己生存发展的本地市场，也就是在自己的家门口。改革开放以来，大量外资涌入中国，在中国直接生产销售，这既给中国经济带来了巨大的活力，也给技术、管理相对落后、受旧体制约束较大的许多国有企业带来了巨大的压力。对这类企业来说，经营国际化很大程度上意味着如何在本地市场迎接世界竞争。因此，经营国际化可以分为"外向型"和"内向型"两类，或者说，经营国际化有"外向型"和"内向型"两条道路（表12-1）。上海汽车厂和德国大众公司合资在上海生产桑塔纳轿车，对前者而言是内向型

表 12-1　企业经营国际化的道路选择

项目	外向型	内向型
贸易形式	出口	进口
技术转让形式	技术出让	购买技术专利
合资合营	国外合营公司	国内合营公司
独立跨国投资	在国外建子公司、分公司或兼并国外企业	成为国外跨国公司的分支机构

国际化，对后者而言是外向型国际化。首都钢铁公司投资购买秘鲁铁矿，开采经营，是典型的外向型国际化。

（二）企业经营国际化三部曲

所谓外向型的经营国际化，指一个原来土生土长的国内企业，逐渐走向世界的发展演变过程。这种"从本土到世界"的发展演变要经过三个步骤：一是最初的跨国经营过程，即我们常说的跨出国门，走向世界，打入国外市场的过程；二是在国外市场的渗透过程，即在国外落地生根，发展壮大，逐渐在世界各国占领当地市场的过程；三是全球优化组合过程，这是在第二阶段成功的基础上，以原先在相对独立的基础上发展起来的、企业国外市场的分布组合为基础的总体战略调整，以求增强企业全球体系的整体战略优势。这三个不同阶段，企业国际商务活动的重点各不相同，需要解决的主要管理问题也不同，如图12-3所示。

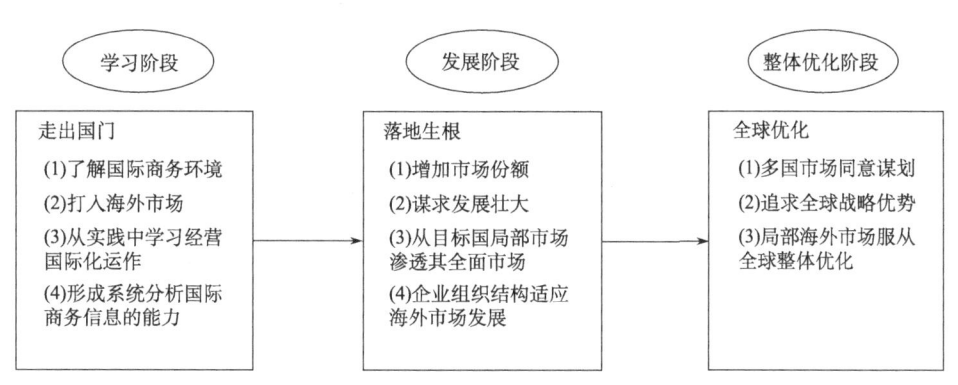

```
  学习阶段              发展阶段              整体优化阶段

 ┌─────────────┐      ┌─────────────┐      ┌─────────────┐
 │ 走出国门     │      │ 落地生根     │      │ 全球优化     │
 │(1)了解国际商 │  →   │(1)增加市场份 │  →   │(1)多国市场同意│
 │   务环境     │      │   额         │      │   谋划       │
 │(2)打入海外市 │      │(2)谋求发展壮 │      │(2)追求全球战略│
 │   场         │      │   大         │      │   优势       │
 │(3)从实践中学 │      │(3)从目标国局 │      │(3)局部海外市场│
 │   习经营国际 │      │   部市场渗透 │      │   服从全球整体│
 │   化运作     │      │   其全面市场 │      │   优化       │
 │(4)形成系统分 │      │(4)企业组织结 │      │             │
 │   析国际商务 │      │   构适应海外 │      │             │
 │   信息的能力 │      │   市场发展   │      │             │
 └─────────────┘      └─────────────┘      └─────────────┘
```

图12-3　我国企业国际化的三部曲

（三）企业经营国际化面临的重大问题

从外向型经营国际化的过程来看，企业管理人面临的问题主要有四类，如图12-4所示。

企业经营国际化首先要解决第一个决策模块中的问题，即企业到底是应该在本国市场还是国外市场寻找发展成长的机会。并不是所有的企业都必须跨国经营，跨国经营对企业成长的作用也未必一定优于国内经营。如果所有的中国企业都跑到美国做生意，所有的美国企业都跑到中国来投资，造成的浪费和低效率恐怕不比所有的企业都在本国经营小。

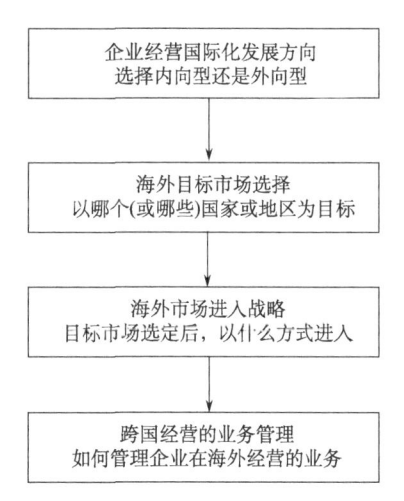

```
┌─────────────────────┐
│企业经营国际化发展方向 │
│选择内向型还是外向型   │
└──────────┬──────────┘
           ↓
┌─────────────────────┐
│海外目标市场选择       │
│以哪个(或哪些)国家或地区为目标│
└──────────┬──────────┘
           ↓
┌─────────────────────┐
│海外市场进入战略       │
│目标市场选定后，以什么方式进入│
└──────────┬──────────┘
           ↓
┌─────────────────────┐
│跨国经营的业务管理     │
│如何管理企业在海外经营的业务│
└─────────────────────┘
```

图12-4　企业经营国际化的四类问题

当企业在第一个模块决定开展外向型经营国际化之后，接下来就需要回答第二、第三个决策模块中的问题，即外向型发展的大方针定了以后，企业应该如何选择海外目标市场，如何选择合适的方式进入所选定的海外市场。世界市场那么大，企业跨国经营应当从哪里开始，先进入哪个国家或地区的市场？市场选定后，应当选择什么样的进入方式，是出口，还是技术转让，或者去当地投资设厂生产？要回答这些问题，既需要理论和思路，也需要具体的分析工具和方法。

最后，为了使外向型的经营国际化取得良好的效果并得到持续发展，需要回答第四个决策模块中的问题，也就是如何管理好企业在海外的经营业务。由于外向型经营国际化的经营业务分布在不同国家和地区，面临着复杂的经营环境和变数，必须使用不同于国内企业管理的理论、思路、战略和方法。

第二节 国际企业全球化战略模式及其选择

每一个国际企业都面临着复杂的企业战略问题。企业内部的计划、组织、控制都必须以战略作为行动总则；企业外部，在适应国际经营环境方面，以及和民族国家的关系上，同样离不开战略的制定。

一、贸易型市场进入模式

国际经济活动的内容非常丰富，空间和地域也很广阔，加上科学技术的进步和管理创新，使得企业进入国际市场的方式呈多样化趋势。按照"价值链"的概念，价值链的每一个环节都有一个在世界范围内选择经营点的问题。因此，企业选定了目标市场之后，接下来就需要进一步研究，如何将自己的产品、设备、技术、商标、管理等资源进行组合，制订一个最好的战略打入海外目标市场。

运用与主要竞争对手不同的战略会获取优势。固守良好品牌形象的大厂商发现，很难回击那些采取不同战略的出口商对手。厂商出口战略中最重要的决策是：应该在全球推广标准化的产品，还是针对不同国家的不同需求修改产品和营销组合，这一问题没有绝对的答案，完全取决于厂商关注的主要方面，如调整产品的能力、研制开发与设计成本，以及生产和营销多种产品系列对生产、存储和销售成本的影响。

选什么样的"市场进入"方式打入一国市场，是关系跨国经营成败的一个关键问题，也是"市场进入战略"要回答的主要问题，即产销活动的布局问题（"在哪里生产，到哪里销售"）和产销活动的控制问题（"谁来组织，谁来协调"目标市场的产销活动）。什么是走出去？走出去当然是指企业走出去，包括到国外办销售网络，在国外建工厂、开矿等。走出去也应当包括产品走出去，虽然企业没有出去，但产品大部分或全部都销到国外，甚至产品和原材料两头在外，这样的企业与在国外办厂的企业本质基本相同，因此也应列入走出去的企业行列。按照这样的概念，一般而言，企业开拓海外市场的进入模式大致可以划分为三大类：贸易型进入模式，契约型进入模式，投资型进入模式。除此以外，还可以建立各种形式的战略联盟。根据产销活动的布局和组织协调方式的不同，我们将市场进入战略划分为以下几种，如图12-5所示。

不同国家和地区经济实体之间的跨边界商品交换活动是国际化经营过程中最初级、最重要的市场进入方式，是世界各国经济在国际分工基础上相互联系、相互依赖的主要形式。一个国家通过在生产率方面具有较大比较利益的产品或服务的出口，以及进口比

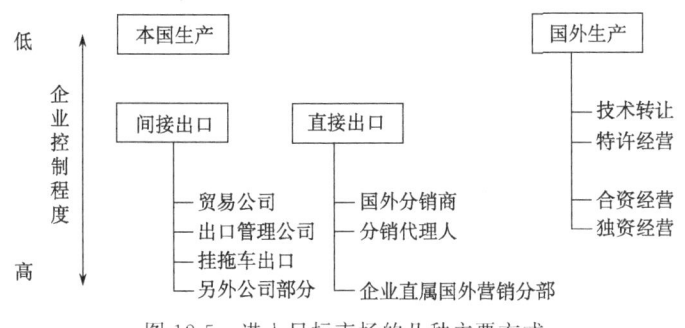

```
低 ┌──本国生产──┐         ┌──国外生产──┐
↑   │          │         │            │
企  间接出口  直接出口      ├ 技术转让
业                         ├ 特许经营
控                         ├ 合资经营
制  ├ 贸易公司  ├ 国外分销商  └ 独资经营
程  ├ 出口管理公司 ├ 分销代理人
度  ├ 挂拖车出口
↓   └ 另外公司部分 └ 企业直属国外营销分部
高
```

图 12-5　进入目标市场的几种主要方式

较利益较小的商品，可以获得可观的比较经济利益。

所谓贸易型进入模式，就是通过向目标国家或地区出口商品进入该市场。出口是国际化经营的初级阶段，出口能够实现区位经济和经验曲线经济。例如，我们通常说的首都经济、珠江三角洲经济、长江三角洲经济，都体现了区位经济的特点。随着经验的不断积累和丰富，成本会下降，经验曲线经济也就显示出来了。

贸易型市场进入模式的缺点主要是运输成本较高，贸易壁垒及当地销售待遇摩擦比较厉害，特别是贸易壁垒。这也是中小型企业经营国际化起步时常用的一种模式。这种模式起步的费用和风险低，但利润回报的速度很快。贸易型进入模式的具体做法有间接出口与直接出口之分。直接出口要求企业在找到国外的买主后，自己办理所有的出口和运输手续，将产品运送到买主指定的口岸。如果企业暂时不具备这种能力，通过国内的出口商间接出口也是一条省事的途径。

二、契约型市场进入模式

契约型进入海外市场，就是本企业通过与目标国家或地区的法人订立长期的非投资性合作协议进入目标国家。这种合作协议可以是转让无形资产——各种工业产权（如专利、商标、秘诀、管理技能、营销技能等）和版权，也可以是劳务出口或工程承包等。它与贸易型进入的主要区别是企业输出的是技术、技能、劳务和工艺等，而不是直接输出产品，虽然它也可能带来产品出口的机会。契约型进入与投资型进入的区别是不对目标国家或地区进行资本投资。因而它是一种"非股权安排"（non-equity arrangement）。契约型进入有多种形式，大致可以分为授权经营类、服务合同类、建设与生产合同类。

（一）通过授权经营进入海外市场

通过授权经营进入海外市场一般有两种形式，即普通授权经营（licensing）和特许经营（franchising）。许多公司通过普通授权经营（以下简称授权经营）和特许经营扩大在全球的经营规模。在考虑这两种进入方式时，企业不仅要考虑自己的产品是否适合采用这种方式，还必须注意海外目标市场的文化习俗。

授权经营是一种非常经济的进入海外市场的方式。所谓授权经营，就是企业在规定的期限内将自己的无形资产（专利、技术秘诀、商标等）通过契约转让给海外法人，以换取授权费和其他补偿。其中，出让无形资产的一方称为许让方或授权方（licensor），接受无形资产的一方称为受让方或受权方（licensee）。授权经营的基本过程如图12-6所示。

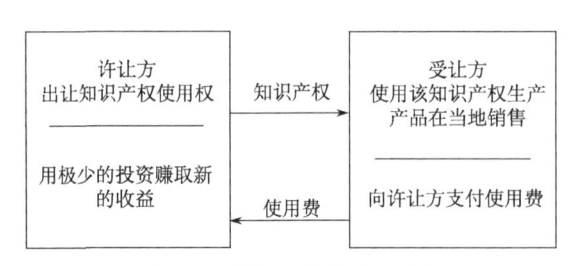

图 12-6 授权经营的基本过程

授权经营需要重点关注的基本问题如下：
（1）确定授权的范围。
（2）确定付费标准。
（3）明确规定所授的权利和限制。
（4）规定授权经营的期限。

西方发达国家的企业认为，在国内市场，企业对授权经营可能会有更多的控制权，因为在国内市场有熟悉的法律机构可以保护授权的公司免受版权和专利的侵犯，当地的法律部门也可以在授权公司受到损害时出面解决。

国际市场上的授权经营具有以下优点：需求资金较少，销售产品的费用较低，当地的受权经营人能够调整产品、技术或服务以适应当地市场的特点，效果不好可以停止继续执行协议。缺点有：授权企业不能控制所销售的产品的质量，在法制不健全的国家易遭受版权和专利权的侵犯。当地的受权经营人对产品或技术所做的调整可能造成市场开发策略的改变，授权企业不能参与产品或技术的经营管理。

在海外市场，另外一种授权经营方式就是开办合资公司或建立战略联盟。采用这两种方法可以使授权企业对产品的销售享有更多的控制权。

企业通过授权经营进入海外市场的第二种形式是特许经营。所谓特许经营，就是许让企业（franchisor）向受许企业（franchisee）转让技术、商标、统一的经营方法等，让受许企业在本企业的监督与帮助下利用本企业形象和招牌经营本企业的特定业务。遍布全球的麦当劳快餐（McDonald）、肯德基炸鸡（Kentucky fried chicken）、必胜客馅饼（Pizza hut）等都是特许经营的典型例子。特许经营是对外授权向深层经营领域的延伸与扩展。特许经营的基本过程如图12-7所示。对比图12-6和图12-7可以看出，特许经营和授权经营的最大区别在于，特许经营中，特许方还需对受许方的经营管理实行监督，以确保特许品牌在海外市场的质量。

（二）通过服务合同进入海外市场

通过服务合同进入海外市场有多种形式，如技术协议、服务合同、管理合同等。
（1）技术协议。企业同对方签订协议，向对方提供为开发技术或解决技术难题而进

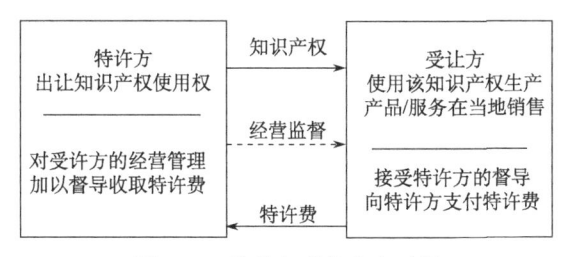

图 12-7 特许经营的基本过程

行的各种技术咨询服务活动，其中以新产品、新工艺方面的技术咨询服务见多。

（2）服务合同。通过订立合同向对方提供财务、营销、人员培训或其他方面的有偿服务。

（3）管理合同。本企业根据与海外目标国家或地区的企业签订合同而全权负责合同期内该海外企业的全部业务管理。对方给予本企业的服务报酬形式通常有：按利润额或销售额的百分比提取，按每一单位销售额提取固定报酬，按具体服务支付规定的费用或费用总付。一般情况下，管理合同不涉及以下各项权利和义务：新的资本投入、承担永久债务、决定红利政策、设定基础管理或变更政策等，也不涉及对所有权安排做出改变，这些重大决策和基本方针仍由委托人自行掌握。

（三）通过建设合同或生产合同进入海外市场

通过建设合同或生产合同进入海外市场有交钥匙工程、合同生产、分包合同等形式。

所谓交钥匙工程，就是企业为东道国建设一个工厂体系或工程体系，承担全部设计、建造、安装、调试以及试生产等活动。交钥匙工程可以是固定价格，承担企业赚取的是价格与成本之间的差价。交钥匙工程也可以按照成本加提成的方式来付费，这就把成本超出的风险转移给了发包方。这类项目通常出现在技术与管理力量较为缺乏的发展中国家。交钥匙工程完成后，当地可能还要求本企业提供管理培训、技术援助等统称为"交钥匙后继追加"的活动。

交钥匙工程的进一步发展就是 BOOT 项目。20 世纪 80 年代以来，世界经济的发展使各国对能源、交通等基础设施项目的需求迅速增加。许多国家，尤其是一些发展中国家又都面临着严重的资金短缺问题。为了缓解资金矛盾、减少政府负债、改善政府财政收支状况，应发挥私有企业在建设和经营管理方面的优势。为减少投资风险，一些国家政府极力促成公共部门和私营企业的合作，从而产生了 BOOT 这种独特的投资合作方式。

所谓 BOOT，即建设（building）、拥有（own）、运营（operate）、移交（transfer）4 个英语单词的首字母缩写，指承建公司在建设完指定项目之后，按照合同拥有该项目若干年的经营权，并从经营中获得收益，经营期满之后再把该项目无偿地移交给发包方。例如，澳大利亚和日本的一家合资企业 Transurban 公司承建了墨尔本的环城线（包含隧道的高速公路）建设，建成后有 34 年的所有权和经营权。34 年期满之后再无偿移交给维多利亚州的政府和人民。在这 34 年间，Transurban 公司通过收取车辆过路费获得收益。

合同生产又称合同制造或贴牌生产，是本企业与目标国家或地区的企业订立供应合同，要求后者按合同规定的技术要求、质量标准、数量和时间生产本企业所需要的产品，其优点是等于租赁了当地企业的生产能力，又不必承担租赁引起的一系列业务工作，既节省资金又迅速进入目标市场，特别是容量有限且发展前途不大的市场，最适合采取合同制造方式进入。例如，美国化妆品和大众卫生用品生产企业宝洁公司（P&G）的若干产品就是采取合同生产成功地进入一些市场容量和潜力都不很大但关税很高的拉美小国。这种方式的缺点是不易物色到理想的合同制造企业，同时还需向对方提供技术改造、工艺改进等方面的服务，本企业只赚取销售利润而不是生产利润。

国际分包合同。国际分包通常指发达国家的总承包商向发展中国家的分包商订货，后者负责生产部件或组装产品。最终产品由总承包商在国内市场或第三国市场出售。国际分包合同通常是短期的，每年续订一次。国际分包与合同生产比较相似，不同的主要是在合同制造中，目标国家或地区的企业承担生产的全过程，提供的是最终产品，而在国际分包中，目标国家或地区的企业只承担生产过程的一部分，产品规格、数量、性能等又都是按照合同规定加工的，往往只适合发包人的需要，难以作为成品进入市场。

三、投资型市场进入模式

投资型进入海外市场是通过直接投资进入目标国家或地区，即企业将资本连同本企业的管理技术、销售、财务以及其他技能转移到目标国家或地区，建立受本企业控制的分公司或子公司。从生产制造的角度讲，这类分公司或子公司可能有许多不同的模式，从所有权和管理控制的角度来讲，设在国外的企业可以是独资经营或合资经营，可以从投资起家或从购买当地企业开始启动。

（一）独资经营与合资经营

合资与独资经营，指企业用股份控制的办法直接参与目标国市场厂商的生产。

独资经营是本企业拥有所投资企业 100% 的股权，独立经营，独享利益，独担风险。合资经营则是本企业在目标国家或地区与当地某家或少数几家企业或第三国的企业共同投资经营，分享股权，利益共享，风险共担。可以看出，国际合资企业是两个以上国家的组织建立的联盟。建立这种联盟有各种各样的原因：使不同组织的互补技术相匹配、确保或加快市场的进入、跨越技术差距以及对越来越激烈的竞争做出战略性反应等，另外有的国家还可能是因为当地政府的政策禁止或限制外商独资经营，而选择合资经营。相反，如果目标国家或地区无明确限制外资独资经营的法规与政策，企业也希望对所投资企业加强控制，则倾向于选择独资经营。

海外分公司是开拓国际市场可以采用的有一定结构的公司，即在当地设立办事机构，雇用当地职员进行生产和销售。建立海外分公司有可能基于几种考虑。

（1）企业在当地已经有许多客户，这些客户需要企业提供售前和售后服务。这种情况下，办事机构的费用可以从当地的销售收入中产生。

(2) 企业想控制产品的销售、广告宣传，以及版权和专利权等。

(3) 企业想雇用本国移民或当地职员来建立办事机构。

海外合资公司是一种风险较小的投资方式。对于中小企业来说，签署开办海外合资公司的协议时应考虑以下问题：一个合适的合资伙伴要具备劳动力、当地市场、技术及其他有利条件，要投入多少资金、技术、管理人员和销售人员在该国展开业务，如何进行有关销售关系、生产合作及技术转让等方面的谈判。谈判解决本企业如何从中获得利润的问题可能有点困难，尤其是在一些发展中国家，其合资产品大部分是出口到国外而不是在生产国当地销售。合资公司的股权安排有时也是棘手的问题。本企业到底是占多数股权，还是占少数股权或对半的股权，常常要费心筹划和反复谈判才能够确定。

合资公司在世界上的每个国家或地区都有，要想成功，参与企业就必须考虑以下事项。

(1) 了解你的能力和需求：你真的需要一个合资伙伴吗？需要多久？会有多大的收益？合资经营是最好的选择吗？

(2) 选择一个合适的合资伙伴：合资伙伴与你的合资目标相同吗？合资伙伴具有必需的技能和资源吗，你能使用它们吗？

(3) 启用经验丰富、忠诚可靠的当地管理人员管理合资公司。如要启用本国移民，一定要雇用懂得当地文化背景的人。

(4) 运行合资企业：经常与你的合作伙伴见面。缺少面对面的交流可能导致合资公司失败，处理文化差异，注意防止不平等，保持灵活性。

(5) 延长衡量公司是否成功（包括销售、市场份额、利润等方面）的时间表，因为这不是国内市场，还包含政治、经济、市场等风险因素。

(6) 一定要具有可靠的当地商业情报来源。合资伙伴经常不知道市场上的行情。

(7) 具有能够掌握产品销售、版权或专利权等有关情况的可靠方法。

(二) 新建与购并

新建指在目标国建立新企业或新工厂，形成新的经营单位或新的生产能力。如果是在目标市场从平地开始投资设厂，常称为"草根式进入"（gross-root entry）或"绿地策略"（greenfield strategy）。兼并式进入则是通过对目标国家或地区的现有企业进行参股或收购进入目标市场。基本方式有两种：第一种是创立合并（consolidation），是两家或两家以上的企业合并成一家新企业，新企业接管各参与企业的全部资产、债务和责任，各参与企业将不复存在。第二种形式是吸收合并（merager），它不是成立新的企业，而是由一家企业收购另一家企业，被收购企业因而解散，其全部资产和业务由收购企业接管，全部债务和责任亦由收购企业承担。

企业购并，通常指一家占有优势的公司吸收一家或多家公司来扩大自己的经营规模和经营领域。TCL等企业的基本上都属于这种模式。2002年，TCL以820万欧元的价格收购了德国施耐德旗下的商标、生产设备、研发力量、销售渠道、存货以及施耐德拥有的3条彩电生产线，可年产彩电100万台。国际的企业购并主要形式有：①用现金或证券直接购买境外公司的财产后成为存续公司,被购并的公司就此消亡。②购买境外公司的股份或股票使其成为自己的附属公司或子公司。③当企业的国际化经营程度不断提高成为跨国企业时,经常出现一种新的合并形式——创立合并,即两个或两个以上的公司通过合并同时消失,形成一个新的公司,这个公司叫做新设公司。它接管原来几家公司的全部资产和业务,并组成新的公司治理结构。

企业购并主要有以下几种类型:①横向购并,即同一行业内企业的购并。②纵向购并,即同一生产过程中不同阶段的企业的购并。③混合购并,即业务毫不相关的企业的购并。

企业购并的动机主要有:

(1) 国际间企业购并的目的首先是为了自身的发展和占领国际市场。企业为了自身的发展,在实施全球计划战略时,需要不断扩大生产和经营规模,这是当前世界性企业并购的一个重要原因。企业规模的扩大,一靠自身资本的增加,二靠多个资本的重组。近几年来,世界范围内资本积累的方式有了较大的变化,资本集中明显加快。如今,一些大企业更多地靠横向、纵向以及混合式的兼并和收购来实现资本的集中,向更大规模的巨型或超巨型公司方向发展,如迪士尼公司收购美国广播公司后,成为世界最大的传媒业巨子。

(2) 企业购并可以提高企业的规模经济性,降低生产成本,有利于企业组织专业化生产,先进的管理方法和科研能力等资源也可以充分共享。

(3) 横向购并和混合购并的方式可以使企业以较低的成本进入新的行业。任何一个行业都存在不利于新进入和潜在进入企业的因素,即进入壁垒。形成进入壁垒的主要因素包括规模经济、资源配给、市场饱和、法律和行政干涉、原有企业的反进入政策等。采取企业购并的方法并未给所要进入的行业增添新的生产能力,短期内不会引起行业的供求失衡,引起价格战或报复的可能性也相对较小。

(4) 企业购并可以使企业获得某些竞争优势,并有利于实现经营"当地化"。许多行业中,随着生产和经营经验的积累,存在单位生产成本不断下降的趋势,这也是企业购并相对于投资建厂一个重要的优势所在。

(5) 企业投资新建不仅涉及开发新的生产能力,还要花费大量的时间和财力以获取稳定的原料供应,寻找合适的销售渠道,开拓和争取市场,不确定性因素较多,风险成本较高。而企业购并可以避免这些风险。

总之,与新建相比,购并进入的主要优点是开拓海外目标市场起步快,实现市场多元化、产品多样化,开展新业务,或很快取得用新建方式难以掌握的资源或技术。主要缺点是寻找有利评估并购对象十分困难,有时在目标国家不存在好的购并对象,即使有,也因保密、不同的会计准则、虚假或靠不住的财务记录以及其他隐藏的问题,给客观评估购并对象造成困难。

四、战略联盟进入模式

战略联盟可以让一个企业在海外市场以最小的代价获得立足之地,较低层次的形式可以是双方的简单合作,也可以是正式签署协议。简单地说,战略联盟是与外国合作伙伴或公司建立的联盟,这个公司可以充当本企业的供应商、批发商、贸易伙伴、当地代理商等。这种关系是通过多年的业务合作建立起来的。为了具备全球化的竞争力,实施全球战略的跨国公司逐渐建立全球合作体系。全球战略伙伴关系成为重要的战略选择并触及世界经济的每一个行业,它具有五层含义:①两个或两个以上的公司建立长期的、普遍的战略关系,目的是成为国际竞争中领先的低成本供给者与营销者。②全球战略伙伴关系是一种相互的关系,每个联盟者拥有特定的优势并与对方共享。③联盟者做出全球性的努力。从少数发达国家市场到新兴工业化国家、再到一般的发展中国家市场。④联盟者是一种横向而非纵向的关系。技术交换、资源共享及其他资源的合并是必须的。⑤即使联盟之后,在国际竞争中,参与公司的一方仍在国家和意识形态上保持与对方的区别。

全球战略伙伴关系并不只是建立在大型跨国公司中。很多大公司通常合并一些小公司以利用他们的企业资源和市场份额。对于小公司来说,与大公司或市场领导者建立全球战略伙伴关系无疑是一种获得未来市场机会的最有利途径。例如,IBM公司与微软公司合作就是为了利用后者在软件方面的人才,微软这家当初的小公司,则能获得对方大公司强大资源的扶持并进入全球市场。

建立战略联盟的优点:用于投资和维持双方关系的费用较低,可以随时停止合作,能与其他伙伴甚至是国外市场上的竞争对手联盟。

建立较低层次的战略联盟的缺点:本企业不能对版权、专利权的侵犯以及销售渠道进行控制,不能控制当地的产品销售和生产,不能阻止竞争对手与同一合作伙伴签订类似的协议。

尽管存在许多不利因素,大部分中小型企业在经营国际化的初期还是愿意建立较低层次的战略联盟,以减少开拓海外市场的前期投资并降低风险。但这种战略联盟只有在双方存在良好关系的前提下才能发挥作用,因此双方必须建立长期的互信合作关系。尽管战略联盟有许多优点,但最好还是在当地雇一名代理商解释协议中的有关条款。

事实上,战略联盟的形式有很多,从一次性的合作安排,到专利转让、特许经营、交叉专利转让、合作研究机构,再到合作生产、合作企业等,都是某种意义上的战略联盟。各种形式的战略联盟,参与双方或各方之间的互动程度、竞争程度以及合作程度是各不相同的,如图12-8所示。

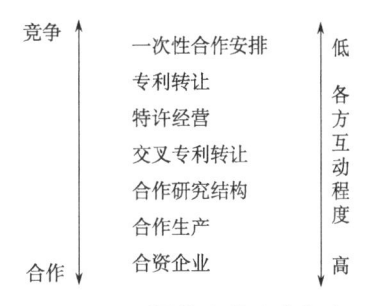

图 12-8 不同战略联盟形式下各方的互动、竞争与合作

五、市场进入模式的选择

企业可以以不同的方式参与国际化,进入模式的范围包括前面讨论过的直接和间接出口、许可证和对外直接投资等。企业不应该只考虑一种方式进入国际化市场,应当有所选择;同样,企业也不能对所有的国外市场都使用相同的进入模式。

如果企业是为了达到生产的规模经济或提高生产设备利用率、追求成本优势,最好的进入模式很可能是出口；如果企业认为网络利益最重要，那么对外直接投资和并购更合适，因为企业必须出现在国外的市场上；如果企业进入国际化市场是为了获得学习机会，合资和结盟也许是企业选择的首要模式。

不同的进入模式反映不同的行为、风险和不同的时间观。如果考虑风险和企业保留选择权的能力，出口就是风险最低的进入模式，这种模式的投资额和退出成本都很低，其次是合资与联盟，然后是跨国并购。最具风险的进入模式是对外直接投资，这种模式需要花费大量的投资和时间，使得企业面临更高的机会成本，并且其投资几乎是不可变更的。

进入方式决策是经营内容和目标国家组合的决策，以服务于企业经营国际化的目的。在不同的进入动机下有不同的经营内容和目标国家的组合。下面依然以市场指向为例论述进入方式的定性决策。

在以争取海外市场为目的的经营国际化中，经营内容和目标国家组合的决策就是既定产品的目标市场组合的决策。企业对进入既定产品与目标市场的方式的选择取决于对各种相互联系、相互制约因素的综合权衡。由于各相关因素都处于不断变化中，各项因素的作用方向与强度又难以估计，未来战略进入方式的确定是一个需反复筛选最佳方案的复杂决策过程。

在进入方式决策中需考察的因素有三个方面，即企业环境因素、企业内部因素、进入方式特征因素。企业海外市场进入模式的选择可以用图 12-9 表示。

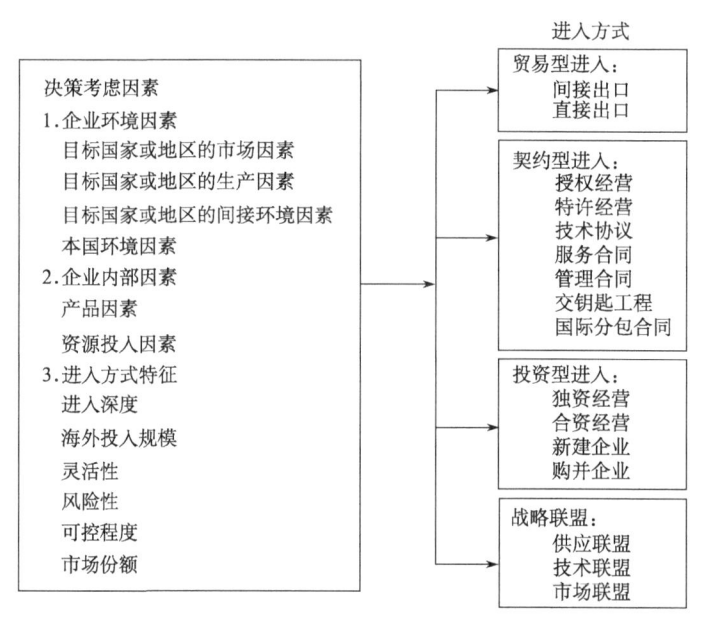

图 12-9 选择海外市场进入模式的模型

第三节 中国企业国际化经营

国际企业的迅猛发展推动了世界经济的发展。国际化为国际企业的进一步发展提供了广阔的天地。生产、贸易和投资的国际化，为国际企业扩大商品出口、拓展国际市场、获取利润提供良好的机会，金融国际化有利于国际企业在国际市场筹措资金。因此，要掌握国际企业的方方面面，必须了解国际企业的发展历史。

本节首先阐述中国国际企业的发展概况，然后分析欧洲、美国和日本的国际企业发展情况，最后探讨中国国际企业的战略选择进程。

一、中国企业国际化经营的特点

国际化经营指企业从全球战略出发，在国外设立经营机构，利用国内外资源，在一个或若干个经济领域开展经营活动。与国内经营活动相比，国际化经营具有以下四个特征。

(1) 国际化经营以国际市场为活动领域。企业开展经营活动是从全球战略出发的，以国际市场为舞台，主要考虑国际市场的需求。当然，企业从事生产和经营管理活动，要与国内市场发生联系，但主要的经营活动是在国际市场上进行的。

(2) 开展国际化经营，要在国外设立经营机构或广告、促销机构。企业必须通过这些经营机构在国际市场上开展活动，这些国外的经营机构可以是生产性机构，也可以是经营性或服务性机构；既可以是独资的，也可以是国外合资或其他形式。

(3) 开展国际化经营要广泛利用国内外资源，尤其是国外资源。这些资源包括物质资源、人力资源、技术资源、资本和信息资源，合理运用这些资源，才能在国际化经营活动中取得经济效益。

(4) 国际化经营活动往往是在多领域进行的综合性经营活动。国际化经营可以在某一领域开展经营活动，但为了减少国际经营风险，获得更大的经济效益，国际企业往往进行跨行业、跨经济领域的活动，开展综合性经营。

二、中国企业国际化经营发展中的问题和挑战

(一) 中国企业国际化经营存在的问题

改革开放以来，中国企业在实现国际化经营方面取得了显著进展，但从总体上说，我国企业跨国经营还处于初级阶段，实践中还存在许多问题，主要表现在以下六个方面。

(1) 企业经营机制、管理模式存在缺陷。从国际化经营的微观机制及管理模式上看，仍带有较多行政色彩。许多海外投资项目是由国家计划指令安排的，导致政府部门过多的行政干预，企业没有经营的自主权。管理上主要沿袭国内现行体制的模式，不能完全适应跨国经营的国际惯例，企业难以对国际市场的变化做出及时有效的反应，缺乏主动性和灵活性。这些缺陷势必造成企业经营与市场脱节，企业不能及时根据市场信号调节经营活动，阻碍跨国经营的发展。

(2) 投资结构不尽合理，总体投资效益不高。投资结构不合理主要体现在两方面：从地区分布上看，投资过分集中在发展中国家和地区，特别是集中在中国港澳地区，投资区域狭小；从产业结构上看，偏重初级产品的产业，加工项目较多，高科技项目较

少,且忽视生产资料投资,偏重消费品投资。这些问题导致海外投资风险加大,总体投资效益不高。另外,海外投资中美元的比重过大,币种选择单一,削弱了抵御国际金融风险的能力。

(3) 企业海外融资和投资能力较低。一方面,国家对外汇汇出的限制以及海外企业贷款和融资额度不足,企业缺乏足够的资金用于投资和经营。另一方面,企业与金融业的融合进展不大,没有金融业的支持和参与,企业海外贷款和项目担保的风险较大,削弱了企业跨国融资和投资的能力。

(4) 生产企业与外贸企业的矛盾制约跨国经营的综合竞争力。我国专业外贸公司虽已转向企业化经营,但体制上仍具有国家进出口贸易的行政管理职能,国际化经营需要以实业化为基础,专业外贸公司因技术、资金、规模的限制,发展跨国经营力不从心。大中型企业无法直接面对国际市场,从事跨国经营缺乏经验和信息,导致生产与市场脱节。这种工贸分家、各自出击的现状,造成跨国经营中的重复建厂,项目规模小、水平低,竞争能力差。

(5) 许多项目缺乏科学的决策。许多企业的投资决策不够慎重,在没有对东道国的投资环境、市场、销售渠道等进行科学的可行性研究的情况下,盲目上项目,导致效益低下,损失严重。另外,许多企业对合作伙伴的实力、信誉等资信情况缺乏详细的了解,仓促上马,也造成了许多失误和损失。

(6) 缺乏能胜任国际化经营的专业人才。开展国际化经营,需要大批通晓国际金融、国际投资、国际贸易、生产科技管理及国际商法等专业人才,只有这些人才才能熟练应用外语、独立经营、开拓国际市场。我国目前海外投资人员的总体素质还有差距,如果没有一批优秀的企业家和管理人员,国际化经营就是一句空话。

(二) 中国企业国际化经营面临的挑战

中国企业国际化经营要从起步阶段进一步发展,除了要解决自身的一些问题,还将面临外部世界的严峻挑战。

(1) 出口贸易将面临日趋激烈的竞争。出口贸易是我国开展国际经营活动的主要方式。目前我国的出口贸易受到四个方面的冲击:第一,20 世纪 90 年代以来,世界经济处于低增长时期,国际经济的低速发展致使国际市场容量缩小,国际贸易额萎缩,导致扩大出口的竞争更加剧烈。第二,区域经济集团化趋势有增无减,由于经济区内资源的自由流动及关税、进口限额的取消,生产和分配成本降低,造成贸易转向,需求从集团外部转到内部,世界市场对我国出口产品的需求相应减少。第三,加入世贸组织后,我国跨国经营企业直接与外国跨国公司进行面对面的激烈竞争,进口国还将运用世贸组织的有关条款,阻碍我国产品的出口。第四,世界范围内的新技术革命使产品的知识和技术含量增大,原材料耗用量下降,直接影响我国以初级产品出口为主的贸易。

(2) 发展中国家对跨国公司采取许多限制政策。发展中国家为保护本国民族经济的发展,对跨国公司制定多项限制政策。第一,规定一些重要经济部门不对外资开放,如许多国家不允许跨国公司进入国防工业、交通、银行、保险、新闻传播媒介等行业,有些国家通过立法限制跨国公司进行不利于东道国国计民生的投资和经营活动。第二,对跨国公司在合营企业中所占股权的比重加以限制。许多发展中国家规定外国投资要采取与当地资本联合投资的方式，有些国家规定外资在合营企业中拥有的股权不能超过49%。第三，加大对跨国投资活动的监管力度。许多发展中国家专门制定了监管外资的法律和法令，设立专门机构负责审查跨国公司的投资和经营活动，对外资入境的条件、投资方向、规模和股权程度加以限定，而且把跨国公司各子公司的产品销售、利润分配、财务状况等都置于政府监管之下。

(3) 发展中国家采取进口替代政策。近年来，许多发展中国家为了提高本国自主能力，减少对进口产品的依赖，改善国际收支状况，纷纷实施进口替代政策，鼓励本国生产原来依靠进口的产品。发展中国家是我国主要贸易伙伴，进口替代政策的实行，无疑直接影响我国跨国经营企业进一步开拓发展中国家市场。

三、中国国际企业发展的战略选择

(一) 宏观发展战略

从国家整体即宏观层次上，要注重中国企业国际化经营战略的确定、经营主体的选择及政府政策的导向。

1. 战略模式选择

按照对国际企业盈利能力和在东道国经营的合法性的不同组合和选择，国际企业的战略可以分为本国中心战略、多中心战略、地区中心战略和全球中心战略四种模式。现阶段，根据我国国情，宜采用本国中心战略，待国际化经营发展到一定程度，跨国公司具备的条件成熟后，再向多中心、地区中心乃至全球中心战略模式转移。

本国中心战略，指国际企业将战略重心放在国内业务上，国际经营业务处于较次要的地位。其特点主要是：从母公司的利益和价值判断出发制订战略决策，公司的赢利能力是优先考虑的问题。采用本国中心战略的企业，集中权力于总公司，国际经营的政策、程序、方式也与国内基本相同。采用这种战略模式的企业的组织结构特点，是在全球组成若干产品集团，通过自上而下的计划，加以控制和协调。

从这一战略模式出发，我国企业国际化可先以出口商品为主，在此基础上逐步过渡到发展海外企业为主，这个顺序比较符合我国企业的实际情况。商品出口是向国外发展企业的前提条件。在商品出口阶段建立国际营销网络，在经营过程中积累经验，为发展海外企业打好基础和创造条件。外贸专业公司可采取出口商品战略，逐步过渡到在销售业务上向国外发展企业，直至发展生产性企业。实力雄厚的工业企业和大集团，可采取到海外发展生产企业的战略，并兼做贸易，逐步向生产贸易型的跨国公司发展。

2. 战略目标和投资目的

我国企业国际化经营的宏观战略目标分为近期目标和中远期目标。近期目标应是以发展进出口贸易带动外向型经济的发展，学习国外先进技术和管理经验，参与国际市场竞争，利用外资，获取短缺资源，并努力实现由进出口贸易向国际贸易的转变；由外向型企业集团向跨国公司转变。中远期目标则是直接参与国际分工，扩大对外直接投资，更多发展海外企业，最后实现全球化经营目标。

投资目的实质是一个宏观经济导向问题。一国对外投资的目的由该国国民经济的战略目标决定，并受到本国生产力水平、经济政治制度及资源状况等因素的影响。我国企业跨国投资的目的应是多种目的的协调统一，即投资目的是多元化的。主要有：①降低成本。降低成本、获取海外利润是国际企业海外投资最直接的经济动因。当国际企业具备了所有权优势、内部化优势和区位优势后，就能有效利用海外廉价资源，从而降低产品成本，获取丰厚利润。这一投资目的的实现，既为国际企业自身发展积累了资金，也为国内经济发展解决了部分外汇不足的问题。②获取资源。可以弥补国内部分资源短缺，有助于国内经济建设。③推动商品出口。通过国际化经营带动我国产品出口，开拓海外市场，参与国际竞争，是我国海外投资目的体系中的重要一环。上述目的不是孤立的，而是彼此联系、相互融合的，构成协调的统一体。每一目的只是侧重点不同，针对不同时期、不同企业而言，并随着国家经济建设的发展需要和国际经济形势的演变适时调整。

3. 主体战略

国际市场是一个强手如林、充满风险的市场，竞争对手是具有长期国际经营经验、实行全球战略的有实力的跨国公司。什么样的企业才能走出国门，担当海外投资的经营主体呢？跨国经营的特点要求其经营主体具有雄厚的经济实力和较强的竞争能力，能够融生产、贸易、科研为一体并具有很强的融资能力。目前，我国开展国际经营的企业主要有三类：一是条件较好的专业外贸公司，可以由进出口贸易向国际贸易转变，开展国际化经营；二是具有雄厚的经营能力、技术实力和资金实力的大型生产、金融、服务性企业；三是大型企业集团，尤其是集生产、科研、贸易、金融为一体的大企业集团，它们是中国企业跨国经营的重要力量。

4. 宏观政策导向

发展跨国经营，从宏观管理角度看，需要国家从战略决策层面予以高度重视，政府的政策导向以及政府的规划、协调、指导具有重要的作用。

国家应制定有关跨国经营的政策，对国际化经营予以鼓励和支持。在金融政策上，要对海外投资予以倾斜。在宏观财政税收政策上，应对海外直接投资带动的出口给予退税优惠；对资源开发型海外投资项目产品的进口给予同等或优惠关税待遇；对国外收入实行阶段性免税，以加强其资金积累等。在产业政策上，应颁布优先、重点发展的海外投资项目，如同制定国家产业政策和利用外资的产业政策一样，对外投资的流向、结构要与国内产业调整、结构优化的过程结合起来。在管理体制上，国家应对有条件的大中型企业集团赋予进出口经营自主权、国际金融市场借贷权、股票或债券发行权、利润再投资权等。

（二）企业国际化经营战略

1. 投资战略

从投资的区位战略看，应重点放在亚太地区。亚太地区不仅是世界经济增长最快的地区之一，是 21 世纪最具潜力的市场，也是发展中国家及欠发达国家较集中的地区。我国与这一地区许多国家在政治和经济上有着传统的良好关系，存在广泛的技术经济合作和互补关系,这是地缘文化、种族因素的影响所致。我国与亚太地区国家在技术上相近或具有相对的优势,我国的适用技术尤其适合这些国家的需要。同时,发展中国家有着丰富的自然资源,也适合我国自然资源开发型投资战略目标。发展中国家有许多投资空白需要填补,他们迫切需要引进外资发展本国经济,为此他们制定了相应的招商引资优惠政策。向这些国家投资可以带动我国技术、设备、劳动力、管理等生产要素的转移,扩大出口创汇。因此,向亚太地区及发展中国家投资应是我国海外投资的战略重点,近几年我国的海外投资也大多流向这些地区和国家。

2. 筹资战略

从当前看,跨国经营所需资金的筹集渠道主要有国际股票和债务市场、国际融资机制、跨国公司内部资金调度系统及东道国金融市场。

近年来,在外国股票交易所挂牌上市发售股票筹集资金的方式有所增加,但这种筹资渠道需经过当地政府管理机构的严格审查,手续十分繁琐,成本很高。跨国公司还可以通过欧洲货币市场和国际债券市场来筹集资金。欧洲货币市场是一种在货币发行国之外进行储存和贷放的市场。该市场经营各种可自由兑换的货币。跨国公司可从该市场筹集适合的币种和中长期资金,以满足全球性生产经营对货币的需求和海外投资对中长期资金的需求。通过国际债券市场发行公司债券也是一种重要的筹资渠道。债券具有发行成本较低、灵活、市场容量大、投资者有安全感等特点,跨国公司可通过这条渠道筹集到长期资金。

专门的国际融资机制主要包括短期贸易信贷、长期贸易信贷、国际租赁和国际项目融资。短期贸易信贷分为商业信用和银行信用,适用于金额较小、周转较快的资金需要。长期贸易信贷指一年以上的信贷,通常是一国政府或银行为了鼓励本国商品出口,对本国出口商、外国进口商或进口方银行提供的信贷,一般适用于大型承包项目或大型机电产品的进出口等。国际租赁是一种使用得很普遍的筹措外资的方式,具有较强的灵活性,有利于更新机器设备,减少通货膨胀带来的风险。进行大型工程项目投资,可以借助国际金融机构和国际商业银行提供国际项目贷款,以弥补巨额资金的缺口。

公司内部资金是由公司所属海内外各生产经营单位提供的折旧费、管理费和未分配利润构成的,是公司拥有的可自由支配的资金。内部融通也是跨国经营的重要资金来源。

跨国公司的子公司所在国家或地区的银行、金融机构和政府提供的资金,也是跨国经营的重要筹资渠道。我国企业海外投资的筹资战略应充分挖掘公司内部资金潜力,或以非现金资产如机器设备、知识产权等折股投资。同时,积极开拓海外筹资渠道,如股权债券融资、东道国银行贷款、国际金融机构和世界银行贷款及各种短期融资方式等。本着资金成本最低、项目效益大的原则,经过技术经济分析,结合各种风险因素,对各种筹资方案做出优化选择。

3. 市场进入战略

跨国公司通过对外直接投资在国外设立生产性子公司的目标国市场进入方式,即跨国公司在东道国的生产实体拥有股权和控制权。从所有权与管理控制权角度看,子公司可分为由母公司完全掌握所有权和控制权的独资子公司和母公司与东道国当地企业的合伙人分享所有权和控制权的合资子公司。后者按母公司对国外子公司拥有股权份额的多少又分为多数控股子公司、对等控股子公司和少数控股子公司。

中国企业进入国外市场的战略，在今后相当一段时间，应以股权式合资形式为主，以独资企业为辅。根据我国企业的实力及国际化经营管理水平，选择合资形式较为适宜。加之海外投资风险系数较大，采取与当地企业合资形式共同经营，可以共担风险。尤其在发展中国家投资，面临的除了经营上的风险之外，就是政治风险。采用合资形式可以较好地避免因政治风险造成的投资损失。随着实力的增强和跨国经营实践经验的积累，我国一些大企业对跨国经营实行更有效控制的愿望也不断提高，这些企业可以采取股权参与方式以及全资子公司进入方式进行投资。

4．技术战略

从跨国经营的技术战略来看，我国长期研究开发的一些特有技术，由于种种原因不能在国内转化成生产力时，可以采取技术投资或技术资本化方式与国外企业合作，共同生产。我国还拥有许多小规模生产、多功能和劳动密集型的中间适用技术，这些技术大多处于其生命周期的衰退阶段，属于成熟技术或标准化技术，处于贬值或被淘汰的境遇。这些技术在一些次发达国家和发展中国家可能还处于刚刚开发阶段，根据技术在国际间呈梯度流动的特点，将这些成熟的过剩技术向发展中国家转移，对我国技术经济发展大有好处。运用引进的技术加以吸收提高后再出口，是十分经济又有效的战略。对进口的技术、设备进行合理组合和适应性改良，对引进产品的设计、性能、品质作适用性变更，然后通过海外子公司移植他国，是比较成功的国际经营经验。

【案例分析】

迪士尼乐园的东京模式和巴黎模式

创建于1923年10月16日的美国沃特·迪士尼公司（The Walt Disney Company），作为一个综合性娱乐巨头，拥有众多子公司，业务涉及的方面也很多，共分为四大部分：影视娱乐、主题乐园度假区、消费品和媒体网络。1983年，迪士尼集团在美国加州和佛罗里达迪士尼乐园经营成功的基础上，选择日本东京作为其跨国经营的第一站。由于这是第一次在美国以外的国家开设迪士尼乐园，经验少，风险大，沃特·迪士尼集团为了降低自己的风险，决定自身不投资产，不参股，采用向日方技术转让，收取转让费和管理服务费的市场进入方式，由日方的东方地产公司投资建造和经营东京迪士尼乐园。结果是意想不到的成功。当年游客就突破了预计指标，达到1000万人次，游乐园收入达到3550万美元，比预计数高出1550万美元。人均支出30美元，超过预计数21美元。1990年，东京迪士尼乐园的游客人数已经达到每年1400万人次，超过了美国加州迪士尼乐园的游客人数。东京迪士尼乐园的成功，大大增强了沃特·迪士尼集团跨国经营的自信心，使其决定继续扩展国外市场。因此，第二次海外扩展时，决定在欧洲开办一个迪士尼乐园。关于东京迪士尼乐园的成功，沃特·迪士尼集团发现，以技术转让的方式跨国经营虽然风险小，但其收入仅限于门票收入的10%和国内商品销售额的5%。于是，1992年在开办法国巴黎的欧洲迪士尼乐园时，为了获得更多的利润，采取了股份合资的方式,投资 18 亿美元,在巴黎郊外开办了占地 4800 公顷的大型游乐场,同时占有 49%的股权。但巴黎乐园的运作并没有达到预期目标,第一年游客人数和人均游乐支出都大大低于预计,使得巴黎乐园当年的经营亏损达 9 亿美元,迫使巴黎乐园关闭了一所附设旅馆,解雇了 950 名雇员,全面推迟第二线工程项目的开发,欧洲舆论界戏称欧洲迪士尼为"欧洲倒寒地"。

(资料来源:李敏,黄爱华.2006.国际企业管理-经营国际化的理论与实践.第二版.广州:华南理工大学出版社.)

思考题:
1. 东京模式具有什么特征?
2. 巴黎模式具有什么特征?
3. 东京模式成功,而巴黎模式失败的原因是什么?

【技能训练】

国际企业管理挑战赛

国际企业管理挑战赛(GMC)20 多年前起源于欧洲,为一年一度的国际赛事。它的宗旨是在全球范围内提高现代化企业管理水平,促进各国企业管理技术的规范化。目前已有中国、中国澳门、英国、法国、意大利、西班牙、巴西、德国、摩洛哥、墨西哥、葡萄牙、波兰、捷克、斯洛伐克、新加坡、中国香港、比利时、卢森堡、罗马尼亚、丹麦、希腊、瑞士、卡塔尔等二十多个国家和地区参赛。挑战赛的国际组委会常设在葡萄牙里斯本。

国际企业管理挑战赛的核心是一套逐年更新、高度完善的电脑动态仿真模拟系统,模拟标准化市场经济条件下,企业管理至关重要的基本参变量以及现实市场中无法避免的偶然因素,在此基础上,按照工商管理的基本理论建立一个互动、定量化的模型。

比赛由 5 人组成的参赛队经营一家虚拟企业,队员分别扮演总经理、生产、营销、人力资源、财务、研发等部门经理。比赛前队员会得到一本《参赛手册》,内容囊括了经过提炼的企业管理遇到的几乎所有问题(如经营背景、市场营销、生产与分销、人力资源管理、财务资产和会计)和详细的比赛方法。队员还会得到一套《公司历史》,内容是参赛队着手经营的虚拟公司最近 5 个财政季度的决策及经营状况。队员根据现代企业管理知识对该企业每季度的经营做出一系列的决策,与同一市场的其他 7 个虚拟企业竞争。

决策涉及企业的发展战略、生产、研发、营销、人力资源、投资及财务等方方面面,同时还穿插金融、贸易、会计、期货、投资、信息技术等许多重要的实物性学科,最大限度地模拟一个公司在市场经济条件下的真实运作状况。

每一家公司都必须很好地把握不断变化的宏观经济环境、各公司之间的竞争态势及本公司内部各职能部门之间的相互作用,通过建立各种数量模型,进行边际分析、数量博弈、价格博弈,制订自己的竞争战略、产品组合、营销组合、销售预测,并通过对资本结构、生产规模、边际贡献率、产能、库存、现金流量、劳动力储备等方面的分析和决策,对经营结果进行控制和调整。

各公司的决策由计算机模拟软件系统处理后,形成公司的《管理报告》,反映该公司决策产生的市场效果,并以公司股票市场价格作为综合指标,衡量企业经营效果。各公司根据《管理报告》对下季度的经营做出决策,再次提交计算机处理,得到第二季度的《管理报告》。以此形式循环反复,直到第五季度结束,股票市场价格最高的公司获胜。

这是一种高水准管理能力的竞赛，培养、考验、评价管理者统观全局、系统思考、正确决策、灵活应变的能力。20年来经过不断的更新、完善和大力推广，参加比赛和培训的人员已达十几万人，遍及全球各地。作为唯一得到欧共体推荐的权威管理系统，国际上许多院校已将其作为培养工商管理硕士（MBA）的教具，许多大公司也将其作为选拔、培训、考核、评估企业管理人员的重要工具。

从1996年开始，中国赛区已成功举办了10届比赛，在全国已颇具影响力。参赛的队伍也由首届的70多支发展到2001年的256支，2002年和2003年激增到400多支，2004年达到656支，2005年达到872支。GMC参赛者已达数万人，80%具有MBA学位或是MBA在读生。参赛者学历水平之高，国内绝无仅有。越来越多的中国企业也开始意识到这种模拟系统是企业管理人员丰富管理知识、增强团队精神、提高管理技能及市场应变能力的捷径，进而加入比赛，并获得较好成绩。

训练目标：
1. 增强对国际企业管理模拟的认识。
2. 培养分析国际企业管理的能力。

训练方法：
1. 班级以小组为单位，按照国际企业管理赛的形式组队。
2. 每个小组按照比赛规则进行分析。
3. 应用所学理论分析其国际企业管理。
4. 请老师担任裁判，进行评判及分析。

训练要求：
1. 通过资料收集与调研，获得较为充实的资料。
2. 每组以比赛标准形式准备发言稿。
3. 发言要结合理论与本章知识进行分析与讨论。

成果检验：
1. 每个小组提交一份完整的分析报告。
2. 每组派一个代表发言，各组之间相互讨论。
3. 裁判根据报告的质量和讨论中小组成员的表现给予评估，按一定比例确定成绩。

【思考题】

1. 简述国际企业的产生。
2. 简述西方跨国公司发展的新趋势。
3. 简述国际企业战略的三个层次。
4. 简述企业实施多元化战略应注意的问题。
5. 简述东道国政治风险对国际企业的威胁。
6. 国际企业汇率风险及其主要表现。
7. 请谈谈目前我国中小企业国际化经营中面临的问题。
8. 我国现阶段为何要大力发展中小型跨国公司。

参 考 文 献

巴特利特，休曼特拉·戈歇尔，保罗·比米什. 2000. 跨国管理：教程、案例和阅读材料. 第二版. 大连：东北财经大学出版社.
巴特·维克托·安德鲁·C·博因顿. 2000. 创新的价值——实现增长和盈利的最大化. 北京：新华出版社.
彼得·德鲁克. 1987. 管理. 北京：北京社会科学出版社.
彼得·德鲁克. 2006. 管理的实践. 北京：机械工业出版社.
彼得·德鲁克. 2012. 创新与企业家精神. 北京：机械工业出版社.
曹洪军. 2006. 国际企业管理. 北京：科学出版社.
陈春花. 2008. 企业文化管理. 广州：华南理工大学出版社.
陈福军. 2009. MBA案例精选——生产运作管理. 大连：东北财经大学出版社.
陈国海. 2009. 人力资源管理概论. 北京：高等教育出版社.
陈荣秋，马士华. 2000. 生产运作管理. 北京：高等教育出版社.
陈荣秋，马士华. 2010. 生产运作管理. 北京：高等教育出版社.
陈维政，余凯成，程文文. 2006. 人力资源管理. 北京：高等教育出版社.
董克用，李超平. 2011. 人力资源管理概论. 北京：中国人民大学出版社.
窦胜功，卢纪华，戴春风. 2005. 人力资源管理与开发. 北京：清华大学出版社.
范丽君，郭淑红，王宁. 2011. 物流与供应链管理. 北京：清华大学出版社.
弗雷德·R. 戴维. 2002. 战略管理（第八版）. 李克宁译. 北京：经济科学出版社.
弗雷德蒙德·马利克. 2011. 管理技艺之精髓. 刘斌译. 北京：机械工业出版社.
高金章. 2008. 管理学. 上海：立信会计出版社.
龚荒. 2008. 企业战备管理——概念、方法与案例. 北京：清华大学出版社，北京交通大学出版社.
韩福荣. 2006. 国际企业管理. 北京：北京工业大学出版社.
亨利·明茨伯格. 2002. 战略历程——纵观战略管理学派. 北京：机械工业出版社.
胡石明. 1990. 漫谈企业文化. 北京：经济科学出版社.
胡宇辰，李良智，钟运动. 2003. 企业管理学. 北京：经济管理出版社.
黄保强. 2004. 现代企业制度. 上海：复旦大学出版社.
黄津孚. 2011. 现代企业管理原理. 北京：北京经济学院出版社.
黄维德，董临萍. 2005. 人力资源管理与开发案例. 北京：清华大学出版社.
科利斯 D J，科利斯 C A，蒙哥马利 C A. 2000. 公司战略. 大连：东北财经大学出版社.
科特 M，哈默 G 等, 2000. 未来的战略. 成都：四川人民出版社.
科特勒，凯勒. 2006. 营销管理. 梅清豪译. 上海：上海人民出版社.
克里斯托弗·弗里德里克·冯·布朗. 1999. 创新之战. 北京：机械工业出版社.
库林特·辛格，尼汀·潘加卡，林奕永. 2002. 战略管理：竞争与全球化（亚洲案例）. 北京：机械工业出版社.
李小霞，刘剑. 2011. 消费心理学. 北京：清华大学出版社.
里基·W. 格里芬（Ricky W. Griffin）. 2008. 管理学. 刘伟译. 北京：中国市场出版社.
梁镇. 2006. 国际企业管理. 北京：中国铁道出版社，经济科学出版社.

林长青, 秦小梅. 2006. 管理之舞. 北京: 东方出版社.
刘冀生. 2002. 企业经营战略. 北京: 清华大学出版社.
刘静中. 2010. 财务管理. 开封: 河南大学出版社.
刘秋华. 2003. 现代企业管理. 北京: 中国社会科学出版社.
刘善华, 林宙, 陈世艳. 2005. 现代企业管理学教程. 广州: 暨南大学出版社.
刘兴倍. 2006. 企业管理基础. 北京: 清华大学出版社.
罗伯特·L. 马西斯, 约翰·H. 杰克逊. 2006. 人力资源管理. 孟丁译, 北京: 北京大学出版社.
骆温平. 2002. 物流与供应链管理. 北京: 电子工业出版社.
马春光. 2002. 国际企业管理. 北京: 对外经济贸易大学出版社.
马述忠, 廖红. 2000. 国际企业管理. 北京: 北京大学出版社.
迈克尔·A. 希特. R. 杜安·爱尔兰, 罗伯特·E. 霍斯基森. 战略管理: 竞争与全球化. 2002. 北京: 机械工业出版社.
迈克尔·波特. 2001. 竞争战略. 陈小悦译. 北京: 华夏出版社.
乔治·柏兰德, 斯科特·斯内尔. 2006. 人力资源管理. 魏海燕译. 大连: 东北财经大学出版社.
乔治·斯坦纳. 2001. 战略划规. 李先柏译. 北京: 华夏出版社.
芮明杰. 2000. 中国企业发展的战略选择. 上海: 复旦大学出版社.
生奇志, 杜林. 2011. 品牌学. 北京: 清华大学出版社.
施炜. 2003. 企业战略思维——竞争中的取胜之道. 北京: 中国时代经济出版社.
王关义, 刘益, 刘彤. 2008. 现代企业管理. 北京: 清华大学出版社.
王海林, 侯岩, 侯龙文. 2005. 现代质量管理——质量及其管理的科学发展观. 北京: 经济管理出版社.
王华芳. 2003. 现代企业管理. 上海: 复旦大学出版社.
王槐林, 刘明菲. 2005. 物流管理学. 武汉: 武汉大学出版社.
王世良等. 生产运作管理教程. 2002. 杭州: 浙江大学出版社.
王蕴, 孙静. 2008. 人力资源管理. 北京: 清华大学出版社.
王钊. 2007. 现代企业管理概论. 北京: 中国农业出版社.
王志坚. 2005. 企业物流管理. 广州: 广东经济出版社.
王民亮, 张廷芹. 2009. 现代企业管理基础与方法. 北京: 中国人民大学出版社.
文大强, 陈容中. 2004. 企业管理原理. 上海: 复旦大学出版社.
吴何. 2010. 现代企业管理. 北京: 中国市场出版社.
吴何. 2012. 现代企业管理. 激励. 绩效与价值创造. 北京: 中国市场出版社.
吴健安. 2009. 市场营销学. 北京: 高等教育出版社.
伍爱, 荣瑞荣. 2001. 现代企业管理学 (第二版). 广州: 暨南大学出版社.
希尔·琼斯, 周长辉. 2007. 战略管理. 北京: 中国市场出版社.
肖祥伟. 2007. . 企业管理理论与实务. 广州: 中山大学出版社.
肖祥伟, 吴东泰, 马家喜. 2007. 广州: 中山大学出版社.
胥朝阳, 王静. 2010. 精编财务管理原理. 第2版, 武汉: 武汉理工大学出版社.
杨蓉. 2002. 人力资源管理. 大连: 东北财经大学出版社.
杨善林. 2009. 企业管理学. 北京: 高等教育出版社.
姚顺波. 2005. 现代企业管理学. 北京: 科学出版社.
尤建新, 张建同, 杜学美. 2003. 质量管理学. 北京: 科学出版社.
佘存龙. 2003. 现代企业管理. 北京: 华文出版社.
约瑟夫·M, 朱兰, 约瑟夫·A. 德费欧. 2003. 朱兰质量手册 (第五版). 北京: 中国人民大学出版社.

张德.2007.人力资源管理与开发.北京:清华大学出版社.
张公绪,孙静.2003.质量工程师手册.北京:企业管理出版社.
张蕾,闫奕荣.2010.现代企业管理——理论与案例.北京:中国人民大学出版社.
张平华.2004.中国企业管理创新.北京:中国发展出版社.
张晓天.2010.财务管理.北京:北京工业大学出版社.
张新胜,杰夫·拉索尔,迈克尔·伯瑞尔.2002.国际管理学——全球化时代的管理.张新胜,王媛译.北京:中国人民大学出版社.
张云初,王清,陈静.2003.让企业文化起来.深圳:海天出版社.
张振刚.2009.企业管理实务.北京:化学工业出版社.
张忠寿,袁小霞,范丽江.2008.现代企业财务管理学.上海:立信会计出版社.
张卓,蔡启明,钱炎.2010.企业管理学.北京:科学出版社.
中国企业文化研究会.2002.企业文化简明手册.北京:企业管理出版社.
周建波,刘志梅.2004.管理学.广东:高等教育出版社.
周三多.2007.管理学.北京:高等教育出版社.
周三多,陈传明.2010.管理学.北京:高等教育出版社.
Chase R B,Aquilano N J,Jacobs F R.2003.运营管理.北京:机械工业出版社.
Fitzsimmons J A,Fitzsimmons M J.2003.服务管理——运作、战略与技术.北京:机械工业出版社.
Heizer J,Render B.2010.运作管理原理.北京:北京大学出版社.